2020
대한민국
기업분석

Contents

* 목록은 주요 산업, 기업을 가나다 순으로 정리

Prologue

"이 책은 기업 이야기를 담고 있다."

건국이래 대한민국은 수 많은 변화를 만들었다. 한국전쟁으로 인한 경제아픔을 겪으면서도, 눈 부신 성장을 이루었다. 1997년 IMF, 2007년 글로벌 금융사태와 같은 국가 위기도 국민의 힘으로 이겨냈다. 1988년 하계 올림픽, 2002년 월드컵, 2018년 동계 올림픽 개최 등 국제적인 행사를 통해 전 세계의 주목을 받기도 했다. GDP기준 세계 12위의 경제발전 국가는 더 이상 후진국이 아님을 보여준다. K-POP과 같은 한류열풍은 많은 국가에서 벤치마킹 하고자 하는 대한민국의 위상을 말해준다.

이러한 발전에는 기업의 힘 또한 중요하게 작용했다. 부족한 자본 및 자원을 탁월한 기술력으로, 열악한 경제상황을 특유한 근면함으로 극복해 냈다. 그 결과 2017년 기준, 77개의 제품이 세계 1위를 차지하는 등 글로벌 시장에 '메이드 인 코리아'가 널리 퍼져 있음을 쉽게 확인할 수 있다. 이 책에서는 각 산업별 대표 기업의 과거, 현재, 그리고 미래 모습을 담고자 했다. 객관적인 기업 정보를 담고자 기업 홈페이지, DART, 각종 기업분석보고서, 증권사 리포트, 분기/반기/연간 사업보고서, IR자료, 지속가능경영보고서 등 여러 자료를 면밀히 살펴보았다.

"이 책은 취업 이야기를 담고 있다."

기업에 대해 가장 많은 관심을 가지고, 조사하는 사람은 아마 투자자와 취업 준비생일 것이다. 특히, 취업 준비생에게 있어 기업은, 어쩌면 일생이 걸린 중요한 만남일 수 있기에 기업분석의 중요성이 더욱 더 남다를 것이다. 기업과 취업 준비생의 만남을 결혼이라고 생각해 보자. 상대방의 이름, 얼굴 생김새, 직업 정도만 가지고 결혼할 수 있겠는가? 취업도 마찬가지이다. 제대로 모르는 상황에서 취업에만 매달린다면, 회사와의 관계가 오래가기는 어려울 것이다. 신입사원 1년이내 퇴사율 31.7%라는 수치가 이러한 슬픈 현실을 말해 주기도 한다.

지금은 정보화 시대이다. 기업 정보를 찾는 것은 더 이상 어렵지 않다. 하지만, 어떤 정보가 취업 준비를 하는 나에게 필요한지, 이러한 정보를 어떻게 활용해야 하는가에 대한 아쉬움은 많게 느껴진다. 누군가는 기업을 잘 알아야 하니, 많은 것을 조사하라고 한다. 5년간의 재무현황을 세세하게 암기하라고 한다. 회사 직원들도 기억 못하는 기업 정보를, 자기소개서나 면접에서 나오지 않는 정보를 굳이 아까운 시간을 들여 공부할 필요가 있을까? 자칫 '기업 고시' 준비를 하는 건 아닐까? 라는 반문이 들기도 한다.

"이 책은 취업 준비생들을 위해, 그들과 함께 만들었다."

21명의 취업을 준비하는 제자들과 함께 2달에 걸쳐 자료를 조사하고, 분석하고, 퇴고하면서 책을 만들었다. 이들 모두는 2019년 하반기 취업준비를 해보았을 뿐만 아니라, 그 중 몇몇 친구들은 최종합격을 하였으나 더 나은 회사를 위해 새로운 도전을 하고 있는 바보들이다. 그렇기에, 본인들이 가고 싶어 하는 기업에 대해 꼭 필요한 정보만을, 올바른 정보만을 담고자 노력하였으며, 바른취업을 갈망하는 입장에서 어떤 내용이 도움이 될지를 고민하고, 또 고민했다.

이 책은, 대한민국의 많은 취업준비생들이 기업에 대한 최소한의 필요 정보도 모르며 지원하거나, 혹은 불필요한 정보를 너무 많이 학습하느라 정작 다른 것을 준비하는데 있어 시간이 부족한 아쉬움은 없었으면 하는 마음으로 만들었다. 앞으로 이러한 책을 매년 발간할 예정이다. 많은 청년들이 대한민국 기업에 대해 정확히 알고, 제대로 된 준비를 통해 기업의 일원이 되고, 기업과 함께 멋진 꿈을 펼쳐나가길 바란다.

Chapter
01
건설

Chapter1.
건설

대림산업

1. 재무현황

(단위 : 억원)

구분	2016년	2017년	2018년	2019년 3Q 누적
매출액	98,538	123,355	109,845	69,532
영업이익	4,194	5,459	8,454	7,616

대형 건설사들이 영업이익 1조 클럽 달성을 실패한 가운데, 유일하게 대림산업이 2019 영업이익 1조 원을 넘길 것으로 예상되고 있다.

2019년 부동산 시장은 민간택지 분양가 상한제, 재건축 초과이익 환수제 등 각종 규제로 한파를 맞았고, 이에 대형건설사 매출 하락이 예상되었다. 그러나 대림산업의 3,900억원 규모의 춘천한숲시티 준공 등 일회성 실적반영과 사우디 마덴 암모니아 프로젝트 공정 본격화에 따른 매출 증가 효과가 반영되어 실적에 보탬이 된 것으로 예상된다.

2. 사업현황

대림산업은 토목, 주택, 플랜트 등 종합건설업을 영위하는 건설 사업부와 석유화학제품을 생산하는 석유화학사업부로 구성되어 있다. 최근 대림산업은 적극적인 인수합병(M&A)를 통해 유화부문의 사업을 적극적으로 확대하고 있다. 하지만 2019년 건설부문이 6조 2,262억원의 매출액을 거두면서 전체 매출액의 62.6%를 차지하는 등 여전히 대림산업의 기둥역할을 하고 있다.

3. 주요이슈

1) 모델하우스의 변신, 고급화와 갤러리화

획일화된 공장형 견본주택이 아닌 건설사의 철학과 신기술, 차별화된 설계를 직접 경험할 수 있는 공간으로 분양시장의 패러다임을 전환시켰다. 대림산업은 하이엔드 주거 브랜드인 아크로(ACRO)의 가치를 미리 경험할 수 있는 전시공간인 '아크로 갤러리'를 개관했다. 대림산업은 아크로 브랜드 리뉴얼을 위해 약 2년 간 건축, 인테리어, 조경, 커뮤니티, 서비스 등 상품과 브랜드의 독보적인 가치를 높일 수 있는 혁신적인 연구·개발을 진행했다.

2) 구글 어시스턴트와 홈 네트워크 연동

입주민은 스마트폰이나 음성인식 스피커를 통해 음성만으로 홈 네트워크에 연결된 다양한 기능을 간단하게 사용할 수 있다. 세대 내 조명, 난방, 대기전력차단 콘센트 등이 바로 활용 가능하다. 대림은 앞으로 엘리베이터 호출, 방범, 에너지 사용량 조회 기능까지 서비스를 확장할 예정이다. 호환성이 떨어지는 개별 회사의 음성인식 시스템 활용이나 어플리케이션 개발 대신 입주자들이 보유하고 있는 스마트폰과 인공지능 음성인식 스피커를 활용하기로 결정했다. 이를 위해 대림코퍼레이션과 함께 구글어시스턴트 및 네이버 인공지능 플랫폼인 '클로바'와의 연동을 완료하였다. 대림산업은 앞으로도 다양한 인공지능 플랫폼을 통해서 스마트 홈을 구현할 수 있도록 서비스를 확장할 계획이다. 이번 홈 네트워크 연동 시스템은 'e편한세상 거제 유로아일랜드'부터 적용되며 추후 적용 단지를 지속적으로 확대할 계획이다.

3) 라이프 스타일 맞춤 주거 플랫폼 'C2 HOUSE' 특허등록

대림산업이 작년 4월 선보인 라이프스타일 맞춤 주거 플랫폼 'C2 HOUSE'의 가변형 벽식 구조에 대한 특허등록을 완료했다. 다양한 빅데이터 분석과 서베이를 통해 소비자들의 거주 행태를 파악하여 설계부터 구조, 인테리어 스타일까지 차별하는 것이 특징이다. 특히 내력 벽체를 최소화해 개인의 성향과 개성에 맞춰 다양한 평면 구성이 가능하다. 기존 벽식 구조 아파트는 침실, 거실, 욕실 등을 구분하는 모든 벽을 내력 벽체로 시공해 임의로 철거하거나 이동할 수 없어 기존 평면을 변경하거나 리모델링이 어렵고 골조 공사비가 많이 소요된다. 반면 'C2 HOUSE'는 하중을 지지하는 내력 벽을 3개로 최소화하여 평면 가변성을 확보하였다.

4) 사람 중심 건설

새집증후군을 없애기 위해 난방을 가동해 나쁜 공기와 냄새를 밖으로 내보내는 '베이크 아웃'이나 휠체어나 유모차가 이동해도 장애물이 없도록 한 무장애 공간 건설 등 '사람'이 중심이 되는 건설로 주목받았다. 기술적인 면 외에도 대림산업이 투자자로 출자해 직접 관리 및 운영에 나선 점도 주목할 만한 부분이다. 건설회사가 직접 나서는 사업 형태가 없었음에도, 대림산업은 임대·공공형태의 주택임대 사업에 뛰어든 것이다. 대림산업은 인천 도화의 우선협상대상자로 선정되어 기업형 주택임대 사업의 문을 두드렸고, 이를 통해 또 한 번 국내 첫 사례라는 기록을 남겼다.

4. 향후전망

1) BIM기술 도입으로 원가절감, 공기단축, 리스크 제거까지

건설업계 최초로 모든 공동주택의 기획 및 설계 단계부터 BIM[1] 기술을 적용한다. 그동안 우리나라에서 BIM은 호텔, 병원, 초고층 건물 등 개별적인 프로젝트에 선별적으로 이용됐고 외국과는 달리 초기 설계도면 작성 이후에 뒤늦게 BIM 기술이 적용됐다. 설계도면 작성이 대부분 외주업체에서 진행되는 가운데 BIM을 사용하는 설계사가 많지 않기 때문이다. 이에 따라 대부분의 건설사는 외주 설계사로

---

1 *BIM: 건설 정보 모델링 기술로, 설계, 자재, 시공 등 건축물에 대한 모든 정보를 입체적인 3차원 영상으로 구현해 통합적으로 활용 가능한 디지털 기술이다.

부터 2차원 평면으로 작성된 설계도면을 납품 받은 이후에 BIM 데이터로 변환하는 '전환 설계' 방식으로 BIM을 이용해 왔다. 그러나 대림산업은 올해부터 모든 공동주택의 기획 및 설계 단계부터 BIM을 적용하여 설계도면의 작성 기간을 단축할 뿐만 아니라 원가절감, 공기단축, 리스크 제거를 반영해 착공 전에 설계도서의 품질을 완벽한 수준으로 만든다는 전략이다. 대림산업은 중장기적으로 BIM이 회사의 핵심 경쟁력을 확보하기 위한 조건이라 여기며, 이를 위해 BIM을 설계, 공정, 원가관리 프로세스를 혁신하기 위한 기본적인 플랫폼으로 적용할 계획이다.

2) 1조 클럽, 사업 다각화

대림산업이 탄탄한 분양실적과 해외 석유화학산업 호조 영향으로 2019년 영업이익 '1조 클럽'에 입성할 것으로 기대된다. 최근 건설업황이 부진한 상황에서도 대림산업은 지난해 약 2만 4천여 세대 분양에 나섰다. 해외에서는 사우디 마덴 암모니아 프로젝트 공정 본격화로 본사 플랜트 및 해외법인 매출 증가 효과가 반영되면서 실적 개선을 견인했다. 또한, 북미 화학 부문 사업 투자 확대도 실적에 보탬이 될 것으로 예상된다. 지난해 대림산업은 신성장 동력 확보 일환으로 수술용 장갑 등에 사용되는 합성고무수지와 라텍스 등을 생산하는 미국 크레이튼의 카리플렉스 사업부 인수합병에 나섰다. 이어 태국 PTTGC와 합작해 미국 에탄크래커 석유화학 공장 개발도 검토 중이다. 이처럼 대림산업은 건설업의 불확실한 미래를 대비하기 위해 다양한 분야로 사업 다각화를 추진하고 있다.

3) 사업다각화 vs 주택올인

건설산업 환경이 악화하는 가운데 이를 극복하려는 건설업계의 사업전략이 두 갈래로 나뉘며 눈길을 끌고 있다. 주택 건설 경기가 침체했지만 그래도 주택 사업을 꾸준히 밀고 나가겠다는 회사가 있는 반면, 주택만으로는 어렵다며 사업 다각화에 나선 회사도 있다. 대림산업은 해외 건설 비중을 줄이면서 에너지 사업에 역량을 쏟아 붓고 있다. 대림산업은 2013년 대림에너지를 설립해 경기도 포천에 포천복합화력발전소를 가동 중이다. 또 호주 퀸즈랜드주와 미국 미시간주 등에서도 에너지 사업을 진행하고 있다. 대림에너지는 3분기까지 지난해 같은 기간보다

67.9% 늘어난 878억원의 매출액을 올렸다. 최근에는 미국 가스복합사업, 칠레 태양광 사업도 추진하고 있다.

 # 참고자료

- 조선비즈 2019.11.19 '사업다각화 vs 주택올인으로 엇갈린 건설 전략… 누가 웃을까'
- CEO 스코어데일리 2020.11.19 '대림산업, '1조 클럽' 첫 입성 기대감 높아…분양·해외 사업 호조 결실'
- 세계일보 2020.11.22 '대림산업, 업계 최초로 BIM 기술 전면 도입'
- 일요서울 2019.12.20 '[연속기획] 한국을 빛낸 대기업 계열사─⑫대림산업'
- 조선비즈 2020.01.16 '대림산업, C2 HOUSE 가변형 벽식 구조 특허 등록'
- 스카이데일리 2019.11.29 '대림산업 구글어시스턴트와 홈 네트워크 연동'

삼성물산 건설부문

1. 재무현황

(단위 : 억원)

구분	2016년	2017년	2018년	2019년 3Q 누적
매출액	129,530	119,830	121,190	89,160
영업이익	340	5,010	7,730	4,020

삼성물산을 포함한 건설업계 성적표가 저조한 이유는 그간 실적 개선을 이끌고 높은 비중을 차지하던 국내 주택 부문에서 정부 규제의 영향으로 공급이 위축되었기 때문이다. 삼성물산의 영업이익이 전년도 대비 21.5% 감소했다. 그중 건설 부문은 지난해 영업이익이 전년보다 30.1% 감소하였고 매출은 3.9% 감소하였다. 일부 프로젝트가 종료하면서 매출이 전년보다 소폭 감소했고, 영업이익은 일회성 비용을 반영하며 줄어든 것으로 보인다.

2. 사업현황

삼성물산 건설부문은 축적된 경험과 차별화된 기술 역량을 바탕으로 새로운 건설 신화를 써 나가고 있다. 건축, 토목, 플랜트, 주택, 개발 사업 등 주요 사업 분야에서 괄목할 만한 성과를 거두고 있는 삼성물산 건설부문은 전 세계를 무대로 경쟁력을 강화하고 있다. 삼성물산 건설부문은 삼성물산 전체 부문에서 2019년 3분기 기준 38.66%를 차지하고 있다. 시공도급 중심의 체제에서 개발과 설계 구매, 운영, 투자 등 건설 산업 밸류 체인 전 단계로 사업영역을 적극적으로 확대해 나가고 있다.

3. 주요이슈
1) 디지털기술

삼성물산이 활용 중인 디지털 기술은 크게 모바일과 IoT 두 가지로 나뉜다. 4차 산업혁명으로 일컫는 IoT의 융합과 발달은 건설현장에도 큰 변화를 불러오고 있다. 2014년, 삼성물산은 현장업무 모바일 시스템인 '스마트 어플리케이션 위'를 도입하여 모바일 디지털 업무환경을 구축했다. 이를 통해 물리적인 제약을 제거하여 현장업무의 효율성을 높이려는 의미를 담고 있다.

2) 해외수주

삼성물산은 현재 말레이시아, 방글라데시 등 다양하게 해외에서 수주하고 있다. 말레이시아의 KLCC 포디움 프로젝트, 방글라데시의 메그나갓 프로젝트 등 오랜 기간 쌓아온 신뢰와 품질을 바탕으로 좋은 성과를 거두고 있다. 정부는 해외에서 활약하는 건설, 플랜트 기업들에게 스마트시티 해외 진출 활성화 방안을 내세우며 해외 스마트시트 수주를 전폭적으로 지원하기로 했다.

방글라데시 메그나갓 복합화력 발전소 수주

2019년 9월, 방글라데시 메그나갓 복합화력 발전소 공사를 수주했다. 삼성물산이 단독으로 수행하며 2019년 10월 착공하여 2022년 7월 준공 예정이다. 방글라데시는 2016년 이후 매년 7%가 넘는 경제성장률을 기록하는 등 빠르게 성장하고 있다. 경제 성장과 함께 전력 소비도 증가하고 있어 향후 발전소 신설에 대한 요구도 커질 것으로 예상된다. 삼성물산은 현재 방글라데시에서 시드히르간지 복합화력 발전 프로젝트를 수행하고 있는데, 이번 메그나갓 수주를 통해 아시아에서 더욱 입지를 넓혀갈 것으로 보인다.

방글라데시 다카공항 확장 수주

2020년 1월 15일, 방글라데시 다카국제공항 확장 공사를 일본 기업 2곳과 공동 수주했다. 2019년 9월 메그나갓 복합화력 발전소 수주에 이어 다카공항 확장공사까지 연속으로 수주하여 방글라데시 건설 시장에서 입지를 다지고 있다.

말레이시아 KLCC 포디움빌딩 수주

2019년 7월, 말레이시아 정부가 추진하고 있는 KLCC 마스터플랜에 포함된 산업으로 '쿠알라룸푸르 시티 센터(KLCC) 포디움 빌딩 프로젝트'를 단독 수주했다. 2019년 7월 15일 착공해 2020년 10월 준공 예정이다. 발주처 아라 모덴의 모회사인 KLCC는 삼성물산이 시공했던 말레이시아의 랜드마크 페트로나스 트윈 타워, 맥시스 타워, KLCC 로트(Lot) 91을 발주했던 회사다. 이번 복합 몰 공사까지 수주해 말레이시아 건축 시장에서 입지를 더욱 견고히 하게 될 계획이다.

3) 건설업계와 경기변동

경기변동이라는 변수는 삼성물산을 비롯한 건설업계뿐만 아니라 거의 모든 산업에 전체적으로 영향을 미치는 가장 중요한 요인이다. 또한, 건설업은 기본적으로 수주를 받아 진행되는 사업이고, 타 산업의 경제활동수준 및 기업설비투자, 가계의 주택구매력 등 건설수요의 증대로 생산 활동이 파생된다는 산업적 특성 때문에 경기에 크게 의존하고 있다. 더불어 정부가 건축허가 물량 및 정부의 공공시설 투자조정 등을 통해 국내 경기조절의 주요한 정책수단으로 활용하기 때문에 물가, 실업 등 거시적 경제지표에 크게 영향을 받기도 한다. 따라서 경기 침체 시 공공부문과 민간부문 모두에서 수주물량이 감소하기 때문에 건설업계의 타격은 더욱 커지게 되는 상황이다.

4) 래미안 신상품, Next Raemian Life

삼성물산은 밀레니얼 세대의 라이프스타일을 반영한 'Next Raemian Life'를 발표했다. 개인적인 취향과 개성이 강한 밀레니얼 세대를 위해 소비자가 직접 선택하는 상품을, 디지털 문화에 익숙한 이들에게 최적화된 IoT 환경을 제공할 예정이다. 유연한 소비와 편리함을 추구하는 경향을 반영하여 세대·단지 내에서 누릴 수 있는 서비스를 제공하고, 환경에 대한 높은 관심도를 반영하여 쾌적한 주거환경을 위한 기술과 성능을 구현할 예정이다.

4. 향후예상
1) 아람코 상장과 사우디 해외수주

세계 최대 기업공개(IPO)가 될 사우디아라비아의 국영 석유업체 '아람코'가 본격적으로 상장 준비를 시작하면서 '제2의 중동특수'가 일어날 가능성이 나오고 있다. 특히 사우디아라비아에서 그동안 사업을 진행한 삼성물산과 현대건설이 수혜를 입을 것이 기대된다. 아람코가 최근 1주당 8~8.52달러에 지분 1.5%를 매각하는 구체적 상장계획을 발표하면서 국내 건설사를 향한 해외수주 확대 기대감도 커지고 있다. 사우디아라비아는 아람코 상장을 통해 확보한 자금으로 도시개발, 인프라 확대, 비석유 부문 사업 강화 등 비전 2030의 구체적 계획을 추진하는데 이과정에서 가스와 화학 분야의 플랜트 발주도 크게 늘어날 것으로 전망된다.

이영호 삼성물산 건설부문 대표이사 사장이 10월 직접 사우디아라비아로 가서 양해각서에 서명했지만 아직 구체적 사업규모가 나오지 않았지만, 시장에서는 조 단위의 사업이 될 것으로 보고 있다. 삼성물산의 해외수주 잔고가 최근 3년 사이 절반 넘게 줄어든 만큼 사우디아라비아에서 수주 확대의 새 길을 찾을 가능성이 높다. 삼성물산 관계자는 키디야 프로젝트는 양해각서를 맺은 단계로 아직 사업과 관련해 구체적으로 결정된 사안은 없다며 사우디아라비아를 관심 있게 지켜보며 차분히 사업을 준비하고 있는 상황이라고 전했다.

2) 포트폴리오 다각화
타 건설기업들과 마찬가지로 사업포트폴리오 다각화의 필요성이 있다. 특히 작년 해외 수주 부진으로 더욱 신중한 모습을 보이고 있다. 사우디의 '키디야 프로젝트'는 삼성물산이 오랜만에 진행하는 대규모 사업이다. 양해각서를 맺은 지 2달이 지났지만 삼성물산은 조심스러운 태도를 보이고 있다. 중동시장 특성상 정치적 변수가 많고, 사업 규모가 큰 만큼 자금 조달도 상당하다. 구체적인 사업계획과 수익성에 대한 내용은 조금 더 지켜볼 필요가 있다. 리스크를 관리함과 동시에 양질의 해외수주를 통해 수익과 내실 강화 등 질적 성장을 위해 노력할 것으로 보인다.

3) 스마스시티 지원
정부가 스마스시티 지원, 육성에 적극적인만큼 우리나라 기업들은 스마트시티를 구현할 기술력이 충분한 것으로 보인다. 그러한 기술력을 가지고 해외로 얼마나 적극적으로 진출할 것인지가 관건일 것이다. 또한 친환경 트렌드에 맞춰 IoT 등을 접목 한 스마트시티를 만들어 갈 것이라고 생각한다.

참고자료

- 일요시사 2017.10.30 삼성물산, 4차 산업혁명 시대를 맞이하다
- 뉴시스 2019.07.07 삼성물산, 2070억원 규모 말레이시아 복합몰 공사 단독수주
- 조선일보 2019.10.01일 삼성물산, 7000억원대 방글라데시 복합화력발전소 공사 수주
- 삼성물산 건설부문 공식블로그 2019.10.1 방글라데시 복합화력 발전소 공사 수주
- 조선비즈 2019.07.07 삼성물산, 2070억원에 말레이시아 KLCC 포디움빌딩 수주
- 매일경제신문 2019.11.20 삼성물산, 래미안 신상품 'Next Raemian Life' 발표⋯옵션 다양화 · 전문 서비스 강화 눈길
- 비즈니스포스트 2019.11.19 삼성물산 현대건설, 사우디아라비아 아람코 기업공개로 중동특수 기대
- 비즈니스포스트 2019.12.22 삼성물산 사우디아라비아 조 단위 사업에 신중모드, 열쇠는 수익성

현대건설

1. 재무현황

(단위 : 억원)

구분	2016년	2017년	2018년	2019년 3Q 누적
매출액	188,250	168,871	167,309	126,474
영업이익	11,590	9,861	8,400	6,895

현대건설의 매출액과 영업이익의 감소는 바로 국내 주택산업의 부진에서 비롯한다고 볼 수 있다. 국내 주택산업은 정부 규제의 영향으로 공급이 위축되고 현대건설뿐만 아니라 타 건설사에도 많은 영향을 주었다. 이러한 이유로 2016년 이후 영업이익과 매출액이 감소했다고 봐도 무방하다. 하지만 현대건설은 다른 건설사들과 다르게 영업이익이 2019년 들어 증가하고 있다. 그 이유들 중 하나는 바로 GBC건설이다. 현대그룹의 신사옥건설이 수주되면서 현대건설의 매출액과 영업이익 신장에 도움이 되고있다. 이러한 이유로 다른 건설사들과는 달리 현대건설의 재무현황은 2019년 나쁘지 않은 기록을 냈다.

2. 사업현황

1) 토목

도로, 교량, 철도, 물환경 · 수처리, 항만, 지하공간 등이 있다. 태국 파타니 나라티왓 고속도로 건설, 사우디아라비아 주베일 산업항, 말레이시아 페낭대교, 방글라데시 자무나 다목적교 건설과 같은 사업을 진행하였다.

2) 건축/주택

체육/레저시설, 병원/의료시설, 빌딩/업무시설, 주거시설, 문화/전시시설 등이 있다. 초고층 및 그린빌딩 분야에서 글로벌 경쟁력 강화에 집중하고 있으며, 확대를 통해 성장성 및 수익성 개선을 동시에 달성하고자 한다.

3) 플랜트

가스처리, 정유, 석유화학, 산업설비, 원자력이 있다. 단양 시멘트공장, 포항제철, 대산 정유공장 및 석유화학 단지를 건설했다. 최근에는 현대제철 3고로, 사우디 마덴 알루미나 제련소를 완공하면서 산업설비 건설에서도 두각을 보이고 있다.

4) 에너지

발전/담수플랜트, 발전설비, 송/변전설비, 신재생에너지가 있다. 향후 미래사회의 근간이 될 신재생에너지의 개발과 녹색에너지 네트워크 건설을 목표로 나아가고 있다.

종합하자면 2019년 수익성 중심의 내실경영을 하였고 양질의 수주로 안정적으로 경영실적을 달성할 것으로 보인다. 수주는 사우디 마잔 프로젝트, 싱가포르 북남 고속도로, 베트남 베가시티 복합개발 사업 등 해외공사와 고속국도 김포, 파주 그리고 송도 주상복합 등 국내 공사를 통해 2018년 대비 5% 증가한 영업이익의 실적을 낼 수 있었다. 더불어 올해 초장부터 카타르 루싸이플라자, 알제리 복합화력, 싱가포르 풍골 스포츠센터 등 총 2조 4,000억원의 일감을 확보한 것으로 보인다.

3. 주요이슈
1) GE조지아 해외수주

조지아에서 약 8,636억원 규모의 수력발전소 공사의 낙찰의향서를 접수했다. 이는 한국수자원공사의 조지아 법인인 JSC넨스크라 하이드로가 발주한 프로젝트로 조지아 북서부 산악지대에 수력발전소 및 댐, 터널 2개소 등을 건설하는 사업이다. 총 8,636억중 3,886억원이 현대건설 지분이다. 엔지니어링, 구매, 건설 등 전 프로젝트 과정을 일괄 수행하는 '턴키(Turn Key)' 방식으로 공사를 진행한다.

2) 기술고도화를 통한 현대건설의 위기 타개법

현대건설은 세계 최초 공기 청정 세대환기 시스템 개발을 완료하고 미세먼지 저감을 위한 토탈 솔루션 'H 클린 알파 플러스(Clean α+)'를 완성해 선보일 계획이라고 한다. 현대건설만의 독자적인 특허 기술인 공기 청정 세대환기 시스템은 미세먼지 저감은 물론 헤파 필터로도 제거할 수 없는 휘발성 유기화합물(VOCs)·폼알데하이드·박테리아·바이러스·곰팡이 등까지 제거 가능한 세대환기 시스템이다.

3) 이란사태는 양날의 검, 중동유가는?

미국과 이란 사이 긴장감으로 중동 정세가 악화돼 주변지역으로 번진다면 덩달아 수주환경에 영향을 주고 기존 사업에도 차질을 줄 가능성이 있다는 목소리에도 일각에서는 외려 기회로 다가올 수 있다는 분석이 있다. 전후 재건사업에 속도를 내고 있는 이라크, 2022년 월드컵을 앞두고 있는 카타르, 알제리 등 국가들이 유가가 오르게 되면 산유국의 재정 여력이 커져 수주가 늘어날 수 있다는 분석이 있다.

4) 활발한 해외수주, 2년만에 수주고 60조 회복

현대건설이 해외에서 활발하게 일감을 확보하며 수주잔고가 2년여 만에 60조 원을 넘어섰다. 신규수주의 무게 중심을 국내서 해외로 옮긴 전략이 주효한 것으로 보인다.

카타르 루사일 플라자 타워 PLOT3, PLOT4 공사 수주

현대건설은 카타르 루사일 부동산 개발회사가 발주한 '루사일 프라자 타워 플롯 4' 공사를 6,130억원에 수주하고 낙찰통지서를 접수했다. PLOT은 구획이라는 의미로 오피스 빌딩뿐 아니라 주변 부대시설이 위치한 인근 구역을 포함하는 개념이다. 루사일 플라자 타워 프로젝트는 총 4개의 PLOT이 있는데, 현대건설은 이중 PLOT 3 과 PLOT 4 공사를 수주했다. 새해 첫 해외수주 포문을 연 루사일 플라자 타워 PLOT 4(총 6,130억원)에 이은 수주 낭보로 두 공사 금액을 합쳐 약 1조 2,000억원(USD 10억 6,000만 달러) 규모의 초대형 건축 공사다. 현대건설은 2022년 카타르 월드컵 결승전 개최 예정인 루사일 지역에 현재 진행 중인 고속도로 건설에 이어 금번 대형 건축물 수주로 해당 지역에 대표 랜드마크를 조성하며 현지에서 위상을 높이고 있다.

싱가포르 풍골 스포츠센터 수주

현대건설은 싱가포르에서 총 2,700억원 규모의 풍골 스포츠센터 공사를 수주했다. 싱가포르 현지 업체와 공동 수주했으며, 당사분은 약 1,900억원이다. 이번 스포츠센터 공사를 수주한 지역인 싱가포르는 현대건설이 싱가포르 전체 국토 6%를 확장해 국가 전체가 현대건설의 포트폴리오라 해도 무리가 없을 정도로 현대건설의 손길이 많이 닿은 나라이다. 현대건설은 지난 1981년 풀라우 테콩 매립공사를 시작으로 싱가포르에 진출한 이래 파시르 판장 터미널 3&4단계 공사, 마리나 사우스 복합개발공사 등 총 89건, 148억 달러에 달하는 공사를 성공적으로 수주했으며, 현재 토목공사 총 7개 현장, 14억 달러 규모의 공사를 수행하고 있다.

베트남 수주

지난 12일에는 베트남 민간 부동산 개발업체인 KDI 사가 발주한 총 한화 약 3,000억원(2억 5,000만 달러) 규모의 부동산 개발 공사인 베가시티 복합개발 사업 낙찰통지서를 받았다. 이 공사는 베트남 휴양 도시 나트랑지역 약 34만㎡ 부지에 고급 호텔, 빌라 등을 짓는 대규모 개발 프로젝트이다. 이는 2022년 6월 준공 예정이다.

4. 향후전망

1) 해외 수주 확대

현대 건설은 부동산 경기가 하강 국면을 보이고 있는 가운데 아직도 건축사업에 대한 의존도가 높은 상태이다. 이에 수년간 부진했던 해외, 플랜트 사업에 다시 힘이 실릴 것으로 예상된다. 현대건설은 2020년 EPC(설계 · 수주 · 수행) 경쟁력을 강화하고 시장을 다변화해 해외 수주를 확대해나갈 것이며 해외 가스 플랜트와 복합개발, 해양항만, 석탄발전, 송 · 변전 공사 등에서 우위를 점하며 추가 수주를 위해 다양한 노력을 기울일 예정이다.

현대건설은 이미 해외 건축분야에서 랜드마크 준공으로 탁월한 기술력과 시공능력을 입증받았다. 1965년 태국 파타니 나라티왓 고속도로를 시작으로 반세기 넘

게 글로벌 건설 시장을 누벼오며 세계 곳곳에 숱한 건설의 업적을 남겼다. 향후에
도 현대건설은 현대건설만의 뛰어난 기술력, 우수한 수행 능력을 바탕으로 전 세
계 곳곳에 랜드마크 건립을 주도하며 글로벌 탑티어(Top-Tier)로서의 위상을 높
일 것으로 보인다.

2) 스마트 건설

건설업계는 4차 산업혁명에 발맞춘 '스마트 건설'을 통해 생산성을 늘리려는 움
직임이 활발하게 일어나고 있다. 스마트 건설 기술이란 사물 인터넷(IoT)·빅데이
터·로봇 등 첨단 IT 기술을 전통적인 건설 기술에 접목해 생산성과 안전성을 확
대하는 것이다. 현대건설의 경우 올해부터 국내 공사현장에 다관절 인공지능 산
업용 로봇을 사람 대신 투입한다. 우선 드릴링처럼 단순 작업 현장에 투입하지만
2022년부터는 용적 등 더 정확한 작업이 필요한 공정에도 적용하기로 했다. 또한
토목, 건축·주택, 플랜트 등 특성에 맞는 디지털 기술을 각각 도입해 현장 적용성
을 높이기 위해 각 본부별 스마트 건설 전담조직을 신설하고 기술 지원 인력도 사업
본부에 전진 배치하는 등 건축기술의 스마트화에 박차를 가하는 것으로 전해졌다.

종합적으로 현대건설은 올해 풍부한 해외공사 수행 경험과 기술 노하우로 해양
항만, 가스플랜트, 복합개발, 석탄발전, 송·변전 등 기술적·지역별 경쟁력 우위
인 공종에 집중할 계획이라고 한다. 올해는 매출액 17조 4,000억원, 영업이익 1조
원, 신규수주 25조 1,000억원이라는 경영계획을 발표하며 공격적이지도, 보수적
이지도 않은 경영계획이라는 의견이 주를 이루고 있다. 그만큼 현대건설의 전망은
안정적이라고 봐도 괜찮을 듯하다.

참고자료
- 더 벨 2020.11.29 현대건설 2년만에 수주고 60조 회복
- 더 벨 2020.01.09 포스코, 롯데, 현대, 건설사 강타한 '디지털, 인공지능'
- 스마트경제 2020.01.14 현대건설, 카타르, 싱가포르서 잇단 낭보…1조 5,000억원 수주

현대엔지니어링

1. 재무현황

(단위 : 억원)

구분	2016년	2017년	2018년	2019년 3Q 누적
매출액	69,406	62,682	62,862	33,842
영업이익	4,946	5,144	4,536	2,000

현대엔지니어링은 수주 측면에서 매출의 1.5배를 상회하는 수주를 유지 중이며 매출 증가 속도가 빠른 편에 속한다. 과거의 현대엔지니어링은 사업 범위가 설계 서비스 제공에 머물러 있었지만, 현대엠코와의 합병 이후 자체 시공 능력을 갖추면서 컨소시엄 구성을 통한 해외 프로젝트 수주가 늘고 있다.

현대엔지니어링의 미청구 공사대금은 2019년 상반기 기준 6,081억원으로 공사 수주가 급속도로 증가해 미청구 공사대금이 늘어난 상황이지만, 발주처와의 갈등이 없다면 받아낼 수 있는 대금으로 재무제표상 자산으로 분류한다.

2. 사업현황

현대엔지니어링은 화공플랜트 사업본부, 전력플랜트 사업본부, 건축 사업본부(주택사업 포함), 인프라 사업본부, 투자개발 사업본부로 나뉜다.

1) 화공플랜트사업

원유 및 가스처리, 원유 정제, 석유화학, LNG 터미널 및 액화 설비, 폴리실리콘, 비료 등과 같은 화학플랜트와 철강 및 비철금속 등과 같은 산업 설비 사업을 포함한다. 화공플랜트 시장은 풍부한 천연자원을 바탕으로 성장 가능성이 높은 아시아 및 태평양 지역의 지속적인 성장이 예상되며, 사하라 이남 아프리카 지역 및 중남미 지역의 에너지 관련 중장기 사업 투자 증가, 환경규제 강화에 따른 기존 설비 대체로 인한 시장의 지속적인 확대가 예상된다. 또한, 선진국의 기존 설비 노후화에 따른 시설 교체 수요 증가로 산유국 중심의 발주량 증가가 기대된다.

2) 전력플랜트사업

모든 산업의 원동력이 되는 발전, 에너지 네트워크의 근간이 되는 송·변전 등을 대상으로 한다. 신흥국 및 개발도상국을 중심으로 산업화에 따른 전력난 해소 및 안정적 전력 공급을 위해 투자가 지속될 것으로 보인다.

3) 건축사업(주택)

완성차, 부품, 철강 공장 등 산업시설부터, 상업빌딩, 의료시설, 체육시설, 교육시설 등을 포함한 일반건축, 아파트 재개발, 오피스텔, 주상복합 등의 주택 건축까지 국내외 넓은 사업영역을 구축하고 있다.

4) 인프라사업

국가 경제발전의 근간이 되는 SOC인 도로, 교량, 항만 등 교통시설과 산업단지, 수력발전, 상하수도 및 환경시설까지 대상으로 한다. 아시아 인프라 투자은행 출범 이후 향후 동남아 및 중앙아시아 지역의 인프라 건설시장은 지속적으로 확대될 전망이다. 또한, 수력발전과 상하수도 같은 기본 인프라 시설이 절대적으로 부족한 남미와 아프리카는 중장기 유망 시장으로 전망된다.

3. 주요이슈

현대엔지니어링은 전국 현장에 직원을 파견하고 있으며, 작년 수주한 프로젝트로는 인도네시아 정유공장, 괌 복합화력발전소, 폴란드 석유화학 플랜트, 솔로몬 제도 수력발전소 등이 있으며 작년 5월부터 프로젝트팀을 결성, 현대건설이 수주한 사우디 마잔 프로젝트를 현대건설, 아람코와 함께 진행 중이다.

1) 동북선 경전철 금융조달 완료

12월 26일 현대엔지니어링은 동북선 도시철도 민간투자사업에 대한 금융약정 협약을 체결했다. 향후 준공 시 서울 강북지역 교통난 해소 및 교통여건 개선이 기대된다. 이 사업은 민간이 건설하고 직접 운영해 수익을 창출하는 BTO 방식 사업으로 총 조달된 금융은 7,800억원이다. 이번 사업의 성공을 발판 삼아 국내 철도 건설시장에서 현대엔지니어링의 위상을 공고히 다지고, 이번 기회를 통해 습득한 경험과 노하우는 후속 사업장에도 적극 적용할 것이다.

2) 미국-이란

미국-이란의 갈등은 국내 건설업계에도 위기감을 조성했다. 미국과 이란의 관계가 최악에 다르면 해외수주 텃밭인 중동 전체가 위기감이 돌며 수주에도 직격탄을 맞을 후 있기 때문이다. 이에 국내 건설사들은 상황을 주시 중이다. 또한, 중동 현장 직원들의 외출이나 출장 등 외부 활동을 자제하도록 했으며 경비도 강화했다. 지난 2016년 이란 경제제재가 해제된 직후 현대엔지니어링이 수주한 3조 8,000억원의 공사도 트럼프 정부 출범 이후 경제제재가 재개돼 계약이 해지된 경우가 있었다.

3) GTL 플랜트

현대엔지니어링이 천연가스를 고부가가치의 석유제품으로 만들어내며 신 실크로드 개척에 나서고 있다. 현대엔지니어링은 우즈베키스탄에서 GTL(Gas-To-Liquid) 플랜트 공사를 진행 중이다. GTL은 천연가스를 화학적으로 가공해 액체 상태의 석유 제품을 만들어내는 기술이다. GTL 플랜트는 향후 천연가스를 이용해 디젤, 나프타, 케로젠 등의 석유제품을 생산한다. 이렇게 만들어진 연료는 일반 원유 정제 제품과 달리 황, 방향족, 중금속과 같은 대기오염 유발 물질의 함량이 낮고 이산화탄소 배출량도 석탄과 비교하면 50%, 석유와 비교하면 70% 수준인 청정 원료이다. 최근 기존 에너지산업에 대해 기후변화, 미세먼지 등 각종 이슈가 대두되는 가운데 청정에너지 보급정책 확대에 대응하기 위해 가스 개발이 곧 당연한 수순이 될 것이라는 것이 전문가의 견해였다. 카타르 항공이 GTL유를 대체하여 사용하고 있으며, 영국 항공도 도입 계획에 있어 GTL유의 수요는 앞으로 꾸준히 증가할 것으로 예상된다. 따라서 현대엔지니어링은 우즈베키스탄 최초의 GTL 플랜트를 발판 삼아 중앙아시아 시장 그리고 아프리카 시장까지 공략할 예정이다.

4) 환율-국제유가

현대엔지니어링은 해외 시장을 타깃으로 하는 건설 플랜트 업체이다. 원·달러 환율과 국제 유가가 오름세를 보이면서 수주에 대한 기대감이 커지고 있다. 플랜트업계에선 원화 약세 국면 시에는 부진했던 해외 수주 실적을 끌어올릴 기회가 될 수 있다. 해외 건설 수주는 가격 경쟁력이 중요한데, 환율이 수주 경쟁력을 좌우할 주요 변수가 되기 때문이다.

원화 약세가 되면 가격 경쟁력이 올라간다. 5% 원화 가치가 절하되면 기업들은 입찰 시 5% 싼 가격을 제시할 수 있기 때문이다. 수주뿐만 아니라 전체 사업 기간 환율 변동이 전체 사업의 수익성을 결정한다. 원화 가치가 오르면 상대적으로 사업 수익성이 떨어졌다가 원화 가치가 내리면 수익성이 더 커진다.

2010년 이후 국내 기업들은 해외 석유 플랜트에서 저가 수주 경쟁을 하며 수익성이 낮은 공사를 출혈 수주하기 시작했다. 이후 원유 가격이 하락하고 설비 투자가 줄면서 최악의 수주 가뭄을 겪기도 했다. 2018년 하반기에는 저유가 등의 악재로 수주 실적이 좋지 않았다. 현대엔지니어링의 경영은 정확한 예측과 시장 분석을 통해 이루어진다. 환율과 유가의 등락에 따른 때론 외자재를 조기 발주, 계약하는 등의 방법을 통해 높은 마진을 추구하고 있다.

4. 향후예상

현대엔지니어링은 수익성 악화, 건설시장의 패러다임 변화 등에 대응해 신성장 동력과 스마트 건설 기술 확보에 힘쓸 것으로 보인다. 현재 건설업계는 해외 발주 물량 축소와 부동산 규제 강화로 사업 여건이 좋지 않다. 현대엔지니어링은 GTL, 천연가스 액화, 석탄 가스화, 민자발전사업, 태양열 발전, 고온 가스로 실증사업, 모듈러 건축사업, 금융 연계형 주택 사업, 물 산업 해외 진출, 폐자원 활용 에너지화 사업 10가지를 미래 성장 동력 사업으로 꼽고 있다. 따라서 앞으로 수익성 개선을 위해 미래 사업에 더욱 적극적일 것으로 보인다.

또한, 기술적으로 모바일 3D 플랜트 설계 시스템을 도입해 각 자재들을 다른 색으로 표시, 공정 현황을 파악하는 등 여러 시행착오를 줄일 수 있는 시스템을 도입했다. 실제 도면과 3D 시스템을 둘 다 직접 본 경험이 있다. 실제로 보기 쉽고 일 처리가 빨라지는 장점이 있었다. 그 외, 드론을 통한 정밀 측정, 시공과 유지 관리를 위한 모니터링 시스템, 무인 중장비 등 다양한 시도를 하고 있어 효율적으로 개선될 것으로 보인다.

참고자료

- 연합뉴스 2019.12.26 현대엔지니어링 컨소시엄, 서울 동북선 경전철 금융조달
- 조선비즈 2020.01.07 이란 사태에 노심초사하는 건설업계… "고유가가 기회 될수도"
- 디지털타임스 2020.01.15 GTL 앞세워 新실크로드 개척 나선 현대엔지니어링
- 데이터뉴스 2019.06.12 현대엔지니어링, 미청구공사대금 1년 새 88.1% 증가

Chapter
02
마트

Chapter2.
마트

롯데마트

1. 재무현황

(단위 : 억원)

구분	2016년	2017년	2018년	2019년 3Q 누적
매출액	76,176	66,220	60,317	16,640
영업이익	490	400	80	120

　국내의 경우 오프라인 업태 부진 및 구조조정에 따라 기존점의 매출액이 하락한 것으로 분석되었으며(특히 신선식품과 의류 카테고리에서 매출이 크게 줄었다), 베트남과 인도네시아 사업이 고성장세를 지속하고 있다. 베트남의 경우 PB상품, Meal solution 등으로 상품 경쟁력을 강화했다. 인도네시아 소매 부분(도매 매출 이익 개선을 위해 저마진 매출을 축소하고 소매 점포 효율을 개선했다) 및 베트남 기존점 고신장으로 영업 이익이 증가한 것으로 분석되었다. 실적 개선을 위해 회계 기준 변경은 물론 판관비를 절감하기 위해 노력했다.

2. 사업현황
1) 백화점(17.4%)
백화점, 영플라자, 아웃렛이 있다.

2) 할인점(35.8%)

국내 롯데마트 124개 점(19년 3월 기준), 해외 61개 점 운영 중이다. 롯데마트의 사업 비중이 가장 크지만, 영업이익은 백화점이 가장 크며 77.4%를 차지한다.

3) 전자제품 전문점(23.3%)

하이마트 전국 488개 매장 및 온라인 쇼핑몰(국내 1위)이 있다.

4) 슈퍼(10.7%)

5) 기타(12.8%)

롭스, 롯데홈쇼핑, e커머스 등이 있다.

롯데마트는 롯데쇼핑에 속해 있으며 2019년 3분기 말까지 126개 점 (Hypermarket 121개 점, VIC Market 5개 점)을 운영하고 있다. 주요사업으로는 롯데마트, VIC마켓, 롯데마트몰을 운영하고 있으며 산지 직거래, 해외 소싱 확대 등을 통해 신선식품의 경쟁력을 강화하고 있다. 뿐만 아니라 PB상품도 지속적인 연구 개발을 통해 품질을 향상하면서 품목을 꾸준히 확대하고 있다.

3. 주요이슈

1) 마튜브(마트+유튜브)

그동안 대형마트 홍보 방법은 전단지나 쿠폰으로 해왔지만 영상에 익숙한 소비자가 많아지면서 비디오 관련 홍보 방법이 생겨났다. 실제로 현재 롯데마트의 경우 M쿠폰 어플리케이션에 롯데마트에서 판매되는 상품을 소재로 홍보 영상을 올리면 다른 고객에게도 해당 영상이 공유된다. 이는 만약 소비자가 이 영상을 클릭하여 구매로 이어지면 영상 게시자에게 판매금액의 1%가 적립되는 형태의 플랫폼이다.

2) 초저가 전략 강세

롯데마트에서는 작년 상반기 9년만에 '통큰 치킨'을 부활시켰다. 온, 오프라인에서 확산하고 있는 '초저가 전쟁'에 맞서기 위해 9년 전 유행을 이끌었던 '통큰 치킨'을 전 점포에서 판매하도록 한 것이다. 프랜차이즈 치킨의 4분의 1가격으로 재출시 당시, 1주일 만에 2개월치 물량인 14만여 통이 판매되며 소비자에게 많은 인기를 끌었다.

3) 이커머스 공세 등 대형마트 소비자 급감

국내 유통시장을 지속해 왔던 대형마트가 소비자를 급속하게 잃고 있다. 그 이유는 온라인 중심의 소비 트렌드, 이에 가세한 쿠팡과 같은 이커머스의 공세, 편의점 급증을 꼽을 수 있다. 실제로 매출액만을 비교한다면 쿠팡에 역전될 위기이다. 롯데마트는 이에 대응하기 위해 2019년 하반기부터 온라인 쇼핑을 강화하고자 각유통 계열사의 온라인몰을 '롯데 온(ON)'으로 통합하고 있다.

4) 온라인 사업의 통합과 롯데 ON

온라인 사업의 통합은 온라인 몰 간 이동 경험을 제공함은 물론 롯데 유통 7개사(백화점, 마트, 슈퍼, 홈쇼핑, 하이마트, 롭스, 닷컴) 온라인 몰을 모두 이용할 수 있도록 하며, 각 유통사별 온라인 몰에서 제공하는 관련 상품을 추천받을 수 있도록 구현하였다. 2019년 론칭 한 달 동안 거래액이 전년 대비 30%증가(약 7,000억원)했으며 하루 평균 트래픽은 400만 명을 기록했다. 서비스 시작을 기념해 반 값으로 내놓은 다이슨 드라이기, 에스티로더 에센스가 각각 58초, 2분 만에 완판됐다. 오프라인에서 안내 문구를 보고 직접 입력해 들어온 오프라인 유입 소비자가 70%에 달했다.

5) 베트남 직구사업 진출

롯데마트가 모바일 앱 '스피드엘'을 통해 베트남 현지 상품을 주문하면 한국에서 받아볼 수 있는 해외직구 서비스를 선보일 예정이다. 그동안 베트남에서 롯데마트를 운영하며 쌓아온 경쟁력을 직구 사업에 접목해 새로운 수익 모델을 확보한다는 전략이다. 베트남의 스마트폰 보급률은 90%가 넘는다. 유통시장은 아직 우리나라의 20년 전이라고 하지만 스마트폰 보급으로 인한 온라인몰의 성장세와 배송서비스는 한국과 비슷한 수준이기에 직구사업 또한 성장가능성이 있다고 보여진다.

6) 롯데마트, 인도네시아가 '승부수'가 될 것

롯데마트는 부진을 탈출하기 위해 인도네시아 영업에 주력하고 있다. 19년 하반기에 인도네시아에 5개의 도매형 점포를 추가 개설하여 현재 51개까지 확대되었다. 2008년 처음 인도네시아 시장에 진출하고 롯데마트는 현지 특성을 살려 도매형 매장과 소매형 매장을 병행하여 운영하고 있다. 실제 해외매출의 80%이상을 인도네시아에서 차지하고 있다. 국내에서는 낮은 영업이익을 보이는데 반해, 해외에서는 꾸준히 매출이 늘고 있고 수익성을 올릴 수 있는 가능성이 높기에 계속해서 집중하고 있는 것으로 보인다(인도네시아, 베트남 등 해외에서 160억원의 이익을 냈다). 또한 인도네시아는 도매법인의 B2B 사업 확장 등에 지속해서 투자할 것으로 보인다.

4. 향후예상

1) 체험형 콘텐츠 강화

롯데마트가 오프라인 매장만의 특징을 강화하기 위해 '자율형 점포'와 체험형 콘텐츠를 확장하는데 노력하고 있다. 이는 매장 안에 고객에 특화된 상품과 다양한 즐길 거리를 갖춰 온라인으로 이탈하는 고객들을 붙잡기 위함이다. 때문에 롯데마트는 추가 출점을 하지 않고 점포 재단장에 나서며 즐길 거리를 제공하고 있다. 대표적으로 '토이저러스'는 어린이 고객들을, 스포츠 파크와 서바이벌장은 10~30대 고객을 집중하는 모습을 보이고 있다. 경쟁사인 이마트의 대표적인 매장인 일렉트로마트가 체험을 위주로 한다면 롯데마트는 '재미와 놀이'에 초점을 맞추었다.

또한, 매장 현장에 권한을 늘리는 '자율형 점포'를 확대, 상권별 특징을 반영하여 점포 별로 시그니처 상품을 만들고,. 비규격 상품과 관련해 판매 가격 조정 등의 권한을 점포에 부여하여 좀 더 다양성을 보여 소비자들을 사로잡을 것으로 보인다.

2) 점포 폐점 및 구조조정

2019년 기준 124곳 중 50곳이 적자인 마트 점포였다. 이 중 20곳에 대해 구조조정을 진행했으며 일부(수지점)는 폐점했다. 대형마트 구조조정이 완료되면 연간 500억원의 비용이 절감될 것이라는 분석이 있다. 앞으로도 매출과 수익성을 감안해 비효율 점포에 대해 효율화 작업이 계속될 것이다.

3) 인도네시아, 베트남 시장 공략

2023년까지 롯데마트의 핵심 해외시장인 인도네시아에 롯데마트 점포 100곳, 베트남에 40곳의 점포를 운영할 계획이다. 롯데마트는 이미 도매점을 통해 온라인 물류센터로 이용할 수 있는 기반을 마련해 놓았고, 인도네시아 10대 도시의 대형 점포와 지역거점 도시의 점포를 연결해 전국적 물류 네트워크를 완성할 계획을 세워둔 상황이다.

특히 베트남은 외식 비중이 높다는 점을 반영해 베트남 롯데마트를 '밀 솔루션' 매장으로 재단장을 이어갈 것으로 보인다. 밀 솔루션 매장은 간편 식사류나 베이커리류 등 마트 안에 식품 코너를 강화한 매장을 말한다. 각종 규제로 국내 대형마트 출점이 어려운 상황과 온라인과 최저가 경쟁을 펼치고 있는 상황이지만 해외시장에서 영업이익의 증가를 이어가겠다는 전략이다.

참고자료

- 뉴데일리경제 2019.07.23 [단독] 롯데마트, 베트남 직구 사업 진출… 11월 '스피드엘'에 직구관 론칭
- 뉴데일리경제 2019.06.20 '문화센터에 로봇 강사?'…롯데마트, 인공지능 교육용 홈 로봇 '클로이' 운영
- 뉴데일리경제 2019.04.11 유통업계는 지금 '다이어트' 中… 롯데쇼핑 연내 9개 점포 접을 듯
- 이데일리 2019.01.10 대형마트 올해 생존전략…이마트 '초저가'vs롯데마트 '옴니'
- ZD Net Korea 2019.03.31 롯데쇼핑, 통합 로그인 서비스 '롯데 ON' 출시
- Business Post 2020.1.19 롯데마트, 체험형 콘텐츠와 신선식품 강화로 고객 붙잡기 안간힘

이마트

1. 재무현황

(단위 : 억원)

구분	2016년	2017년	2018년	2019년 3Q 누적
매출액	147,779	155,149	170,491	142,297
영업이익	5,469	5,857	4,628	1,606

이마트는 2019년 3분기까지 연결기준 매출액 14조 2,297억원, 영업이익 1,606억원을 기록했다. 분기별 실적의 경우 2019년 3분기 매출액은 5조 633억원, 영업이익은 1,162억원을 내며 2018년 3분기와 비교해 매출은 7.1% 증가했지만, 영업이익은 40.4% 감소했다. 2018년 같은 기간보다는 영업이익이 줄었지만 최근 1년간 분기별 영업이익 중 가장 높은 수치이다. 2019년 2분기엔 영업손실이 299억원을 기록하며 사상 첫 적자를 냈다. 2019년 3분기에 이마트가 실적 반등을 통해 흑자 전환에 성공한 것은, 2019년 8월 이후 주력사업인 할인점의 기존 점포 매출 감소폭을 줄였기 때문이다. 이마트 기존 점포의 2019년 7월 매출은 지난해 7월과 비교해 11.6% 줄었지만, 8~9월 기존 점포 매출 감소폭은 3.1%로 상반기 기존 점포 매출 감소폭인 3.2%보다 개선됐다.

이마트의 2019년 2분기 창사 이래 처음으로 적자를 기록한 것은 할인점 본업 악화와 SSG닷컴 신규 투자 확대 때문이다. 오프라인 매장 고객을 늘리기 위해 할인 행사를 확대하고, 재산세 등 오프라인 매장 관련 비용이 늘어난 것이 부담이 됐다. 이마트는 상황을 돌파하기 위해 전문점과 창고형 할인매장, 편의점 등 신사업을 펼치고 있으나 반전카드가 되지는 못하고 있다. 트레이더스와 이마트 24의 영업이익은 소폭 증가했으나, 전문점은 영업적자를 기록하며 H&B 스토어 부츠와 삐에로쇼핑은 고전 끝에 폐점하고 있다.

2. 사업현황

1) 할인점

대한민국 1등 할인점 이마트와, 자영업자를 위한 순수 EDLP(Every Day Low Price)매장인 이마트 트레이더스가 있다. 현재 이마트 140개 점, 트레이더스 18개 점을 운영하고 있다. 경기 불황 지속에 따른 내수 경기 침체, 편의점, 온라인, 모바일 등의 소비채널 다각화, 영업규제 강화 및 대형마트 시장 포화로 인해 신규 출점이 제한되는 등 어려운 영업환경 속에서 이마트는 영업 활성화를 위한 다양한 노력을 하고 있다. 축적된 유통역량을 바탕으로 기존 사업을 재정비하고 신사업에 적극 투자하고 있다. 기존 대형마트는 체험, 경험 중심의 매장 리뉴얼을 통해 점포 경쟁력을 제고하고 상품구조 혁신을 통해 수익성을 극대화하고 있다. 또한, 이마트 트레이더스는 지속적인 수익성 개선을 통해 이마트의 제 2 성장동력으로 자리매김하고 있다.

2) 프리미엄 슈퍼마켓

도시형 최고급 슈퍼마켓인 SSG 푸드마켓과, 글로벌 델리와 체험형 F&B 슈퍼마켓인 PK마켓이 있다. 청담동 며느리 마켓이라 불리는 SSG 푸드마켓은 2개 점이 운영 중이며, 한국에서 쉽게 볼 수 없었던 다양한 수입 제품과 엄선된 품질을 자랑하는 식자재를 만나볼 수 있다. PK마켓은 스타필드 3곳에 하나씩 입점해있으며, 식재료(grocery)와 레스토랑(restaurant) 두 단어의 합성어인 그로서란트 매장 형태이다. 고급 식재료를 취급하며, 소비자가 구매한 식재료를 셰프에게 전달하면 바로 조리해주는 차별화된 서비스를 제공하고 있다.

3) 카테고리 킬러

체험 테마형 가전 전문점 일렉트로마트, 반려동물이 한가족이 되는 토탈솔루션 전문점 몰리스펫샵, H&B 스토어 부츠, 토탈 스포츠 및 아웃도어샵인 스포츠빅텐이 있다. 일렉트로마트는 40개 점, 부츠는 14개 점, 몰리스펫샵은 2개 점, 스포츠빅텐은 16개 점이 운영 중이다. 이 중 부츠는 수익성 악화의 이유로 지난해 18개 점이 영업종료를 하며 구조조정에 나섰다. 부츠는 해외 브랜드를 다수 도입하여 소비자에게 비싸다는 인식이 남아, 포화상태인 H&B 스토어 시장에서 자리를 잡지 못했고 적자가 지속됐다. 따라서 전문점 사업 효율화 차원에서 부진한 부츠 매장을 정리하고, 온라인 채널을 강화할 예정이다.

4) 온라인 몰

전국 이마트 매장을 물류거점으로 활용하고, 지역 밀착형 온라인 쇼핑몰로 신속하고 편리한 서비스를 제공하고 있는 이마트몰이 있다. 이마트몰은 이용자의 당사자 플랫폼 접근 가능성 다양화를 위해 검색 엔진/디렉터리, 링크 교환, 배너광고, 스폰서십, 이메일 활용 등을 통한 적극적인 프로모션 활동을 펼치고 있다. 또한, 다양한 형태의 제휴 및 온/오프라인의 경계를 허무는 옴니채널을 통해 새로운 인터넷 쇼핑 서비스를 다각적으로 수행하고 있다. 특히 이마트몰의 'SSG배송'은 오후 2시까지 주문하면 당일 배송을 해주는 서비스로, 온라인 식료품 구매가 일상으로 자리 잡고 있음에 따라 이용률이 지속적으로 증가하고 있다.

3. 주요이슈
1) '초저가' 전쟁, '초탄일'

온라인쇼핑의 무서운 성장으로 오프라인 매장이 위기를 겪고 있지만, 대형마트의 본질은 오프라인 매장의 질적 성장에 있다는 분석에서 대형마트들은 초저가 전략에 집중하고 있다. 온라인보다 저렴한 가격의 물건으로 장바구니를 채워 소비자를 집 밖으로 끌어내려는 이 전략은 지난해 생각보다 좋은 실적을 거두었다. 이마트는 2019년 8월부터 '에브리데이 국민가격' 상품을 내놓고 700원짜리 물티슈, 4,900원 와인 등을 판매하며 PB 상품의 경쟁력을 입증했다. 2019년 11월에는 '대한민국 쓱데이'를 열어 하루 만에 156만 명의 손님을 끌었다. 또한, 이마트는 '초저가 탄생일'을 뜻하는 '초탄일'을 열고 최대 50%까지 할인하는 등의 행사를 진행했다. 이와 같이 올해도 이 같은 사업의 효과를 이어갈 예정이다. 반짝 할인이 아닌 '상시적 초저가' 상품을 지속적으로 보여주고, 트레이더스의 꾸준한 신규 점포를 출점하고 신규 상품을 개발할 계획이다.

2) 이마트 트레이더스 성장

이마트 트레이더스의 연간 총 매출이 처음으로 2조원을 넘어섰다. 지난해 점포 3 곳을 추가 오픈한 효과와 더불어 가성비를 앞세워 기존점도 소비자의 지갑을 열었던 것으로 보인다. 19년 연간 잠정 총 매출액은 2조 3,370억원으로 전년보다 22.4% 증가했다. 트레이더스의 매출이 2조원을 넘어선 것은 이번이 처음이며 2015년 9,534 억원에서 이듬해 처음으로 1조원을 돌파한 이후 2017년 1조 5,214억원, 2018년 1조 9,100억원으로 고속 성장했다. 올해도 두 자릿수 성장이 기대된다. 사업 초반 코스트코와 줄곧 비교되었던 트레이더스는 현재 점포수 18개로 코스트코를 넘어섰고, 연회비가 없고 신선식품, PB 등 상품경쟁력을 내세우며 소비자를 잡을 수 있었다.

3) 기존 점포 리뉴얼로 고객 유치

영업이익 증대를 위해 삐에로 쇼핑과 매출이 높은 매장을 제외한 대다수의 부츠 매장을 철수시켰다. 노브랜드, 센텐스와 같이 영업실적이 좋은 사업은 확대 예정에 있다. 폐점으로 생긴 자금으로 이마트 매장 경쟁력 강화를 위해 기존 점포의 30% 이상을 '고객이 오래 체류하고 싶은 매장' 컨셉으로 리뉴얼 진행중이다. 그로서리 MD와 식음 테넌트를 적극 유치해 그로서리와 몰이 결합한 복합모델 형태로 개발한다. 전면 리뉴얼하는 다른 점포들도 이마트의 핵심 경쟁력인 그로서리 MD 를 대폭 개선하고, 트렌드에 맞는 외부 브랜드를 유치하며 일렉트로마트 등 집객력 있는 전문점을 도입하기로 했다.

4) 체험형 매장 확대

체험형 매장은 온라인의 대항마로 그 역할을 톡톡히 해낼 것으로 보인다. 직접 게임을 해보며 자신에게 맞는 마우스나 키보드 등을 찾아 구입할 수 있는 이마트 '게이밍숍'이 주목을 받고 있다. 이마트는 2019년 9월 죽전점을 시작으로 왕십리, 영등포, 천호, 부산센텀 등 5개 점포에 오픈한 게이밍숍에 젊은 고객의 방문이 늘고 매출도 증가하고 있다고 밝혔다. 게이밍숍 오픈 이후 이마트 전체 게임 관련 상품 매출은 2018년에 108.1% 상승한 데 이어 2019년 상반기에만 93.7% 올랐다. 이마트는 게이밍숍이 젊은층의 마트 유입을 돕는다고 보고 더욱 확대해 나갈 예정이다. 이마트는 하남점을 비롯해 연내 판교점과 킨텍스점에 게이밍숍을 열기로 했고, 유명 게임 캐릭터의 피규어, 가방, 모자 등을 판매하는 '게임 굿즈 존'도 현재 7개에서 점차 늘려 나갈 계획이다.

5) 온라인 사업

2019년 유통업계의 키워드는 온라인 시장이었다. 통계청에 따르면 2019년 10월까지 온라인 쇼핑 거래 규모가 약 109조 3,929억원으로 전년 대비 35% 증가하였다. 2020년에도 온라인 시장 점유율은 확대될 것으로 예측된다. 모기업인 신세계 그룹에서 온라인 사업 강화를 위해 이마트의 온라인 사업부를 독립법인 SSG닷컴으로 출범시켰다. SSG닷컴은 온라인 전체 주문량의 80%를 차지하는 수도권의 배송효율을 높이기 위해 온라인 센터 구축에 힘을 쏟고 있다. 또한, 전국 100여 개 이마트 점포에 있는 P.P(Picking&Packing) 센터도 배송 기능을 확대할 계획이며 편리한 쇼핑 환경을 제공하기 위해 IT 역량도 계속 강화하고 있다.

6) 비트 입점, '로봇이 내려주는 커피'

이마트 청계천점에 로봇카페 비트(b;eat) 60호점을 오픈했다. AI기능이 탑재된 무인 로봇카페로 모바일 기반의 음성 주문부터 원두 시럽 등 고객이 직접 선택한 맞춤형 커피를 제공한다. 이처럼 이마트는 AI, 5G가 적용된 체험형 매장을 확대해 나갈 것이다.

7) 이마트 새벽배송 문제점 대두

이마트가 온라인 사업의 핵심 경쟁력인 배송서비스에 투자를 집중하면서 야심차게 시작한 새벽배송 서비스 '쓱배송'은 이전까지 서울 10개 구에서만 이용할 수 있었다. 2019년 7월부터 경기 일부 지역을 포함한 17개 구로 확장했지만, 수도권 이외 지방에서는 새벽배송 서비스를 이용할 수 없다는 문제점이 대두됐다. 국내 새벽배송 시장 규모는 약 4,000억원대 규모로 성장했다. 이렇게 커진 시장에서 이마트의 수도권에 편중한 새벽배송 서비스는 전국구 대상 고객 유인 전략에서 단점으로 작용할 수 있다.

4. 향후예상

1) 몸집 줄이기

높은 임차료 등으로 수익 확보가 쉽지 않은 전문점의 경우 이마트의 경영 효율을 높이고 경쟁력을 강화하기 위해 사업을 조정하고 있다. 삐에로 쇼핑 7개 점은 점포별 상황에 따라 순차적으로 영업을 종료하고, 부츠도 점포별 수익성 분석에 돌입했다. 일렉트로마트도 판교점을 폐점한데 이어 대구점도 영업 종료를 검토하고 있다. 또한, 1조원 규모의 이마트 점포 13곳을 매각하여 자산 유동화에 나섰다.

이마트는 올해 수익성을 개선하고 집객력을 향상시켜 펀더멘탈을 회복한다는 계획이지만 쉽지 않을 것으로 보인다. 네오물류센터 공급물량 증가로 추가적인 마진율 훼손 가능성이 높고 일부 점포 리뉴얼에 따른 집객력 감소, 초저가 전략에 따른 기타 비용 증가, 점포 유동화에 따른 임대료 증가가 예상되기 때문이다.

2) 해외 진출

이마트는 국내와 달리 성장성이 뚜렷한 해외 진출을 확대할 것으로 보인다. 세계 최대의 소비시장인 미국 진출을 본격적으로 추진하기 위해 현지 유통업체를 인수하였고, 이를 통해 미국 사업 기반 강화와 확대를 가속화하고 있다. 동시에 철저한 현지화 전략을 바탕으로 베트남, 몽골 사업의 추가적인 출점과 상품 수출을 확대하고, 동남아 이외의 신시장 개척에 더욱 박차를 가할 예정이다. 노브랜드로 올해 필리핀에만 점포 8개 점을 열 계획이며, 베트남 진출 등 20여 개국에 수출하고 있다. 또한, 해외 유통그룹과의 계약을 통해 사우디 등 국가에 화장품 전문점으로 진출할 계획이다.

3) 새로운 형태의 유통 플랫폼 개발

이마트는 창고형 할인점 트레이더스를 출점하였고, 2019년 9월 말 노브랜드 매장은 230개 점을 넘어섰다. 쇼핑과 여가, 엔터테인먼트를 결합한 스타필드와 기타 전문점(PK마켓 등) 개발에도 힘쓰고 있다. 이러한 새로운 형태의 유통 플랫폼은 계속해서 확장될 것이다. 가격 경쟁과 상품 종류 수로 이커머스에 대응하는 것은 무리일 것이다. 오히려 고객이 오프라인에서만 체험 가능한 서비스를 제공해 새로운 방식의 수요를 개발해야 한다.

4) 이마트 트레이더스 사업 확장

이마트는 이번 2020년까지 창고형 할인점인 트레이더스의 매출액을 4조원 달성하겠다는 목표를 제시하였다. 2030년까지는 매출액 10조원을 기록하여 국내 최고 창고형 할인점을 만들겠다는 청사진을 내걸었다. 이에 따라 트레이더스는 작년 18개 점에서 2022년까지 부산, 안성, 의정부, 청주, 동탄, 수원 등 점포를 28개 점으로 확대할 예정이다. 또한, 이마트가 트레이더스와 스타필드 등 다른 유통채널과 시너지를 낼 수 있도록 많은 연계 사업을 진행할 계획이다.

5) 신석식품 강화

이마트는 차별화된 신선식품 경쟁력을 갖추고 있다. 특히, 신선도 유지를 위해 국내 농, 축산 업자와의 직거래를 통한다. 산지와 직접 제휴를 맺어 신선식품이 산지에서 급송되어 신선도나 품질 면에서 매우 우수하다. 이마트는 전체 140여 개 이마트 점포 가운데 30% 이상을 신선식품을 강화한 그로서리 몰 형태로 재단장을 계획 중이다. 우선적으로 이마트 월계점에서 신선식품 비중을 높이고 식음료 브랜드를 강화한 '미래형' 점포를 올해 초부터 운영하기로 했다. 다른 마트들도 월계점처럼 신선식품 상품기획(MD)를 강화하는 방향으로 재단장을 추진하고 있다.

이마트가 이처럼 신선식품을 강화하는 것은 강 대표가 미국 월마트의 성공사례를 이마트에 도입하고자 하는 것으로 보인다. 미국 유통업계에서 월마트는 온라인 유통 공룡인 아마존과 경쟁하면서 오프라인 할인점 매장이 가진 신선식품 부문의 경쟁우위를 바탕으로 충분히 맞대응할 수 있다는 것을 현실로 보여준 사례로 꼽힌다. 월마트는 온라인과 신선식품을 강화를 추진하고 있을 때인 2016년 창립 이후 처음으로 전년보다 매출이 줄어드는 등의 부진을 겪었지만 2019년 3분기에는 점포 매출이 3.2%나 증가하면서 실적 반등에 성공했다는 평가를 받고 있다. 이마트가 국내에서 2018년부터 쿠팡의 공세에 밀려 고전하고 있는 점에서 월마트의 사례는 이마트에게 적합한 롤 모델이 될 수 있을 것으로 보인다. 국내에서도 신선식품은 오프라인 실물을 보고 구매하려는 수요가 상대적으로 크기 때문에 아직까지 온라인 침투율이 10% 초반으로 전체 상품의 온라인 침투율이 29%인 점에 비춰보면 낮은 수준이다. 이마트가 중장기적으로 월마트의 '픽업 서비스'도 국내에 도입할지 관심이 쏠리고 있다.

6) '보이는 ARS' 도입

보이는 ARS는 위치, 운영시간 등 점포 정보, 행사, 이벤트, 결제수단, 택배, 서비스 등 단순 문의를 고객이 스마트폰을 통해 눈으로 확인하면서 보다 편리하고 정확하게 해결할 수 있도록 설계됐다. 문의 고객이 보이는 ARS를 활용함으로써 고객 센터 연결 시간이 단축될 뿐만 아니라, 63%에 해당하는 복합 문의 고객 응대를 효율적으로 할 수 있을 것으로 기대된다.

7) 대형마트 관련 법과 규제

이마트의 영업이익 확대를 하기 위한 다양한 노력을 하고 있지만 대형마트에 대한 법과 규제를 무시하지 못할 것이다. 관련 법령으로는 대규모 유통업에서의 거래 공정화에 관한 법률, 대·중소기업 상생 협력 촉진에 관한 법률, 유통 산업 발전법, 전통시장 및 상점가 육성을 위한 특별법, 도시교통정비 촉진법 등이 있다. 오프라인에 이러한 많은 규제와 법안이 있는 만큼 유통/물류 시스템을 구축하고 강화하여 온라인 시장에 투자해야 한다고 생각한다.

8) 지속되는 부진

계속되는 부진을 막을 수 있을지 궁금하다. 해외시장에서 몇달 전 이마트를 철수한다는 기사를 본 적이 있다. 이마트의 국내시장 영업이익은 적자를 기록하기 시작했고, 더는 해외시장의 매출로 커버할 수 없는 지경에 왔다. 물론 이마트의 장점도 있겠지만, 반짝하고 사라지는 것이 이마트 사업의 특징처럼 느껴진다. 처음 대형마트로의 이마트는 각광을 받았고, 노브랜드를 앞세운 트레이더스는 정말 신선했다. 하지만 이제 신선함은 찾아볼 수 없는 듯하다. 또한, 공격적인 판촉행사

(11월 SSG데이) 및 초저가 상품 전략으로 매출은 증가했을지라도 오히려 영업이익은 감소했다. 상품마진율이 하락한 것이다. 작년 4분기에 비용절감 및 효율화 작업을 진행하였지만, 영업이익은 감소했다. 관건은 비용절감과 효율화를 통해, 마진율을 다시 높일 수 있느냐가 될 것 같다.

9) 실적 회복에 대한 의문

이마트의 실적 회복에 대해서는 양측의 입장이 엇갈리고 있지만, 개인적으로 이마트가 돌파구를 어떤 것으로 가져가는지가 실적 회복의 열쇠가 될 것 같다. 이마트의 실적 부진이 오롯이 전문점(삐에로 쇼핑, 부츠 등)이었다면 부진 사업체 정리만으로도 반등 효과가 나올 수 있다. 하지만 본질적인 문제는 매출 부진에 있는 것 같다. 유통가는 소비자들을 유인하기 위해 초저가 전략을 사용하지만, 이는 분명히 한계가 드러나는 치킨게임이 될 것이다. 롯데마트가 갑질로 과징금 처분을 받은 일이 신세계라고 일어나지 않는다는 보장이 없다.

최근 백종원 더본코리아 대표로부터 촉발된 '못난이 감자' 판매가 이슈가 됐다. 이마트 측은 노조와의 갈등 때문에 추후 판매 계획은 당분간 없다는 의견을 밝혔지만, 다른 제품으로 '지역 특산물 살리기 프로젝트'를 이어가고 있다. 못난이 감자 이후 장수 한우, 장수 사과, 영천 돼지, 영천 마늘을 판매했다고 하며, 소비자들의 반응도 좋았다. 물론 정상품과의 가격 경쟁이 문제가 될 수도 있지만, 수량 제한, 한정 판매 등 미끼상품으로 활용한다면 초저가 전략 속에서도 이윤을 챙겨갈 수 있을듯하다. 또한, 온라인 시장이 빠른 속도로 커지고 있는 만큼, SSG닷컴의 활용도도 다시금 검토해 봐야 한다. 홈플러스처럼 매장을 물류 창고화해서 물류 효율성을 높여 온/오프라인을 동시에 잡는 것도 좋은 생각인 것 같다.

10) 백화점과 비슷한 전략 구상

경기둔화 기조가 이어짐에 따라 마트 역시 고객들이 머물고 소비할 수 있도록 유도하기 위한 일환으로 백화점과 비슷한 기조의 전략을 구사할 것으로 보인다. 체험형 매장을 통해 트렌드에 맞는 제품들을 직접 경험할 수 있는 기회를 제공하고 소비자의 취향을 더욱 세분화하여 공략할 것이라고 생각한다. 더불어 삐에로 쇼핑을 순차적으로 폐점하고, 부츠의 규모도 줄여나갈 계획처럼 수익이 나지 않는 사업은 과감히 정리하고 선택과 집중을 할 것으로 보인다.

참고자료

- 이데일리 2020.01.21 이마트24, 스마트폰 보급 확산에 '보이는 ARS' 도입
- 디지털타임스 2020.01.20 이마트에 '비트' 입점.."로봇이 내려준 커피 드세요"
- 아시아뉴스통신 2020.01.16 "이마트, 부진은 여전…기저효과 쉽지 않을 것"
- CEO스코어데일리 2020.01.15 '매출 2조 돌파' 이마트 트레이더스, 올해도 두 자릿수 성장?
- 일요신문 2020.01.10 이마트, 2019년 매출 14조 6733억원…2018년 대비 1.7% 감소
- 데일리비즈온 2020.01.09 적자 이후 위기 느낀 이마트의 선택
- 매일경제 2020.01.09 기름도 파는 편의점..이마트24 주유소 출점 '속도'
- 노컷뉴스 2020.01.06 '실적 최악' 기록한 유통업계, 새해 전략은 '초저가'
- 오피니언뉴스 2020.01.06 '이커머스 직격탄' 이마트, 경자년 부활의 날개 펼칠까
- 인더뉴스 2019.12.31 유통업계, 1월 1일 초특가 경쟁 '초탄일' · '통큰절' 등 고객 잡기 나서
- 아이뉴스24 2019.12.28 유통街 강타한 '리테일 테크' 바람
- 비즈니스 포스트 2019.12.23 이마트도 월마트처럼 변신, 강희석 신선식품 경쟁에 승부
- 중앙일보 2019.12.20 이마트 사업재편…기존점 30% 리뉴얼 · 삐에로쇼핑 폐점
- 스카이데일리 2019.12.20 싹 뜯어고친다…이마트, 내년 점포 30% 이상 리뉴얼
- 조선비즈 2019.12.20 위기의 이마트 '선택과 집중',…기존점 30% 리뉴얼 · 삐에로쇼핑 폐점
- 서울경제 2019.11.14 '국민가격'으로 한숨 돌린 이마트
- 국민일보 2019.09.03 이마트, 몽골 · 베트남 등 해외에서 돌파구 찾는다
- 경향비즈 2019.09.03 "새 성장동력" 해외 오프라인 점포 늘리는 신세계 이마트
- 동아일보 2019.08.05 마트에 '게이밍숍'여니 1020 고객들 몰리네
- 동아일보 2019.06.28 아침을 바꾸는 새벽배송… 유통-외식산업 판도까지 바꾸나
- 인공지능신문 2019.02.26 신세계그룹, 온라인 통합 신설법인 '에스에스지닷컴' 설립

홈플러스

1. 재무현황

(단위 : 억원)

구분	2016년	2017년	2018년	2019년 3Q 누적
매출액	79,334	79,515	76,598	–
영업이익	3,209	2,572	1,090	–

2017년에는 전반적인 오프라인 유통업계 불황으로 매출이 전년 대비 소폭 증가했다. 그러나 홈플러스가 점포 세일앤리스백(Sale&Lease back)²을 진행하는 과정에서 임차료가 500억원 가까이 증가하면서 영업이익이 크게 감소했다. 2018년에는 전년 대비 영업이익이 반 토막으로 크게 줄었다. 매출 부진 2개 점포 폐점(부천중동점, 동김해점, 2018년 말), 홈플러스 스페셜 전환에 따른 16개 매장 인테리어 공사비 지출, 최저임금 인상에 따른 인건비 상승, 임차료 상승 등의 영향이 수익성을 악화시켰다.

2019년 오프라인 유통 성장률이 역성장(-0.9%)을 기록했으나 홈플러스의 경우 온라인 시장에 대한 대응이 다소 소극적이라는 평가를 받고 있다. 물류 부문 투자를 최소화하고 있으며, 이커머스 사업 수익성 저하의 주된 원인으로 작용하고 있는 새벽배송 경쟁에도 참여하지 않고 있어 매출 성장률은 앞으로도 저조할 것으로 예상된다.

2. 사업현황

1) 홈플러스

홈플러스 주식회사와 홈플러스테스코(현 홈플러스스토어즈)가 공동 설립한 대형 할인점 브랜드이다. 대한민국의 대형 유통점 업체 가운데 이마트에 이어 시장점유율 2위를 차지하고 있다.

---

2 *세일앤리스백(Sale&Lease back): 기업이 소유하던 자산을 리스회사에 매각하고 다시 리스계약을 맺어 이를 사용하는 형태를 말한다.

현재 전국에 140개 대형마트를 운영하고 있으며, 저렴한 가격, 다양한 상품, 높은 품질과 서비스로 최상의 쇼핑과 경험가치를 제공하고 있다.

최근에는 기존 대형마트와 창고형 할인점의 기능을 결합한 '홈플러스 스페셜' 매장(현재 19곳, 2021년까지 80개 매장 목표) 전환을 확대하고 있다. 기존 대형마트나 슈퍼마켓에는 도매가 수준의 대용량 상품이 없고, 창고형 할인점에서는 1~2인 가구나 어린 자녀를 둔 가정에서 소비할 만한 소용량 신선식품을 찾기 어렵다는 단점을 보완해 1인 가구 고객과 박스 단위의 대용량 선호 고객을 동시에 공략하고 있다.

2) 몽블랑제

홈플러스 자체 베이커리 브랜드로, 좋은 원재료와 충실한 빵을 제공하며 홈플러스 매장에 입점되어 있다. 6~12시간 저온숙성 천연발효종으로 반죽해 구운 정통 유럽빵, 우유만으로 발효시킨 천연버터를 사용한 식빵, 올리브, 바질, 시금치, 할라피뇨 등 다양한 식재료를 활용한 조리빵 등을 선보이고 있다.

3) 홈플러스 온라인몰

가까운 점포에서 배송하는 장보기 대행서비스, 전국 어디서나 받아볼 수 있는 택배 배송 서비스 운영하고 있다. 지난 12월, 온라인몰 사업 강화를 위한 '온라인 단골 제도'를 도입해 기존 멤버십 제도와 별도로 온라인몰에서 구매한 횟수나 금액에 따라 정기적인 할인 쿠폰 혜택 등 인센티브를 추가로 제공하고 있다.

4) 홈플러스 express

홈플러스 익스프레스는 홈플러스의 기업형 슈퍼마켓(SSM)으로 현재 전국에 340여 개 점포가 운영되고 있다. 1인 가구의 간편식, 소포장 단위 신선 식품 구매가 꾸준히 증가하는 점을 고려해 2018년 8월 홈플러스 익스프레스 옥수점의 리뉴얼 오픈을 시작으로 지난해 말 신선·간편 전문 매장을 50개로 확대했다.

5) 홈플러스 365 plus

365 plus는 홈플러스의 편의점 프랜차이즈로 현재 전국에 240여 개 점포가 운

영되고 있다. 주력 사업인 마트 사업 집중과 편의점 사업 노하우 부족의 이유로 업계에서 영향력과 인지도가 매우 낮은 편이다. 편의점 출점 경쟁 속에서 점포는 오히려 감소하는 추세이다.

6) 홈플러스 더클럽

10,000여 개의 차별화된 상품을 연회비 없이 제공하는 홈플러스의 창고형 할인 매장 전문 온라인몰이다. 홈플러스 온라인몰과 별도로 운영되고 있으며 일반 온라인몰처럼 다품종 소량을 판매하지 않고 대용량 전용 제품을 주로 판매하고 있다.

3. 주요이슈

1) 홈플러스, 21년만에 CI 변경

홈플러스는 창사 21년 만에 새 CI(Corporate Identity)를 도입했다고 밝혔다. 홈플러스는 이달부터 새 CI를 홈플러스, 스페셜, 익스프레스, 365플러스, 문화센터, 몽블랑제 등에 적용해 나갈 예정이다. 새 CI는 기존의 빨간색은 유지하지만, 밑줄이 사라졌고 플러스 심볼이 추가됐다. 플러스는 고객의 쇼핑 혜택은 높이고, 선택의 폭은 넓혀 준다는 의미다. 홈플러스는 고객들의 소비 패턴과 유통 환경 변화에 발맞춰 정체성을 새롭게 정립하려는 의지를 담았다고 설명했다. 이는 향후 홈플러스의 발걸음을 예고하는 것으로 공격적 투자와 새로운 전략을 구현해 나가는 데 속도를 높이겠다는 뜻을 담고있다.

2) 홈플러스, 3개 법인 통합 추진한다..."빠른 변화 대처"

홈플러스는 3개로 나뉘어있던 법인의 통합을 추진한다. 홈플러스는 지주회사 홈플러스홀딩스㈜와 홈플러스㈜, 2008년 까르푸에서 인수한 홈플러스스토어즈㈜ 등의 3개 법인으로 분리 운영돼왔다. 현재 홈플러스는 하나의 법인으로 통합해 빠른 사업환경 변화에 대처할 수 있는 구조를 만들 목적이다. 이번 법인 통합작업이 마무리되면 140개 모든 점포를 하나의 법인으로 합치게 된다. 홈플러스는 향후 홈플러스홀딩스 이사회 및 주주총회 결의 등 필요한 절차를 거쳐 연말(회계연도 기준)까지 법인 통합 작업을 마무리 짓겠다는 계획이다.

3) 성장 한계 극복 위해 창고형 매장 전환했지만…롯데 · 홈플러스 '희비교차'

대형마트들이 성장 한계 극복을 위해 창고형 매장으로 눈을 돌리는 가운데, 지난해 첫 발을 뗀 창고형 매장간의 희비가 엇갈리고 있다. 홈플러스는 두 자릿수 매장 전환에 나서고 있는 반면, 롯데마트는 1개 점포도 늘리지 못한 채 여전히 내부 검토를 거듭하고 있다. 홈플러스는 16개 점포를 창고형 매장 '홈플러스 스페셜'로 전환한 데 이어, 올해 하반기에는 16+α개 매장 전환을 목표로 잡았다. 이를 통해 연내 홈플러스 스페셜 매장 수를 40개에 육박하는 수준으로 늘린다는 계획이다.

홈플러스 스페셜은 코스트코 · 이마트 트레이더스 등 기존 창고형 매장들을 벤치마킹하되, 소포장과 대형 포장을 함께 둬 1인 가구도 함께 공략하는 것이 특징이다. 이같은 강점을 바탕으로 지난해 전환한 16개 매장의 매출은 전환 이전보다 평균 20% 늘었다. 매장별로는 최대 30%까지 신장한 것으로 나타났다. 기존 창고형 고객들을 끌어들였다는 점도 고무적이다. 목동 · 하남 등 경쟁사 창고형 매장이 있는 지역에서 오히려 매출 신장률이 높았다. 기존 창고형 매장 고객들의 일부 유입 효과로 분석되며, 소포장도 같이 판매해 틈새시장을 노리는 전략이 주효했던 것이다.

4) 홈플러스, 프리미엄 PB '시그니처' 론칭

홈플러스는 프리미엄 PB 브랜드 '시그니처'를 공식 론칭한다고 밝혔다. 'Selected with Pride'라는 슬로건 아래 홈플러스가 품질과 차별성, 지속적인 사용 만족도 등을 모두 고려해 까다롭게 엄선한 상품만을 일컫는다. 홈플러스는 품질이 뛰어난 상품, 오직 홈플러스에서만 살 수 있는 단독 상품, 사랑하는 가족과 지인에게 자신 있게 추천할 만한 품격 있는 상품에만 시그니처 브랜드를 붙여 고객 신뢰를 높인다는 포부다.

스토리텔링도 강화했다. 시그니처 상품 패키지에는 '바이어가 상품을 추천하는 이유'를 필수 기재토록 했다. 단순히 좋은 상품을 만드는 것뿐만 아니라 고객이 만나도록 돕는 것까지가 바이어의 책임이란 취지다. 자신 있게 추천할 수 없는 상품이라면 팔지 않겠다는 강력한 의지의 표현이기도 하다. 홈플러스는 앞으로 시그니처를 회사 대표 브랜드로 육성하고, 신선식품에서부터 생활용품에 이르는 전 카테고리 PB 상품을 대부분 시그니처로 업그레이드한다는 계획이다.

5) 스페셜매장으로 분위기 전환… 해외시장 정조준

오프라인 대형마트 2, 3위 업체인 홈플러스와 롯데마트는 갈 길이 더 바쁘다. 업계 2위 홈플러스는 영업이익이 2017년 2,699억원에서 지난해 1,510억원으로 반 토막났다. 1위 이마트보다 경쟁력이 떨어지는 만큼 이커머스의 공습에 더 큰 피해 를 봤다. 매출과 거래액 규모로도 주요 이커머스들에 역전을 허용했다. 이에 2020 년에는 전사적 공세를 통해 실적 반등에 나선다는 계획이다.

홈플러스는 '홈플러스 스페셜' 확대에 박차를 가한다. 홈플러스 스페셜은 코스 트코·이마트 트레이더스 같은 창고형 할인점과 기존 대형마트의 장점을 더한 하 이브리드형 점포다. 홈플러스는 2021년까지 전체 매장의 절반을 홈플러스 스페셜 로 전환한다는 계획이다. 대형마트 점포를 온라인 몰의 전진기지로 활용하는 '대형 마트의 배송 거점화'도 진행 중이다. 경쟁자들과 달리 점포 후방 창고와 물류 차량 공간이 넓어 물류 기능을 소화할 수 있는 홈플러스 점포의 특성을 살려 전국 140 여개 점포를 지역별 온라인 물류센터로 삼겠다는 전략이다. 홈플러스는 이를 통해 온라인 사업 매출을 2020년 1조 6,000억원, 2021년 2조 3,000억원까지 끌어올린 다는 목표를 세웠다.

6) 홈플러스 "아마존 모델 대세라고? 우리는 우리의 길 간다"

홈플러스는 대형 온라인 전용 물류창고를 짓는 대신 기존의 자원, 오프라인 매장 을 활용하는 방식으로 눈을 돌렸다. 비용은 줄이고 효율을 높이겠다는 계획이다.

홈플러스 풀필먼트 센터의 가장 큰 강점은 비용 절감이다. 경쟁사들이 물류센터 한 곳을 짓는데 수 천억원을 사용하는 데 반해 홈플러스는 60~70억원 수준으로 매장 내 풀필먼트 센터를 마련한다. 건축 기간 역시 물류센터가 2~3년이 걸리는 반면 매장 내 풀필먼트 센터는 7개월이면 충분하다.

또 매장 내 자리한 홈플러스 풀필먼트 센터는 가까운 거리에서 빠르게 배송할 수 있어 신선식품의 신선함을 지키면서도 유류비 등을 아낄 수 있다. 도심 인근에 물류센터 부지를 마련하기 어려운 국내 사정도 고려한 선택이다.

하지만 약점도 있다. 대형마트 안에 있는 풀필먼트 센터는 유통산업발전법의 규 제를 받는다. 대형마트가 문을 닫는 밤 시간대나 의무휴업일에는 배송 물량을 처리할 수 없다. 이 때문에 요즘 유통업체들이 속속 도입하는 '새벽배송'도 불가능이다.

4. 향후예상

1) 홈플러스 자체브랜드 '시그니처'로 충성 고객 확보

홈플러스는 수익성이 높은 시그니처 상품들을 늘려 출혈경쟁에 대응해 충성고객을 끌어 모은다는 계획을 가지고 있다. 홈플러스는 시그니처를 홈플러스 대표 브랜드로 키우기 위해 신선식품부터 생활용품에 이르는 모든 카테고리 자체브랜드 상품을 시그니처로 바꾸고 있다. 시그니처 브랜드 전체 매출은 2019년 11월보다, 12월에 21% 늘어나는 등 매출 증가세를 이어가고 있으며 가격 대비 높은 품질을 경쟁력으로 삼고 있기 때문에 향후 수익성 개선에 도움이 될 것으로 예상된다.

2) 홈플러스의 매니아마케팅

홈플러스는 각 분야의 마니아, 주요 소비층들을 공략한 마케팅에 나섰다. 지난해에는 와인 애호가를 위한 클럽을 시작으로 건강, 고기, 맥주, 육아, 패션, 반려동물 등 7개의 멤버십 클럽을 운영하고 있다. 7개의 클럽 회원 수는 총 24만 명으로, 클럽별 쿠폰이 제공될 때마다 해당 카테고리 매출을 최대 10% 늘어나는 추세이다. 앞으로 홈플러스는 다양한 분야에서 신규 클럽을 선보이고, 매월 클럽 회원들을 위한 단독 할인 혜택을 제공해 매출 확대의 활로를 열 것이다

3) 어려워지는 영업환경

대형마트 규제와 내수 침체의 영향으로 창사 이래 최초 분기 적자, 50% 이상 영업이익 급감 등을 기록했고 지난해에는 대형마트 3사가 줄줄이 부진 점포 폐점에 나섰다. 홈플러스 역시 재무개선을 위해 동김해점과 부천 중동점 두 곳을 폐점했다. 홈플러스는 이마트, 롯데마트와 같이 초저가 경쟁을 벌이는 한편 홈플러스 스페셜과 풀필먼트 센터, 시그니처 등 차별화 전략을 통해 유통산업 침체에 대응하고 있다. 온라인 시장의 성장으로 오프라인 대형마트들이 침체기를 겪는 가운데, 온라인 전용몰 없이 유의미한 성과를 내기는 어려울 것이다.

참고자료

- 데일리비즈온 2020.01.17 [2020년 유통업계 생존 전략] ③ 홈플러스 '올라인 전략' 통할까?
- 중앙일보 2019.07.25 "140개 매장이 온라인 물류 기능 장착"…홈플러스, 온오프 융합 '올라인' 유통 올인
- 조선비즈 2018.11.01 홈플러스, 21년만에 CI 변경
- 조선비즈 2019.10.30 홈플러스, 3개 법인 통합 추진한다…"빠른 변화 대처"
- 아시아경제 2019.05.21 성장 한계 극복 위해 창고형 매장 전환했지만…롯데·홈플러스 '희비교차'
- 전자신문 2019.11.28 홈플러스, 프리미엄 PB '시그니처' 론칭
- 비즈니스포스트 2020.01.17 임일순, 홈플러스 자체브랜드 '시그니처' 고급화로 충성고객 확보 성과
- 디지털타임스 2020.01.01 스페셜매장으로 분위기 전환… 해외시장 정조준
- 뉴스1 2019.08.22 홈플러스 "아마존 모델 대세라고? 우리는 우리의 길 간다

Chapter

03

물류

Chapter3.
물류

롯데글로벌로지스

1. 재무현황

(단위 : 억원)

구분	2016년	2017년	2018년	2019년 3Q 누적
매출액	16,325	17,593	18,221	19,951
영업이익	115	−174	−95	123

2019년 1분기, 택배사업을 비롯한 모든 사업 부문에서 실적이 개선되었다. 특히 2019년 3분기는 통합 전 양사(롯데글로벌로지스, 롯데로지스틱스) 합산 영업이익과 비교해도 크게 수익이 개선되었는데, 택배 부문에서 물량 유치를 위해 무조건 단가를 낮춰주던 관행을 고치고 SCM 부문에서 양사의 중복 인프라를 정리해 비용을 줄인 것이 영향이 컸다.

롯데글로벌로지스는 롯데로지스틱스와의 합병으로 적자를 일부 해소하는 모습을 보이고 있으며 실적 개선을 이뤄내고 있다. 하지만 롯데글로벌로지스의 '택배사업'부문은 여전히 적자 늪에서 벗어나지 못하고 있다. 또한 메이저 3사로 꼽히는 CJ대한통운·한진이 택배 부문에서 흑자를 기록한 것과 대조적으로 2019년 3분기까지 적자가 누적됐다.

2. 사업현황

2019년 3월, 롯데그룹의 물류 계열사인 롯데글로벌로지스와 롯데로지스틱스가 합병해 출범했다. 물류 사업의 특성상 규모의 경제가 중요한 만큼 롯데그룹의 전폭적인 지원을 받을 수 있는 통합 물류회사를 확보하고자 한 것이다. 이로써 약 2조 원 상당 한진을 제치고 업계 2위에 올랐다. 합병 이후, 롯데글로벌로지스는 택배사업본부, SCM사업본부, 글로벌사업본부를 중심으로 물류 사업을 영위하고 있으며 약 9조 원에 달하는 매출 규모를 자랑하는 물동량 기준 업계 1위 CJ대한통운의 대항마가 되겠다는 포부를 가지고 격차 좁히기에 주력하고 있다.

1) 택배사업본부

전국 주요 지역에 있는 15개의 허브터미널 및 39개 지점, 1,000여 개의 대리점 네트워크를 기반으로 택배 서비스를 제공하고 있다.

특히, 의류 택배 분야에서는 리드 기업. 유니클로, 캘빈클라인, 무인양품, 콜롬비아 등의 브랜드를 고객사로 두고 있으며 의류 특화 센터가 따로 있다.

2) SCM사업본부
3PL 사업

3PL 사업은 매출액 중 가장 큰 비중을 차지하는 사업으로서 최근 5년간 약 43% 성장했다. 기존 거래처의 신사업 물류운영과 자동차 부품 물류, 슈퍼 및 마트 B2C 배송 권역 확대 등 다양한 물류사업 확장으로 경쟁력을 높이고 있다.

항만하역 사업

항만하역 사업은 물품의 운송 및 보관과 관련하여 발생되는 부수적인 사업이다. 동북아 물류 중심인 부산신항에서 최신식 장비와 시스템을 통해 컨테이너, 철제품, 중량물 등 모든 화물의 하역뿐만 아니라 운송, 보관에 이르기까지 일관작업을 24시간 수행하고 있다.

3) 글로벌사업본부

전체 매출의 50%를 담당하는 핵심 사업으로 해외 거점을 통해 해운, 항공 등 국제 복합 운송 서비스를 제공한다. 롯데로지스틱스와의 합병으로 6개의 해외 법인이 흡수되면서 24개의 해외 법인을 두고 있다.

3. 주요이슈

1) 롯데그룹, 블록체인을 디지털 롯데 전환 박차

재계 순위 5위 롯데그룹이 지난 2017년부터 강조해왔던 디지털 전환(DT)을 위해 블록체인 도입에도 힘쓰고 있다. 블록체인 기술의 가능성을 인정하고 디지털 롯데로 거듭나는 데 있어 블록체인을 적극 활용하겠다는 방침이다. 물류 분야 내 블록체인 도입 확대에는 롯데글로벌로지스가 힘쓰고 있다. 롯데그룹의 통합 물류 회사인 롯데글로벌로지스는 지난 2018년 블록체인 운송 연합회(BiTA)에 가입하며 운송 산업 내 블록체인 적용을 위해 앞장서겠다고 의지를 밝힌 바 있다.

이와 함께 같은 해 관세청이 주관하는 블록체인 기반 전자상거래 수입 통관 플랫폼 구축 시범 사업에도 참여해 전자상거래 물품 통관 절차를 합리화하고 효율화하는 데 집중하고 있다. 내년부터는 본격적으로 전자상거래 업체를 대상으로 확산 적용할 수 있도록 고객사의 참여를 유도할 방침이다. 부산항만공사(BPA)와 함께 블록체인 기반 물류 운송 시스템 구축 사업도 진행 중이다. 지난해 1월부터 시작한 해당 사업은 BPA와 선사, 컨테이너 터미널 등과 함께 컨테이너 부두 간 물류 운송 흐름을 블록체인 기술로 개선한다는 목표를 세웠다. 롯데글로벌로지스에서는 이번 시스템을 통해 컨테이너 부두 간 반·출입 트럭의 대기 시간을 감소시켰으며 부산항 물류 운송의 효율성과 컨테이너 터미널의 생산성 향상에도 기여했다고 설명했다.

롯데글로벌로지스의 블록체인 기술은 글로벌 유통·물류 시장에서 차세대 핵심 기술로 떠오르고 있다. 블록체인과 빅데이터를 기반으로 첨단 서비스를 도입해 최상의 물류 서비스를 제공하기 위한 지속적인 노력을 할 것이다.

2) 롯데글로벌로지스, 중부권 최첨단 택배메가허브터미널 기공식

롯데글로벌로지스가 충북 진천군 초평은암산업단지 롯데글로벌로지스 부지에서 중부권 최첨단 택배메가허브터미널 기공식 행사를 진행했다. 롯데글로벌로지스는 매년 10% 이상 성장하고 있는 택배시장에 대응하고 규모의 경제 실현으로 원가 경쟁력을 개선하기 위해 회사 창립 이래 최대 규모의 투자로 중부권 택배메가허브터미널을 구축한다. 중부권 택배메가허브터미널의 위치를 진천으로 선택한 것은 수도권과 지방권 물량을 모두 아우를 수 있는 지리적 이점 때문이다. 중부권 택배메가허브터미널은 2022년 1월에 준공된다. 3,000억원 규모의 건설비가 투자돼 4만 4,000평 부지에 지상 3층, 연면적 5만 평 규모로 지어진다.

택배 상하차 작업과 분류작업이 이루어지는 택배터미널은 1, 2층 2개 층에 3만 8,000평의 면적으로 지어져 단일 택배 터미널로는 아시아 최대 규모다. 첨단 자동화 설비로 하루 150만 박스를 처리할 수 있게 된다. 시설이 완공되면 하루 215만 박스의 택배물량을 소화, 규모의 경제를 통해 경제적인 택배 서비스를 구현할 수 있을 것으로 기대하고 있다. 또한, 첨단 자동화설비로 그룹 내 여타 사업과도 시너지를 일으킬 전망이다. 가까운 예로 2020년 상반기 선보이게 될 e커머스 통합앱 '롯데온(ON)'과 연계, 고객니즈를 고려한 물류서비스도 선보일 것으로 기대된다.

3) '택배단가' 28년만에 올랐다… 35원 인상, 평균 2,206원

택배 업계는 운임 인상의 필요성을 강조해왔다. 경쟁 입찰 구조로 단가는 매년 낮아지지만, 최저임금 인상 등 비용부담은 늘어났기 때문이다. 수년간 지속된 단가 하락으로 각 업체의 택배부문 수익률은 1%~마이너스 대를 맴돌았다. 업계는 '택배 제값 받기, 운임 현실화'를 앞세워 지난해 처음으로 단가를 인상했다. 인상은 1위 업체인 CJ대한통운이 가장 먼저 시도했다. CJ는 지난해 4월부터 기업고객을 대상으로 운임을 5%씩 올려 받고 있다. 이후 한진, 롯데도 화물크기·무게별 운임 기준을 세분화해 인상에 동참했다. 지난해 세 회사는 상자당 평균 35원의 인상 효과를 본 것으로 추산된다.

인상 효과는 각사 사업실적에도 나타났다. CJ대한통운의 지난해 3분기 택배 매출과 영업이익은 6,643억원, 536억원으로 집계됐다. 전년과 비교해 매출(5,878억원)은 13%, 영업익(301억원)은 78% 늘어났다. 같은 기간 한진의 택배 매출과 영업이익은 2,129억원과 91억원으로 집계됐다. 전년과 비교해 매출(1,785억원)은 19%, 영업이익(42억원)은 116% 늘어났다. 롯데는 택배 부문에서 11억원의 적자를 냈다. 올해도 손실이 이어졌지만, 지난해 적자 54억원과 비교하면 크게 줄어든 규모다. 매출은 1,961억원으로 지난해와 비교해 14% 늘어났다.

4. 향후예상

택배사업 부문에 있어서 충북 진천에 중부권 메가 허브 터미널 구축(2022년 완료 예정)을 준비 중인 것 외에도 영남권 물류 통합센터(2021년 완료 예정)와 여주의류통합센터(2022년 완료 예정)를 구축하는 등 공급능력 증대 및 물류 통합을 통한 효율성과 수익성 제고를 꾀하고 있다. 2020년에는 BPO[3] 플랫폼을 통해 통합물류 플랫폼을 구축하여 고객사에 DT기반 물류 서비스를 제공할 예정이다.

또한 드론을 택배에 접목할 수 있는지에 관한 성능을 계속해서 연구하고 있다. 지난 2015년 드론 대표 시범사업자로도 선정돼 2016년 4월 시범 비행을 최초로 시행했으며, 이후 'Go Drone 박람회' 참여, 영월 드론 비즈니스 모델 공개 시연회 개최, 물품 탑재 자율비행 테스트, 도서/산간지역 시범비행 테스트 등을 통해 드론 배송 현실화에 대비하고 있다. 그러나 한국의 지역특성상 고층 아파트, 전깃줄 등 드론 택배를 운영하기에 환경적으로 아직까지 장애물이 많은 것이 사실이다. 실제 롯데글로벌로지스도 이를 고려하여 드론 택배뿐만 아니라 무인화, 자동화 장비 등 DT산업에 우선적으로 투자하고 추후 사업성을 갖춘 드론이 개발되면 재검토할 예정이다.

참고자료
- 더벨 2019.05.30 롯데글로벌로지스 합병 효과, 사업 전부문 호조
- 뉴데일리경제 2019.12.02 롯데글로벌, 실적 '쑥쑥'… 물류通 박찬복 대표 입지 '탄탄'

---

3   *BPO(Business Process Outsourcing) 플랫폼: 국내 복합 물류를 처리하는 플랫폼. 최대한 데이터 수집을 쉽게 하기 위해서 구축하는 정보 시스템이다. 흩어진 데이터들을 수집해 바로 활용할 수 있게 하여 사업부 사이의 유기적인 최적의 시너지를 낼 수 있게 한다.

- 매일경제 2020.01.08 롯데그룹, 블록체인으로 디지털 롯데 전환 박차
- 뉴시스 2019.06.20 롯데글로벌로지스, 중부권 최첨단 택배메가허브터미널 기공식
- 뉴데일리경제 2020.01.22 '택배단가' 28년만에 올랐다… 35원 인상, 평균 2,206원

판토스

1. 재무현황

(단위 : 억원)

구분	2016년	2017년	2018년
매출액	29,976	36,159	39,676
영업이익	751	757	963

2018년 기준 매출액은 전년 대비 9.7% 증가, 영업이익은 전년 대비 23.6% 증가했다. 판토스의 주거래처는 LG전자와 LG상사로, 이들 계열사로부터 총 매출액의 80% 이상이 창출되고 있다. 판토스는 이러한 LG그룹 내부 거래의 영향으로 안정적인 매출액을 유지하고 있으나, LG그룹의 일감을 받아 다시 물류회사에 재하청하는 구조이기 때문에 매출은 늘었지만, 수익성은 하락한다는 약점이 있다.

2. 사업현황

판토스는 LG상사의 물류 부문 사업을 영위한다. 물류산업은 특정 사업 하나에 국한되어 있지 않고 재화가 공급자로부터 수요자에게 전달되는 모든 과정과 프로세스 전체를 포괄하며 판토스의 사업부문에는 해상운송, 항공운송, 철도운송, W&D 등이 있다.

1) 해상운송사업

전 세계적으로 연간 약 130만 TEU에 달하는 대규모 물동량을 취급하며 이를 기반으로 전 세계 선사들과 강력한 협력관계를 구축하고 있다. 컨테이너 서비스와 벌크 서비스가 있다.

2) 항공운송사업

판토스는 연간 화물기 1,100여 대 분량의 항공화물을 처리하고 있는 글로벌 항공물류 강자로, 세계 50여 개 주요 항공사들과의 전략적 제휴 및 전용 항공기 운영 등을 통해 급변하는 항공 시장에 유연하게 대처하고 있다.

One-Stop Transporting Logistics Service
전세계 유수의 항공사와 전략적 제휴를 맺고, 고객이 만족할 수 있는 합리적 운임과 연중 안정적인 화물운송 스페이스를 확보하고 있다.

리포워딩 서비스
리포워딩은 항공운송 과정에서 하역했던 화물을 다시 비행기에 실어 목적지 또는 필요 장소까지 운송하는 서비스이다.

시앤드에어(Sea and Air) 서비스
시앤드에어 서비스는 해상운송의 비용절감과 항공운송의 신속성 등 서로 다른 운송 수단의 장점을 결합하는 서비스이다.

3) 철도운송사업
전 세계 광범위한 네트워크를 바탕으로 러시아, CIS, 유럽, 중앙아시아 지역을 아우르는 내륙철도 운송 서비스를 제공하고 있다. TSR(Trans Siberian Railway, 시베리아횡단철도)/ TCR(Trans China Railway, 중국횡단철도)/ TMR(Trans Manchurian Railway, 만주횡단철도) 서비스가 있다.

4) W&D사업
고객의 니즈에 맞춰 센터를 운영하고 최적화된 물류 서비스를 제공하는 사업이다. 판토스는 도어 투 도어(Door-to-Door) 서비스를 제공함으로써 물류센터 운영과 내륙운송을 연계하고 있다.

3. 주요이슈
1) 물류업계 최초 정보보호 통합인증 획득
국내 물류업계 최초로 정보보호 통합 인증(ISMS-P)을 획득했다. ISMS-P 인증은 국내 최고의 종합 정보보호 인증제도로, 정보통신망법에 따라 기업의 정보 보호 및 고객 개인정보 보호를 위해 관리, 운영하는 정보 보호 관리체계가 해당 인증기준에 적합한지 아닌지를 면밀하게 심사해 인증하는 제도이다. 이를 통해 판토스가 제공하는 물류서비스에 대한 고객정보 보호 및 보안 안정성을 공식적으로 입증했다는 설명이다. 국내 종합물류기업이 ISMS-P 통합 인증을 획득한 것은 이번이 처음이다.

2) 러시아 최대 철도 물류기업 '트랜스컨테이너'와 철송사업 확대

판토스가 러시아 최대 철도 운송업체 'PJSC TransContainer'와 함께 TSR 철도 운송 사업 확대에 나선다. 판토스는 러시아 블라디보스토크 극동연방대학교에서 열린 '제5차 동방경제포럼(Eastern Economic Forum)'에서 양사 관계자들이 참석한 가운데 파트너십 구축 및 장기적 협력모델 개발 등을 골자로 하는 전략적 업무 제휴(MOU)를 체결했다고 밝혔다. 양사는 이번 제휴로 한국·중국발 우즈베키스탄, 러시아, 유럽, 카자흐스탄 향 복합운송사업 부문에서 적극 협력하기로 했다. 또한, 우즈베키스탄 자동차 산업을 위한 물류 서비스를 공동 개발하고 새로운 컨테이너 운송 루트 개발을 통해 신규 고객 유치에 적극 협력할 계획이다.

4. 향후예상

1) 글로벌 3자 물류시장 공략 가속화

플랫폼을 기반으로 '사업 방식을 혁신', 화물 운송 전 구간에 걸친 추적과 리스크를 사전 관리하는 '서비스의 차별화', 자동화 설비와 첨단 솔루션을 연계한 스마트 물류센터 구축 등으로 '일하는 방식을 전환'. 판토스는 이 3가지 전략을 실행하기 위해 글로벌 최고 수준의 스마트 물류 역량과 전 세계 곳곳에 구축한 물류 네트워크 강점을 활용하여 글로벌 3자 물류시장 공략을 더욱 가속할 전망이다.

2) IT기술과 물류의 접목

글로벌 물류기업으로서의 기본을 갖춘 판토스는 앞으로 IT기술과 물류를 접목함으로써 4차 산업 혁명을 실현하는 것이 목표이다. 이에 판토스는 물류가시성 시스템 '고윙 비저빌리티(Visibility)'를 개발해 사용 중이다. 그동안 화물의 위치를 정확하게 파악하는 것은 운송업체 및 화주의 큰 걱정거리였지만 판토스는 개발한 시스템을 이용해 공장 출하부터 최종 목적지까지의 로케이션별 물류흐름까지 실시간으로 확인하고 있다. 해상이나 항공은 GPS 등 실시간 정보를 취합해 지도 위에 표시하며 좀 더 깊은 정보를 원하는 고객들을 위한 프리미엄 서비스는 컨테이너 관제가 가능한 스마트 컨테이너 서비스도 제공한다.

이러한 비저빌리티(Visibility)뿐만 아니라 최근 판토스는 혁신적인 물류 창고의 구축에 집중하고 있다. 대량의 화물을 보관하고 관리하는 물류 창고를 사람의 손으로 관리하기엔 역부족이기 때문에 물류기업들은 물류 창고에 IT를 적용함으로써 효율적인 화물 관리를 시행 중이다. 판토스는 인공지능(AI), 머신러닝 등을 접목해 다양한 기술들을 시현 중이며 스마트물류센터의 모든 공정에 무인화를 이뤄 개별 화주의 특성에 맞는 물류 서비스를 제공한다는 전략이다.

참고자료
■ 물류신문 2019.09.04 판토스, 러시아 최대 철도 물류 기업 '트랜스컨테이너'와 철송사업 확대
■ 연합뉴스 2019.10.21 판토스, 정보보호 통합 인증 'ISMS-P' 획득
■ 한경비즈니스 2019.09.03 판토스, 판토스, 국제 물류 '부동의 1위'…운송 전 구간 실시간 추적 서비스

현대글로비스

1. 재무현황

(단위 : 억원)

구분	2016년	2017년	2018년	2019년 3Q 누적
매출액	46,903	50,030	56,821	25,894
영업이익	−2,502	−506	3,979	1,769

　현대글로비스가 글로벌 물류사로 도약했다. 비현대차 그룹 매출이 전체 매출의 절반을 넘었다. 매년 상승하던 비중이 2019년엔 53%를 달성했으며, 해외 수주를 더욱 늘릴 예정이다. 매출 비중은 유통부문 6조 6,700억원, 물류부문 4조 3,500억원, 해운부문 2조 4,300억원 순이다.

　이러한 비현대차 그룹 매출을 달성할 수 있던 이유는 바로 대형 선박이다. 일본계와 유럽계 선사가 과점하고 있는 PCC 시장에서 현대글로비스는 대형 선박을 통한 운송 효율성 증대, 글로벌 현지 선사와의 전략 제휴, 전용 터미널을 바탕으로 한 일관 물류 체계 구축 등 지속적인 노력을 통해 성장했다.

2. 사업현황

1) 종합물류사업

　현대글로비스는 주로 현대자동차그룹의 물류를 담당하는 만큼 완성차 물류에 대한 경쟁력을 갖고 있다. 또한, 전 세계 다양한 운송 루트에 대한 경험과 스킬을 보유하고 있다. 최근에는 비계열 부문에 대해서도 지속적해서 서비스 대상 고객군 및 산업군을 확대시키며 국내 물류산업의 발전에 기여하고 있다.

2) 유통판매사업

CKD사업(Complete Knock Down)

부품들을 그대로 수출, 목적지에서 조립되어 완성품으로 판매되는 방식으로 개발도상국에 자동차를 수출할 경우 CKD 방식을 많이 사용한다. 개발도상국에서는 완성품을 수입하는 것보다 CKD 방식이 자국의 공업화 발전 등에 기여할 수 있고, 수출국은 완성품을 수출하는 것보다 관세가 싸고 현지의 값싼 노동력을 이용할 수 있다는 장점이 있다. 또한, 반조립 수출의 경우 완제품보다 비교적 낮은 수준의 관세를 부과받는다는 장점이 있다.

현대글로비스의 경우 부품의 발주, 집하, 포장, 운송 그리고 현지에서의 통합물류센터(C/C) 운영과 JIT[4] 와 JIS[5] 운영을 더 하여 전 부문을 통합 관리해 고객의 만족도를 높이는 경쟁력을 보유하고 있다.

3) 중고차 경매

자동차의 생산기술이 진보함에 따라 자동차 보유기간도 늘어나면서 중고차 시장은 확대되어 왔다. 2014년 340만대에서 2018년에는 369만대를 기록했다. 2016년을 기점으로 중고차 수출 대수도 증가세이다. 중고차 시장이 신차 시장에 비해 거래 대수로 약 2배 큰 시장인 만큼 중장기 성장 가능성이 매우 높을 것으로 보인다.

4) 기타상품

알루미늄, 구리, 철강 등을 주요 사업군으로 하는 트레이딩 사업으로 구성되어 있다. 사업내용은 수출입 혹은 삼국 간 중계무역을 하는 사업으로 주요 사업 대상자는 중남미, 아태 등 신성장 지역이다.

5) 해운사업

완성차 운송 사업은 기존 현대자동차그룹의 물동량에 의한 노하우와 해외 네트워크 간의 효율적 업무협력, 전 세계 다양한 운송 루트 등의 경쟁력을 기반으로 Tesla, Ford, BMW, GM, Daimler 등 글로벌 완성차 업체들의 화물을 수송 중이다.

---

4 *JIT방식(Just in time, 적기 공급 생산): 적기에 공급과 생산을 이루어 입하된 부품을 재고로 남기지 않고 바로 사용하는 형태의 관리방이다.

5 *JIS방식(Just in sequence): 부품 업체와 완성차 업체 간 생산 현황을 실시간을 공유하며 부품 업체가 생산한 모듈 제품을 완성차 라인에 정확한 시간과 조립 순서에 맞춰 투입시키는 생산방식이다.

3. 주요이슈

1) 중국 중고차 시장 진입

김정훈 현대글로비스 대표이사 사장이 세계 최대 자동차 시장인 중국에서 새 사업을 추진한다. 특히 중국 중고차 시장의 성장 가능성에 주목하고 있다. 2020년 안으로 중국 창지우그룹과 합자회사를 설립해 중고차 판매 시범사업을 벌인다는 계획을 세웠다. 그 일환으로 2019년 11월 창지우그룹과 중국 중고차 시장 진출을 위해 '베이징 창지우 글로비스 자동차 서비스'법인을 세우는 데 합의했다. 현재 합작회사 설립과 관련해 세부 내용을 논의하고 있다. 구체적으로 투자 규모, 지분율 등을 놓고 의견을 조율하고 있는 것으로 알려졌다.

현대글로비스는 중국 중고차 시장의 성장 가능성을 높이 보았다. 중국 자동차 제조협회(CAAM)에 따르면 올해 처음으로 중국에서 중고차 판매량이 신차 판매량을 넘어설 것으로 예상된다. 중국 자동차 제조협회는 올해 중고차 판매량이 2,920만대에 이를 것으로 전망했다. 신차 판매 예상치보다 70만대 많다. 중국 중고차 시장 규모가 지금보다 더 확대될 가능성도 다분하다. 2018년 미국에서 신차는 1,700만대 가량 팔린 반면 중고차 거래량은 4,000만대를 보였다. 같은 기간 국내에서는 중고차 거래량이 신차 판매량의 2배를 넘었다.

2) 비계열사 물동량 확대

현대글로비스가 2019년 창사 이래 최초로 완성차 해상운송(PCC) 사업 부문에서 비계열 매출 비중을 50% 이상으로 확대했다. 모기업에 대한 의존도가 높았던 이전과 달리 확대된 선대와 '규모의 경제'를 기반으로 글로벌 완성차 메이커를 적극 공략한 결과다. 2019년 PCC 사업 매출액이 약 2조 510억원이었음을 감안하면 비계열 매출액은 1조원을 넘어선 것으로 추정된다. PCC 사업 비계열 매출액의 1조원 돌파 역시 사상 처음이다. 현대글로비스는 PCC 사업 초기만 해도 현대차그룹 매출 비중이 90%에 달했지만, 지속적으로 비계열 매출 비중을 늘려왔다. 2016년엔 계열 대 비계열 매출 비중이 60%대 40%이었다는 점을 고려하면 괄목할 만한 성장세를 보인 것이다.

이 같은 성장세의 배경으론 현대글로비스가 구축한 규모의 경제가 꼽힌다. 현대
글로비스는 지난해 총 90대의 선대를 운용, 전 세계 자동차 선사 중 공급 기준 2위
를 기록했다. 아울러 항로 효율화, 미국 자동차 전용 터미널 등으로 일관 물류체계
를 갖추는 등 원가경쟁력을 확보했다. 이를 토대로 폭스바겐 · GM · 포드 · BMW
등 주요 글로벌 자동차 브랜드의 물량을 흡수하는 데 성공했다는 게 업계 평가다.
이에 힘입어 선박 적재율(L/F) 역시 68%로 개선됐다.

3) 현대글로비스의 글로벌화 전략
유럽
2019년 3월 스웨덴 선사 '스테나 레데리'와 합작하여 '스테나 글로비스' 선사 설
립, 유럽 현지에 신규 영업과 운영 조직을 보유하고 있다.

중국
2019년 5월 중국 최대 민영 자동화 판매, 물류기업 '창지우그룹'과 사업 분야 확
장을 위한 MOU 체결, 업무협약을 통해 중국 완성차 해상운송 사업, 현지 중고차
사업, 유럽 철도 물류 사업, 중국 내 완성차 물류 사업의 네 분야에서 공동사업 추
진할 계획이다.

인도
2019년 7월, 인도 북부 델리와 서부 뭄바이에 영업 지사 설립, 신설 영업 지사를
전략 기지로 이용하여 연간 250조원 규모를 자랑하는 인도 물류시장 공략이 가능
해졌다.

4) 현대글로비스의 물류 4.0
2025년까지 회사 매출을 40조원 이상으로 상승시키겠다는 중장기 발전 전략
'물류 4.0'을 내놓았다. 물류의 기계화(물류 1.0), 하역의 기계화(물류 2.0), 물류관
리의 시스템화(물류 3.0)를 거쳐, 최근 산업계에 화두가 된 AI와 IoT 등 첨단 기술
을 물류 부문에 활용하는 것이 '물류 4.0'이다.

4. 향후예상

1) 미래 신사업 확대

2025 매출 40조원을 목표로 현대글로비스는 모빌리티와 스마트 물류 등 미래 성장 동력에 대한 투자를 확대해 성장률을 끌어올리겠다고 밝혔다. 현대모비스에서 분할돼 합병하는 모듈, A/S 사업과 기존 주력사업이던 물류, 그리고 미래 신사업을 통해 본격적으로 외형을 확대하겠다는 계획이다. 기존의 물류, 해운, 유통 등 3대 사업구조에서 물류, 해운, 모듈, A/S사업, 미래 신사업 등으로 5대 사업군으로 확대할 것이다.

해운사업 부문에서 선박 투자를 지속적으로 확대하고(기존 85척에서 연평균 3~4척씩 추가) 모듈 사업과 A/S사업은 기존 물류, 유통사업 간의 시너지 창출에 주력할 예정이다. 신사업으로는 카셰어링, IT모빌리티 플랫폼사업 등 관련 분야 유망 기업에 대한 인수합병도 적극적으로 추진하기로 했다. 더불어 중국 물류기업 렌허물류와 합작사를 설립해 중국 공략에 나서기로 했다. 렌허물류는 2001년부터 중국 북동부를 중심으로 완성차 운송, 보관, 수출 사업을 하는 자동차 전문 물류회사로 작년 약 195만대의 완성차를 내륙에서 운송하며 중국 내 시장 점유율을 최근 큰 폭으로 높여가고 있다. 이번 합작을 기반으로 현대 기아차에 집중했던 것을 다변화하며 체질 개선에 나선 것으로 파악된다.

2) 사업 글로벌화, 미국 내 종합 운송사 도약

현대글로비스는 미국 내 육상운송 전문 자회사 'GET'을 설립하여, 현지 운송사에 위탁하던 완성차 생산 부품의 트럭운송을 직접 운영할 뿐만 아니라 신규 화주 발굴을 통해 육상 운송 사업을 확장하고 있다. 미국 동부 필라델피아 항구에 자동차 물류 거점을 확보했다.

미국 운송산업에서 트럭운송이 차지하는 비율은 약 80%로 항공, 철도, 해상운송보다 훨씬 비중이 높다. 연간 트럭운송 시장 규모는 약 726조원에 이르며 운송사 평균 영업이익률도 매년 증가 추세를 유지하고 있다. 미 동부 물류센터를 통해 수출입 컨테이너, 완성차 등으로 운송 영역을 확장한다면 현대글로비스의 미국 내 종합 운송회사로 향한 입지는 한층 강화될 것이다. 따라서 전 세계 최대 트럭운송 시장인 미국에서 네트워크를 추가적으로 구축하고, 신규 화주를 꾸준히 발굴해 글로벌 사업영역을 넓혀 나가야 한다.

참고자료

- 파이낸셜뉴스 2019.10.28 현대글로비스, 中 물류사와 합자사 설립…"중국 토종車 내륙 운송"
- 비즈니스포스트 2020.01.27 현대글로비스 새 사업 필요한 김정훈, 중국 중고차 폭발적 성장 점찍다
- 아시아경제 2020.01.23 현대글로비스, 완성車 수송부문 非계열 매출 절반 넘어서
- 이데일리 2019.06.20 현대글로비스, 美 육상운송 진출… 트럭운송 자회사 설립
- 뉴데일리경제 2019.07.04 현대글로비스, 델리 · 뭄바이 지사 설립… "인도 운송 · 물류 시장 강화"
- 중앙일보 2018.04.27 현대글로비스 "물류 4.0으로 매출 8년간 2.5배 늘릴 것"

CJ대한통운

1. 재무현황

(단위 : 억원)

구분	2016년	2017년	2018년	2019년 3Q 누적
매출액	60,819	71,104	92,197	75,894
영업이익	2,284	2,357	2,427	2,059

CJ대한통운 영업이익은 글로벌 부문 성장과 택배 판가 인상 등에 힘입어 큰 폭으로 개선되었다. 하지만 최근 CJ그룹 '비상 경영' 체제로 점유율 확대보다는 영업이익률을 끌어올리는 등 수익성 개선 위주의 사업을 펼칠 것으로 보인다.

2. 사업현황

CJ대한통운의 사업은 건설 부문을 제외하고 크게 3가지 부문을 영위하며 전체 매출은 글로벌(43.8%), 택배(25.3%), 계약물류(24.4%) 순으로 구성되어 있다.

1) CL 사업부문

TPL(Third Party Logistics, 제3자 물류)사업, 항만하역 사업, 중량물 및 원자재의 해상운송, 기타 부가사업 등으로 구성되어 있다. 항만 등 주요 물량 감소의 영향이 있었음에도 매출액 2조 189억원을 기록해 전년 동기 대비 1.7% 늘었고, 영업이익은 21.7% 증가한 915억원을 거뒀다. 저수익 고객을 대상으로 판가를 인상하고 그동안 부진했던 CJ대한통운의 장항선(중량물 운반용 특수선) 가동률을 확대한 결과로 보인다.

2) 택배

시장점유율(48.2%) 1위, 온라인 쇼핑의 성장함에 따라 전망이 밝다. 새벽 배송 등 배송 서비스의 차별성과 물량을 안정적으로 처리 가능한 인프라 확보가 중요할 것으로 보인다. CJ대한통운은 2013년 4월 CJ GLS와 통합한 이후 시너지 효과를 내며 2013년 35% 수준이었던 연간 점유율을 48%까지 끌어올렸다. 그러나 2019년 3월 수익성 개선을 위해 택배비 평균 단가를 인상한 CJ대한통운은 일부 화주의 이탈이 발생하면서 2019년 2월 48%에 육박했던 물량이 지난 6월 46.3%까지 하락하며 통합 이후 처음으로 전년 동월보다 택배 물량이 줄었다.

3) 글로벌 사업부문

항공 포워딩, 해상 포워딩, 프로젝트 포워딩, 해외 사업으로 구분되어 있다. CJ대한통운은 주요 시장인 중국에서 2013년 스마트 카고, 2015년 로킨을 인수 등 최근 5년간 7개의 해외 물류 기업을 인수한 덕분에 2015년 5조 원대였던 매출을 5년 만에 10조 원대로 성장시켰다. 하지만 무리한 투자 자금 조달이 지속되면서 2016년 3.8%였던 CJ대한통운의 영업이익은 2018년 2.6%까지 하락했다.

M&A로 CJ대한통운의 매출과 덩치는 커졌다. 하지만 2017년까지만 해도 10%대를 유지했던 글로벌 부문의 수익성은 도리어 2018년 8.9%, 2019년 3분기 8.6%로 떨어졌다. '그레이트 CJ' 매출 100조 원 목표 달성의 필수 요소이자 밑그림으로 꼽혔던 글로벌 M&A는 단기간에 덩치만 크게 만들었고 목표 달성 대신 재무건전성 회복이라는 숙제를 낳았다.

4) 건설 사업부문

건설산업, 골프산업 등으로 구분되어 있다.

3. 주요이슈

1) 동남아 택배사업

글로벌 기업을 꿈꾸는 CJ대한통운이 중국 시장의 순조로운 안착에 이어 동남아에서도 미래가 밝다. 현재 동남아 택배 사업이 적자를 유지 중이나 2021년이면 흑자 전환이 가능할 것으로 보인다. 태국과 말레이시아 택배 시장의 성장률은 연평균 100%를 상회 중이다. 주요 투자가 완료되는 2021년 이후에는 이를 뛰어넘는 초고속 성장이 예상된다.

2) 택배 단가

택배단가가 28년 만에 올랐다. 2019년 택배 평균 단가는 2,206원으로 집계되었다. 전년 평균 단가인 2,171원과 비교해 상자당 5%인 5원이 올랐다. 28년 만의 첫 상승이다. 90년 대 5,000원 수준이었던 택배 단가는 그동안 꾸준히 떨어져 왔다. 그간 택배 업계는 운임 인상의 필요성을 강조해왔다. 경쟁 입찰 구조로 단가는 매년 낮아지지만, 최저임금 인상 등 비용 부담은 늘어났기 때문이다. 이에 택배 제값 받기, 운임 현실화를 앞세워 처음 인상을 시도했으며 이를 통해 각 회사는 영업이익이 늘었다.

3) 태국 스마트 허브 방나

태국에서 지난 10월 말 개소한 스마트 허브 방나가 올해부터 가동되며 수익이 발생할 것으로 보인다. 이곳은 한국의 TES(Technology · Engineering · System & Solution) 기술을 접목시킨 거점으로, 추가 시설투자를 통해 일 최대 40만 개의 택배 상품을 분류할 수 있게 될 예정이며, 시설 규모와 분류 능력 면에서도 태국 내 최고 수준이다. 아울러 태국의 동서남북을 가르는 교통 요충지의 위치했으며, 현지 이커머스 고객사 물류센터와도 인접해 있어 빠르고 효율적인 배송 서비스를 제공할 수 있다. 태국 이커머스 시장은 성장률이 연간 20%에 육박할 정도로 빠른 성장세를 보이고 있는 만큼 큰 기대가 되는 시장이다.

4) 메가/곤지암 허브와 풀필먼트

메가 허브터미널의 2~4층에 국내 최대 규모의 풀필먼트 센터를 구축했고, 곤지암 허브에도 CJ오쇼핑을 포함한 다수의 이커머스 업체가 입점해 본격적인 풀필먼트 서비스를 시작한다. 풀필먼트 서비스 단가는 기존 택배단가보다 약 20%가량 높으며 마진 또한 택배 마진보다 월등하기 때문에 풀필먼트 서비스 확대가 실적 성장에 기여할 것으로 예상된다.

5) 택배운임 제값 받기 시작했으나 고객 이탈

택배비 제값 받기를 위해 평균 택배단가 100원 인상을 추진했지만(실제로 100

원까지 인상하지 못했다.) 고객 이탈이 발생했다. 단가 인상으로 주가 실적 개선과 상승을 예상한 것과 반대로 고객이 이탈했고 물량을 경쟁사에 빼앗겼다. 이는 또 다른 단가 싸움을 만들 것으로 보인다.

6) 프로젝트 물류에서 역량 보이는 중

전문 인력과 기술, 노하우가 없으면 수행하기 어려운 프로젝트 물류를 CJ대한통운이 성공적으로 해내고 있다. 운송 노하우뿐만 아니라 지역별 제도, 문화에 대한 이해 등이 뒷받침되어야 기간 안에 운송 할 수 있다. CJ 대한통운은 총 26개국에서 36개 이상의 대규모 프로젝트를 성공적으로 수행해왔다. 댐 건설로 수몰 위기에 놓인 터키 고대 유적 23개를 훼손 없이 통째로 운송한 '하산케이프 프로젝트'의 성공에 이어 최근 미국에서 열린 '세계 가전 전시회(CES) 2020'에서 한국에서 미국까지 육·해·공의 이동 수단을 동원해 CJ 4D 플렉스의 '4DX 스크린' 설비를 운송해 전 세계의 주목을 받았다.

7) 실버택배

CJ대한통운이 국제적으로 주목을 받은 이유 중 하나는 실버택배이다. 실버택배는 만 65세 이상의 실버 노동력을 이용한 CSV 모델이다. 현재 전국 170곳에서 실버택배 거점을 운영하고 있다. 2015년, 2017년 미국의 CSV(공유가치창출) 포터상을 수상했고 2018년 UN의 SDGs(지속가능개발목표) 우수사례로 선정되기도 했다.

4. 향후예상
1) 수익성 위주 사업

대한통운은 비록 비전 2020은 달성 못했지만, 여전히 국내 최고 물류업체이다. 글로벌 부분의 매출은 전체의 43.8% 수준으로 끌어올렸으며, 택배부문도 꾸준히 성장하고 있다. CL 부문은 항만 등 주요 물동량 감소로 매출액이 감소했지만, 선진 물류설비 기반 전략 시장으로 영업을 확대하고, 수익 구조를 개선하고 있다. 또한 W&D는 이커머스 시장을 집중 공략하고 저수익 고객사 대상 디마케팅을 추진해 수익성을 제고할 방침이다. M&A로 인한 출혈이 크고, 그룹이 비상경영 체제인

점으로 보아 영업이익률을 끌어올리는 등 수익성 개선 위주의 사업을 펼칠 것으로 생각된다.

글로벌 부문

글로벌 부문에서, 대형 M&A를 통한 양적 성장으로 13조의 채무를 지는 등 재무부담이 가중되면서 최근 M&A조직을 축소했다. 앞으로 대규모 투자와 M&A 대신 재무 안정 및 질적 성장을 통해 수익성을 강화할 것으로 보인다. 2019년 6월에는 태국 최대 규모 택배터미널인 '스마트 허브 방나'를 오픈하고 말레이시아 지역에 용량 증설과 배송 인력을 증원하는 등 동남아 택배 사업은 올해도 적자가 예상되지만 동남아시아 이커머스 시장이 커질수록 택배 물동량을 선점하며 점차적으로 수익성을 높이게 될 것이다.

택배 부문

그동안 택배 업체 간 과다 경쟁으로 CJ대한통운의 택배 영업이익률이 1~3%대를 밑돌았기 때문에 앞으로도 물량 증가율은 다소 둔화될 것으로 보인다. 하지만 택배 시장 규모의 지속적인 성장으로 물량 또한 꾸준히 증가할 것으로 예상되며 단가 인상과 비용 절감을 통해 수익성을 개선할 것으로 보인다.

계약물류

1025억원의 투자로 2020년부터 경기도 동탄, 양지에 위치한 새 자동화 물류센터(로지스파크)가 본격적으로 가동되기 시작하면 전국 각지의 물류센터 물동량을 직접 처리하기 때문에 운영 효율화 및 인건비 부담 감소로 이익이 개선될 것이다.

2) 드론 택배 발전

라스트 마일 차별화를 위한 방법 중 하나로 드론 택배에 대한 연구를 계속할 것이다. 기존 물류 시스템에 드론을 접목하기 위한 연구를 지속적으로 해오고 있고, 드론을 활용한 배송 시스템 구축, 물류 산업의 적용에 대한 연구를 이어갈 것이다. 드론의 경제적인 문제, 안전성의 문제 때문에 상용화될 때까지 시간이 꽤 걸리겠지만 CJ대한통운의 미래 경쟁력이 될 것이다.

3) 풀필먼트 성장 기대

CJ대한통운은 올해 본격적으로 국내 풀필먼트 서비스를 시행할 것 같다. 메가 허브터미널이 국내 최대 규모의 풀필먼트 센터인 점을 생각한다면, CJ대한통운의 풀필먼트 서비스에서 헬스케어 콜드체인을 기대해 볼 수 있지 않을까 한다. 지금까지 콜드체인이라고 하면, 제품이 새벽에 배송 돼야 하는 신선식품에 한정된다고 생각했다. 하지만 오히려 제약 분야에서 콜드체인이 필요하고, 규격을 맞추는 것이 어렵다. 국내 헬스케어 콜드체인에 필요한 자격을 모두 채운 창고가 부족한 만큼 CJ대한통운에서 도전해도 좋을 것 같다.

콜드체인

세계 의약품 3PL 시장규모는 약 862억 달러로 추정되고 있으며 연평균 4.9% 성장이 예상될 만큼 빠르게 커지고 있다. 식품과 의약품 콜드체인에 대한 글로벌 시장규모를 예측해보면 2025년에 약 5,000억 달러에 이를 것이라 한다. 하지만 국내엔 콜드체인 물류에 대한 정확한 데이터 수치가 아직 미비하다. 그 이유는 국내는 신선물류가 아직까지는 식품, 식자재에 그치고 있기 때문이다. 신선 물류를 요하는 산업은 식품과 의약, 바이오, 페인트, 화공 및 화학소재, 반도체 등 광범위하기 때문에 실제 수요는 더 클 것이라 생각된다. 그렇기 때문에 식품 및 식자재, 의약품 운송을 위한 정밀한 온도를 일정하게 유지할 수 있는 규격화된 콜드체인 시장규모 데이터가 더 정확해진다면, 물류기업들 또한 콜드체인과 신선물류에 더 관심을 가질 것이라 생각한다.

CJ대한통운의 중국 자회사 CJ로킨이 2019년 4월 세계 제약 공급체인 서밋에서 선정한 중국 의약품 물류 50대 기업에서 4위를 차지했고, 6월 중국 칭다오에서 열린 제 11회 세계 콜드 체인 서밋에서 중국 냉동, 냉장물류 상위 100대 기업 2위에 선정됐다. 국내 의약품 및 신선배송에도 특화될 수 있도록 제약사와의 냉동 물류 창고 공유 및 물류 풀필먼트 강화가 필요할 것 같다.

또한, 2020 물류 키워드로 꼽히는 DT와 친환경 패키지, 콜트 체인 중 친환경 패키지와 콜드체인 물류 기술이 현재 국내 전통 물류기업보단 스타트업 기업들에 치중되어 있다고 한다. 새벽 배송과 HMR 소비 증가로 콜드체인에 대한 수요가 증가하고 있으며 스타트업 기업과 협업한다면, 더 신선한 식품과 안전한 의약품 운송에 차별점을 갖게 될 것이라 생각한다.

참고자료

- 조선비즈 2019.05.03 CJ대한통운, 1분기 영업익 453억원…"택배비 박스당 96원 올라"
- 뉴스핌 2020.01.20 "CJ대한통운, 동남아 택배사업 2021년 흑자 전환"
- CEO스코어데일리 2019.11.07 CJ대한통운, 3분기 영업이익 67.7% 증가…"글로벌 성장 · 판가 인상 효과"
- 데일리안 2019.11.08 물류경쟁으로 확대된 온라인 전쟁… 핵심은 '풀필먼트서비스'
- 아시아경제 2019.10.29 CJ대한통운, 태국 최대 택배터미널 '스마트 허브 방나' 오픈
- 물류신문 2020.01.02 물류 업계 2020비전, 얼마나 달성했을까?
- 원스탑 물류 서비스, FSS 2018.11.26 물류이야기, 풀필먼트란?
- CLO 2019.12.26 [김희양의 헬스케어 콜드체인]2020년 헬스케어 콜드체인 사업 전략을 위한 제언

Chapter
04
백화점

Chapter4.
백화점

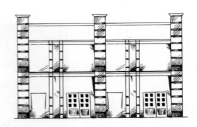

롯데백화점

1. 재무현황

(단위 : 억원)

구분	2016년	2017년	2018년	2019년
매출액	88,230	32,042	32,318	31,304
영업이익	6,140	3,960	4,250	5,194

2019년 백화점업계는 명품과 프리미엄 가전제품이 전체 매출을 이끄는 것으로 나타났다. 경기 침체로 인한 소비 부진 상황 속에 소비양극화도 심화되고, 백화점 업계는 낮은 수수료율 때문에 수익성에는 큰 도움이 안되지만 그나마 소비자를 끌수 있는 명품 판매를 꾸준히 늘리는 분위기다. 롯데백화점 부산본점의 11월까지 매출 실적 가운데 해외명품 판매는 지난해 같은 기간 대비 21%나 성장했다. 2018년 13% 성장에 이어 매출 증가세가 확대되며 백화점의 효자 상품군으로 부상했다.

그러나 19년도 4분기 겨울 아웃터 등 의류 판매 부진으로 전체 매출은 소폭 감소했다. 다만 지난해 3월 해외 백화점의 영업종료(텐진 문화중심, 웨이하이점) 영향으로 영업적자 대폭 개선됐다.

2018년 백화점은 약 4250억원의 영업이익을 기록했다. 2017년과 비교해 7.4% 증가했다. 매출액은 0.9% 늘어난 3조2318억원으로 집계됐다. 소비 양극화로 명품 수요가 늘면서 롯데쇼핑 각 부문중 백화점은 선방한것으로 나타났다.

2017년 사드보복 직격탄을 맞은 롯데백화점은 지난해 매출 3조2042억원으로 약 60% 감소했고 영업이익은 3960억원으로 35.6% 줄었다. 지난해부터 특정매입 상품 판매액을 전체 매출로 잡지않고 수수료만 수익으로 인식하는 새 회계기준을 도입해 큰 폭으로 매출과 영업이익이 감소한 것이다. 과거 회계기준을 적용할 경우에도 매출 7조5670억원, 영업이익 3930억원으로 각각 −5.8%, −36.1%를 기록했지만 감소폭이 크다.

2016년 매출은 8조8230억원으로 15년도 대비 1.8% 증가했다. 이 가운데 해외매출은 전년 대비 1350억원으로 5.9% 증가했다.
영업이익은 19.7% 증가한 6140억원으로 집계됐다. 특히 4분기에만 전체의 절반을 넘는 318억원의 영업익을 기록했다. 이는 지난 4분기 매출 총이익률이 개선되고 판관비의 효율이 제고된 데 따른 것으로 풀이됐다. 해외에서도 매출이 확대되고 전 점포의 영업적자가 개선된 것으로 파악됐다.

2. 사업현황
신규출점이 없음에도 롯데백화점은 명품 매출 신장, 기존 점포 리뉴얼, 프리미엄 리빙 강화, VIP서비스 확대, 2021년 부터 VIP제도 개편 등이 이루어진 한 해였다.

1) 2019년 롯데백화점 소비 키워드 '나만 좋으면 돼 (FOR ME)'
F or health (건강) O ne (싱글족) R ecreation (여가) M ore convenient (편의) E xpensive (고가)
2019년 한해는 자기표현 욕구가 강하고 개성을 중시하는 밀레니얼 세대(23~38세) + Z세대(22살 이하)가 백화점의 주 고객층으로 새롭게 등장했다. 'Dior Men's', '루이비통' 버질아블로 컬렉션 등 명품 디자인에 스트리트 패션을 접목한 브랜드 협업이 많았고, 특히 합리적 가격과 독특한 디자인, 일상복과 함께 입으면 전체 스타일을 고급스럽게 하는 효과가 큰 '명품 스니커즈'가 인기였다. 더불어 명품 브랜드인 FENDI 등 20개의 명품 브랜드의 팝업 매장이 전략적으로 확대되었다.

2) '착한소비' 인식 확산

반려동물 관련 상품 확대, 동물보호를 위한 소재 확산, '비건(Vegan)' 문화 등이 이른바 '착한 소비'를 뒷받침 해주었다. 이와 같은 트렌드에 힘입어 동물에 해를 주지 않는 윤리적 소재인 '에코퍼 무스탕'은 발매 한 달 만에 1,000장이 완판되며 롯데백화점 매출에 기여한 바 있다. 리퍼브매장인 'Price Holic'(흠집이나 변색등 약간 손상이 있지만 기능에는 문제가 없는 상품을 손질해 정가보다 싼 가격에 판매하는 매장)은 운영 3개월만에 목표대비 129% 높은 매출을 보이고 있다.

3. 주요이슈

1) 주요 점포 명품 라인 강화 등 프리미엄화

롯데백화점은 서울 중구 본점을 시작으로 1층에 있는 화장품 매장을 모두 루이비통, 구찌 등 프리미엄 브랜드 매장 확장 및 신규 입점하여 명품존으로 바꾸고 있다. 또한, 2층의 경우 영캐주얼에서 여성용 명품 브랜드 의류, 신발 매장이 입점, 5층은 남성 전용 명품 의류, 신발 매장이 들어설 예정이다. 또한, 부산점은 '루이비통 맨즈'을 오픈하는 등 명품 라인 확대했고, 2021년 동탄점 강희태 롯데백화점 대표이사가 직접 유럽 현지를 돌며 프리미엄 브랜드 관계자들과 수차례 미팅을 하고 있다는 점에서 고급화의 정점을 맛보려 한다. 뿐만 아니라, 롯데백화점은 영국 프리미엄 리빙숍인 '더 콘란숍'을 강남에 유치했다.

백화점은 최저가와 프리미엄이라는 소비 양극화로 다른 오프라인 유통채널들에 비해 수익성을 회복하는 모습을 보였다. 최저가의 경우 E커머스와 대형마트가 치열하게 경쟁을 벌이지만, 프리미엄의 경우 백화점의 영역이기에 이 같은 결과가 나왔다는 분석이 있다. 2019년 상반기 롯데백화점 해외 명품 패션 매출액 증가율은 롯데백화점이 25.4%로 역대 최고의 상승을 이뤘다. 하이엔드급 명품은 물론 준명품 브랜드들까지 매출이 크게 상승했다.

2) 지역적 특성 살려 대중성 강화

'체험'이라는 오프라인 트렌드에 맞게 리빙, 식음료 부문 라인업에 적극적으로 나서고 있다. 본점 리빙관은 대대적인 리뉴얼을 진행하고 있다. 중동점 식당가를 전면 리뉴얼하여, 차이나타운 맛집 '공화춘', 미슐랭가이드에 선정된 '백년옥', '목천집', SNS 인기 돈까스집 '부엉이 돈까스', 과일 모찌 전문점 '모찌이야기' 등 총 27개 맛집이 신규 입점하였다. 고객 공용 시식대 100석을 신설해 편의시설을 확대, QR스캔 모바일 주문 서비스인 '오 더 나우 서비스'를 도입해 간편 주문 결제 시스템도 선보일 예정이다. 패션에 이어 가정용품(가전, 가구) 또한 프리미엄 라인의 세컨드 가전이나 고가의 가구들이 매출 신장을 기록하고 있다. 산업부 자료에 따르면 해외 명품 패션과 함께 가정용품은 지난해 단 한 번도 마이너스 성장을 기록하지 않았다.

3) 롯데백화점 내 남성 고급의류 매출 신장률은 17년 이후 3배 가까이 성장

롯데백화점은 2019년 2030 남성이 선호하는 고급 의류 브랜드 5개를 유치했다. 지난 2월 영국 패션 브랜드 바버(barbour)를 유치한 데 이어 APC남자·산드로옴므·송지오옴므를 줄줄이 백화점에 개설했다. 또한, 여태껏 찾아볼 수 없었던 패션디자이너 우영미의 남성복 브랜드 '우영미(WOOYOUNGMI)' 단독 매장이 롯데백화점에 입점했다. 이 브랜드가 백화점에 단독매장을 연 것은 이번이 처음이다. 이러한 부분에서 롯데백화점 남성패션팀장은 최근 패션에 관심이 있는 남성 고객이 급증한다는 점에 주목해 고급의류 브랜드 매장을 유치하고 있다고 설명했다. 몇 년 전까지 주목받던 아동복과 같은 유아 코너를 빼고 남성 의류에 투자하는 곳이 하나, 둘 늘어나고 있다. 사회가 바뀌고, 본인의 소비와 관리에 관심이 생기면서 남성의 소비가 늘어난 것이다.

4. 향후예상
1) 변화하는 소비 트렌드에 따른 맞춤형 전략

1~2인 가구의 증가/밀레니얼 세대의 급부상 등 변화하는 소비 트렌드에 따라 맞춤형 전략을 세울 것이고, 이미 떠오른 온라인마켓에 대항해 오프라인에서만 할

수 있는 '체험형 매장'을 확대해 나갈 계획이다. 롯데는 백화점 매장을 물건을 파는 공간에서 '경험할 수 있는 공간'으로 바꿔나갈 계획이다. 중소형 점포를 중심으로 1층에 테마형 전문관을 도입, 판매 공간 일부를 체험형 공간으로 바꿔 차별화에 나서고, 백화점 1층을 단순 판매 공간이 아니라 문화, 먹거리 등 다양한 경험 요소가 가미된 복합적인 쇼핑 공간으로 꾸미겠다는 계획이다.

2) 고급화 전략 추진

롯데백화점은 지난해 중국의 '한한령' 여파로 매출이 다소 부진했음에도 명품 매출은 25% 이상 증가했던 만큼 롯데백화점은 올해 명품 매출에 집중할 것으로 보인다. 롯데백화점은 지난 2018년 말 리뉴얼에 돌입한 본점에 이어 잠실점과 부산 본점에서도 '고급화' 전략을 추진할 계획이다. 그간 공식처럼 여겨졌던 '1층 화장품 판매장'을 명품 판매장으로 교체하고 여성·남성 패션 매장에 고급 브랜드를 입점시키고 있으며, 영국에서부터 들여온 최고급 리빙 편집숍인 '더콘란샵'을 강남점에 꾸린 것도 고급화의 일환이다.

3) 고객불만 AI 분석 시작

롯데백화점은 업계 최초로 고객 불만 AI 분석을 바탕으로 경영자료에 사용할 예정이라고 한다. 2018년부터 AI 기반 빅데이터 전문 기업 코난테크놀로지와 협업해 수만 건의 고객 글을 대상으로 테스트를 진행했고 관련 TF팀을 꾸린 것으로 알려졌다. 롯데는 'VOC 데이터 랩'을 통해 접수된 불만 정보를 처리해 실시간 검색어와 같이 순위로 표현되고, 또한 이번 시스템은 고객 불만 글의 핵심과 의도를 자동으로 파악해 글에서 나타나는 여러 의미를 통계적으로 분석한 후 현장 업무 개선에 필요한 메시지를 추출하는 것이 핵심이다.

4) 국내 최대 백화점 탈환 준비

신세계백화점 강남점이 국내 단일 점포 최초로 연 매출 2조 원을 기록하자 경쟁사인 롯데백화점과 현대백화점에 비상이 걸렸다. 특히 롯데백화점은 신세계 강남점에 국내 최대 백화점 타이틀을 뺏긴 지 3년째로, 대대적인 리뉴얼 작업에 들어가는 등 1위 탈환을 위해 팔을 걷어붙였다. 사실 백화점 업계에서 '연 매출 2조 원' 달성은 드문 기록이다. 일본 신주쿠 이세탄 백화점(2조 7,900억원), 프랑스 파리의 라파예트(2조 7,300억원), 영국 런던의 해롯(2조 5,500억원) 등 세계적인 백화점들만이 이름을 올리고 있다. 업계에서는 신세계가 체험형 매장을 포함한 매장 개편, 명품 카테고리별 풀 라인업을 구축한 점을 성공 요인으로 꼽았다. 그만큼 백화점 대전(大戰)에서 고급화 전략이 핵심으로 꼽힌다. 이에 롯데백화점은 2조 클럽, 현대백화점은 1조 클럽 벽을 넘기 위해 다양한 시도를 하는 것으로 보인다.

5) 온라인 채널 프리미엄 상품 확대

최근 E 커머스 업체들이 프리미엄 상품전을 여는 등 전통적으로 오프라인의 영역이었던 명품 소비가 온라인 채널로 확장되고 있다. 새로운 수익창출과 생존 전략으로 백화점 업계는 '인공지능 활용' 등을 통한 이커머스 역량을 본격적으로 육성하고자 노력하고 있다.

6) ICT 기술을 접목한 온라인몰

롯데 쇼핑은 E 커머스 사업본부를 신설하여 기존에 보유한 ICT 기술과 온라인몰을 융합하고자 하고 있다. 음성으로 상품을 검색하고 주문하는 '보이스커머스', 소비자의 선호도, 구매 습관 등의 데이터를 분석하는 AI챗봇 '로사(LO.S.A)' 등의 기술과 서비스를 개발 및 활용 중이다. 또한, 로사의 활동 영역을 패션에서 식품, 리빙으로 넓혔고, 서비스 채널은 모바일 앱에서 SNS, 메신저, 스마트 스피커로 확장했다. 앞으로도, 로사의 추천 가능 품목을 늘리고 화법, 트렌드 제시 등 소비자의 피드백을 반영할 계획이다.

#참고자료

- 비즈니스워치 2020.01.15 [인사이드 스토리]강남 신세계百 매출 2조원의 의미
- 전자신문 2020.01.09 롯데百, 고객 불만 AI 자동분석…경영 밑거름으로 쓴다
- 한국경제 2020.01.06 [새 출발 2020 유통산업] 롯데백화점, 1층에 테마형 전문관…프리미엄 복합쇼핑 공간 변신

- 조선비즈 2019.12.22 올해 백화점 소비 키워드 "나만 좋으면 돼"
- 뉴데일리 경제 2018.05.15 롯데, e커머스에 '3조원 투자'… 2022년까지 매출 20조 · 업계 1위 목표
- 아시르엔 2019.08.29 롯데백화점 중동점 식당가 전면 리뉴얼, '공화춘' '백년옥 목천집' 등 입점
- 포춘코리아 2019.09.26 백화점 업계, 프리미엄 소비 트렌드로 버티고 있지만…
- 동아일보 2019.10.31 [단독]롯데百의 파격… 1층 화장품 빼고 명품존 새단장
- 매일경제 2019.12.18 부산 백화점 매출 늘었지만 '명품'만 웃었다
- 한국경제 2019.02.14 백화점만 살았다…롯데쇼핑, 마트 · 슈퍼 부진에 영업익 25%↓
- 전자신문 2018.02.19 [이슈분석]백화점 빅3, 엇갈린 '희비'
- 뉴스1 2017.02.09 롯데쇼핑, '오너리스크' 등 악재 속 실적 소폭 개선
- 노컷뉴스 2019.12.18 나홀로 성장…부산지역 백화점 매출 비결은 명품과 고급가전

신세계백화점(신세계 백화점사업)

1. 재무현황

(단위 : 억원)

구분	2016년	2017년	2018년	2019년 3Q 누적
매출액	29,474	38,714	51,856	46,255
영업이익	2,513	3,456	3,973	2,736

신세계는 연결기준으로 2019년 3분기 영업이익이 전년 동기대비 36.6% 증가했다. 같은 기간 매출은 전년 3분기 대비 17.3% 늘었고 순이익은 37% 증가한것으로 집계됐다. 신세계 인천점 철수에 따른 여파로 잠시 주춤했지만 이와 달리 신세계의 점포별 매출현황을 살펴보면 강남점과 본점 등 대형점포 위주의 외형성장이 지속됐고 고가 제품 판매량이 늘어났다. 이 기간 신세계백화점 카테고리 중 명품 매출은 전년 동기대비 33% 늘었고 남성(10%), 가전(8%) 등 대부분 장르의 매출이 증가했다. 종속회사 대부분의 수익성이 개선된 것도 신세계의 실적 호조에 한몫했다.

2. 사업현황

1) 신세계백화점의 매출 및 현재 백화점 업계의 현황

신세계백화점 3대 지점은 명동 본점, 강남, 센텀시티이다. 이 지점들은 고급화 전략을 바탕으로 신세계백화점 매출에 큰 기여를 하고 있다.

현재 백화점 업계는 일부 상위 업체 간의 경쟁으로 압축된 상황이다. 브랜드 인지도, 구매협상력, 전국적으로 구축된 네트워크, 양질의 상권에 시장선점을 통해 확보한 경쟁력을 바탕으로 신세계 백화점의 시장점유율 또한 계속 증가할 것이다. 반면 최근에 등장한 해외 직구, 온라인, 아웃렛 등의 신 유통업태의 성장에 따라 백화점 업계는 업계 내의 외형 경쟁만으로는 수익창출에 한계가 있다. 특히 고급화 전략에 취약했던 지방 백화점들은 온라인 아웃렛 시장이 확대되면서 경쟁 심화에 따른 매출 영향이 나타나고 있다.

신세계 백화점은 미래성장의 핵심 사업이 될 강남점 증축과 센텀시티몰, 김해점, 하남점, 대구점의 성공적 오픈으로 압도적 상권 1번 점으로서의 위상을 더욱 견고히 하였으며, 이외에도 신규 프로젝트의 차질 없는 추진으로 새로운 도약을 위한 기반을 조성해 나가고 있다. 이러한 기존점의 경쟁력 강화 및 성장, 지속적인 신규점포 개발, 유통 패러다임을 선도하는 콘텐츠를 통해 지속적인 성장세를 유지하고 있다.

3. 주요이슈

1) 소비양극화

계속되는 불경기에도 초저가 혹은 초고가 상품만 잘 팔리는 소비 양극화 현상은 날이 갈수록 심화됐으며, '명품' 때문에 유통 · 패션업체들의 성적표도 명암이 갈렸다. 실제로 '명품' 모시기에 나선 백화점들은 오프라인 유통채널들의 침체기 속에서도 실적 방어에 성공했다. 명품 비중을 30% 중반으로 대폭 확대한 신세계백화점 강남점이 올해 국내 첫 연 매출 2조 원 달성에 성공하였다. 그 이유는 면세점 및 특급호텔과 연결된 구조로 시너지 효과에서 기인했다. 면세점 오픈 직전인 2018년 6월과 이후인 지난해 12월의 외국인 현황을 비교해보면 매출이 90% 이상 신장됐으며 구매 고객 수는 50% 증가했다.

2) 투자계획

신세계백화점은 앞으로 2,341억 수준의 투자를 계획하고 있으며, 이는 신규점 오픈, 복합시설개발 및 기존점 리뉴얼 등에 사용될 예정이다. 투자재원은 내부유보자금 및 다양한 조달방법을 통해 충당할 예정이다.

3) 점포 개발

2019년 착공하여 쇼핑과 과학, 문화, 자연이 모두 어우러지는 '대전 충남지역 최고의 랜드마크'로 개발 예정인 대전 '사이언스 콤플렉스'는 2021년에 오픈 할 계획이다. 시내면세점과의 시너지로 글로벌 타운으로 뻗어 나가고 있는 본점은 2023년까지 SC & 메사 전문관 개발을 통한 '본점 타운화' 마스터 플랜을 추진하고 있는 상황이다. 또한, 기존 점포들도 상권 고객 맞춤형 컨텐츠와 MD 리뉴얼을 통해 신세계의 '압도적 지역 1번점'의 위상을 더욱 공고히하고 있다. 더불어 유통업의 한계를 뛰어넘는 브랜드 기업으로 도약하기 위해 브랜드 비즈니스 확장을 추진하고 있다.

4) 편집 브랜드

2019년 20호점을 오픈한 코스메틱 편집 브랜드 '시코르'와 오프-프라이스 컨셉의 '팩토리 스토어'는 공격적인 추가 출점을 통해 고객과의 접점을 확대할 계획이며, 신세계 자체 제작 패션 브랜드인 '분더샵 컬렉션', '아디르', '델라라나', '일라일' 또한 전략적 확장을 거듭하여 지속성장의 기반을 닦아 나갈 것이라고 신세계백화점은 언급했다.

5) 고급화 전략

전략적 측면에서 고급화전략이 백화점사업에서 가장 잘 들어맞고 있다. 산업통상자원부에 따르면 지난 2019년 상반기 국내 백화점 매출에서 해외 명품이 차지한 비중은 22.8%였다. 2008년 통계치 이후 최고치이다. 신세계백화점은 명품 라인업을 가장 잘 갖춰졌다는 평가를 받고 있으며, 명품 매출 같은 경우, 2019년 1분기에만 21.4%가 늘었다. 명품을 중심으로 한 고급화 전략 성공이 선방 배경이라는 분석이 지배적이며, 신세계는 이러한 전략을 계속 이어 나갈 계획이다. 일례로 매출 중 명품 비중이 40%가 넘는 것으로 알려진 강남점은 아예 1층 중앙 광장에 명품 전용 팝업 매장인 '더 스테이지'를 꾸리고 10~15일 단위로 디올 발렌티노 등 각종 명품 브랜드를 차례대로 들여놓고 있다.

4. 향후예상

2020년 백화점은 오프라인 매장에서만 할 수 있는 것을 더욱 강조할 전망이다. 최근 부상하고 있는 리빙 부문 강화, 꾸준히 성장중인 명품 라인 확대, '체험'이 키워드도 부각되면서 관련된 식음료 부문도 성장할 것으로 보인다.

1) 리빙부문

미래 사업으로 리빙 부문에 눈독을 들이고 있다. 그동안 패션·명품이 백화점의 얼굴이었다면 앞으로는 리빙 상품군이 새로운 효자 사업 주축을 맡을 것으로 보인다. 국내 리빙 시장이 꾸준한 성장세를 보이고 있는 데다 홈족의 증가, '가심비'가 대세로 떠오르면서 '내 공간'에 아낌없이 투자하는 경향이 뚜렷해지고 있기 때문이다. 특히, 영등포점 B 관을 리빙 전문관으로 새롭게 문을 열었다. 영업면적 1,500평 규모 건물 전체를 리빙관으로 꾸민 건 업계 최초이다. 한 달간 영등포점 리빙 부문 매출은 리뉴얼 이전과 비교해 세 배가 뛴 것으로 공시되었다.

2) 명품라인 확대

올해는 남성 라인 강화를 통해 두터운 남성 고객층을 확보한다는 전략이 있다.

3) 체험

단순 쇼핑을 넘어 오감을 자극하는 공간을 마련해 소비자와의 접점을 늘리기 위한 전략이다. 신세계백화점은 업계 최초로 강남점에 전문관 시스템을 도입했다. 강남점 전문관은 고객들의 라이프스타일에 맞춰 해당 장르에서 필요한 모든 상품 품목별 편집매장 형태로 꾸민 쇼핑 공간으로 기존 브랜드 위주의 매장 구성에서 상품 위주의 체험형 매장 형태로 바꾼 것이 특징이다. 이후에도 강남점은 슈즈, 준명품, 아동, 생활까지 4개의 전문관을 선보였다. 이들 전문관은 소비자의 호응 속에 매년 두 자릿수의 성장세를 나타내고 있으며 올해는 이를 더욱 강화할 전망이다.

참고자료

- 뉴시스 2020.01.08 [2020전망 - 백화점] 더크고 더 비싸게 가야 산다
- 뉴데일리 경제 2020.01.02 신세계 백화점 강남점 연매출 2조원 달성, 단일점포 최초
- 서울 경제 2020.01.07 불황의 양극화 '가격콧대' 더 높인 명품
- 시사오늘 2019.11.16 리빙키우는 백화점 새 먹거리로 불황 뚫는다
- 동아일보 2019.12.11 초대형 덩치로, 신세계백화점 지역상권 지배하다.

현대백화점

1. 재무현황

(단위 : 억원)

구분	2016년	2017년	2018년	2019년 3Q 누적
매출액	18,318	18,481	18,622	15,866
영업이익	3,831	3,937	3,567	1,867

2017년도 최고 매출과 영업이익이 가능했던 이유는 식품관에 공을 들였던 현대백화점의 전략이 통했기 때문이다. 국내/외 유명 맛집을 입점시키며 대대적인 식품관 리뉴얼을 진행하여 20-30대 젊은 고객의 유입 효과가 나타났고 식품관을 이용한 고객이 다른 상품군을 구매하는 비율인 연계 구매율이 증가했던 것이 수치화되어 나타났다.

2018년 영업이익이 감소한 이유는 11월 오픈한 현대백화점면세점의 준비 비용과 오픈 초기 광고판촉비 등의 비용 증가로 적자를 기록했기에 영업이익에 영향을 준 것으로 보인다.

2019년 3분기 누적 기준 영업이익의 감소 이유는 압구정본점, 신촌점, 미아점, 천호점 등 점포의 증축 및 리뉴얼로 인한 비용 발생과 시내면세점 투자비용으로 인해 발생한 손실 때문이다.

2. 사업현황

현대백화점은 2015년부터 사업 부문의 확대를 시도하고 있다. 2015년 현대프리미엄 아웃렛 김포점을 오픈했으며 판교, 가산 등에 추가 아웃렛 점포를 출점하여 현재는 6개의 아웃렛을 운영하고 있다. 시내면세점인 무역센터점은 시장 경쟁 심화에 따라 영업실적이 부진하였다. 하지만 19년 3분기까지 일 매출 상승에 따라 고정비 부담이 완화되었고 4분기부터는 실적 부담이 완화될 것으로 예측하고 있다.

1) 백화점 부문

전체 매출의 86%를 차지하며 2019년 7월 기준, 현대백화점은 15개의 백화점 지점과 6개의 아웃렛을 운영 중이다.

2) 면세점 부문

무역센터점 한 곳으로 전체 매출의 14%를 차지한다.

3. 주요이슈

1) 주력사업, 여의도 파크원 백화점

'여의도 파크원 백화점'은 대한민국 최고의 랜드마크 백화점으로 만들겠다는 목표로 건설 중에 있으며, 지하 7층부터 지상 9층 규모의 백화점이다. 아마존 웹서비스(AWS)와 미래형 유통매장 협력 협약을 체결하여 아마존고의 저스트워크아웃 기술을 활용한 무인 슈퍼마켓이 입점할 예정이다. 그 외에도 페어몬트 호텔, 오피스등이 입점할 것으로 예정되어 있다.

2) 공격적인 면세사업

인천국제공항공사는 8월 임대차 계약이 만료되는 인천국제공항 제1여객터미널 면세 사업권 8개 구역에 대한 입찰 공고를 게시했다. 현대백화점면세점은 공식적으로 입찰 참여를 결정하지 않았지만 이번 입찰에 참여할 가능성이 높다. 업계의 후발 주자인 현대백화점이 인천공항 면세점 입점에 고민하고 있는 이유는 기존 빅3 경쟁사들에 비해 성과가 부진했던 만큼 인천공항 면세점 진출을 역전의 기회로 삼을 수 있지만, 수익성이 떨어지는 공항 면세점에 무턱대고 도전할 수만은 없기 때문이다.

현대백화점은 두산이 운영하던 동대문 두타면세점을 인수해 19년 2월, 두 번째 시내면세점을 여는 등 면세 사업을 급격히 확장하며 빅3 자리를 넘보고 있다. 그만큼 현대백화점 입장에서는 바잉파워 구축과 브랜드 가치 제고 등을 위해 인천공항 입점이 절실하다. 바잉파워가 높아야 명품 브랜드 유치, 직매입 계약 등에서 유리한 입지에 설 수 있는데, 인천공항에 간판을 거는 것 자체가 업계에서의 위상을 대변하기 때문이다. 더군다나 이번 입찰에서는 면세점 운영 기간이 기존 5년에서 10년으로 늘어나 매력도가 더 높아졌다.

하지만 자칫 독이 든 성배가 될 수도 있다. 인천공항 면세점은 전 세계에서 매출이 가장 많고 상징성이 크지만, 높은 임차료 부담으로 수익 창출이 쉽지 않다. 실제 롯데 역시 임대료 부담으로 2018년 일부 매장을 철수한 바 있다. 즉 면세점 업계는 인천공항에서 발생한 적자를 시내면세점 등 다른 데에서 메워야 하는 악순환에 빠져있다. 현대백화점은 시내면세점에서 적자 규모가 줄고 있지만 여전히 적자의 늪에 빠져있다.

3) 백화점 1층이 달라진다

초기 백화점 1층의 모습은 화장품과 잡화 판매가 주를 이뤘지만 2000년대에 들어 수입 명품 진열 '소비의 프리미엄화'를 추구하더니 최근에는 생활용품관을 경쟁적으로 배치하고 있다. 현대백화점도 온라인 구매가 가능한 잡화보다 직접 보고 사는 가구와 식품을 1층에 배치하고 있다. 실제로 기존에 이곳을 차지하던 잡화 품목은 2~6층으로 자리를 옮겼다. 백화점 1층이 변신하고 있는 것이다. '백화점 1층=화장품, 잡화'라는 오랜 공식에서 벗어나 백화점은 지하에 있던 식품관을 지상으로 끌어올리고 높은 층에 자리하고 있던 생활용품관을 접근성이 좋은 아래층으로 끌어 내리는 것이다. 한 백화점 관계자는 '1층은 백화점의 얼굴'이라며 백화점 1층의 변화가 차별화와 업계 혁신이라 볼 수 있다고 말했다.

생활용품관을 경쟁적으로 낮은 층에 두는 이유로는 국민소득 증가를 꼽을 수 있다. 소득이 늘어나면서 생활용품 시장도 커졌다는 것이다. 미국 등 다른 나라 사례를 보면, 1인당 국내총생산 3만달러 시대에 접어들 경우 가구를 비롯한 리빙 시장이 커지는 경향이 있다. 이와 같이 현대백화점은 2018년, 리빙 부문이 전체 매출 비중의 10%를 넘기며 매출이 늘자 저층부에 리빙관을 열게 되었다.

4) 본격적인 디지털 트랜스포메이션 전략 추진

현대백화점은 더현대닷컴, 현대H몰, 더한섬닷컴, 리바트몰 등의 각각의 전문몰을 가지고 있다. 이는 각각 종합쇼핑몰과 전문몰로서 적합한 서비스를 제공하는 방식으로 온라인 몰의 전문성을 키우겠다는 계획이라고 볼 수 있다. 각 계열사의 온라인 물류 시스템을 마련하고, 새벽 배송 서비스 '새벽식탁'도 확대할 가능성이 있기에 앞으로 10년 목표를 담은 '비전 2030'에서는 디지털을 중심으로 하는 변화의 내용이 담길 것으로 예측된다.

5) 전자 영수증 발급 서비스 도입

현대백화점은 앞으로 3년 이내에 종이 영수증 발급을 완전히 없애겠다는 목표를 가지고, 21개 백화점, 아웃렛 전 점포에 전자영수증 발급 서비스를 시작한다. 이번 전자 영수증 발급 서비스 도입으로 불필요한 종이 낭비와 폐기물 처리 부담이 줄어들고 환경호르몬 문제, 개인 정보 유출 우려도 최소화할 수 있을 것으로 예상된다.

4. 향후예상
1) 심화되는 부동산 경쟁

백화점은 고객의 체류시간과 접근성이 좋아야 하기 때문에 확실한 부지 확보에 많은 투자를 하게 된다. 하지만 한정된 면적에 백화점들이 계속해서 출점할 수는 없기에 현대의 파크원 매장을 이후로 당분간 서울에서의 새로운 매장 출점은 사실상 불가능할 것으로 보인다. 때문에, 기존의 매장을 얼마나 잘 활용하여 영업이익을 내느냐가 관건이기에 백화점 3사에서는 자신들만의 특성을 내세워 고객을 확보할 것으로 보인다.

2) '덱케' 같은 PB, 자체 패션 브랜드 강화

현대백화점의 2019년 핵심사업 중 하나는 패션사업이며, 현대백화점 한섬은 다양한 자체브랜드를 갖추고 있다. 2015년 3월부터 핸드백 주얼리 '덱케'와 함께 협업한 다양한 잡화 제품을 PB 형태로 선보이고 있으며, 콘텐츠 개발팀을 통해 확대한 상품 구색을 선보이고 있다. 2019년 '덱케'는 온라인 전용 브랜드로 전환하고,

온라인 전용 상품 출시 및 타겟층을 20 · 30세대에서 1020 밀레니얼 세대로 바꾸며, 가격대 또한 50만 원대에서 20만 원대로 대폭 낮췄다. 그 결과 2019년 H 패션몰 내 매출은 전년 대비 53% 상승했다.

현대백화점은 짧은 유행 주기와 가성비를 중시하는 패스트패션 트렌드에 적극적으로 대응하며 상품 기획 방식도 속도와 효율성에 초점을 맞춰 새롭게 고안 중이다. 상품 출시 여부 품평회를 분기 1회에서 주 1회로 전환하여 신속한 트렌드 변화에 대응하고 있다. 이러한 현대백화점의 패션 브랜드 관련 노하우를 활용하여, '덱케'와 같은 사례처럼 온/오프라인 전용 자체 패션 PB 브랜드를 꾸준히 개발하고 강화한다면 수익성 개선에 도움이 될 것으로 예측된다.

3) 홈퍼니싱 시장 공략

주 52시간 근무 상한제 시행과, '쉼'의 중요성으로 인해 토탈리빙에 대한 관심 증대되었다. 홈퍼니싱 시장 규모는 2023년, 18조 원 규모로 성장할 것으로 전망되며, 현대백화점의 리빙 분야는 2019년 초 매출 기준 작년 동기 대비 27.6% 성장했다. 현대리바트를 활용하여 다양한 품목의 홈퍼니싱 제품을 개발해야 한다. 유통 부분에서 AI와 VR 등 가상현실 기술 융합이 떠오르는 만큼, 이를 활용하여 집 인테리어를 미리 볼 수 있는 콘텐츠를 개발한다면 좋을 것으로 생각된다.

#참고자료
- 더벨뉴스 2020.01.14 현대백화점, 온라인 사업 차별화 전략 '고심'
- 위키리크스한국 2019.09.10 "여의도 사상 '첫' 백화점"…'파크원' 현대 百여의도점 기대감 up"
- 헤럴드경제 2019.05.10 '고스트 상권' 여의도, 오피스 상권에서 쇼핑 · 문화 중심지로 반전 노린다
- 조선비즈 2019.12.23 "백화점 1층부터 명품 진열하라" 유통3사 신임 CEO들, 매장 통째로 바꾼다
- 한겨레 2020.01.23 '장 보러 와요' 1층으로…백화점이 달라진다

- 머니투데이 2020.01.27 현대백화점, 그 좋은 '인천공항 면세점' 입점 왜 고민하나?
- 글로벌이코노믹스 2020.01.15 현대백화점, 전자 영수증 발급 서비스 도입… "환경 보호에 개인정보 보호까지"
- 뉴데일리경제 2019.12.25 한섬 "H패션몰, 올해 매출 610억 달러 달성 예상"
- 매일경제 2019.04.03 주 52시간 시대 콘텐츠 확대 나선 백화점들, 집 가꾸는 리빙 · 인테리어 매장 늘려

Chapter
05
상사

Chapter5.
상사

삼성물산 상사부문

1. 재무현황

(단위 : 억원)

구분	2016년	2017년	2018년	2019년
매출액	105,384	125,549	141,130	138,620
영업이익	700	1,497	1,460	1,060

　2019년 삼성물산 상사부문 영업이익의 하락은 유가 하락과 원자재 가격 변동성 확대에 기인한다. 영업이익은 2018년보다 약 27% 감소한 1,060억원, 매출은 약 1.8% 감소한 13조 8,620억원을 기록했다. 더불어 사업별 매출액은 화학 1조 590억원, 철강 8,380억원 에너지금속 1조 2,450억원, 생활산업 등 2,980억원으로 화학·철강에서의 감소 폭이 컸다.

　2018년 14조 1130억원 매출을 올리며 2013년 이후 5년 만에 '매출액 14조 원대'로 돌아왔다. 삼성물산이 선전할 수 있었던 이유로는 철강·화학을 중심으로 남미·유럽·동남아 등을 잇는 '삼국 간 거래' 비중을 지속해서 확대하고 있기 때문으로 해석된다. 더불어 북미를 중심으로 한 신재생에너지 시장에 진출하며 지난해 4월 캐나다 온타리오의 40만 가구에 전력을 공급할 수 있는 풍력·태양광 발전 단지를 완공한 것 역시 실적에 영향을 주었다.

2017년 매출은 12조 5,549억원으로 2016년(10조 5,384억원)보다 약 19% 증가했다. 이는 글로벌 경기가 살아나면서 원자재 가격이 오르고 트레이딩 물량이 증가한 것과 더불어 자원 부문의 구리, 석탄 트레이딩에서 실적을 개선한 것에 기인한다.

2016년 상사 부문은 매출 10조5,384억원, 영업이익 700억원을 올렸다. 그 내용으로 자원 트레이딩 사업 물량이 늘어 매출이 늘었고 바레인 LNG 인수기지, 칠레 켈라발전소 등에서도 성공적으로 사업을 수행했다.

2. 사업현황

상사부문은 화학소재, 철강, 자원, 생활산업 관련 트레이딩 분야와 플랜트/인프라, 신재생 발전 관련 오거나이징 분야에서 다각적인 사업을 진행하고 있다. 트레이딩은 공급자와 수요자를 연결해 주는 거래 중개 및 판매 영업으로, 글로벌 경기변동, 원자재 시황 등의 영향을 받는다는 특징이 있다. 오거나이징은 대규모 장기 투자로 글로벌 경기 변동 이외에도 국가별 정치, 경제 상황 등 다양한 요인들을 종합적으로 고려해야 하는 특성이 있다.

1) 화학제품 트레이딩

합성수지, 비료, 에탄올(베트남 점유율 1위), 기능화학(유.무기 화학품), 광산용 화학 물품을 트레이딩하고 있다.

2) 철강

전 세계에서 철강제품의 수출입, 삼국간 거래 등 트레이딩을 전개하고 있다. 코일센터, 스테인리스 정밀재 공장 등을 운영하며 제조부터 가공, 유통까지 차별화하고 있다. 대표제품은 열연, 냉연, 스테인리스, 선재이다. 특징은 직접 해외코일센터(슬로바키아, 말레이시아, 멕시코)를 운영 중이라는 점이다. 또한, 스테인리스 정밀재 공장(루마니아 오텔리녹스 공장 지분인수, 일본 묘도메탈 인수, 중국 평호에 설립)도 운영 중인데 이를 통해 품질과 경쟁력을 갖추고 있다.

3) 에너지

신재생(북미중심), 플랜트(멕시코), LNG(말레이시아산 수입 및 국내 수급), 바이오 연료(인도네시아 팜농장 운영), 석탄(러시아, 인도네시아)으로 이루어져 있다.

4) 소재

섬유(중국, 아시아산), 구리 및 금속, 모바일 액세서리, 지류, 광산용 물자 트레이딩이다.

3. 주요이슈

1) 결국엔 식량사업

여타 다른 상사들과 같이 삼성물산도 인도네시아에서 팜 농장을 운영 중이다. 현재 인도네시아에서 서울시 면적의 40%에 달하는 2만 4,000헥타르 규모의 팜 농장을 운영 중이다. 2008년 인도네시아 팜 전문 기업인 아테나 홀딩스와 합작법인을 설립해 인도네시아 수마트라 섬의 팜 농장을 인수했고, 연간 10만톤의 팜유를 생산해 동남아 등지에 판매 중이다.

왜 팜유일까?

팜유는 보통 우리가 흔히 먹는 식품에 들어간다. 라면, 인스턴트 커피, 과자 등에 사용되는 식용기름 중에서 다른 식물성 기름에 비해 같은 재배 면적에서 10배 정도의 양을 생산할 수 있어서 가격이 가장 싼 편에 속하고, 포화지방이 많아 고온으로 가열하거나 장기보존해도 잘 산패되지 않아 보존성이 좋다. 덕분에 튀김요리를 만드는 기름으로 적합해 대부분의 라면은 팜유로 튀긴다고 한다.

그러나 문제점이 존재하는데 팜유를 생산하기 위해서 열대우림을 불태우고 기름야자를 심어야 한다. 이때 매우 거대한 면적을 불태워야 하고 이로 인해 발생하는 탄소배출량이 인도네시아 (2,300만 톤)가 미국(1,600만 톤)을 넘어섰다. 더불어 동남아 지역에서 생산되는 작물의 특성상 저임금 및 노동착취 등의 문제가 지적되기도 한다.

2) 신성장동력 발굴, 에너지분야?

종합상사의 무한변신은 계속된다. 글로벌 경기부진을 벗어나지 못하는 상황에서 기존 사업에서는 성장동력을 찾기 어렵다는 판단이 그 배경이다. 기존사업 확대와 신사업 발굴 등 두 가지 축에서 돌파구를 찾고자 하는 만큼 신재생에너지 발전사업 등 에너지분야 사업 확대가 예상된다.

캐나다 온타리오 프로젝트

삼성물산은 캐나다 온타리오 주 전력청과 전력판매계약을 맺으며 안정적인 수익구조를 확보했다. 온타리오 프로젝트는 삼성물산이 금융조달과 건설사 선정 등 처음부터 기획해 완공시킨 사업이다. 온타리오 프로젝트는 현재 풍력 1,070Mw, 태양광 300Mw로 총 1,370 Mw 발전규모를 갖추고 있다. 온타리오 사업은 지난 3년간 부진하다 19년도 1분기 부터 다시 호실적을 내고 있다. 2019년 상반기 기준 최대 실적인 1,154억원을 기록했다.

3) 금 매입에 나선 삼성물산

삼성물산은 캐나다 벤쿠버 소재 광산업체 그레이트 팬터 마이닝과 1,125만 달러(약 131억) 규모의 금 구입 계약을 맺었다. 앞으로 2년 동안 그레이트 팬터 마이닝이 소유한 브라질 투카노(Tucano) 금광으로부터 매월 3,000 oz(85.04 kg) 상당의 금을 공급받고, 또한 투카노 금광에서 채굴된 금의 권리도 확보했다. 경기불안에 따라 안전자산인 금에 투자하는 것으로 풀이된다.

4. 향후예상

1) 해외수주 규모 악화 예상
방글라데시 국제공항 확장공사

삼성물산의 1조 9,000억원 규모의 방글라데시 국제공항 확장공사 수주가 확정되었다. 후지타, 미쓰비시 등 일본 기업 두 곳과 함께 작업한 결과로 총 공사비는

2조 8,000억원을 넘어선다. 대형 프로젝트로 수주액은 총 4조 원에 달하며, 전년 해외수주 총액 추정치인 26조 6,600억원(약 230억 달러)을 기준으로 할 때 15% 달하는 수치다. 그러나 전반적으로 해외수주 규모는 크지 않을 것으로 예상된다.

2) 신사업 발굴

삼성물산은 캐나다 프린스에드워드아일랜드(Prince Edward Island) 주에 태양광 발전과 에너지 저장 장치(ESS)가 결합된 복합발전 시설을 준공하는 등 신재생 에너지 사업을 확대하고 있다. 또한, 한국남부발전과 함께 517MW 규모의 칠레 BHP 켈라 가스복합화력 발전사업도 영위하는 등 발전·플랜트 분야에서도 새로운 수익 기반을 확보하기 위해 노력할 것으로 예상된다.

3) 팜오일 사업 지속 가능할까?

팜오일 사업은 지난 기간 수익성이 확실한 사업임에는 의심할 여지가 없다. 그러나 최근 환경 관련 이슈들이 주목을 받으며 팜오일 사업에 대한 의구심이 남는다.

첫번째로 팜오일 사업을 위해서는 농장을 태우고, 다시 경작해야 한다. 하지만 다시 경작을 완료하기 위해서는 5년이 넘는 시간이 걸린다. 과연 그 시간 동안 안정적으로 지속적인 투자가 가능할지 의문이다.

두 번째로는 팜오일 사업을 운영하며 해당 지역 내에서의 노동착취와 임금의 문제가 대두되고 있다. 이를 고려하여 사업하기 위해서는 수익성 제고와 사회적인 움직임이 필요해 보인다.

위에 언급했듯 장기적인 수익이 날 것인가와 사회적인 모습을 보이는 사업이 될 수 있을까라는 점에서 팜오일 사업을 진행하는 것이 옳은지는 아직은 의문점으로 남아있다.

#참고자료

■ 글로벌이코노믹 2020.01.09 [글로벌-Biz 24] '금 매입' 나선 삼성물산 선제적 투자?… 브라질 금광에 131억원 선지급
■ 더벨 2019.10.10 삼성물산, '석유·가스'부터 '신재생'까지 다각화

- 머니투데이 2020.01.16 자원 · 식품 · 디지털…종합상사 올해도 신사업 발굴에 '사활'
- 뉴스1 2019.09.26 종합상사 '식량사업' 투자 확대…미래성장 동력원으로
- 컨슈머타임스 2020.01.16 삼성물산, 1조9000억 방글라데시 공항 확장공사 수주
- 이데일리 2019.12.27 [상사의 무한변신]해외선 신재생 내수선 가전렌털…전방위 확대 속도
- 더벨 2019.08.28 삼성물산, 온타리오 사업 역대 최고 실적 내나
- 이데일리 2020.01.02 [신년사]이영호 삼성물산 사장 "올해, 10년 성장 약속하는 시기"
- 뉴스1 2018.02.01 삼성물산 상사부문, 작년 수익성 2배 'UP'…원자재 가격↑
- 뉴스1 2017.01.26 [장마감공시] 삼성물산, 작년 영업익 1395억…약 4배 증가
- 서울경제 2017.01.25 건설 · 상사부문 수익성 개선에 삼성물산 4분기 영업흑자 전환
- 조선일보 2019.02.11 종합상사 '자 · 식' 키워 먹고산다

포스코인터내셔널

1. 재무현황

(단위 : 억원)

구분	2016년	2017년	2018년	2019년 3Q 누적
매출액	164,920	225,716	251,739	184,842
영업이익	3,181	4,013	4,726	5,076

기업회계기준서 제1110호(연결재무제표)에 의한 지배기업인 주식회사 포스코인 터내셔널(이하 "연결기업")은 2000년 12월 27일 (주)대우의 무역부문의 인적분할 을 통해 설립되었으며 2019년 3월 18일 상호를 주식회사 포스코대우에서 주식회 사 포스코인터내셔널로 변경하였다.

2019년 3분기 누적 매출 중 수출은 84.4%로, 중국 15.1%를 비롯하여 아시아 지역이 전체 수출실적의 64.6%를 차지하고 있으며, 북미 지역 9.0%, 유럽 지역 15.3% 기타 지 역 11.1%의 비중을 차지하고 있다. 품목별 수출 비중은 철강/비철 56.2%, 화학/물자 27.5%, 자동차 부품/기계 8.1%, 식량/광물/에너지 등 8.2%를 각각 차지하고 있다.

2. 사업부문
1) 무역부문
철강/비철, 화학/물자, 자동차 부품/기계, 기타로 나뉘어 있다. 무역에 대한 노 하우와 해외 네트워크를 바탕으로 트레이딩 연계 사업 및 사업군 내 밸류체인 확 대를 위한 신사업 개발, 차세대 성장을 주도할 식량/에너지 개발 등 다양한 분야로 사업 영역 확장 중이다.

국내 종합상사로는 유일하게 자동차부품 전문 조직을 보유, 30여 년 이상 축적 된 거래 Know-How를 바탕으로 전 세계 70여 개국 250여 개 이상의 고객사들에 부품 및 관련 엔지니어링 기술을 공급하고 있다.

2) 에너지

E&P/광물로는 천연가스, 니켈, 유연탄, 인프라 등이 있다. 석유, 천연가스, 철광석 등 주요 원자재를 거의 100% 수입에 의존하는 우리나라의 특성상 해외자원 개발 광구의 확보가 중요하다. 미얀마 가스전과 호주 나라브리 석탄광 생산사업, 인도네시아 웨타 동광 개발사업 등이 있다.

3) 기타

임대, 제조, 호텔 등이 있다. 미얀마에서 호텔 개발 사업 진행. 또한, 아프리카를 신규 전략 지역으로 선정하여 포스코 그룹 차원의 진출 전략 수립 중이다.

3. 주요이슈
1) 철강재 가공/판매 사업 물적 분할

철강재 가공 사업부문에 적합한 경영 시스템을 확립하고 사업의 전문성을 강화해 경영 효율성을 제고하기 위해 가공과 판매 사업을 물적 분할하였다. 포스코 P&S의 철강재 가공사업을 흡수하는 등 철강재 가공 사업을 확대해왔으나, 전방 산업의 부진에 따라 성장이 정체돼 있었다. 이에 포스코인터내셔널은 철강재 가공 사업을 따로 떼어내 덩치를 줄여 급변하는 경영 환경에 빠르게 대응할 수 있도록 하며, 종합상사로서의 역량을 더욱 강화하였다.

2) 미얀마 가스전

포스코인터내셔널의 미얀마 가스전은 올해 2분기 전년 동기 대비 75.3% 증가한 1,243억원의 영업이익을 올렸다. 이는 전체 영업이익의 69%에 달하는 비중으로, 2018년 6월 발생한 중국 가스관 사고의 기저효과로, 사고 발생으로 공급하지 못했던 물량을 올해 추가 공급해 얻은 수익이다. 하루 5억 입방피트 생산량을 안정적으로 유지하기 위해 기존 3개의 가스전을 3단계 개발할 준비를 하고 있으며(현재 2단계 개발사업으로 쉐, 쉐퓨 두 개의 가스전을 개발하고 있으며 각각 오는 2021년 4월과 2022년 4월부터 가스가 생산될 예정이다) 지속적으로 새로운 가스전을 찾기 위해 노력하고 있다. 현재 미얀마 해상에 두 개의 광구 탐사권을 통해 3개의 가스전을 찾아내었고 같은 광구에서 새로운 가스전을 찾기 위해 탐사정 시추를 진행하고 있다. 현재 매장량으로는 향후 20~25년간 꾸준히 안정적인 수익이 발생할 전망이다. 3개의 가스전에서 생산되는 가스를 중국 CNUOC에 판매하는 가스판매 구매계약을 체결했다. 2013년 7월부터 약 30년간 가스의 생산 및 판매 관련 제반 조건들이 포함된 장기계약이다.

3) 신규 지사, 법인 설치

모로코 지사

2019년 5월, 포스코인터내셔널은 종합상사 중 처음으로 모로코 지사 설치를 결정했다. 모로코는 지정학적 특성상 아프리카와 유럽을 잇는 교두보로, 아프리카 최대의 컨테이너항을 보유한 무역 허브이기도 한 만큼 유럽 무역 사업과의 시너지 또한 기대할 수 있게 되었다. 또한 모로코 정부는 현재 자동차 산업 투자를 적극적으로 유치해 2025년 100만대 생산을 목표로 자동차 생산 기지화에 속도를 내고 있기도 한데, 이에 포스코인터내셔널은 국내 종합상사 중 유일하게 자동차 부품 전문 조직이 있는 만큼 모로코 현지에서의 자동차용 강판 수요 증가에 대응하여 포스코의 자동차 강판을 공급하기로 했다. 모로코 지사는 자동차 강판 공급 외에 아프리카 지역 식량 사업 육성을 위한 기회로도 활용될 것이다.

태국, 인도네시아 법인 신설

미얀마가스전 판매 호조로 최근 수익성 측면에서 무역사업이 위축된 가운데, 신규 해외 거점으로 아시아 지역 보폭을 넓히게 되었다. 포스코인터내셔널 전체 매출의 3분의 1은 중국을 제외한 아시아 국가에서 발행하고 있다. 삼국간 거래 포함, 수출 실적에서 중국을 비롯해 아시아 지역이 전체 수출 실적의 64%의 비중을 차지하고 있다.

4) 우크라이나 곡물 수출터미널

2019년 9월, 포스코인터내셔널은 국내 기업 최초로 해외에 곡물 수출터미널을 준공하고 가동을 시작했다. 곡물 수출터미널은 곡물을 선적해 수출하기 전에 저장해 놓는 일종의 창고로, 이번에 준공된 우크라이나 곡물터미널은 우크라이나 남부

흑해 최대 수출항 중 하나인 미콜라이프항에 있어 연간 250만톤 규모의 곡물 출하가 가능하다. 또한, 우크라이나는 유럽 최대 곡창지대이자 주요 곡물의 5대 수출국 중 하나이기 때문에 곡물의 단계별 물류 통제와 효율적인 재고 관리뿐만 아니라 세계 5위 곡물 수입국인 우리나라 입장에서도 식량 위기가 발생할 경우를 안정적으로 대비할 수 있다는 점에서 의미가 크다.

4. 향후예상

1) 기존 사업 밸류체인 완성

식량

곡물 터미널의 안정적인 물량 확대, 흑해산 곡물 조달 기반 구축 및 중국, 동남아, 한국 등 중점 수요 시장 중심으로 판매가 확대될 전망이다.

포스코인터내셔널은 연간 500만 톤 규모의 식량 취급 물량 확대를 추진하는 등 트레이더의 단계를 넘어 생산자로서 EU, MENA, 아프리카, 중국, 동남아, 러시아 등으로 곡물 거래 시장을 확대할 계획이다. 인도네시아 Palm 농장을 개발, 현지 Palm Oil 양산 체제를 갖추어 점진적으로 판매를 확대하고 있으며 CPO(Crude Palm Oil) MILL 2기도 추가 건설 중에 있다. 미얀마에서는 RPC(Rice Processing Complex) 사업에 진출하여 2017년 제1공장 가동(연간 1.5만 톤 규모)을 개시하였으며, 2019년 하반기 제2공장(곡창지대와 양곤 수출항 이어주는 수로변 물류 거점에 위치, 연간 8.6만 톤 규모)의 본격적인 가동을 통해 유통형 식량사업을 본격화할 예정이다.

에너지

기존 가스전의 안정적인 수익창출 주력과 그룹 LNG 사업과 연계한 LNG 트레이딩 및 인프라 사업을 적극 발굴하고 있다.

포스코인터내셔널은 해외 프로젝트 개발 및 트레이딩 역량과 포스코그룹 자체 LNG 수요 및 광양 LNG터미널을 활용하여 LNG 트레이딩을 확대 중이며, 이를 연계한 수입 터미널, 액화플랜트 등 LNG 해외 인프라 및 LNG 벙커링 사업을 적극 추진 중에 있다. LNG 트레이딩 분야에서는 2017년 국내 최초로 LNG 거래를 개시하였으며, 그룹 LNG 통합 구매 및 LNG 트레이딩 물량 확대를 추진 중에 있다. 그룹 가스사업 전략과 연계한 LNG 인프라 사업 발굴을 위해 당사 주도하에 그룹사 공동 수입 터미널, 액화플랜트, 배관사업, Gas-to-Power 등의 전체 LNG 밸류체인 사업개발을 주도적으로 추진할 계획이다.

2) 성장 포트폴리오 강화를 통한 트레이딩 수익성 제고

포스코인터내셔널은 기존 사업의 밸류체인 완성과 더불어 미래차, 2차 전지, 아프리카 인프라사업 등 신규 유망 사업에서 새로운 성장 동력을 찾을 계획이다. 앞으로 철강 부문에서는 내수 판매 기반 강화와 해외 상권을 확대하는데 주력하며, 자동차 부품의 경우 유망 강소기업과 전략적 파트너십을 통해 수익 기반을 강화(글로벌 시장 동반 진출 사업 모델 개발)하고 전기차 등의 미래차 부품 사업을 본격화할 계획이다. 또한, 비철 부문에서 그룹사와 원료 수급, 2차 전지 분야에서 시너지를 창출할 수 있도록 원료 공급부터 제품 판매까지 밸류체인 확장형 사업을 강화하려는 계획에 있다. 화학과 전력 에너지에서도 다른 분야에서와 마찬가지로 신성장 품목과 연계하여 복합 거래를 확대하고, 신재생 IPP 개발을 추진 중이다.

참고자료

- 조선비즈 2019.09.26 "포스코 '곡물 창고' 우크라이나에 우뚝"
- 파이낸셜뉴스 2020.01.02 "포스코인터 새 선장 주시보 "새해, 새 먹거리 찾겠다"
- 내일신문 2019.11.11 "포스코인터, 미얀마가스전 기본설계 계약"
- 더벨 2019.08.28 "포스코인터내셔널 식량사업, 어디까지 왔나"
- 더벨 2019.10.28 "포스코인터, 홀대받던 '철강재 가공업' 육성한다"
- ceo스코어 데일리 2019.12.16 "포스코인터내셔널, 아시아 보폭 넓힌다…태국 · 인니 연이어 '깃발'"
- ebn 2020.01.02 "주시보 포스코인터 사장 "철강 · E&P · 식량 · LNG 중점 육성""
- 매일경제 2019.03.18 "포스코인터, 글로벌 종합사업회사 새출발"

현대종합상사

1. 재무현황

(단위 : 억원)

구분	2016년	2017년	2018년	2019년 3Q 누적
매출액	27,673	43,060	47,140	33,157
영업이익	182	340	505	370

현대종합상사의 매출원가비율은 2019년 3분기 기준 97.18%에 달하며, 판관비는 1.85% 수준이다. 해당 분기의 매출액 1위는 차량 소재(1조 3,783억원), 2위 철강(9,708억원), 3위 산업플랜트(1,463억원)이며, 대부분의 매출은 아시아 지역(1조 3,398억원)에서 발생했다.

2. 사업현황

현대종합상사는 산업플랜트, 차량 소재, 철강, 기타 등 총 4개의 사업 부문으로 구성된다. 각 사업 부문별로 변압기, 자동차, 철강, 기계 등을 수출하고 있으며, 선박, 플랜트 등의 거래알선과 수입상품의 국내 판매, 유전개발 등의 자원개발사업을 하고 있다.

1) 산업플랜트 사업본부

산업플랜트 본부는 선박 플랜트, 에너지(전기, 그린), 건설기계의 3개 팀 및 신재생 IPP 유닛으로 구성되어 있으며 수요 산업인 조선, 기계, 건설 산업 등 제조업 업황에 직접적인 영향을 받는다. 최근에는 국제 원자재 가격에 따른 국가 재정, 금융 지원 여부 등의 영향이 커지고 있다.

2) 차량소재 사업본부

차량 소재본부는 승, 상용차 및 철도 차량, 부품, 화학소재로 구성되어 있다. 승, 상용차 및 부품은 자동차 산업의 직접적인 영향을 받으며, 철도차량은 각 국가의 인프라 사업 정책 방향과 깊은 연관성이 있다. 또한, 화학 산업은 자본집약적 장치 산업으로 경기 사이클을 가지고 있으며, 유가 변동에 민감한 산업이다.

3) 철강 사업본부

철강 산업은 자동차, 조선, 건설, 가전, 기계 등 주요 수요산업의 성장과 직접적인 영향이 있으며 경기 변화에 대해 소비는 탄력적이지만 생산은 비탄력적인 특성이 있다. 현대종합상사는 세계시장에서 축적한 다양한 경험과 비즈니스 노하우를 기반으로 인도 첸나이의 '포스현대' 철강 코일센터, 그리고 인도네시아 자카르타 근교의 '인니공단'등 선박 건조에서 철강 가공, 공업 용지 개발에 이르기까지 활발한 해외투자 사업을 전개하고 있다.

3. 주요이슈

1) 인도 원전시장에서 570억 규모 비상발전기 수주

현대종합상사가 인도 민영 발전회사 '파워리카(Powerica)'와 4,900만 달러 규모의 '비상발전기 공급계약'을 체결했다. 이번에 공급할 비상발전기는 6.3MW급 중형엔진인 힘센 엔진 10기 등으로, 2022년까지 인도 남부 타밀 나두(Tamil Nadu)주 쿠단쿨람(Kudankulam) 원자력발전소 3·4호기에 공급될 예정이다.

원전 비상발전기란 원자력발전소가 긴급한 상황으로 운전을 멈췄을 때 전력을 공급해 원자로의 안정적 유지를 돕는 설비이다. 발전기에서 멜트다운[6]와 같은 중대사고를 막기 위해서는 15초 내 비상 전력을 공급해야 하기에 높은 안정성과 품질이 요구된다. 인도 시장에서 일반 육상 발전 엔진 공급 경험은 있지만, 원자력발전소에 사용되는 엔진을 공급한 경험이 전무했던 현대종합상사가 원전에 사용되는 엔진을 공급한 점은 더욱 의미가 크다고 볼 수 있다. 또한, 안정성을 거둘 수 있을지 귀추가 주목된다.

2) 현대코퍼레이션홀딩스, 캄보디아 최초로 현대식 농산물 유통센터 준공

현대종합상사를 모태로 하고 있는 현대코퍼레이션홀딩스는 캄보디아 최초로 수

---

6 *멜트다운: 원자로의 냉각장치가 정지되어 내부의 열이 정상 온도보다 급속히 상승하여 연료인 우라늄을 용해함으로써 연료봉이 녹아버리는 일을 뜻한다.

출 검역 시설을 갖춘 현대식 농산물 유통센터를 준공하고 망고 등 캄보디아산 열대과일의 수출 확대에 본격적으로 나설 예정이다. 캄보디아의 대표적 열대과일인 망고는 당도가 높고 과육이 풍부한 고품질에도 불구하고 그동안 해외 수출에 필요한 검역시스템과 현대식 유통시스템이 없어 대부분 특별한 가공 없이 인근 접경국가로 값싸게 판매되고 있었다.

현대코퍼레이션홀딩스가 국제사회의 검역기준을 충족시킬 수 있는 최신 검역시스템을 갖춘 농산물 유통센터를 완공함으로써, 한국, 일본, 중국, EU 등 까다로운 검역조건을 요구하는 전 세계 국가들에 망고를 비롯한 캄보디아산 열대과일을 직접 수출할 수 있는 길을 열게 되었다. 우선은 망고로 시작했지만 망고 수출을 시작으로 다른 열대작물로 식량사업을 확대할 경우 더 많은 부가가치를 만들 수 있을 것으로 기대된다.

3) 일본 시즈오카 쿠로마타에 1.2MW 규모 태양광 발전소 준공

현대종합상사가 일본 시즈오카현 '쿠로마타 태양광 발전소(규모 1.2MV)'의 공사를 완료하고 본격적인 가동에 들어갔다. 이 발전소에서 생산된 전력은 앞으로 20년간 일본 중부전력에 판매될 예정이며, 이러한 신재생에너지 공급을 통해 지역사회에도 공헌할 수 있는 발판을 만들게 되었다. 이번 쿠로마타 태양광 발전소 준공은 현대종합상사의 신재생에너지 발전사업이 해외에 첫발을 내디뎠다는 점에서 의미가 있다. 현대종합상사는 이번에 준공한 쿠로마타 태양광 발전소를 시작으로 일본 지역 내 다수의 발전소 운영을 위해 2019년 2월 'HYUNDAI RENEWABLE LAB JAPAN㈜'을 설립했으며, 후속 프로젝트를 추진 중에 있다.

4) 아프리카으로 KD사업 진출

현대종합상사는 돈이 안되는 기존 강판, 강관 등 철강 사업 비중을 줄이고 아프리카 지역을 중심으로 자동차 반조립 제품(KD) 매출을 키우고 있다. 2016년 3·4분기까지 철강 사업(1조 1,727억원)이 회사 전체 매출의 44%를 차지했지만 2017년 차량 소재(1조 6,942억원)매출에 역전됐다. 지난해 3,4 분기 차량 소재에서 1조 8,830억원의 매출을 올렸고 이는 전체 매출의 56%를 차지한다. 반조립 상태의 자동차 부품을 아프리카에 들이면 현지 조립과정이 만들어져 자연스럽게 기술이 이전되고 일자리도 창출되는 이점이 있어 앞으로도 성장 가능성이 있다.

5) 전기차시장 확대에 따른 인도네시아 공장 설립

현대차는 인도네시아에 2021년까지 연산 15만 대 수준의 완성차 공장을 세우고 소형 SUV와 다목적 MPV, 아세안 전략형 전기차 등을 생산할 계획이다. 이 공장은 2030년까지 제품 개발 및 공장 운영비 포함 1조 7,000억원이 투입돼 향후 최대 25만 대까지 생산능력을 확대할 계획이다. 현대종합상사는 그동안 현대차가 직접 진출하지 않은 동남아시아에 울산에서 생산한 차량을 들여와 팔았지만 이 공장이 설립됨에 따라 인도네시아에서 호주, 중동, 동남아시아를 겨냥해 팔 수 있는 방법을 모색 중이다. 이렇게 된다면 물류비용이 줄어들고 수요 파악을 통한 재고 대응이 빠르게 가능할 것으로 보인다.

6) 스미시머쉬룸 홀딩스 설립

현대코퍼레이션홀딩스와 영국 투자 법인 현대 유로 파트너스와 경북 청도군 소속 버섯 기업 그린 합명회사는 영국에서 조인트벤처(VJ), 스미시머쉬룸 홀딩스를 설립했다. 주력상품은 팽이버섯, 새송이 등이 있고 2003년부터 본격적으로 글로벌 생산, 판매망을 구축하여 현재 미국, 중국, 유럽 등 10개국에 버섯 유통을 하고 있다. 유럽의 대형 유통회사인 테스코와의 협업을 통해 버섯을 유통할 계획이고 현재 스미쉬머쉬룸의 연 매출은 75억이지만 3배 이상으로 끌어올리는 것이 2020년도 목표이다. 상사업계에서 식량 상품이 미래 먹거리로 떠오르고 있는데 현대종합상사의 글로벌 인프라와 그린과의 버섯 재배기술의 시너지는 현대종합상사의 유럽에서의 매출 증대를 불러올 것으로 보인다. 다른 회사들은 동남아나 남미에서 상품을 재배해 다른 나라로 수출하는 모습이지만 이번 조인트벤처 형태의 신사업 계획은 국내 상품을 대상으로 했다는 것이 큰 의미가 있다.

4. 향후예상
1) 정부 사업

2019년 11월 멕시코 수도 멕시코시티에서 열린 한, 멕시코 방위산업 협력 설명회에 LIG넥스원, 풍산그룹과 같은 방산업체뿐만 아니라 현대종합상사, 포스코인터내셔널 등 종합상사들도 참석했다. 지난번 현대종합상사는 현대중공업과 함께 뉴질랜드 해군으로부터 선가 4,000억 규모의 2만 3,000t급 군수 지원함을 수주하기도 하였다. 정부 간 거래 사업의 일환으로 진행되고 있는 방산물자 수출에도 종합상사가 참여한 것을 봤을 때 신사업분야인 항공 우주, 방산물자에서도 먹거리를 찾고 있는 것으로 보인다.

2) 물류사업부 독립

현대종합상사는 물류 사업부를 독립법인으로 분사시킬 계획이다. 지금까지는 비용 절감에 목적을 두고, 자가 물류(2PL) 형태로 운영되어 왔다. 철강·차량 소재 등 사내 사업 부문에서 일감을 받아 물류비용을 최소화하는 일을 담당했는데, 이를 독립시켜 물류 아웃소싱(3PL)으로 사업 영역을 확장해 마진 수익을 얻겠다는 것이다. 이미 현대중공업·현대미포조선·삼호중공업 등 계열사 일감을 일부 받아 수익을 내고 있다.

관건은 안정적인 수익을 확보할 수 있는가이다. 현대종합상사는 일단 수익성 확보를 통해 신성장 동력으로 발전시킨 이후 사업으로 확장시킬 생각을 하고 있다. 이를 위해 현대종합상사는 중국·베트남 등 해외 거점 지역에 세운 법인을 통해 아시아 지역의 물류 수요를 흡수하고 파트너사와의 신뢰 구축에 힘쓰고 있다. 이후 LG상사처럼 의외의 수익을 올리는 알짜 사업이 될 것으로 기대된다.

참고자료

- 뉴데일리 2020.01.03 "새먹거리 키워라"…상사업계, 새해키워드 '신성장동력' 확보
- 이데일리 2019.12.27 [상사의 무한변신] 발전소 짓고 망고 키우고… 종합상사의 '진화'
- 파이낸셜뉴스 2020.01.03 현대종합상사, 1월부터 캄보디아산 생망고 들여온다
- 이투데이 2020.01.03 현대코퍼레이션그룹, '버섯 재배사업'진출 식량사업 확대 박차
- 파이낸셜뉴스 2020.01.03 현대종합상사, 1월부터 캄보디아산 생망고 들여온다

GS글로벌

1. 재무현황

(단위 : 억원)

구분	2016년	2017년	2018년	2019년 3Q 누적
매출액	25,537	33,873	40,585	30,694
영업이익	364	480	561	460

GS글로벌의 영업이익률은 상승세를 보였지만 다시 2분기만에 하락세를 보였다. 18년 12월 0.9%이던 영업이익률은 지속적으로 상승하여 19년 06월 1.5%까지 상승하였지만 3분기에 1.3%로 하락하면서 다소 정체된 모습을 보였다. 매출액은 9126억원으로 전년동기대비 12.6% 감소, 당기순이익은 29억원으로 52.5% 감소했다. 이는 원유가격에 대한 영향이 가장 큰 요인으로 작용하고 있다. 지속되고 있는 미·중 무역전쟁 우려, 금융시장 변동성 등 불확실한 요인들도 존재한다.

그러나 GS글로벌의 실적은 점진적으로 성장할 것이라고 본다. 무역 사업의 특성을 고려할 때 고속 성장은 어렵지만 수익성 중심의 사업전략에 힘을 쏟아왔다. 지난 2016년 종속회사로 편입한 GS엔텍(배열회수장치, 화공장치 생산)도 실적 성장에 효자 노릇을 했다. 지난 2014년 349억원이었던 연간 에비타(EBITDA)가 2018년 777억원으로 늘어난 것으로 집계됐다. 매출 규모도 원만하게 증가한 만큼 영업이익률은 1.5% 안팎이 유지돼 왔다.

2. 사업현황

GS글로벌은 대만지사를 비롯해 중화권, 동남아, 중동, 유럽, 북미 등 총 17개국 28개 글로벌 네트워크를 보유하고 있다. 현지 네트워크를 활용한 철강, 석유화학, 석탄 등 자원과 상품 무역을 중심으로 사업 확대를 추진하고 있는 상황이다.

1) 무역/유통 부문

철강 금속제품, 석유·화학제품, 석탄, Biomass [7], 기계플랜트, 기계(엔진)수입, 시멘트 등 수출입 및 삼국간 거래 등이 있다.

2) 물류 부문

수입자동차인 아우디, 폭스바겐, 혼다, 닛산, 볼보, 도요타, GM 등의 수입자동차 PDI [8]서비스를 제공하고 있으며, 국내 최고의 시장점유율을 유지하고 있다. 또한 하역·운송, 항만부문에서 현재 인천 및 평택·당진항을 통하여 석탄 등 발전연료를 운송하고 있으며, 동해항 등으로 영역을 확장할 계획 중이다.

3) 개발사업 및 기타부문

원유 및 가스개발 및 판매, 신사업개발 등이 있다. 물류기반 시설 확보를 통한 통합 물류 서비스 제공 및 물류사업의 전후방 연계사업 확장을 고려하여 SOC (수익사업) 개발사업을 추진하고 있다. 또한 인프라, 발전, 신재생에너지 등의 사업분야를 중심으로 금융, Risk Management, Off-take 등 상사의 강점을 활용하여 전세계 고객들을 대상으로 오거나이징 사업을 전개하고 있다.

4) 제조부문

정유·가스·석유화학산업의 설비 제작, 복합화력발전 기자재 제작, 강판 가공 등이 있다.

3. 주요이슈
1) 원재료 가격 인상

주원료인 철광석 가격이 올랐지만, 수요보다 공급이 많다 보니 판매가격을 제때 올리지 못해 수익성이 나빠지면서 철강업계에 한파가 불어 닥친 상황이다. 철강사

---

7 *biomass: 화학적 에너지로 사용 가능한 식물, 동물, 미생물 등의 생물체, 즉 바이오 에너지의 에너지원이다.

8 *PDI(Pre Delivery Inspection): 인도전 검사, 차를 고객에게 전달하기 전에 거치는 검사 및 관리이다.

로선 올해 수익성을 개선하기 위한 판매가 인상이 절실하며, 올해 판매가 인상을 두고 철강사와 자동차, 조선을 비롯한 전방 업체 간 줄다리기가 치열할 것으로 보인다. GS글로벌은 2019년 3분기 기준 철강 매출이 증가하고, 고급 강재 판매가 확대되며 이익폭이 늘었는데 이번 철강업계의 한파는 GS글로벌의 이익에도 영향을 줄 것으로 보인다.

2) 서비스 로봇 분야 제휴

라운지 랩은 로보틱스, 인공지능, 블록체인 기술 등 다양한 신기술을 활용하여 사용자 경험을 향상시키는 공간테크 스타트업이다. 2019년 6월 암호화폐 결제 시스템, 정밀 핸드드립 로봇 바리스타, 배달 로봇 '팡셔틀' 등을 활용한 미래형 카페인 라운지 엑스를 오픈한 바 있다. GS글로벌은 라운지 랩과 공급 계약을 체결하고, 다양한 어플리케이션 개발을 위한 협업 체계를 구축했다. 양사는 공동 마케팅, 자동화 및 무인화 관련 기술 협력, 푸드테크 분야 공동 과제 기획 등을 함께 진행할 예정이다.

3) 아람코 MOU 체결

2019년 6월 GS글로벌은 사우디아라비아 국영 석유회사인 아람코와 사업협력을 위한 MOU를 체결했다. 양사는 이번 업무협약을 바탕으로 석유 및 가스, 석유화학 등 에너지 사업뿐만 아니라 건설, 무역 등 현재 영위하고 있는 모든 분야에서 새로운 사업 기회를 모색해 협력해 나가기로 했다. GS글로벌은 1988년부터 중동지역의 산업 원자재를 사우디아라비아 지사를 통해 공급하고 있으며, 수년간 GS그룹은 사우디아라비아와 많은 협력을 다져왔다. GS글로벌은 이번 협약을 통해 GS칼텍스, GS건설 사업 협력 외에도 다양한 계열사와 협력을 통한 시너지 창출을 기대하고 있다.

4) 전기 화물차

2019년부터 GS글로벌은 전기 화물차 판매 사업에 나섰다. 제인모터스와 판매 위탁계약을 맺고 GS글로벌의 판매 네트워크를 활용해 국내외 전기 상용차 시장을 공략한다는 전략이다. 이번 계약을 통해 GS글로벌은 자동차 판매사업에 본격적으로 진출할 것으로 보여진다. 특히 승용차에 비해 상용차는 대중화되지 못한 만큼 기존 업체들과 경쟁이 가능할 것으로 보여진다. 이번 사업을 계기로 전기차 트레이딩은 물론 판매 역할까지 할 수 있는 기회를 잡은 셈이다.

4. 향후예상

1) 사업 다각화

GS글로벌은 다른 상사들과 마찬가지로 사업 다각화를 하고 있다. 특히 제인모터스와 전기차 협약을 맺은 것은 GS의 네트워크와 인프라를 적극 활용할 수 있다는 점에서 기회를 잘 잡았다는 생각이며, GS칼텍스, GS엠비즈 등 차량 관리 및 정비까지 제공할 수 있고 네트워크를 통해 해외 수출도 가능하다는 점에서 보수적인 느낌이 강한 GS이지만 더욱 적극적으로 사업을 넓혀가야 한다고 생각한다.

2) 전기차 유통 사업

기존 트레이딩 사업의 확대가 쉽지 않은 가운데, 지속적인 성장 동력 확보가 상사 실적의 핵심 변수가 될 전망이다. GS글로벌은 지난해부터 전기차 유통 사업 추진하고 있으며, 석유화학, 철강, 에너지, 엔진 등 다양한 트레이딩 품목을 거래하며 영업이익이 고르게 분포되어있다. 하지만 신성장동력 발굴 차원에서 전기차 유통 사업을 추가했다. 기존 자동차 엔진 등 수입 및 유통, 수입차 PDI 서비스의 노하우를 기반으로 전기차 판매 사업이 이뤄질 것이다. 또한, GS칼텍스가 보유하고 있는 전기차 충전, 셰어링(차량 공유) 등의 사업과 시너지 효과도 낼 수 있다. 4차 산업 혁명에 따라 전기차 상용화가 가시화됨에 따라 GS글로벌의 신사업은 긍정적인 성과를 가지고 올 것으로 예상된다.

GS글로벌은 무역 사업(철강, 석유화학 제품, 각종 원자재 등)이 전체 매출에서 90% 수준을 차지하고 있는 만큼 Trading 부분을 무시할 수 없다. 무역 비즈니스는 업종 특성상 수익성이 낮을 뿐 아니라 국내외 경기, 환율, 원자재 값 등 각종 변수에 노출돼 있다. 외부 요인에 따른 실적 변동성이 높은 것이다. 더구나 매출채권과 재고자산 규모가 커 늘상 운전자본 리스크라는 부담을 안고 있다. 현금흐름의 가변성 역시 다른 업종과 비교해 높게 나타난다. 이러한 리스크속에서도 종합상사 중에서 그나마 1.5% 안팎의 영업이익률을 안정적으로 고수하고 있고 오랜 사업 경험으로 고정거래처를 축적하고 있으며, 탄탄한 해외 네트워크를 갖췄다는 점을 주목해 볼 수 있다. GS그룹에 편입된 뒤 GS칼텍스와 GS E&R 등 계열사와의 거래 관계도 실적을 뒷받침하고 있는 증거이다.

참고자료

- 국민일보 2018.08.18 ㈜제인모터스와 ㈜GS글로벌 전기차 사업 협력 손잡다
- 벤처스퀘어 2020.01.10 라운지랩, GS글로벌과 공동협약 "개발 협업 체계 구축"
- 매일 경제 2018.04.10 GS家 허세홍 '항만 최강기업' 꿈꾼다
- 조선비즈 2015.12.01 GS글로벌, GS평택항만 지분 51% 174억원에 취득
- 이데일리 2020.01.15 철강업계에 불어닥친 한파.. 올해 관건은 '판매가 인상'
- 연합뉴스 2019.06.26 GS그룹, 사우디 아람코와 에너지.투자 분야 협력 MOU 체결

LG상사

1. 재무현황

(단위 : 억원)

구분	2016년	2017년	2018년	2019년
매출액	11,966	128,272	99,882	105,309
영업이익	1,740	2,122	1,656	1,348

2019년 연결 기준 매출은 10조 5,309억원으로 전년 대비 5.4% 증가했다. 영업이익이 1,348억원으로 2018년 보다 18.6% 감소했다. 2019년 매출은 석탄 및 대형 LCD 트레이딩 물량 증가, 물류 부문의 해운 물량 확대 등으로 일부 늘었고, 영업이익은 자원 시황 부진과 기존 수주 프로젝트 기성 종료 등의 여파로 다소 줄었다. 2020년은 자원 시황이 회복세로 전망되며 팜·석탄 생산량과 트레이딩 물량 증가, 물류 사업 성장 등을 통한 실적 호조가 기대된다.

2018년 LG상사는 매출 9조 9,882억원과 영업이익 1,657억원 등을 거뒀다. 전년대비로 매출은 22.2%, 영업이익은 22.0% 각각 줄어든 실적이다. 18년도 LG상사의 물류부문 손익은 개선됐으나 일부 석유자산 생산량 감소에 따른 일회성 비용 반영으로 손익구조가 악화되어 부진한 것으로 보인다.

2017년에는 연결기준 매출 12조 8,272억원 영업이익 2,123억원의 실적을 달성했다. 이는 전년대비 매출은 7.2%, 영업이익은 21.9% 늘어난 수치이다. 그러나 17년도 4분기 실적 중 자원부문은 채광량 감소 및 선적 부진 등으로 전년 동기보다 38% 줄었다. 감(GAM)과 엔샴(ensham) 광산에서 폐석 처리 및 장비 교체 비용이 발생했고, 석유부문은 선적량 부진으로 62억원의 적자를 보였다.

2016년 자원 부분의 시황이 호조를 보이면서 석탄 가격이 상승했고, LG상사의 수익성 개선으로 이어졌다. 지난해 석탄 가격은 70달러 후반대까지 올랐다. 이로 인해 지난해 LG상사는 매출액 11조 9,666억원, 영업이익 1,740억원을 각각 올렸다. 15년도 대비 매출액은 9.5% 감소했으나, 영업이익은 113.1% 늘었다

2. 사업현황

1) 자원 부문

석탄, 팜, 금속, 석유 사업으로 구성되어있다. 석탄 부문으로는 인도네시아, 중국, 호주 등 4개의 석탄 광산에서 석탄을 생산해 트레이딩하고 있다. 대표적으로 인도네시아 GAM광산에서는 최대 1,400만 톤의 석탄 생산이 가능하다. 석탄 부문의 유연탄 가격 하락에 따른 68억원의 영업 적자가 있다. GAM광산 증산으로 외형 성장은 가능했지만 가격 하락이 지배적이다. 따라서 고열량, 저열량 탄의 스프레드 효과가 축소되고 폐석 처리 비용까지 추가되어 적자 폭이 심화되고 있다. 최근 팜오일 생산에 힘쓰고 있다. 인도네시아 팜 농장 2곳을 인수하여 2022년 18만 톤까지 생산량을 늘릴 계획으로 알려졌다.

2) 인프라 부문

화학, 프로젝트, 전기/전자부품, 오토 사업으로 구성 되어 있다. 특히 프로젝트 부문의 오만 무산담 가스 화력발전소가 주목받고 있다. 오만 국영투자회사와 합작한 프로젝트로 현재 보유 지분의 12%를 매각해 투자금(1,100만 달러) 전액을 회수한 것으로 전해진다. 세계 경기 침체가 지속되지만 중동, 아시아 지역의 신흥 시장에서는 에너지, 산업 설비의 확장 및 신설에 따라 대규모 투자 계획과 수요가 꾸준한 상황이다.

3) 물류 부문

범한판토스를 인수하여 물류 부문을 대신하고 있다. 현재 물류 산업의 매출액은 91조 원으로, 향후 150조 원 확대를 목표하고 있다. 물류 산업은 시장 진입 장벽이 낮고 산업군내 경쟁이 심해 마진율이 낮은 특성을 가지고 있다. 계열사의 프로젝트 물류(LG전자가 전체의 10%이상 차지) 증가, 에어컨과 같은 설치 물류의 계절성 효과로 영업 2019 3Q 영업 이익이 365억원까지 확대되었다.

3. 주요이슈

1) 팜 오일

LG상사는 올해 축적된 자원사업 경험을 바탕으로 '팜 오일' 유통 확대에 나섰다. LG상사는 인도네시아 서부 칼리만탄지역에 팜 농장 3곳을 운영하고 있으며 연간 15만t 규모의 팜 오일을 생산하고 있다. 올해도 신규 농장을 추가 확보하고 생산 설비를 증설, 2022년까지 생산량을 꾸준히 늘린다는 계획이다. 팜 오일 사업을, 식량 자원 사업으로 연계하는 방안도 모색 중이다. 이와 관련해 LG상사는 지난해 말 조직개편을 통해 '인도네시아지역 총괄' 조직을 신설했다. 또 LG상사는 지난 2017년 상업 생산을 시작한 인도네시아 감(GAM) 석탄광산에서 연간 760만t을 생산하고 있는데 이를 추후 1,400만t으로 확대할 예정이다. LG상사 관계자는 "식량 사업 외에도 2차 전지의 핵심 원료가 되는 녹색 광물의 개발 및 공급, 사물인터넷(IoT), 빅데이터, AI 등 정보통신기술 기반의 플랫폼·솔루션 개발 등 신규 사업 기회도 꾸준히 모색할 것"이라고 말했다.

2) 인도네시아 시장 공략

LG상사가 인도네시아 시장 공략에 본격적으로 나섰다. 기존 사업을 확대하고 미래 성장동력을 발굴하기 위해 인도네시아 사업을 총괄하는 별도 조직을 신설한 것이다. 27일 종합상사업계에 따르면 LG상사는 지난해 말 조직개편을 통해 인니지역총괄 조직을 신설했다. 인도네시아에서 진행 중인 여러 사업을 통합 관리하는 조직으로 팜 사업, 에너지 사업, 민자발전 사업 등을 총괄하고 있다. 또한, 현장 중심 사업을 추진하기 위해 인니지역총괄 담당 임원도 인도네시아 현지에 배치했다. LG상사는 인도네시아 서부 칼리만탄 지역에서 팜 농장 3개를 운영하고 있다. 이곳에서 연간 15만t 규모 팜 오일(CPO)을 생산해 현지 내수시장 위주로 공급한다. 향후 농장을 추가로 확보하고 생산설비를 늘려 2022년까지 생산량을 지속적으로 끌어올린다는 계획이다. 또 식량 분야로 사업을 확대하는 방안도 검토하고 있다.

이와 함께 가채매장량이 2억t 이상인 대형 광산 GAM(감)에서 연간 석탄 760만t을 생산하고 있다. 생산량은 추후 최대 1,400만t까지 늘릴 계획이다. 지분 투자로 소유·

운영권을 보유하고 있는 수마트라 하상 수력발전소는 올해 가동을 앞두고 있다. 인도네시아 국영 전력사와 30년 구매 계약이 체결돼 있어 안정적인 수익 기대가 가능하다.

특히 LG상사는 기존 인도네시아 사업 경험과 역량을 활용해 팜오일을 유통하고 2차전지 핵심 원료인 녹색광물을 개발 · 공급해 사업의 밸류체인을 지속적으로 확대할 방침이다. 또 인도네시아 정부가 추진하는 스마트시티 등 정보통신기술(ICT) 기반 신규 프로젝트 과정에서도 신사업 기회를 찾아나갈 계획이라 밝혔다.

3) 발전소 사업

LG상사가 오만에서 투자한 발전회사가 현지 증권거래소에 상장했다. 국내 민간기업이 투자한 발전 회사가 오만 증시에 상장한 것은 이번이 처음이다. LG상사는 해외 민자발전 사업을 위해 투자한 합작법인 무산담파워컴퍼니(MPC)를 오만 무스카트 증권거래소에 상장했다. MPC는 2014년 LG상사가 오만 국영투자회사 OOC(Oman Oil Company)와 함께 투자한 합작법인이다. LG상사가 지분 30%를 확보하고 있다. MPC는 지난달 기업공개(IPO)를 통해 총 발행주식의 40%인 2,820만주를 공모해 2,300만 달러의 자금을 확보했으며, LG상사는 보유지분 12%의 구주매각으로 690만 달러의 처분 수입이 발생했다. 이로써 LG상사는 발전소 상업운전 개시 2년 만에 투자금 전액(약 1,100만 달러)을 회수하게 됐으며, 향후 배당 수익 등을 추가적인 투자 재원으로 활용할 수 있게 됐다.

LG상사는 MPC를 통해 오만 무산담 반도에 120MW급 가스 화력 발전소를 짓고 전력을 생산하는 민자발전 사업을 진행하고 있다. 이 발전소는 무산담 지역 최초의 민자 발전소로 지난 2017년 완공과 함께 상업운전을 시작했다. 생산된 전력은 오만 국영수전력회사 OPWP와 체결한 15년 기간의 전력구매계약을 통해 무산담 지역에 안정적으로 공급되고 있다. 해당 발전사업은 LG상사가 지난 2010년 오만 정부에 직접 사업을 제안하면서 시작됐다. 안정적인 운영과 수익 확보를 위해 오만 정부와 전력구매계약을 체결한 LG상사는 이후 금융 조달, 발전소 건설과 운영에 이르는 모든 과정을 주도했다.

LG상사는 앞으로도 사업 기획 및 영업, 금융 조달, 시설 운영 및 마케팅에 이르는 종합적인 프로젝트 사업 역량을 기반으로 중동뿐만 아니라 인도네시아, 인도차이나 지역 등 높은 경제 성장이 예상되는 아시아 시장을 전략지역으로 삼아 추가 사업 기회를 적극 발굴할 계획이다.

4) LG상사 매출

LG상사는 지난 3분기 매출액이 2조7,598억원으로 전년 동기 대비 7.3% 증가했다. 영업이익은 같은 기간 37.9% 감소한 292억원을 기록했다. 매출은 IT와 석탄 트레이딩 물량 증가, 물류 부문 해운 물동량 확대에 힘입어 개선된 반면, 영업이익은 석탄 시황 하락, 프로젝트 수익 감소의 여파로 급감했다. LG상사는 팜 사업을 차기 수익원으로 육성하고, 상사의 본원적 기능인 유통·트레이딩 역할과 비중을 확대해 안정적인 성장을 이루고, 물류 사업은 대규모 물량 경쟁력을 기반으로 고객을 적극적으로 유치하여 수익성을 지속적으로 확대할 계획이다.

4. 향후예상

원/달러 환율 약세(원화 강세)가 지속되며 매출에 긍정적 영향을 줄 것으로 보인다. 또한, 북경 LG트윈 타워 매각으로 2조 원가량의 현금이 유입될 것으로 예상된다. 향후 LG가 어느 미래 사업에 투자를 할지 집중되고 있다.

1) 자원 부문

인도네시아 정부가 석탄 가격 하락에 따른 수익성 하락을 겪은 탄광업체의 시장 안정을 위해 작년보다 9.8%줄어든 5.5억 톤의 생산을 명령했다. 하지만 중국의 석탄 소비 감소와 미중 무역 분쟁 및 세계 경기 둔화로 석탄 가격은 쉽게 안정되지 않을 것으로 보인다. 하지만 장기적으로 석탄 가격 안정화와 석탄 증산을 감안한다면 영업 실적 개선이 가능할 것으로 보인다.

2) 인프라 부문

LG상사와 LG전자가 카카오 블록체인 플랫폼 '클레이튼' 운영에 합류하였다. 블록 체인 관련 산업을 차세대 먹거리로 점찍어 사업 확장에 나선 것으로 보인다. 다양한 상품과 여러 유통 과정을 관리해야 하고, 장거리 운송이 필요한 기업으로 정보가 누구에게나 공개되는 투명성과 위변조 불가 등이 장점인 블록체인 기술과 궁합이 잘 맞는다는 평을 듣고 있다.

3) 물류 부문

LG상사의 자원, 인프라 부문의 실적이 저조해도 매출을 유지하던 물류 부문이 미끄러졌다. 트레이딩 물량 감소와 프로젝트 수익 감소의 영향으로 보인다. 향후 장기적으로 신규설비투자 확대와 그에 따른 소재 조달 증가의 시너지 효과로 매출 상승이 기대된다.

#참고자료

- 문화일보 2020.01.29 옛 명성 되찾자"… 종합상사, 신성장동력 발굴 사활
- 매일경제신문 2020.01.27 LG상사, 印尼사업조직 신설…팜오일 · 에너지 신사업 발굴
- 조선비즈 2019.12.09 LG상사, 오만 합작 발전사 현지 증시 상장…투자금 회수
- 조선비즈 2019.10.23 '석탄 시황 부진' LG상사 3분기 영업익 37.9% 감소
- 뉴데일리 경제 2019.11.28 LG상사, 구혁서 전무 등 6명 임원인사… "신사업 위한 세대교체 방점"
- 한경컨센서스 2020.01.06 하나금융투자 보고서 / 2019.12.20 하이투자증권 보고서 / 2019.10.29 현대차투자증권 보고서 등 LG상사 관련 보고서 3가지
- 아이뉴스24 2020.01.30 LG상사, 지난해 영업익 1,348억원…"자원 시황 부진 탓"
- 이데일리 2018.01.31 LG상사 매출 12.8조 영업이익 2123억 달성 전년比 7.2% 21.9% 증가
- 서울경제 2018.02.01 [오늘의 종목]LG상사, 실적 방향성은 여전히 우상향
- ETnews 2019.01.08 [ET투자뉴스]LG상사, "바닥이 보인다…" 매수－미래에셋대우
- 연합인포맥스 2019.01.31 LG상사, 작년 4Q 영업익 36억…순손실 151억
- 미디어펜 2020.01.30 LG상사, 지난해 영업익 1348억원…전년비 18.6%↓
- 더벨 2017.02.23 LG상사, 3년만에 성과급 지급 만지작

SK네트웍스

1. 재무현황

(단위 : 억원)

구분	2016년	2017년	2018년	2019년 3Q 누적
매출액	184,573	152,0236	139,865	105,210
영업이익	1,673	1,427	1,379	1,703

　SK네트웍스의 3분기 연결 매출액은 3조 2618억원, 영업이익 626억원으로 전분기 대비 양호한 실적이다. 매출은 전년 동기 대비 9.7%, 영업이익은 101.4% 증가했다.

　이는 글로벌 거래 물량 감소와 자산 효율화를 위한 주유소 네트워크 최적화 영향으로 매출이 줄어든 사업도 있었지만, 홈케어와 모빌리티 중심의 미래 핵심사업이 지속 성장하며 전반적인 수익 개선을 이끌었다. 특히 렌터카 부문에서 롯데렌터카와 양강구도로 전환해 경쟁 완화에 따른 수익성을 개선했다. 렌터카와 가전제품 렌털사업을 통해 3분기 영업이익을 큰 폭으로 개선했고 올해 또한 실적 증가세를 이어갈 것으로 전망된다.

2. 사업현황

　1953년에 직물회사로 설립되어 국내외 네트워크와 물류능력을 기반으로 석유제품 중심의 에너지 유통, 휴대폰 중심의 정보통신 유통, 글로벌 무역업을 영위한다.

1) 글로벌 무역

　화학, 철강, 자동차, 석탄등 산업재중심의 Global Trading을 전개하고 있다.

• 화학 : 화섬원료와 Aromatic 제품군, 그리고 메탄올, 용제 및 PU 원료 등 석유화학 산업의 원재료 품목을 취급하고 있으며, 국내 및 해외 대형 Global 석유화학 생산사들과 장기간 거래를 통한 수출입 Trading 및 Local 내수 판매 (한국/중

국) 사업을 안정적으로 수행하고 있다.

• 철강 : 국내 및 해외에서 생산되는 철강 제품을 해외에 공급하는 사업을 진행하고 있다. 국내에는 POSCO, 현대제철, 동국제강, 동부제철, 해외에는 무한강철, 안산강철, 사강, 태원강철, ArcelorMittal 등 중국 및 기타 지역의 철강 Mill과 활발한 Global Trading을 전개하고 있으며, 국내 Mill 제품의 해외 수출에서 나아가 해외 Mill 제품의 Sourcing을 통한 삼국간 거래를 확대하고 있다. 주요 Item은 열연, 후판, 냉연/도금재, Long product 및 스테인리스 등 으로써 건축용, 선박용, 가전용 등 다양한 분야의 제품을 공급하고 있으며, 주요 수출국은 중국, 일본, 대만, 동남아, 인도 등 아시아 국가뿐 아니라 중동, 유럽, 미주, 호주 등 세계 전역에 이르고 있다.

• 자동차 : 부품 및 연관 Item을 Global Market에 공급하는 사업이다. 주요 거래품목으로는 완성차를 중심으로 CKD, DKD(CKD: Complete Knock Down(부품 수출, 목적지 조립), CBU: Complete Built Up(완전 조립품), DKD: Disassembly Knock Down (완성차 분해 수출, 목적지 조립) 그리고 연관 부품, 생산 설비 등이 있으며, 중동·유럽·아시아를 기반으로 제품을 공급하고 있다. SK네트웍스의 자동차 사업은 2014년 국산 자동차 및 부품의 중동지역 중심 수출을 시작으로 2016년 우량 거래처와의 전략적 파트너십에 기반한 사업 확대, 2017년 중국산 자동차로의 사업 확장 등을 통해 빠른 속도로 성장하고 있다. 특히 2018년 이후, 중동지역에 집중되었던 진출 지역을 아프리카, 서남아시아, 유럽 등으로 확장하는 등 신규 시장을 지속 개발하여 안정적인 수익 기반을 강화하고 있다.

• 석탄 : 과거 석탄사업은 2005년 자원개발사업에 본격 진출한 이후 석탄, 철광석, 동, 기타 비철금속 등 다수의 광산 개발 Project에 투자를 진행했다. 2013년부터는 사업 Portfolio를 석탄중심으로 재편하여 국내 내수 중심의 석탄Trading과 호주 중심의 석탄 광산 개발에 사업 역량을 집중하였으며, 이를 기반으로 Market Presence도 지속 확대해 왔다.

2) 모빌리티

SK렌터카 : 장기렌터카, 법인장기렌터카, 단기렌터카 사업을 진행하고 있으며 렌터카 서비스업 부문에서 1위를 차지하고 있다.

MOST : 유루제품(휘발유, 등유, 경유)공급 및 세차 등 다양한 고객서비스를 제공하고 있다.

스피드메이트 : 자동차 경정비 사업에서 출발하여 긴급출동 서비스, 수입차 경정비, 수입차 부품유통, 타이어유통, 자동차부품 수출 등을 제공하고 있다.

3) 정보통신

정보통신사업은 자회사인 SK네트웍스 서비스를 통하여 SK텔레콤 및 SK브로드밴드의 네트워크망 운용, 통신시스템 장비 유통 등 다양한 서비스를 제공한다. 이외에도 국내 최대 규모의 휴대폰 판매 유통망을 바탕으로 연간 697만대 수준의 휴대폰 단말기를 판매하여 국내 No.1 휴대폰 유통 사업자의 입지를 공고히 하고 있다. 또한 휴대폰 단말기 외 태블릿PC, 스마트홈 관련 IoT Device, ICT 액세서리 등 유통하는 ICT 상품의 카테고리도 지속적으로 확대하고 있다.

4) 렌털 가전

렌터카, 자동차 경정비 등의 카라이프(Car-Life)사업, 주방 가전 및 환경 가전 렌탈 사업이 있다. 2020년 SK네트웍스의 신년사에 '고객'이라는 단어가 등장했다. 종합상사 등 B2B사업보다 B2C에 어울리는 단어다. SK네트웍스의 사업 무게가 확실히 고객을 상대하는 렌탈 사업으로 넘어갔다는 대목으로 해석될 수 있다.

5) 호텔앤리조트

그랜드 워커힐 서울, 비스타 워커힐 서울, 그리고 인천공항 환승호텔, 프리미엄 라운지 등 외부 사업 영역까지 복합 문화공간을 제공하고 있다. 또한 국내 최초 캡슐호텔인 다락휴와 숲 속 나만의 아지트이자 힐링 호텔인 더글라스 하우스를 소개하며 지속적인 성장을 이어가고 있다.

3. 주요이슈

1) 신 성장동력 확보

트레이딩 수요가 대폭 줄면서 기존의 주력 업무였던 무역을 벗어나 민자발전, 자원개발, 식량사업 등 다양한 프로젝트 추진으로 무한변신을 꾀하는 종합상사들이 늘고 있다. 식량과 자원에 주목하는 이유는 '영속성'이 확보되어 있는 신사업이기 때문이다.

삼성물산·SK네트웍스·포스코인터내셔널·현대종합상사 등 국내 종합상사들이 트레이딩 사업뿐 아니라 성장동력 확보에 안간힘을 쓰고 있다. 이는 국내 종합상사의 본업으로 불려온 기존 트레이딩 사업의 시장 불확실성이 커지고 있어 각사가 새로운 성장동력 확보에 집중하고 있는 것으로 보여진다.

2) SK네트웍스, M&A 통해 렌탈 사업 확장

종합상사에서 홈케어와 모빌리티 기업으로 변화하고 있는 SK네트웍스는 최근 5년간 2건의 렌탈 사업 관련 M&A를 하며 렌탈 사업 확장에 집중하고 있다. 앞서 종합상사들이 비즈니스 모델을 무역에서 자원과 식량, 에너지 등으로 바꾸었다면 SK네트웍스는 2016년 동양매직을 6,100억원에 인수해 'SK매직'을 출범시키고, 2018년 AJ렌터카를 2,958억 900만 원에 인수하는 등 전혀 새로운 비즈니스 모델인 렌탈, 가전이 합쳐져 종합 렌탈 회사가 되었다. SK네트웍스는 신년사에서 디지털 기술을 접목한 프로세스 혁신을 강조하는 등 새해 디지털 혁신을 통한 모빌리티 사업 확대도 추진하고 있다고 밝혔다.

3) SK매직 글로벌 사업

SK매직은 2019년 3분기 누적 말레이시아와 중동 등의 해외 지역에서 166억의 매출을 기록했다. 2018년 매출인 47억의 3배 이상 되는 매출액이다. SK네트웍스의 해외영업망을 기반으로 말레이시아, 중동, 베트남 등 수출국을 다변화하고, 제품군을 비데, 공기청정기 등으로 확대했다. 또한 현지에 최적화된 모델 개발, 원가 경쟁력 확보를 위한 수출용 R&D를 시작했다. 대표적으로 말레이시아, 베트남 수출용 냉온정수기 개발, 말레이시아 렌탈 공기청정기 개발이 있다. SK네트웍스는 현재 해외 영업망을 통해 수출실적이 빠르게 회복세에 접어들어, 올해는 말레이시아 법인의 성장을 견인하고 베트남 등 동남아시아 시장 진출을 위한 교두보를 확보하는데 집중할 방침이라고 밝혔다.

4) 전기차 정비 / 전기차 충전소 사업

SK네트웍스 스피드메이트 사업부는 2019년 TUV 라인란드와 전기차 시장 성장 대응을 위한 업무협약(MOU)을 체결했다. TUV 라인란드는 전기차 분야의 시스템과 제품, 프로세스 대한 시험, 인증 업무를 담당하는 글로벌 인증기관이다. 전국에 710곳의 네트워크를 갖춘 스피드메이트는 차량 정비 뿐만아니라 부품 유통까지 아우르는 종합 차량 관리 브랜드이다. 스피드 메이트와 TUV 라인란드가 전기차 운영 및 정비에 특화된 서비스를 강화할 것으로 기대하고 있다.

또한 전기차 충전소 사업에도 투자를 늘리고 있다. 2018년에는 현대차와 '모빌리티 라이프 스타일 충전소' 조성 업무협약을 맺고 전기차 중심의 친환경 라이프스타일 충전소 구축을 확대하기로 한 바 있으며, 올해 상반기에는 서울 강동구에 위치한 SK네트웍스 주유소 부지에 초고속 전기차 충전기 '하이차저' 8기를 설치할 계획이다.

4. 향후예상

종합적으로 상사들은 기존 트레이딩 사업의 확대가 쉽지 않은 만큼 지속적인 성장 동력 확보가 상사 실적의 핵심이 될 전망으로 보인다. 그간 제조업 중심 경제성장이 주를 이루었고 공산품 수출창구로 상사를 활용하였다. 하지만 기업들이 자체 수출망을 속속히 확보하면서 종합상사를 통한 무역 비중은 현재 5% 안팎으로 크게 떨어진 상태다. 이러한 이유는 상사들이 신사업 추진에 나설 수밖에 없는 이유이다.

이러한 신사업은 기회가 많은 개발도상국에서 진행될 것으로 보인다. 특히 SK네트웍스는 모빌리티와 홈 케어 등 미래 성장 사업이 자리를 잡으면서 안정적인 실적을 기록할 것이라는 전망이 나온다. SK네트웍스는 2016년부터 주유소·스피드메이트·렌터카 등 모빌리티 사업과 SK매직의 생활가전 렌털을 중심으로 하는 홈 케어 사업에 중점 투자해 외형 확대와 함께 수익성 개선을 노리고 있다. SK네트웍스는 상사 부문이 여전히 매출 대부분을 차지하고 있지만, 영업이익은 모빌리티·홈 케어 등 미래 사업 부문이 상사 부문을 넘어섰다. 이렇게 체질 개선을 통한 개선 기세는 계속 이어질 것이라 전망된다.

참고자료

- 이데일리 2019.12.27 [상사의 무한변신] 발전소 짓고 망고 키우고… 종합상사의 '진화'
- 아시아투데이 2020.01.23 미래 먹거리 찾아라 새해 성장동력 발굴 나서는 종합상사
- 서울경제 2020.01.16 요즘 종합상사들 '자 식' 키워 재미보네요 (자원, 식량 사업)
- 머니투데이 2020.01.16 지원, 식품 디지털, 종합상사 올해도 신사업 발굴에 '사활'
- 20파이낸셜 2019.10.24 뉴스 포스코인터,SK네트웍스, 3분기 성적표 '好好'

Chapter
06
석유화학

Chapter6.
석유화학

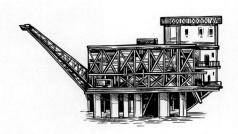

롯데케미칼

1. 재무현황

(단위 : 억원)

구분	2016년	2017년	2018년	2019년 3Q 누적
매출액	132,235	158,745	165,450	116,964
영업이익	25,442	29,297	19,673	9,564

　2018년, 매출은 전년 대비 4% 증가했지만, 영업이익은 32.8% 감소했다. 2016년과 2017년의 높은 영업이익은 주력 제품에 대한 집중 투자 및 국제 유가 하락 등으로 중국과 중동업체들의 투자가 지연되면서 반사이익을 얻은 부분이 컸다. 하지만 2018년 영업이익 감소는 전 제품에 걸친 공급량 증가와 수요 감소로 인한 마진 축소, 울산공장 정기 보수에 따른 일회성 비용 증가가 원인이 되었다. 이에 2019년 초, 상반기에 가동을 시작하는 미국 에틸렌 분해설비(ECC) 및 말레이시아 타이탄 증설 물량 효과 등으로 인한 수익성 강화와 롯데첨단소재를 통한 고부가 시장 진출 등으로 인한 사업 안정성 유지 계획을 세웠지만 현재까지도 여전히 미중 무역전쟁, 글로벌 경기둔화로 인한 제품 수요약세와 공급과잉의 영향, 화학제품의 원료인 나프타[9]

9　*나프타: 원유를 증류할 때, 35~220 ℃의 끓는점 범위에서 유출되는 탄화수소의 혼합체로, 한국 및 유럽의 석유화학공업에서 중요한 주원료이다. '납사'라고도 한다.

가격 상승 등으로 부진한 상황이다.

2. 사업현황

롯데케미칼은 석유화학 전문기업으로, 석유화학제품을 제조 및 판매한다. 석유화학산업은 나프타와 천연가스를 원료로 하여 에틸렌, 프로필렌 등의 올레핀 제품과 벤젠, 톨루엔, 자일렌 등의 방향족계 제품 및 기초유분을 원료로 하여 합성수지, 합성원료, 합성고무 등 각종 석유화학제품을 생산하는 기초소재산업으로, 자본집약적 대규모 장치산업이다. 석유화학산업의 사이클은 9~10년 정도이며, 경기변동에 민감하고 GDP 성장률과 밀접한 상관관계를 맺고 있다. 국내 석유화학업체들은 기초원료로 거의 전량 나프타를 사용하고 있다. 이는 국내 정유업체나 수입을 통해 조달하고 있으며 나프타의 수급이나 가격, 원유가, 환율 등에 따라 경쟁력에 영향을 받을 수 있다.

1) 기초유분 부문

기초유분 제품은 나프타 분해설비를 통해 생산되는 에틸렌, 프로필렌, C4유분, 벤젠, 톨루엔 등의 제품과 M-X를 원료로 하는 P-X 등의 제품을 말한다. 이 제품을 다시 폴리에틸렌(PE), 폴리프로필렌(PP), 폴리에틸렌테레프탈레이트(PET)의 폴리머 제품과 스타이렌모노머(SM), 부타디엔(BD), 에틸렌글리콜(EG), 고순도 이소프탈산(PIA), 고순도테레프탈산(PTA) 등의 모노머 제품의 주원료로 사용하며, 잉여제품 및 부산물 등을 판매한다.

2) 모노머 부문

모노머 제품은 기초유분을 원료로 생산되는 액체 상태의 제품이다. 합성수지, 합섬원료, 합성고무, 기타 화학제품의 원료로 사용되며, 탱크로리와 선박을 이용하여 주로 화학업체에 판매되고 있다. 제품의 시황은 수요와 공급 외에도 유가, 나프타 가격과 밀접한 관계가 있다. 스타이렌모노머(SM), 부타디엔(BD), 에틸렌글리콜(EG), 고순도 이소프탈산(PIA), 고순도테레프탈산(PTA) 등이 있다.

3) 폴리머 부문

폴리머 제품은 기초유분을 원료로 생산되는 고체 상태의 제품이며 주로 플라스틱가공업에 사용되는 원료이다. 합성수지는 가공을 통해 생활용품, 포장재, 산업재, 가전제품, 자동차부품 등 다양한 산업에 사용되는 원료로서, 모노머와 마찬가지로 나프타 가격과 경기변동에 따라 시황 변동성을 가지고 있다. 폴리에틸렌(PE), 폴리프로필렌(PP), 폴리에틸렌테레프탈레이트(PET) 등이 있다.

3. 주요이슈

1) 비전 2030

롯데케미칼은 2019년, '2030년 매출 50조 원, 세계 7위 글로벌 화학사로의 진입'을 목표로 하는 '비전 2030'과 이에 따라 행해지는 여러 가지 전략들을 발표했다. 롯데케미칼은 비전 2030을 실천하기 위해 고부가가치(스페셜티), 미국 사업 등 신규 사업을 확장하고 부진한 사업 구조조정, 원가 경쟁력 확보를 통해 기존 사업을 강화할 계획이라고 밝혔다.

2) 스페셜티 제품의 포트폴리오 강화– 롯데첨단소재 합병

롯데케미칼은 2019년 8월 롯데첨단소재 인수합병을 결정, 2020년 1월 합병을 완료했다. 이는 원료부터 최종 제품까지의 통합 생산체계를 구축하여 고부가제품의 경쟁력을 강화하기 위한 것으로 보인다. 나아가 기존 롯데케미칼의 주력 사업인 기초소재사업이 극심한 수익성 악화를 겪고 있기 때문에 첨단소재를 통해 글로벌 진출을 꾀하고 불황을 극복하려는 의도로 보인다. 이 같이 불황 속에 전기차 배터리 등 성장사업에 주력하는 LG, SK와는 달리, 롯데케미칼은 인수합병을 통해 사업을 다각화하고 있다. 이번 합병을 통해 롯데케미칼은 폴리카보네이트 세계 3위 생산 규모를 갖추게 되었다. 한편, 롯데케미칼은 일본 히타치케미칼 인수에도 관심을 보이고 있다. 히타치케미칼은 배터리 양극재와 음극재 분야 주요 공급업체로, 인수에 성공할 경우 2차 전지 부품 소재 경쟁력을 높일 수 있을 것으로 예상된다.

3) 비핵심 사업 구조조정

롯데케미칼은 2019년 10월, 영국 PET 생산 판매 자회사를 매각했다. 이는 양적 성장만으로는 중동과 중국 석유화학 회사들과의 경쟁에서 우위를 점하기 어렵다는 판단하에 선택과 집중을 통해 질적 성장 중심으로 사업을 변화시키는 과정 중 발생한 매각이다.

4) 국내외 생산기지를 통해 연간 총 450만 톤 규모의 에틸렌 생산

롯데케미칼의 2019년 에틸렌 생산능력은 글로벌 12-13위권에 해당된다. 미국/인도네시아 등에 대한 추가 증설에 따른 생산력 증가를 기대하면 향후 3~4년 내 총 에틸렌 생산능력이 600~650만 톤으로 글로벌 6-7위권까지 도약할 수 있을 것으로 예상하고 있다. 롯데케미칼은 2019년 5월, 미국 에틸렌 공장 준공으로 미국에 에틸렌 100만 톤 생산능력을 보유한 대규모 석유화학 단지를 건설하고 운영한 첫 번째 대한민국 화학회사가 되었고, 이를 계기로 기존 원료인 나프타에 대한 의존성을 줄이고 가스 원료 사용 비중을 높임으로써 유가 변동에 따른 리스크 최소화와 안정적인 원가 경쟁력을 구축할 수 있게 되었다.

5) NCC/ECC 동시 보유

석유화학 설비는 원유에서 나프타를 뽑아내는 나프타분해시설(NCC)과 가스에서 에탄을 분리하는 에탄분해시설(ECC)로 나뉜다. 그리고 나프타와 에탄을 이용해 화학 제품의 원료가 되는 에틸렌/프로필렌과 같은 기초 유분을 만들게 된다. 즉, 원재료 가격이 설비의 경쟁력을 좌우하는 구조이다. 에틸렌의 공급과잉으로 인해 실적 부진을 겪고 있는 롯데케미칼은 에틸렌의 낮은 수익성 해결을 위해 에틸렌의 생산량을 줄이려 고민하고 있다. 반면에 기초유분에서 파생되는 공정인 폴리머(합성수지 원료) 부문은 매출 비중이 높기 때문에 둘 사이의 관계를 고려하여 결정을 내릴 것으로 보인다.

4. 향후예상
1) 북미 인조 대리석 시장

롯데케미칼은 미국 KBIS2020 전시회를 통해 인조대리석과 마감재 등을 선보이며 북미 시장을 공략, 글로벌 시장에서 점유율을 늘릴 계획이다. 이번 전시회는 롯데케미칼과 롯데첨단소재의 합병 이후 롯데케미칼의 이름으로 참가하는 첫 건자재 제품 전시회이다. 미주 지역은 고급 인테리어 소재 분야에서 높은 성장 가능성이 보이고 있기에 글로벌 점유율을 늘릴 큰 시장으로 보고 있다.

2) 고부가 화학 사업 M&A 검토

롯데케미칼은 올해 전 세계 화학산업의 시황 회복이 어려울 것으로 전망하고 있다. 신증설의 영향으로 공급이 수요를 절대적으로 웃돌며 작년보다 수익성 개선이 더욱 어려워질 것으로 전망되는 가운데, 롯데케미칼은 원가 절감과 고부가 제품 확대 등의 전략을 펼칠 것으로 보인다. 이에 롯데케미칼은 기존 사업 경쟁력 강화, 미국 사업 확대, 첨단소재 합병으로 스페셜티 사업 확장 그리고 구조조정 전략 등을 생각하고 있다. 롯데케미칼은 석유화학이 아닌 다른 분야의 사업은 고려하고 있지 않지만, 실적 부진에 따른 고부가가치 사업의 인수합병을 고려할 것으로 보인다. 이미 수직계열화가 되지 않은 원가 경쟁력이 부족한 공장의 매각을 단행했으며, 이를 통해 처분 대금을 다시 미국 사업 확장에 투입할 계획이다.

참고자료

- 한국경제매거진 2019.02.27 수장 바꾼 '화학 빅2' LG · 롯데케미칼, 불황 속 서로 다른 반등 전략
- 비즈니스워치 2019.02.12 [어닝 2018]롯데케미칼, '몸집은 더 커졌는데…'
- 비즈니스워치 2019.11.04 [어닝 19 · 3Q]롯데케미칼 '아! 옛날이여'
- 조선비즈 2019.08.22 롯데케미칼, 롯데첨단소재 합병…"세계 3위 PC제품 생산역량 확보"
- 조선비즈 2019.10.31 롯데케미칼, 영국 자회사 LC UK 매각…"비핵심 사업 구조조정 시발점"
- 뉴시스 2020.01.21 롯데케미칼, 고급 인테리어 소재로 북미시장 공략
- 조선비즈 2019.05.10 롯데케미칼, 3조6000억 투자 美 석유화학단지 가동…트럼프 "굳건한 한미 동맹의 증거"
- 전자신문 2019.12.23 LG화학 등 화학업계, NCC 가동률 하향 검토…마진 축소 여파
- 더벨 2019.12.23 롯데케미칼, '비전 2030' 위한 첫 신호탄 '세대 교체'

삼성SDI

1. 재무현황

(단위 : 억원)

구분	2016년	2017년	2018년	2019년 3Q 누적
매출액	52,008	63,466	91,583	72,765
영업이익	−9,263	1,169	7,150	4,421

2019년 3분기 기준 삼성SDI는 매출액 7조 2,765억원, 영업이익 4,421억원을 기록하며 전기대비 매출이 6.8%, 영업이익이 5.5% 상승했다. 전년동기 대비 매출은 매출 1.8% 상승, 영업이익은 31% 감소했다. 지난해보다 매출이 증가한 이유로는 신모델 공급이 증가했고, 에너지 저장 장치에서도 전력용 중심으로 매출이 증가했기 때문이다. 반면에, 영업이익이 지난해보다 30% 이상 급감한 것은 ESS 화재 사고의 여파와, 원통형 전지 시장 둔화 영향이 크다. 2019년 4분기에는 전년 동기 대비 매출은 증가하나, 영업이익은 줄어들 것으로 예상된다. ESS 관련 특수 소화 시스템 설치 때문에 200억원가량의 1회성 비용이 발생했기 때문이다.

분기별 분석을 해보면 2019년 1분기에는 소형 전지를 제외한 대부분의 품목 매출이 감소했다. 중대형 전지의 경우, 자동차 전지는 유럽 고객 중심으로 판매가 증가했지만, ESS는 국내 수요 감소로 인해 판매가 감소했고, 전자재료 또한 매출이 감소했다. 2019년 2분기에는 전 품목 매출 증가로 인해 매출이 증가했다. 소형 전지와 전자재료 디스플레이의 매출이 소폭 증가했다. 중대형 전지의 경우, 자동차 전지는 유럽 매출이 증가함에 따라 신모델 공급을 본격화했으며, ESS는 국내 판매 정상화가 되었고 미주 등 해외 공급이 확대되었다. 2019년 3분기에는 2분기와 같은 이유로 전 품목의 매출이 큰 폭으로 증가하며 매출이 증가하였다. 2019년 4분기의 경우 자동차 전지 중심 판매가 지속되며, OLED/반도체 비중 확대로 수익성 개선이 예상된다.

2. 사업현황

1) 에너지 솔루션 사업 부문

리튬이온 2차 전지인 소형 전지(모바일용), 중형 전지(자동차용), 대형 전지(ESS용)을 생산하고 판매한다. LIB 소형 전지에서 업계 1위를 하고 있으며, ESS 사업에서는 한국, 미국, 유럽, 일본, 호주 등으로 수출하고 있다.

소형 전지: 5G 통신과 IoT 환경의 확대로 높은 성장이 예상되는 스마트폰, 웨어러블, 블루투스 헤드셋 등의 IT 기기뿐만 아니라 고효율이 요구되는 전동 공구, e-Bike, 정원 공구, 청소기 등 신규 영역으로 사업을 지속 확대 중이다.

중형 전지: 전기자동차의 에너지원으로 리튬이온 2차 전지가 주목받으며, 차량용 리튬이온 2차 전지의 수요는 본격적인 고성장 궤도로 진입 중이다.

대형 전지(ESS용): 전력 수요 증가와 탄소 저감 이슈, 탈 원전 트렌드에 따라 태양광, 풍력 등 신재생 에너지의 비중이 확대되는 중이다.

2) 전자재료 사업 부문

반도체 및 디스플레이 소재 등을 생산하고 판매한다. 2018년 시장점유율 기준, 반도체 공정소재인 SOH를 비롯한 총 5개 제품이 글로벌 탑 3에 지정되었다. 경기 불황과 국내 ESS 악재에도 편광 필름의 높은 수익성으로 삼성SDI의 수익성을 개선하고 있다.

반도체: SOH[10], SOD[11], EMC[12]를 판매하고 있다.

LCD: 편광 필름[13], Color PR[14]를 판매하고 있다.

---

10   *SOH: 반도체 미세 패턴 구현을 위한 보조재료
11   *SOD: 반도체소자 내부에서 각 영역 간 또는 다른 층 간의 절연하는데 사용되는 소재
12   *EMC: 외부환경으로부터 반도체 회로를 보호하는 소재
13   *편광 필름: LCD 패널에서 액정과 조합하여 전기 신호에 따라 빛을 차단, 통과시키는 광학 필름
14   *Color PR: 디스플레이에서 3색을 구현하도록 하는 소재

OLED: 증착 소재[15], TFE[16]를 판매하고 있다.

태양 전지: PV paste[17]를 판매하고 있다.

3. 주요이슈

1) 소형 전지의 성장세 둔화

2019년 3분기 삼성SDI의 글로벌 소형 전지 시장 점유율은 20%로 나타났다. 휴대폰과 노트북의 폭발적 성장으로 연평균 24%의 성장률을 기록했지만, 그 성장세가 둔화되고 있다. 2017년 코드리스 시대를 맞아 한때 전체 매출의 50%를 차지하던 각형 배터리의 수요는 축소되었고 원통형 배터리의 수요가 늘며 다시 한번 시장 성장을 기대하고 있다.

2) ESS 원가 상승으로 인한 수익성 하락

ESS 화재 사건의 대비책으로 특수 소화 시스템 도입을 하여 비용 부담이 있었다. 고객과의 신뢰 구축 차원에서 국내 전 사이트에 시스템 설치 비용을 삼성SDI에서 부담하기로 하였다.

3) LCD 편광 필름 수요 부진

중국 패널 업체들이 공장 증설 및 라인 가동을 늘리며 대형 TV 패널에 대한 공격적인 생산을 이어가고 있다. LCD 패널 시장은 꾸준한 수요가 있을 것이지만 중국산 패널에 대응할 삼성SDI의 경쟁력이 필요할 것으로 보인다.

4) 유럽 전기차 시장의 성장

지난해 유럽 전기차 시장은 미국을 제치고 중국에 이어 세계 2위 시장으로 급부상했다. 지난해 1월~11월까지 지역별 전기차 배터리 사용량은 전년 동월 대비 중국이 18.3% 성장한 데 반해 유럽은 92%로 크게 증가했다. 유럽연합의 강력한 친환경 정

---

15 *증착 소재: 전극 사이 얇은 유기 막을 구성해 전기를 인가할 때 빛을 내는 소재

16 *TFE: 외부환경으로부터 OLED 소재를 보호해주는 봉지재

17 *PV paste: 태양 전지에서 전하가 이동하는 미세 전극 패턴을 만드는 소재

책과 함께 유럽시장은 예상보다 빠르게 성장하고 있다. 삼성SDI는 헝가리 공장 용지에 1공장 생산 규모의 3배에 달하는 2공장을 건설하는 방안을 적극 검토 중이다.

5) 베바스토의 중국 배터리 센터 준공, 삼성SDI 수혜 가능성 증가

독일 자동차 부품업체 베바스토가 중국에 전기차용 배터리 센터를 구축하며 삼성SDI의 수주 기대감이 커졌다. 삼성SDI는 베바스토의 독일 공장에 배터리 셀을 납품하고 있어 양사의 협력이 중국으로 확대될 수 있다. 베바스토는 셀 공급업체를 밝히지 않았으나 이미 협업하고 있는 삼성SDI와 추가 납품을 논의할 가능성이 있다. 양사는 작년 9월부터 전기차 배터리 공동 개발, 제조에 협력했으며 추가 수주가 실현되면 삼성SDI는 앞으로 글로벌 배터리 시장에서의 입지가 커질 것으로 예상된다.

6) 발표 앞둔 ESS 화재원인, 사실상 배터리 결함이 결론

에너지 저장 장치 화재 사고 관련 2차 민관 합동 조사 위원회가 화재 원인을 배터리 결함으로 잠정 결론지었다. 삼성SDI의 배터리가 탑재된 화재는 2건으로, 화재의 주범으로 낙인 찍힐 수 있다는 위기감이 커지고 있다. 무엇보다 같은 제품을 설치한 해외 ESS 사이트에서는 화재가 발생하지 않았음에도 배터리 문제만 부각되고 있다. 지난해 국내 ESS 신규 발주물량이 적어 위기에 놓인 상태에서 해외 업체들이 시장을 잠식할까 우려되는 상황이다.

7) 무선 이어폰 성장세

글로벌 무선 이어폰 출하량은 2016년 100만 대에서 지난해 1억 대로 급증했다. 향후 연평균 83% 성장해 2025년에는 15억 대 수준을 웃돌 전망이다. 무선 이어폰 부품 중 2차 전지가 사용됨에 따라 초소형 리튬이온 2차 전지는 무선 이어폰 시장 성장과 함께 수요도 늘어날 것으로 기대된다. 공급선 다변화가 필수적이기에 삼성SDI에 새로운 성장기회가 생길 수 있다.

8) 한국산 전기차 배터리, 중국 정부 보조금 지원

중국 정부가 일부 외국산 배터리에 보조금을 주기로 하였다. 이에 따라 중국시장에서 삼성SDI의 판매가 늘어날 전망이다. 그동안 중국 정부는 자국 배터리 업체를 키우기 위해 외국산 배터리를 장착한 전기차에 보조금을 주지 않았는데, 이번 기회로 외국 기업에 전면 개방하였다.

9) 폴더블 기기 영역의 확장

폴더블 기기 영역이 스마트폰에서 노트북으로 확장되면서 생태계 확대로 인한 전자부품 업계의 기대감이 커지고 있다. 상대적으로 부가가치가 높은 폴더블 제품 비중이 늘어나게 되면 디스플레이, 필름, 배터리 등 관련 부가가치 부품 수요가 증가하면서 삼성SDI의 실적 개선으로 이어질 것이다.

삼성SDI는 폴더블 스마트폰의 핵심 소재인 광학용 투명 접착필름(OCA, Optical Clear Adhesive)을 개발하였다. OCA는 디스플레이 제조에 필요한 접착제로 편광 필름 등을 붙일 때 사용한다. 폴더블폰은 화면을 접었다 펴야 하기 때문에 접착제도 접힘이 가능하고 내구성이 높아야 한다. 삼성SDI는 폴더블폰용 OCA 개발로 차세대 디스플레이 소재를 선점하여 폴더블 시장에서 성장 가능성을 확보하였다.

10) 5G 스마트폰용 폴리머 배터리 솔루션 개발

삼성SDI는 5G폰 및 새로운 모바일 서비스 출시에 앞서 고용량 기술을 개발했다. 이에 따라 기존 스마트폰용 배터리 대비 약 5% 용량이 증가하였고, 특히 5G 환경에서 요구되는 고출력을 지원하고 안정성을 확대하여 사용자의 편의성을 강화하였다.

11) 삼성SDI 인도 법인 설립

삼성SDI는 2019년 2분기에 인도 현지 법인 '삼성SDI 인디아'를 세웠다. 삼성 SDI는 노이다에서 스마트폰 배터리 생산에 나설 것으로 알려졌으며, 삼성전자의 현지 생산 전략에 보조를 맞추기 위한 행보이다. 지난 10월 인도 배터리 팩 공장 가동 준비는 마쳤지만 구체적인 가동 시기를 결정하지 못했다. 이는 삼성전자가 내년 스마트폰 ODM 물량을 7,000만 대에서 최대 1억 대까지 늘리기로 계획하면서 예상보다 수요가 적을 수 있다는 우려 때문이다.

12) 폭스바겐의 중국내 4위, 글로벌 8위 배터리 업체 '궈쉬안' 지분 인수 추진

'궈쉬안' 인수는 향후 폭스바겐이 자체 배터리 생산을 위한 포석이 될 수 있다는 점에서 우려를 내놓고 있다. 폭스바겐 입장에서는 배터리를 외부에서 조달하는 것이 아직까지는 이익이지만, 관련 시장이 커질 경우 배터리 업체와의 제휴 및 지분 투자를 바탕으로 직접 생산에 뛰어드는게 효율적이다. 폭스바겐이 자체 배터리 생산에 나설 경우 글로벌 전기차 배터리 판도가 크게 바뀐다. 삼성SDI를 포함한 국내 배터리 3사 입장에서는 폭스바겐 선택에 따라 관련 시장의 절반을 잃을 수 있으며, 시장 점유율 확대에 치중한 나머지 지금까지 배터리 부문에서 수익을 제대로 내지 못했다는 점에서 손익분기점 수준의 이익이 향후에도 지속될 수 있다.

13) 전기 자전거 배터리, 5년뒤에 2배 성장

전기 자전거용 리튬이온 배터리 시장 규모는 2018년 4억 8,300만 셀에서 올해는 7억 400만 셀로, 2년만에 45.8%나 증가할 것으로 추산됐다. 오는 2022년에는 8억 9,000만 셀, 2024년에는 10억 4,700만 셀에 이르는 등 5년 뒤에는 2배 이상 시장이 커질 것으로 보인다. 삼성SDI는 일찌감치 전기 자전거용 배터리 시장에 관심을 갖기 시작했으며, 시장 진입과 동시에 국내외 유명 자전거 제조사에 배터리를 공급했다. 작년 1분기 기준 글로벌 전기 자전거용 배터리 시장에서 약 44% 점유율을 차지하며 1위를 달성했고, 전기 자전거 시장이 점점 활성화 됨에 따라 삼성SDI 제품 판매도 더 늘어날 것으로 기대된다.

4. 향후예상

1) 에너지 솔루션 부문

소형 전지

전동 공구, 청소기 등 내 리튬이온 2차 전지 사용이 지속적으로 증가함에 따라,

이에 대한 수요가 19년도 기준 전년대비 20% 고성장하며 시장을 견인할 것으로 예상된다. 또한, 원형 배터리를 사용한 전기 자동차, 전기 스쿠터 시장이 급격히 확대됐고 웨어러블, 블루투스 헤드셋 등 새로운 기기 확산이 전망된다. 삼성SDI는 고출력 원형 21700 제품에서 세계 최초로 최고 용량 4.0Ah 배터리의 개발과 양산을 시작하였다. 고출력 배터리는 고에너지 밀도의 신규 소재를 적용하여 기존 제품 대비 용량을 33% 이상 획기적으로 증가시켰고, 이를 통해 삼성SDI의 전동 공구, 정원 공구, 청소기 등 고출력 배터리 적용 시장에서의 위상을 더욱 공고히 할 것으로 기대된다.

중형 전지

전기차 시대를 맞이하며, 산업통상자원부 장관은 내년 2차 전지에 대한 발전전략을 낼 계획이라고 밝혔다. 배터리 시장 규모는 2025년까지 메모리 반도체와 어깨를 나란히 할 것으로 예상된다. 2차 전지에는 여러 분야가 있지만, 주력 제품은 전기차용이다. 전기차 배터리는 전체 전기차 가격의 25~30%를 차지하는 핵심부품이며, 전기차 배터리 시장이 2025년에는 메모리 반도체와 비슷한 190조원에 이를 것으로 전망된다. 삼성SDI는 모바일 기기용 배터리 분야에서 축적된 노하우를 기반으로 저공해 차량을 위한 고효율, 고에너지 밀도의 배터리 개발에 집중하고 있다. 삼성SDI는 지속적인 성장세가 예상되는 유럽, 미주 및 신흥시장에서 에너지 밀도와 급속 충전 등의 신기술이 적용된 제품의 출시를 확대하기 위한 다양한 투자와 전략을 추진하고 있으며, 수주물량이 꾸준히 증가할 것으로 예상된다. 또한, ESS 수요에 가장 큰 영향을 미치는 태양광 수요가 고성장 할 것으로 보인다. 2019년 EU의 태양광 설치 수요는 109% 성장한 16.7GW에 이르며, 2020년도에는 'EU 그린 딜' 합의에 따라 20% 성장할 것이다.

하지만 중국의 미 · 중 무역 분쟁 이후 IT 수요 급감과 더불어 자동차 수요도 크게 감소하는 등 전반적인 수요가 정체되어 있다. 미국 역시 트럼프 정부 출범 이후 환경 규제에 소극적인 태도를 보이고 있으며, 이는 전체적인 전기차 생산 니즈를 감소시키고 있다. 두 강대국이 이와 같이 소극적인 태도를 보이는 만큼 성장에 있

어 불확실성도 존재한다고 생각한다

대형 전지(ESS용)

전 세계적인 탈원전, 탈석탄 트렌드가 이어짐에 따라 신재생 발전에 대한 관심도 높아지고 있으며, 신재생 발전의 효율을 증가시키는데 필수적인 ESS의 역할이 더욱 중요해질 전망이다. 삼성SDI는 소형 리튬이온 2차 전지의 안전성을 그대로 대형 배터리 시스템에 구현하면서 ESS 사업의 강자로 떠오르고 있다. ESS 배터리를 주력상품으로 국내시장 및 일본, 미주, 유럽 등 선진시장에서의 점유율을 확대해 나가고 있으며, 향후 호주, 중동, 동남아 등 신시장을 꾸준히 개척할 계획이다.

2) 전자 재료 부문

반도체 불황도 회복세에 들어서면서 소재 매출도 증가할 것으로 보인다. 더욱이 2020년 폴더블 열풍에 따라 DP, 필름 등 고부가가치 제품의 수요뿐만 아니라 AI, 자율 주행 자동차 확대로 인한 새로운 수요 창출이 기대된다. 고도화된 기술과 다양한 데이터를 처리하기 위한 반도체 초미세화 경쟁은 계속될 것이라고 전망된다. 또한, 중국 패널 업계의 공격적 투자로 LCD 시장의 주도권이 중국으로 이동한 상황에서 선도 기술의 중심이 OLED로 이동하고 있다. 반도체/디스플레이 업계의 치열한 경쟁이 예상됨에 따라, 삼성SDI는 기존에 보유중인 제품 포트폴리오를 강화하여 수익성을 확대하는 동시에 중국 등 고성장 시장을 타깃으로 신속한 제품 개발 및 솔루션 제공을 통해 사업 확대의 기반을 마련하고 있다. 특히 빠르게 변화하는 기술 트렌드를 주도할 신규 성장 동력을 확보하기 위해 폴더블, QD(Quantum Dot), 초미세공정 반도체 등 차세대 시장 선도 제품에 대한 재료를 적기에 개발하여 공급할 수 있는 체계를 구축할 계획이다.

참고자료
- 서울경제 2020.01.22 中배터리 품는 폭스바겐..韓, 시장 절반 잃나
- 매일경제 2020.01.19 유럽 전기車 특수에 韓배터리 방긋
- 서울경제 2020.01.17 발표 앞둔 ESS 화재원인..사실상 '배터리 결함' 결론

- 아이뉴스24 2020.01.16 '무선 이어폰' 성장세 주목
- 데일리안 2020.01.16 전자부품소재, 폴더블 수요 증가타고 실적 개선 순풍 부나
- Theguru 2020.01.14 베바스토 中 배터리 센터 준공…삼성SDI 추가 수주하나?
- 디지털데일리 2020.01.14 무선 이어폰 시장 '급성장', LG화학, 삼성SDI웃는다
- 한국경제 2019.12.09 한국산 전기차 배터리, 중국 정부 보조금 받는다
- 한국경제 2019.11.18 삼성 스마트폰 부품 계열사, 인도에 법인 설립 러시
- 조선비즈 2019.11.17 삼성SDI, 소형 배터리 시장 점유율 반등…LG화학은 하락
- 연합뉴스 2019.10.14 삼성SDI, ESS 특수 소화시스템 전면 도입…ESS 화재 대책 발표
- 비즈니스포스트 2019.06.21 삼성SDI 주가 하락, LCD 패널 수요 부진에 소재사업 부정적 영향받아
- 디지털타임스 2019.06.14 "전기 자전거 배터리, 5년 뒤 2배 성장"…삼성SDI, 점유율 44%

포스코케미칼

1. 재무현황

(단위 : 억원)

구분	2016년	2017년	2018년	2019년
매출액	11,177	11,971	13,836	14,838
영업이익	8,534	1,039	1,063	899

2019년 포스코케미칼은 연결 기준 매출액 1조 4,838억원, 영업이익 899억원을 기록했다. 2018년 대비 매출액은 7% 증가했지만 영업이익은 15% 감소했다. 그 이유로 양극재 사업 합병과 생산설비 증설 투자를 바탕으로 에너지 소재사업이 크게 성장하며 매출이 증가하는 성과가 있었지만 내화물과 라임케미칼 등 철강 관련 사업에서의 시황 둔화와 비용 증가 영향으로 영업이익은 감소했다.

2018년 포스코케미칼(前포스코캠텍)은 연결 기준 매출액 1조 3,836억원, 영업이익 1,063억원을 기록했다. 특히 4분기가 두드러졌는데 이는 음극재 사업의 1공장 준공을 통해 시장수요에 적기 대응하며 국내외 전체 고객사를 대상으로 판매량이 증가한 덕이다. 더불어 자회사인 피엠씨텍 역시 매출액 3,010억원, 영업이익 1,499억원(이익률 49.8%)를 기록하며 이익 증대에 기여했다. 글로벌 전극봉 시장에서 수요가 증대되며 침상코크스 판매단가 상승이 지속되고 있고, 생산체제 확대가 순조롭게 진행된 결과다.

2017년 연결 재무제표 기준 매출액은 1조 1,971억원으로 전년 대비 7.1% 늘었다. 영업이익이 1,039억원을 기록해 전년 대비 21.8% 증가한 것으로 나타났다.

2016년 포스코케미칼(前포스코켐텍)은 모든 사업부문에서 고르게 실적이 증가한 것으로 매출 1조 1,118억원, 영업이익 853억원을 냈다.

2. 사업현황
1) 내화물제조정비부문
내화물 제조
내화물은 각종 기간산업의 공업용로에 사용하는 재료로써 고온에서도 녹지 않는 비금속재료의 총칭이며, 철강산업은 물론 시멘트, 비철금속, 유리업계 등 다양한 산업의 핵심소재다. 화학적 분류에 따라 크게 산성, 중성, 염기성 내화물로 나뉘는데 당사는 고온의 용융로에 사용되는 염기성 내화물을 주력 생산하고 있다.

내화물 정비
포항 및 광양 제철소의 고로와 전로, 전기로 등 철과 비철을 만드는 공정상의 각종 로에 들어가는 내화물을 축조하고 정비한다. 또한, 보수를 전담하고, 축로 전문인력과 자체 개발한 장비 및 설비로 최적의 로 관리를 위한 책임정비체계를 구축하고 있다. 포스코의 용광로와 함께한 기술력과 노하우를 바탕으로 철강, 비철, 소각로, 석유화학 플랜트에 이어 석탄 복합 발전 설비까지 국내 산업로 부문의 내화물 공사를 수행하고 있다.

2) 라임케미칼부문
라임(LIME)사업
2008년부터 포스코 포항제철소 및 광양제철소의 석회 소성공장 설비를 운영 중이다. 국내 최대 생석회 생산능력을 보유하고 있으며, 2012년 인도네시아를 시작으로 세계시장에도 진출하고 있다. 생석회는 제철소 소결공장에서 철광석 사이 상호결합으로 분광 입도 크기를 증대하기 위해 주로 사용되며, 제강공장에서는 용강 내의 유해성분(인, 황 등)을 제거하는 용도로 사용되고 있다. 또한, 라임공장에서는 백운석을 가열(소성)해 경소백운석을 생산하고 있으며, 이는 전로 내 내화물의 화학적 침식방지를 통하여 노체를 보호하는 용도로 사용되고 있다.

케미칼사업
포스코 포항제철소 및 광양제철소의 COG 가스를 정제하는 화성공장을 위탁운영중에 있으며, 동공정중 발생하는 화성품을 매입 및 가공하여 판매하는 사업을 영위하고 있다. 불순물이 정제된 CLEAN COG는 제철소 각 공장에 열원으로 사용되고 있다. 또한, COG 정제 과정에서 추출된 부산물인 콜타르는 전극봉과 인조흑연 음극재의 주원료인 침상코크스, 카본블랙과 슈퍼캡 전극재의 주원료인 피치코크스 등 다양한 석탄화학 사업의 기초소재로 활용되고 있으며, 조경유는 벤젠, 톨루엔, 자일렌을 생산하는 소재로, 유황은 비료의 원료로 사용되고 있다.

3) 해외사업

포스코 인도네시아 제철소사업에 동반 진출하여 현재 제철소 생석회 공급 및 부산물의 가공 및 판매사업을 영위하고 있다.

4) 이차전지소재사업

에너지 소재 기업으로 도약하기 위해 2010년 8월에 LS엠트론의 음극재 사업부문을 인수하였고, 2019년 4월에 양극재 회사인 포스코ESM을 흡수합병하여 현재 미래 고부가가치 소재인 양·음극재를 모두 생산 중에 있다. 양·음극재가 이차전지의 4대 원료(음극재, 양극재, 전해질, 분리막)에 해당하므로 해당 사업부문은 이차전지 산업의 후방산업 성격을 띠고 있다.

3. 주요이슈

1) 포스코케미칼, 전기차 배터리 핵심소재인 양극재 생산량 늘린다

포스코케미칼이 전기차 배터리 핵심소재인 양극재 생산량을 2022년까지 네 배 규모로 늘린다. 주요 고객사인 LG화학이 현대자동차와 배터리 합작공장을 추진하는 등 배터리 목표 생산량을 대폭 확대하고 있기 때문이다. 전기차 시장과 함께 이 회사의 실적도 급성장할 것으로 예상된다. 27일 배터리업계에 따르면 포스코케미칼은 양극재 생산량을 현재 연 1만5,000t 규모에서 2022년 5만9,000t 규모로 늘릴 계획이다. 이를 위해 전남 광양에 공장을 증설하고 있다. 축구장 20개 크기인 16만5,203㎡ 면적에 공장이 완공되면 포스코케미칼의 양극재 생산량은 3년 만에 네 배로 증가한다. 연간 전기차 75만 대에 공급할 수 있는 분량이다. 한국의 포스코케미칼, 벨기에의 유미코아, 일본의 니치아 등 세계 유수의 양극재 제조사로부터 양질의 양극재 확보가 중요하다. 세계 주요 완성차 업체들이 전기차 제조를 늘려 나가면서 필연적으로 전기차 배터리에 사용되는 양극재 수요도 늘어나기에 배터리 제조사 입장에서 양극재의 안정적 확보는 언제나 핵심이다.

양극재가 중요한 이유?

양극재는 배터리 4대 핵심 소재인 양극재, 음극재, 전해액, 분리막 중 하나로 배터리 밀도에 큰 영향을 미친다. 양극재는 리튬과 금속성분의 조합으로 만들어지는데 어떤 방식으로 조합하느냐에 따라 배터리 밀도 차이가 발생한다. 밀도가 높을수록 전기차의 주행거리가 길어진다. 이런 이유에서 배터리 제조사들은 높은 성능의 양극재 확보에 사활을 걸고 있다.

2) 포스코그룹, 차세대 성장동력

포스코그룹이 차세대 성장동력으로 꼽히고 있는 2차 전지를 생산하는 포스코케미칼은 세종 '음극재 2공장의 1단계 공장동'을 공개했다. 지난 2011년 2차 전지 음극재 1공장이 준공된 후 지금까지 음극재 공장이 공개된 적은 한 번도 없었다.

포스코케미칼은 건설중인 2공장과 이미 가동 중인 1공장을 포함해 연 4만 4,000t의 음극재 생산능력을 확보하게 됐다. 특히 주원료인 천연 흑연으로 포스코케미칼만의 노하우가 담긴 음극재를 생산하고 있고 코팅 장치 등 특별 기술은 중국, 일본 등 세계적인 기업들과 견줘도 뒤지지 않는다고 전해졌다. 제2공장은 지난 2018년 11월부터 세종 첨단산업단지에 축구장 약 13개 크기인 10만6,086㎡ 면적으로 조성되고 있다. 단계적 증설을 통해 오는 2022년에 2공장이 모두 완공되면 부지 6만6,379㎡(약 2만 평)에 연간 5만t의 생산능력을 갖춘 음극재 공장으로 탄생한다. 포스코케미칼은 이미 가동 중인 연산 2만4,000t의 1공장을 포함해 연간 총 7만4,000t의 음극재 생산 체제를 갖출 예정이다. 이는 60Kw급 전기자동차 배터리 약 123만 대에 공급할 수 있는 양이다.

4. 향후예상

1) ESS시장의 지속적인 성장

2차 전지 소재시장은 IT기기의 성장과 친환경, 에너지절감 정책에 따른 전기차, ESS 시장의 확대로 지속적인 성장이 예상된다. 특히, 전기차용 2차 전지 시장은 중국의 강력한 전기차 산업 육성 정책 및 글로벌 OEM 업체들의 전기차 모델 비중 확대 추세 속에 2018년 약 200만 대 규모에서 2025년에는 약 1,500만 대 규모로 성장할 것으로 예상하고 있다. 이에 따라 2차 전지 시장은 전기차용 2차 전지를 중심으로 재편될 것으로 전망된다. 전기차용 2차 전지 시장에서는 일본, 한국 및 중국의 업체들이 경쟁하고 있다. 출하용량 기준으로는 CATL, BYD 등의 중국 업체들이 앞서 나가고 있으며, 그 뒤를 파나소닉 등의 일본 업체들과 LG화학, 삼성SDI 등 한국 업체들이 쫓고 있다. 국내 배터리 메이커들은 기술유출방지 및 안정적인 소재공급을 위하여 소재 국산화율을 높이는 추세여서 당사와 같은 2차 전지용 소재 생산업체의 경우 전기차용 2차 전지 생산업체에 대한 안정적인 공급물량 확보 여부가 장래 수익성에 큰 영향을 미칠 것으로 판단된다.

2) 포스코케미칼의 음극재 생산은 신성장동력, 계속 키운다

LG화학, 삼성SDI, SK이노베이션 등의 국내 배터리사들이 글로벌 전기차 배터리 시장을 주도하고 있으나 소재 시장은 일본, 중국 등이 앞장서왔다. 그러나 포스코케미칼 관계자는 "이제는 품질에 차별성을 둔 국산 음극재 소재로 세계 시장을 리드할 것"이라고 말했다. 이어 "전기차 시장이 더 커지는 2년 후쯤에는 전체 배터리 음극재 생산 중 절반 정도를 전기차 배터리용 소재로 생산하게 될 것"이라고 덧붙였다. 포스코케미칼은 기술 노하우가 담긴 천연 흑연과 함께 고속 충전, 긴 수명 등의 장점을 갖춘 인조 흑연의 사업화도 추진할 예정이다. 포스코케미칼은 이처럼 포트폴리오를 다각화하는 전략을 통해 '음극재 종합 생산 기업'으로 발돋움하겠다는 계획이다. 한편, 포스코그룹은 전기차 시대에 발맞춰 에너지소재 분야를 오는 2030년까지 세계 시장 점유율 20%, 매출 17조원 규모로 키워 그룹 성장을 견인할 예정이다.

#참고자료

- 파이낸셜 뉴스 2019.10.17 포스코케미칼 세종 음극재 공장.. "전기차 수요 잡을 것"
- 한국경제 2020.01.28 포스코케미칼, 전기차 배터리 양극재 생산 4배 늘린다
- 뉴스1 2020.01.22 배터리 제조사 '양극재 확보'가 중요한 이유
- 뉴스1 2020.01.31 포스코케미칼, 작년 영업익 899억원…전년比 15% 감소
- IT CHOSUN 2019.01.28 포스코켐텍, 2018년 매출액 사상 최대…영업익은 2.2% 증가
- 비즈니스포스트 2017.01.26 포스코켐텍, 영업이익 올해 급증할 듯

LG화학

1. 재무현황

(단위 : 억원)

구분	2016년	2017년	2018년	2019년 3Q 누적
매출액	206,592	256,980	281,830	211,638
영업이익	19,919	29,284	22,460	9,231

2. 사업현황

1) 석유화학 사업부문(53.1%)

석유 화학 제품 기초 원료(에틸렌, 프로필렌, ABS, PVC, 아크릴 등), 석유 화학 가공 제품(PE, ABS, 합성고무 등)까지 공정의 수직계열화 체제를 구축해 세계적인 수준의 생산성 및 원가 경쟁력을 갖추고 있다.

2) 전지사업부문(27.7%)

2차 전지(소형 전지, 자동차 전지, ESS 전지 등)를 생산하는 유일한 화학 기반 회사로서 차별화된 소재기술을 바탕으로 세계 리튬 이온 배터리 시장을 선도하고 있다.

3) 첨단소재 사업부문(14.7%)

광학 소재, 전자재료(EP, 편광판, LCD 재료, 양극재, OLED 재료 등)를 생산하는 기술력을 바탕으로 첨단 기술이 집약된 자동차 소재, 디스플레이, IT 기기 소재 분야에서 글로벌 경쟁력을 확대하고 있다.

4) 생명과학 사업부문(2.2%)

의약품 및 정밀화학제품(당뇨 치료제, 미용 필러, 성장호르몬제, 백신 등)을 생산하는 중장기적 미래 신성장 사업영역으로 국내 최초로 미국 FDA에서 신약 승인을 받은 차별화된 R&D 역량을 확보하고 있다. '제미글로', '이브아르', '유펜타' 등 주력 제품 성장 및 '유셉트' 판매 확대, 신약 '파이프라인'의 미국 임상 진입 등

R&D 본격 투자를 확대할 예정이다.

5) 공통 및 기타부문(2.2%)

살균제, 살충제, 제초제, 농산물 재배(작물 보호제, 종자, 비료 및 전사 사업부문에 대한 공통 관리 등)가 있다.

3. 주요 이슈

1) 석화부분 악재

LG화학의 석유화학 부문은 2018년 회사 총 매출액 28조 1,830억원 가운데 63% 비중을 차지하는 주력사업이다. 하지만 2019년 이후 비중이 줄어들고 있다. 2019년 4분기 영업이익이 2,418억원으로 전년 동기 대비 60% 줄어든 이래 올해 들어서도 3분기 연속 3,000억원대에 머물고 있다. 2016년부터 이어진 '4,000억원대 돌파' 기록이 2년도 안되어 마무리되고 있다. 미국과 중국간 무역분쟁으로 인한 글로벌 경기 침체 우려, 화학제품 공급과잉으로 수요와 공급량 측면에서 악재가 불거지고 있으며 석유화학 부문 침체는 전기차 배터리의 외부 자금 조달 계획에도 영향을 주고 있다.

2020년에도 화학 업계는 실적 부진의 늪에서 빠져나오기 어려워 보인다. 미국 경제가 오는 2021년부터 침체기에 접어들 것으로 전망되고 독일을 중심으로 유로존 지역 경기가 하강 국면으로 접어들 것으로 예상되기 때문이다. 또한, 중국도 경기 부양책 한계로 예상보다 빠른 성장 저하 추세가 지속될 것으로 보인다. 이 밖에도 사우디 아람코를 중심으로 한 석유기업들의 화학 업계 진출도 국내 업체들에게 리스크로 다가오고 있다.

2) ESS화재

2017년부터 21건의 화재가 이어지며 2019년부터 LG화학의 ESS 영업이 중단되었고, 사실상 국내 수주가 0에 수렴하고 있다. 더욱이 화재의 원인 규명 역시 지연되고 있다. 2차 조사위가 ESS 화재 원인으로 배터리 제조상 결함을 지목하였지만,

현재 배터리 업체들은 가동률을 70%로 낮출뿐 적극적인 대응을 하지 못하고 있다. 이대로 명확한 발화 원인을 찾지 못한다면 국내 시장 성장은 어려울 것으로 전망된다. SNE리서치에 따르면 지난해 국내 ESS 시장은 3.7GWh로 1년 새 34% 줄어들었다. 이는 같은 기간 글로벌 시장이 38% 성장한 것과 대조적인 수치이다.

3) 글로벌 톱 10위 화학기업 도약

LG화학은 2018년 중국 화남 공장에 고기능 합성수지 (ABS) 생산 설비 15만 톤을 증설했다. 화남 30만 톤, 여수 90만 톤, 중국 닝보 80만 톤 등 국내외 총 200만 톤의 ABS 생산 체계를 구축하여 시장 점유율을 21%에서 26%까지 대폭 상승시킬 전략이다. 이는 중국의 가장 큰 수요처인 화남 지역 선점을 통해 세계 1위의 시장 점유율을 더 공고히 하고 인근 동남아 시장 공략까지 본격화할 것이다. 또한 국내 2조 8,000억원을 투자해 여수 납사분해시설(NCC)과 고부가 PO를 각 80만 톤을 증설하고 충남 당진에 미래 유망소재 양산 단지도 조성했다. 이러한 철저한 미래 준비로 2019년 사상 최초 매출 30조 원대에 진입하였다. 2019년 미국화학학회(ACS)는 전문 잡지 C&EN이 선정한 '글로벌 톱50 화학기업' 10위에 LG화학을 선정하였다.

4) GM과 전기차 배터리셀 합작법인 설립 기대

LG화학과 GM, 양사가 합작법인 설립을 검토 중이다. 이는 전기차 업체로의 전환을 선언하며 높은 품질의 배터리를 안정적으로 공급받는 것이 필요한 GM과 배터리 분야에서 대규모 투자에 따른 위험부담을 최소화하면서 급성장하는 미국 시장 선점이 필요한 LG화학의 이해관계가 일치했기 때문이다. 이번 합작으로 LG화학은 미국 시장에서의 확실한 수요처를 확보하게 되었으며, GM은 높은 품질의 배터리를 안정적으로 공급받을 수 있는 윈-윈 관계를 만들게 되었다. 이와 같이 LG화학이 GM의 합작법인 파트너로 선정된 것은 지난 10년간 양사가 견고한 협력 관계를 이어오며 전기차 배터리의 품질 및 양산 능력을 인정받았기 때문이다.

5) 중국 '지리 자동차'와 전기차 배터리 합작법인 설립

LG화학이 세계 최대 전기차 시장인 중국 공략을 위해 중국 로컬 브랜드 1위인 지리자동차와 합작 법인을 설립했다. 2021년 말까지 전기차 배터리 10GWh의 생산 능력을 갖출 것을 약속했으며 생산된 배터리는 2022년부터 지리자동차와 자회사의 중국 출시 전기차에 공급될 예정이다. 지리자동차가 2020년부터 판매량의 90%를 전기차로 전환할 계획이라는 점에서 LG화학은 기술력을 바탕으로 안정적인 물량을 확보할 수 있을 것으로 보인다.

4. 향후 전망

1) 적극적 투자 유치

LG화학은 신사업 분야에 대한 R&D 투자를 적극적으로 늘리고 있다. 2018년, 1조 664억원 투자를 바탕으로 자동차용 전지, 정보전자 소재 등 매년 투자 규모를 10% 이상씩 늘려갈 계획이다. 석유화학 부문의 경우, 고부가 제품 비중(고기능 합성수지 ABS, 납사 분해시설 NCC)을 확대할 예정이다. 자동차 전지 부문에서는 3세대 전기차 중심 대형 프로젝트 수주를 공략할 것을 목표하며 ESS 전지 연구 개발에도 적극 투자할 예정이다. 첨단 소재 부문에서는 OLED 소재 사업 분야의 경쟁력 강화와 양극재 생산 기술 고도화, 생명과학 부문에서는 '당뇨 및 연계 질환', '면역/항암'분야를 신약 타깃으로 선정하고 연구 개발을 강화해 나갈 계획이다. 그뿐만 아니라 친환경 기술 및 제품 개발에도 노력을 기울이고 있다.

2) 전지 사업부의 시장 확대

LG화학은 한국을 비롯해 세계 3대 전기차 시장인 미국, 중국, 유럽 등 글로벌 4각 생산체제를 갖추었다. 이번 합작법인 설립으로 LG화학은 5개의 자체 생산공장과 2개의 합작 생산공장 등 총 7개의 생산기지를 확보하게 되었다. 이를 바탕으로 전지 사업 신시장 확대 목적의 대규모 수주 프로젝트 이어갈 전망이다. 2019년 중국 난징 배터리 공장 증설을 시작으로 볼보 자동차 그룹과 리튬이온배터리 장기 계약이 있다. 또한 신강 경제 개발구 전기차 배터리 제1 공장과 소형 배터리 공장에는 2020년까지 각각 6,000억원 투자를 계획하고 있다. 전기 차용 파우치 배터리, 전기자전거, 전기 스쿠터, 무선 청소기 등에 쓰이는 원통형 배터리 수요 증가에 선제적으로 대응할 예정이다.

3) ESS전지 시장 확대

LG화학은 국내 최초로 세계 1위 ESS 솔루션 기업인 AES 에너지 스토리지와 1Gwh 규모의 배터리 공급 계약을 체결하였다. AES가 2020년까지 전 세계에 구축하는 전력망용 ESS 프로젝트의 배터리를 공급할 예정이다. 또한 2017년부터 세계 최대 가구업체인 이케아의 가정용 ESS 솔루션인 '솔라 파워 포털'에도 배터리를 공급하는 등 미국, 유럽 중심으로 ESS시장을 확대해 나가고 있다. 이에 더해 미국 캘리포니아에 에너지 저장 장치 사업에 진출할 것으로 예상된다. 캘리포니아 주는 신재생 에너지 비율을 2030년까지 50%로 높이고 2045년까지 100%로 하는 법안을 확정하였다. LG화학이 미국 중북부 미시간주 홀랜드에 공장을 구축해 생산능력을 확보하고 있는 만큼 캘리포니아의 신재생에너지 정책으로 인한 수요에 충분히 대응할 수 있을 것이다.

참고자료

- 한국경제 2020.01.01 김준 SK이노 대표, "모두의 행복 위해 노력하면 개인 행복도 커져"
- 더벨 2020.01.07 확장 준비 마친 통합 롯데케미칼, 자금력 더 강해졌다
- ZD NET KOREA 2020.01.22 韓ESS 시장규모 34% '뚝'…"화재 원인 제대로 밝혀야"
- EBN 2017.08.05 LG화학, 이케아 가정용 ESS에 배터리 공급…유럽시장 공략
- 뉴데일리경제 2020.01.26 LG화학-SK이노, 전기차 배터리 '세계대전'

SK이노베이션

1. 재무현황

(단위 : 억원)

구분	2016년	2017년	2018년	2019년 3Q 누적
매출액	394,765	461,626	545,108	383,247
영업이익	32,432	32,217	21,175	11,587

2. 사업현황

1) 석유개발 사업

1859년, 미 펜실베니아주에서 유정 굴착이 시초가 된 석유 개발(E&P) 산업은 지하에 부존하는 원유나 천연가스 등을 탐사를 통해 찾아내고, 이를 개발/생산하여 판매하는 일련의 사업 활동이다. 2019년 9월 말 기준 9개국 12개 광구 및 4개 LNG 프로젝트를 통해 전 세계에서 활발한 석유 개발사업을 진행 중이며, 확인 매장량 기준 총 4.9억 배럴의 원유를 확보하고 있다. 당사의 2019년 3분기 지분 원유 누적 분배 물량은 총 14.9백 만 석유환산배럴이며, 일산 약 54.7천 석유 환산 배럴을 분배받았다.

2) 중대형 배터리 사업

전기자동차 및 ESS(Energy Storage System)에 사용되는 대용량 리튬-이온 배터리를 개발하여 생산, 판매하는 사업이다. 2005년 리튬-이온 배터리 상용화 착수 하였다. 이후 대전 R&D 센터에 배터리 연구개발 인프라를 구축하고, 충청남도 서산에 대규모 생산설비를 가동하면서 기술 개발과 양산체제를 모두 완성하였다. 고유의 고에너지밀도와 고출력 기술을 바탕으로 현대기아자동차 및 독일 다임러 자동차에 당사 배터리를 공급하고 있으며, 중국 전기차 시장 업체인 북경기차와 JV 협력 관계를 유지하고 있다. 주 원재료로는 극판 자재, 조립/PACK자재, 양극재가 있다.

3) 소재사업

LiBS 사업과 FCW [18] 사업으로 구성되어 있다. LiBS (Lithium-ion Battery Separator)는 리튬이온 배터리의 핵심소재로 양극과 음극의 직접적 접촉을 차단하고 리튬 이온의 이동 통로를 제공해주는 역할을 한다. 소재 사업은 배터리 시장의 성장과 함께 지속적으로 발전하고 있다.

4) 석유 사업

원유 수입→제품 생산→수송/저유→제품 판매의 밸류 체인으로 구성되어 있어 석유제품 원가 중 원유가 차지하는 비중이 가장 높다. 석유 사업의 유통구조는 크게 도매와 소매로 구분된다. 도매는 직매처, 주유소 및 중간 판매업자 등에게 판매하는 것을 말하며, 소매는 주유소가 일반 소비자에게 판매하는 것을 말한다. 내수 시장은 자회사인 SK에너지를 통해 활동하고 있다. 주요 품목으로는 무연휘발유, 등유, 경유가 있고, 원료로는 원유와 납사가 있다.

5) 화학 사업

기초 유화 사업은 나프타(Naphtha)등을 원료로 하여 에틸렌, 프로필렌 등의 올레핀계제품과 벤젠, 톨루엔, 자일렌 등의 방향족 제품을 생산하는 기초 소재사업이다. 이를 원료로 합성수지, 합성고무, 합성섬유 등의 화학제품을 생산한다. 2009년 이후 중국 경기부양책의 영향 등으로 석유화학산업 시황이 회복되었으며, 중국과 중동의 신증설, 유로존 재정위기, 글로벌 경기회복 지연 등으로 시장 변동성이 확대되었다. 또한, 셰일 가스, 석탄 등 비전통적 저가 원료의 확대가 시장 변동의 주요 변수가 될 것으로 보인다.

6) 윤활유 사업

윤활유 사업 부문에서는 자체 생산 중인 고품질 Group II/III 기유를 활용하여 자동차용 윤활유 및 산업용/선박용 윤활유를 생산하고 있다. 당사의 주요 목표시

---

18   *FCW(Flexible Cover Window): 플렉서블 디스플레이에서 유리를 대체하는 핵심소재로 투명 PI필름과 Hard-coat로 구성된다. 폼팩터의 변화를 추구하고 있는 디스플레이 시장의 빠른 성장을 견인할 것으로 예상된다.

장은 한국, 중국, 미국, 러시아, 파키스탄, 인도 등이며, 주로 고급 자동차유 시장에 집중하고 있다.

3. 주요이슈

1) 베트남 광구서 추가 원유 발견 및 페루 광구 매각

SK이노베이션은 베트남 남동부 해상 15-1/05 광구 락따짱(Lac Da Trang · 흰색 낙타) 구조에서 올 3월 초부터 4,295m 가량의 시추 작업을 시행한 결과, 1 · 2차 목표 구간에서 총 116m에 이르는 오일층을 발견했다. 베트남은 E&P사업뿐 아니라 전사적으로 매우 중요한 글로벌 사업장으로 석유 개발 사업의 글로벌 경쟁력을 갖추어 나갈 것으로 보인다.

또한, SK이노베이션은 페루 소재 88, 56광구 등 2개 광구 보유 지분 전량 (17.6%)을 플러스페트롤(Pluspetrol)에 매각하는 PSA(Purchase and Sale Agreement)를 체결할 계획이다. 매입 대금은 향후 셰일 광구 매입 및 전기차 시장 대비에 사용될 전망이다. 이는 전기차 배터리가 SK이노베이션의 장기 신성장 동력이 될 것으로 해석된다.

2) 비욘드 배터리로 성장 기회

SK이노베이션이 배터리, 소재 사업에 투자를 확대할 예정이다. 배터리 생산에서 재활용에 이르기까지 밸류체인 전 과정을 하나로 엮어 플랫폼화하는 '비욘드 전기차 배터리(Beyond EV Battery)'를 새로운 성장 기회로 찾고 있다. 우선적으로 밸류 체인의 전 과정을 플랫폼화하는 '서비스로의 배터리(BaaS: Battery as a Service)'를 새로운 영역으로 발굴, 추진할 계획이다. 이와 함께 소비자, 사회의 요구가 다변화하는 것에 맞춰 사업과 일하는 방식을 획기적으로 바꿔 나갈 것으로 보인다. 그 방식으로 기업 간 거래와 기업과 소비자와의 거래를 결합한 'B2B2C'를 내놓았다. 기존 B2B를 넘어선 B2B2C로의 근본적 변화를 통해 고객에게 행복을 주고 회사도 성장하는, 최종적으로 고객까지 만족시킬 기술/제품 혁신을 계획하고 있다.

3) 전기차 회사와의 파트너 선정

2019년 SK이노베이션이 현대기아자동차의 첫 전기차 전용 플랫폼인 'E-GMP (Electric-Global Modular Platform)'의 배터리 파트너로 선정되었다. 현대기아차는 2021년까지 4차례에 걸쳐 배터리 물량을 발주할 예정이다. 1차 수주 물량의 규모는 50만 대로 알려졌다. 이 외에도 SK이노베이션은 미국에 제2공장 건설을 확정했다. 2018년 3월 미국 조지아주에 배터리 공장을 기공하고 현재 건설하고 있었으나 미국에서 배터리 수주가 늘어나면서 추가 공장의 필요성이 높아졌기 때문이다. 그 밖에도 미국 포드의 첫 전기 픽업트럭을 포함한 전기차 모델에 SK이노베이션 배터리가 채택될 전망이다.

4) ITC 조기 판결 임박

SK이노베이션과 LG화학의 배터리 소송에 관한 미국의 조기 패소 결정이 나올 예정이다. LG화학이 'SK이노베이션이 영업 비밀을 침해했다'며 미국 ITC에 제소하며 소송전은 시작되었다. 이후 SK이노베이션은 'LG화학이 타사에 납품한 배터리에서 자사의 배터리 특허를 침해했다'고 ITC에 제소하였다.

현재 LG화학은 ITC에 SK이노베이션의 조기 패소 1차 판결을 요청한 상태다. 만약 ITC가 LG화학의 조기 패소 판결 요청을 받아들이면, 예비 판결까지 가지 않고 SK이노베이션은 패소 판결을 받게 된다. 이 경우 SK이노베이션의 전기차 배터리 제품에 대해 미국 내 수입금지 효력이 발생하여 사업에 차질이 생길 수 있다. 다만 ITC가 SK이노베이션의 패소를 결정해도, 미국 정부가 거부권을 행사할 수 있다.

5) 정제 마진 하락에 영업이익 5년만 최저치

SK이노베이션의 2019년 영업이익이 글로벌 경기 둔화와 중동의 지정학적 리스크 증가에 따라 정제 마진이 하락하면서 2014년 이후 최저 수준으로 감소할 전망이다. 지난해 9월까지만 해도 배럴당 7.7달러를 기록했던 정제마진은 10월 4.1달러, 11월 0.7달러로 떨어지더니 12월에는 -0.1달러로 추락했다. 주간 단위로는 11월 셋째 주부터 이미 마이너스를 기록했고 2020년 1월에 들어서도 1달러를 밑 돌았다. 특히 업계 기대를 모았던 IMO 2020 규제 효과가 생각보다 늦어지면서 정유사들의 이익이 좀처럼 개선되지 못하고 있다. IMO 2020은 선박 연료유의 황 함유량 상한선을 기존 3.5%에서 0.5%로 대폭 강화하는 규제로 올해 본격 시행되었다.

이에 따라 SK이노베이션을 비롯한 국내 정유사들은 저유황유 생산 설비 투자를 늘렸지만 제품값 상승효과는 지연되고 있다. 다만 2분기부터는 IMO 2020 규제 효과가 본격적으로 나타나기 시작하고, 중국의 석유화학 제품 수출이 늘면서 실적이 개선될 전망이다.

6) 그린밸런스 2030

SK이노베이션은 그린밸런스 2030(그린, 기술, 글로벌)의 세 가지 비즈니스 모델 혁신 전략 방향 하에서 포트폴리오 변화를 적극적으로 추진해 나갈 전망이다. 대표적으로 BaaS를 새로운 방향으로 발굴, 개발할 계획과 석유, 화학 사업의 초경량 소재, 고성능 친환경 윤활유 등이 있다.

4. 향후예상

1) 유가 안정과 단기 정제 마진 반등 기대

2020년 유가 안정이 기대된다. 미국의 바그다드 공습으로 이란 혁명수비대 수장이 사망했으며 관련 이슈로 중동 지정학적 긴장감이 높아지고 있다. 연초 유가의 상승 가능성이 더 높아지겠지만 전면 전쟁으로 치닫지 않는다면 유가는 3월까지 예정된 OPEC 추가 감산 기대감 완화, 노르웨이, 멕시코, 브라질 등 기타 국가들의 산유량 증가, 상반기에 집중될 미국 Permian 파이프라인 개통 효과, 석유 수요부진으로 인한 글로벌 석유 수요 하락에 따른 하향 안정화를 전망한다.

하지만 단기 정제마진은 반등할 것으로 보인다. 그 이유로는 첫째, IMO 시행에 따른 HSFO→LSFO/경유 이전 수요가 본격적으로 증가할 것이다. 둘째, 2019년 11월 등, 경유 마진 급락의 원인 중 하나였던 중국 수출 부담은 통상적으로 잔여 쿼터 소진을 위해 연말에 집중된 후 연초에 완화되는 계절성을 보인다. 마지막으로 미국 정제 처리량은 정기보수 영향으로 3월까지 가동률이 하향 조정되며, 3월까지 OPEC의 감산 확대에 따라 중동 정제 처리량 감소가 불가피하기 때문이다. 다만 2020년 2분기에 들어서며 글로벌 수요 둔화, 중국 수출 부담 등의 이유로 정제마진은 줄어들 것으로 전망된다.

2) 미중 합의로 인한 중동의 입지 약화, 사우디 OSP하락 가능성

미중 1단계 무역 합의로 중국은 농산물과 공산품, 서비스, 에너지 등의 분야에서 향후 2년간 2천억달러(231조 7,000억원) 규모의 미국산 제품을 추가로 구매하기로 했다. 2020년 에너지 185억달러, 2021년 339억달러를 구매하게 될 예정이다. 이는 중동의 입지를 약화시켜 사우디 등 산유국의 공식 원유 판매가를 낮출 가능성이 있다. 향후 유가 흐름에 주의해야 할 것으로 보인다.

3) 중국 배터리 시장 성장 가능성

2019년 12월 베이징자동차, 베이징정공과 합작해 중국 장쑤성 창저우시 금탄 경제개발구에 건설한 배터리 셀 공장 'BEST'의 준공식을 가졌다. BEST 공장 준공으로 SK이노베이션은 50KWh 전기차 배터리 기준, 약 15만 대 분량인 7.5GWh 규모로 추가 생산이 가능하다. 이로써 서산 배터리 공장 4.7GWh를 포함해 전기차 연산 약 25만 대에 공급이 가능한 약 12.2GWh 생산능력을 갖추게 되었다. 헝가리 코마롬 공장 완공 시 생산 능력은 19.7GWh로 확대된다. SK이노베이션의 목표인 '2025년 100GWh 생산 능력을 갖춘 글로벌 톱 3 전기차 배터리 회사로의 도약'에 가까워졌다. BEST는 시운전, 제품 인증 등을 마친 내년 초부터 본격적인 양산 및 공급에 들어가며, 생산된 배터리는 베이징자동차 외 중국에 거점을 두고 있는 다수 전기차 업체에 공급될 예정이다.

4) 전기차 수요에 대응 한 공장 확대

SK이노베이션이 글로벌 전기차 업체들의 늘어나는 수요에 대응하기 위해 1조원을 투자해 미국에 2공장을 건설한다. 헝가리에 건설 중인 2공장의 생산능력 확대도 검토 중이다. 이는 관세 장벽을 피하고 현지 완성차 업체의 수요를 충족시키기 위함으로 보인다. 2019년 9월 말 누적 계약 주문은 전년도 320GWh에서 500GWh로 늘었는데 생산설비 확장은 이에 대처하는 데 도움이 될 것이다. 배터리 부문이 예상보다 1년 뒤인 2022년에 손익분기점에 도달할 수 있을 것으로 보인다.

참고자료

- 조선비즈 2019.05.02 SK이노베이션, 베트남 탐사 광구서 원유 추가 발견
- 뉴스원 2019.09.27 SK이노베이션, 페루 광구 지분 1조 2500억원에 매각
- 디지털 타임스 2020.01.29 김준 SK이노 사장 "비욘드 배터리로 성장기회 찾겠다"
- 파이낸셜뉴스 2020.01.20 LG화학–SK이노, 美이어 국내서도 배터리 전쟁
- 연합인포맥스 2020.01.28 SK이노, 정제마진 하락에 작년 영업익 5년만에 최저 전망
- NSP통신 2020.01.29 김준 SK이노베이션 총괄사장 "그린밸런스2030은 달성해야 할 목표"
- DB금융 투자 2020.01.07 냉정과 성장 사이
- 연합뉴스 2020.01.16 미중, 1단계 무역합의 서명…중, 2년간 2천억불 미 제품 구매
- 현대차투자증권 2020.01.15 SK이노베이션 성장사업 가치와 OSP하락 가능성 고민
- 스포츠서울 2019.12.05 SK이노베이션, 中에 첫 글로벌 배터리 셀 공장 준공…내년 초 양산 시작
- 이데일리 2020.01.10 SK이노베이션, 1조 원 투자해 美 배터리 2공장 건설

Chapter

07

식품

Chapter7.
식품

농심

1. 재무현황

(단위 : 억원)

구분	2016년	2017년	2018년	2019년 3Q 누적
매출액	18,622	18,554	18,578	11,567
영업이익	691	761	669	398

　2019년 1분기 농심의 매출은 5,885억원으로 2018년 동기대비 소폭 상승하였다. 영업이익은 316억원으로 작년 동기 대비 8.1% 감소했으며 순이익 역시 235억원으로 기록해 전년 동기 대비 17% 감소했다. 라면 시장의 경쟁이 심화되는 가운데 신라면 건면, 해피라면 등 신제품이 내수 판매량 증가를 견인했으나 신제품 출시에 따른 광고선전비 집행으로 판관비율이 2018년 대비 상승해 이익은 줄었다. 그러나 해외법인 매출액은 13.1%, 영업이익은 83.9% 증가하여 꾸준한 성장세를 보이고 있다.

2. 사업현황
1) 면류사업
　면 사업은 국민의 식생활에 있어 큰 비중을 차지하는 사업으로 수요가 안정되어 있어 내수 경기변동에 대해 비교적 비탄력적인 특성이 있다. 최근의 인구구조 및 생활패턴의 변화로 인해 전반적으로 국내 라면시장은 양적으로 저성장 추세를 보이고 세계 경기둔화로 해외 시장의 어려움이 있지만, 농심만의 프로모션과 제품력으로 꾸준한 매출 상승세를 유지 중이다.

2) 스낵사업

스낵 시장은 성숙시장으로 경기변동의 영향을 크게 받지 않는 안정적인 매출 추이를 보여주는 시장이다. 대체재의 증가 및 인구 구조 변화로 인한 주 소비층의 감소는 양적 성장의 주된 정체 요인으로 작용하고 있다.

3) 음료사업

음료 산업은 총수요는 안정적이나 유행이 매우 빠르고 신규 진입장벽이 낮아 경쟁이 대단히 치열한 시장이다. 최근 농심은 '백산수'의 더욱 적극적인 점유율 확대 전략을 기대해볼만 하며 해외 브랜드도 상승세 중이다.

3. 주요이슈

1) 소비자 입맛 당기는 '건면'

'불황에는 신제품이 발붙일 자리가 없다'는 것은 식품업계의 오랜 정설이었다. 얇아진 주머니에는 소비자 성향이 보수적이기 때문에 신제품이 살아남기가 어려워지기 때문이다. 하지만 신라면 건면은 불황 속에서도 불같이 팔리고 있다. 80여 개의 신상 라면 중 가장 좋은 성적을 기록하며 최고 히트 신제품으로 등극했다. 원인은 신라면 고유의 깊은 맛에 깔끔함까지 더한 것이다. 신라면 건면의 선전에 해외 수출길도 열렸다. 이어 최근엔 일본 업체를 바짝 추격하고 있다. 신라면 건면의 흥행은 짜왕 건면으로도 이어졌다. 농심은 지난해엔 신라면 건면이었다면 올해는 짜왕 건면으로 건면 열풍을 이어간다는 계획을 세웠다.

2) 해외인기, 국내외 공장 증설

농심이 해외시장에서 인기를 끌며 생산 시설 확장에 나서고 있다. 이미 미국에 두 번째 공장을 짓기로 발표했다. 이는 기존 공장의 생산량이 포화상태에 이르렀다는 판단 때문이다. 또한, 제2 공장은 남미 시장 공략에서도 중요한 역할을 할 것으로 기대된다. 새로운 공장은 봉지라면, 용기라면, 건면, 생면 생산라인 등이 설치된다. 농심이 해외에 건면과 생면 생산라인을 구축하는 것은 이번이 처음이다.

4. 향후예상

2020년에도 식품업계 불황이 계속될 것으로 점쳐지고 있는 가운데 농심은 신사업으로 돌파구를 마련할 것으로 보인다. 농심은 건면 시리즈를 통해 라면 시장 점유율 확보에 나서는 동시에 생수, 라면, 스낵을 중심으로 한 글로벌 진출도 추진할 예정이다. 이를 위해 해외 공장을 증설이 추진되었으며, 증설과 동시에 남미 시장 공략에도 가속화할 방침이다. 떨어진 라면시장 점유율을 작년 흥행했던 신라면 건면을 시작으로 건면 시리즈 출시로 끌어올린다는 계획이다.

생수 전쟁도 치열하다. 1인 가구 증가와 온라인 시장 성장으로 정기배송 등 경쟁이 치열해졌다. 이에 농심은 지난 10년간의 노력을 통해 자체 개발한 첫 먹는샘물 브랜드인 '백산수'를 소비자에게 선보이며 큰 규모로 물류센터를 가동하고 있다. 물 맛 그대로 소비자들에게 제공하기 위해 취수부터 포장까지 모든 과정을 현지에서 완성할 수 있는 최상의 공정을 구현했으며 농심만의 체계적인 유통망을 바탕으로 물류 단가를 최대한 낮췄다. 현재 농심은 신라면 다음으로 백산수를 필두로 중국시장에서 사업을 전개해갈 예정이다. 중국 수질을 믿지 못하는 중국인이 늘면서 시장 가능성을 본 것이다. 중국에 공장을 세우고 백산수를 현지에서 판매 중이다. 농심은 2025년까지 중국에서 백산수의 매출을 5,000억원까지 올릴 계획이다.

참고자료

- 서울경제 2019.11.14 농심, 매출 늘었지만 영업익 14.5% 감소…美 매출 증가는 다행
- 서울경제 2020.01.27 기름 쏙 뺐더니…펄펄 끓는 건면
- 글로벌비즈 2020.01.26 농심·삼양, 한국라면 해외인기에 국내외 공장 증설잇따라
- 일요서울 2020.01.03 생수 업계는 지금 초저가 '물 전쟁'
- CEO스코어데일리 2020.01.15 신동원 농심 대표, 신사업으로 식품산업 불황파고 넘을까

롯데칠성음료

1. 재무현황

(단위 : 억원)

구분	2016년	2017년	2018년	2019년 3Q 누적
매출액	22,642	22,793	23,462	12,523
영업이익	1,463	754	849	655

*2018년에는 2017년도에 비해 수출량과 수출 금액(132,949백만원 -〉 115,301 백만원)이 다소 감소했지만 2019년에 다시 회복세를 보이고 있다. 내수 시장에서는 2017년부터 판매량은 물론 금액이 지속적으로 증가하고 있다.

매년 매출의 0.26~0.3%에 해당하는 금액을 연구개발비용으로 투자하고 있으며, 이와 별개로 Del Monte Fresh Produce Company 등과 기술도입 계약을 체결하여 매출액의 1.10%~3.00%를 대가로 지급하고 있다.

내수시장에서 2019년 2분기 기준 음료부문 시장 점유율은 40%이며, 외적으로도 매출과 점유율을 강화하고 있다. (러시아 대형 신유통업체 신규입점, 파키스탄 시장 신규 진출, 필리핀 펩시 및 미얀마 자회사 경영 안정화)

2. 사업현황

1) 음료제조판매(67.4%)

탄산음료(칠성사이다 등), 주스(델몬트), 커피(레쓰비), 다류(실론티), 먹는샘물(아이시스) 및 기타(2%부족 등)의 음료용 제품을 판매하고 있으며 그 중 탄산음료의 비율이 가장 높다.

국내 6개의 음료 공장(안성, 오포, 대전, 양산, 광주, 안성2)을 운영하고 있으며 2018년 연간 생산능력은 20,162억원이다.

2) 주류제조판매(32.6%)

처음처럼, 클라우드 외 음용 제품 또한 판매 중이다. 국내에 강릉, 청주, 군산, 경산, 부평, 충주 등 주류부문 공장을 운영하고 있으며 연간 790,187㎘의 생산능력을 갖고 있다.

3) 질적 성장을 위한 카테고리 강화, 신규 시장 창출

대내외적으로 시장이 위축된 상황에서 롯데칠성음료는 지속적인 원가절감 활동으로 질적 성장의 기반을 다짐과 동시에 소비자의 부담을 줄이기 위한 노력을 이어가고 있다. 또한, 폭넓은 소비자의 연령대와 다양한 타겟층의 니즈를 충족시키기 위해 기존 카테고리 제품을 강화함과 동시에 신규 시장 창출, 용량의 다양화, 신용기 제품 등 지속적인 제품력 향상을 통해 양적 성장 또한 실현하고자 한다. 수출의 경우에도 신규 채널 확대 및 마케팅 활동 강화 등을 통해 주요 국가들의 시장을 안정적으로 구축함과 동시에, 지역별 특성과 소비자 니즈에 맞춘 다양한 제품군을 제공하여 신규 개척 국가를 확대하는 등 매출 규모를 키워나가며 글로벌 시장 내 입지를 강화시키고 있다.

3. 주요이슈

1) 펩시콜라 필리핀 지분 취득

롯데칠성음료가 펩시콜라 필리핀 지분 27.16%를 취득하기로 결정했다. 이번 지분 취득으로 인해 필리핀 음료 사업 강화 및 경영권 확보가 가능해졌다.

2) 음료 의존도 심화, 비주류로 전락하는 주류

롯데칠성음료의 판매 품목 가운데 전년 보다 매출액이 감소한 것은 주류가 유일하다. 작년 3분기까지 주스를 제외하고 탄산음료와 커피, 먹는샘물 등 음료 제품들은 매출액이 증가했다. 반면 지난해 3분기까지 5,670억원의 매출을 올렸던 주류는 올해 동기 5,626억원의 실적을 달성하는 데 그쳤다. 주류의 핵심 주종인 소주와 맥주 모두 대외적 돌발 악재와 경쟁사의 신제품 등장으로 인해 고전을 면치 못했다. '처음처럼'은 일본과 관련이 깊다는 소문이 인터넷상에서 번지면서 반일 운

동에 직면했고, '클라우드'는 하이트진로 '테라'의 돌풍 속에서 조용한 한 해를 보내
야 했다.

3) 칠성몰 리뉴얼

리뉴얼된 칠성몰은 '7개의 별을 만나다'라는 콘셉트와 함께 7개의 소비자 친화
적인 핵심 카테고리로 구성됐다. 브랜드 콘셉트, 개발 배경, 이색 레시피 등 소비
자에게 유용한 정보로 채워졌다. 원하는 날에 집 앞까지 생수, 트레비 등을 배송해
주는 정기배송 서비스, 갓 생산해 7일 이내 배송해 주는 싱싱마켓, 모바일에서 자
주 구매하는 상품 및 결제정보를 등록하면 빠르게 주문할 수 있는 원클릭 서비스
등이 있다.

4. 향후예상
1) 물 전쟁

1인 가구가 늘고 배송시장 규모가 커지면서 물 전쟁이 치열해지고 있다. 현재
70여 개가 넘는 제조사가 300여 개의 제품을 판매 중이다. 지난해 식품 소매점에
유통되는 음료 제품 중 생수가 판매량 부문에서 1위를 차지하며, 2015년과 2018년
을 판매량 기준으로 비교해 볼 때 탄산수는 10%, 커피는 24% 성장한 것에 비해 생
수는 37% 증가하며 꾸준히 성장세를 보인다.

대형마트들이 초저가 생수 전쟁에 뛰어든 것도 온라인 쇼핑몰에 빼앗긴 주도권
을 되찾기 위한 전략이다. 쿠팡, 티몬 등 이커머스 업체들은 유통단계를 줄인 자체
브랜드로 가격을 낮췄고, 무거운 생수를 집 앞까지 배달해 주는 시스템을 통해 소
비자들을 끌어모았다. 1인 가구의 입장에선 생수의 오프라인 구매보다 온라인 구
매가 편의성 측면에서 뛰어나다고 생각한다. 올해 롯데칠성음료는 '칠성몰'을 새로
단장하여, 원하는 날에 집 앞까지 생수, 트레비 등을 배송해주 정기배송 서비스를
운영하고 있다. 하지만 이미 이커머스에서 운영하고 있는 서비스이기에, 차별점을
두어야 한다고 생각한다.

참고자료

- 서울경제 2020.01.17 "롯데칠성음료, 펩시콜라 필리핀 지분 취득…'필리핀 내 음료 사업 확대'"
- 이투데이 2019.12.16 "롯데칠성음료, 탄산음료 덕에 웃는다 "
- 뉴데일리 2019.11.19 "롯데칠성음료, 7년만에 온라인 공식몰 '칠성몰' 새 단장"
- 일요서울 2020.01.03 "생수 업계는 지금 초저가 '물 전쟁'"

빙그레

1. 재무현황

(단위 : 억원)

구분	2016년	2017년	2018년	2019년 3Q 누적
매출액	7,702	8,147	8,552	6,912
영업이익	372	347	393	472

2. 사업현황

유가공 단일 부문으로 구성되어 있으며, 온도대별로 냉장품목 군과 냉동 및 기타품목 군으로 이루어져 있다.

1) 우유 및 유음료 등 냉장식품(62.60%)

단지형 용기로 유명한 '바나나맛 우유', 떠먹는 요구르트 '요플레', 커피음료 브랜드 '아카페라', 프리미엄 냉장 주스 '따옴' 등이 있다. 특히 '바나나맛 우유'는 2017년 4월 체험형 테마카페인 '옐로우 카페 제주점'을 오픈하였고, 2018년 '세상에 없던 우유 시리즈'를 출시하여 소비자들의 폭넓은 경험의 기회를 제공하고 있다.

2) 아이스크림 등 냉동식품 및 기타(37.40%)

국내 최초로 원유를 사용한 '투게더', 바타입 제품인 '더위사냥', '메로나', '비비빅', 프로즌 요거트 제품인 '요맘때', 제과 타입 제품인 '붕어싸만코', 펜슬바 타입 제품인 '더위사냥', 콘 타입 제품인 '슈퍼콘' 등이 있다.

3) 신규사업

미국 '하와이안 호스트'와 제휴하여 초콜릿 시장에 진출 중이다. 기타 품목으로 스낵, 제과 부문에서도 '꽃게랑', '뽀로로와 친구들 요구르트 젤리', '곤약젤리' 등을 출시하며 펫푸드, B2B(소프트랩-숍인숍 형태 커피숍의 아이스크림 납품-과 생크림 사업) 등 다양한 시장에 진출하고 있다. 브라질, 중국, 미국 3개의 해외 법인이 있으며 미주지역 및 러시아, 북아메리카, 남아메리카, 동남아 지역 곳곳에 판매를 확대하고 있다. (홍콩, 대만, 싱가폴, 과테말라, 캐나다 등)

3. 주요이슈

1) '올 때 메로나 튜브' 출시와 해외시장 진출 진행

대표 빙과 제품인 메로나 브랜드를 활용해 사각 형태를 적용하여 튜브 아이스크림을 개발했다. 2019년 3월까지 누적 판매 700만 개를 돌파했으며, 2019년부터는 중국을 시작으로 해외시장 진출 또한 활발하게 진행되고 있다. 이에 더해 사각 형태를 적용하며 성형성, 유통환경, 취식 편의성 등을 고려해 설계한 점에서 미래 패키징 신기술 정부포상 시상식에서 수상하는 쾌거도 이루었다.

2) 브라질 시장 뒷걸음질

브라질 시장에서 그동안의 성과와는 다르게 2018년부터 적자 전환을 했다. 빙그레가 보유한 해외 종속법인 중 가장 오래됐지만 매출 규모가 작은 데다 안정적 수익을 내지 못하였고 최근 몇 년간의 브라질 경기와 불안정한 환율이 메로나의 가격경쟁력에 악영향을 미친 것으로 판단된다.

3) 원재료 가격 변동(2017년 kg당 1,054원, 18년 1,059원, 19년 1,068원)

빙그레 상품의 원재료인 원유는 국내 산지 직접 조달과 낙농진흥회를 통한 구매로 조달하고 있다. 2018년, 5년 만에 낙농진흥회는 원유 기본 가격을 리터당 4원 올려 책정했다. (유업계 측 4원만 인상: 유업체 부담 호소, 생산자 측 5원 인상 요구: 물가 상승과 사료비 인상 등 농가 어려움 호소 및 매년 우유 생산비의 상승폭에 따라 가격이 결정되는 제도인 원유 가격연동제 기본 원칙 준수) 이에 따라 빙그레의 생산원가가 상승하게 되어 바나나맛 우유 제품 가격도 6년 만에 불가피하게 올랐다. (2019년 2월부터 편의점 기준 개당 1,300원에서 1,400원으로 인상)

4) 사업 다각화

2017년부터 사업 다각화에 나섰다. 2017년 HMR 브랜드인 '헬로 빙그레', 2018

년 반려동물 식품 브랜드 '에버그로'를 출시했다. 또한 2019년 '비바시티'라는 브랜드로 2030여성을 대상으로 한 건강식품 기능을 출시했다.

5) 백종원을 모델로, 바나나맛우유 응용한 '마이 테이스트' 캠페인

2019년 5월, '마이 테스트' 캠페인을 통해 백종원 씨가 모델로 나오는 공식 유튜브 영상에서 바나나맛 우유를 이용한 라떼, 팬케이크, 푸딩, 셰이크를 만드는 법 등을 소개한다. 해당 레시피는 백종원 씨가 직접 조리해보고 보완해 맛을 보장할 수 있는 방법이다. 이는 자신의 입맛에 맞게 새로운 레시피를 개발해내는 2030세대의 트렌드를 반영한 것이다.

6) 브랜드 경쟁력 강화를 위한 다양한 기업과의 제휴

빙그레는 세계적 기업 유니레버와 함께 프리미엄 아이스크림 시장 확대를 하고 있다. 2017년 1월부터 유니레버의 프리미엄 아이스크림 매그넘과 코네토 제품을 자사 영업 조직과 채널을 통해 본격 판매하고 있다. 또한 사업 다각화를 목표로 2016년 11월 3일 미국의 마카다미아 초콜릿 제조업체인 하와이안 호스트(Hawaiian Host)와 국내 유통에 대한 계약을 체결하고 판매를 개시했다.

4. 향후예상
1) 가격 정찰제 확대

빙그레는 2018년에 일부 품목에 대해 빙과업체들과 가격 정찰제를 도입했다. 이전까지의 아이스크림 가격은 판매가와 유통 마진을 위해 출고가를 역으로 조절하는 구조였기에, 가격 책정 권한이 유통 업체에게 있었고 빙과 업체들은 출고가를 내려 제품 가격을 맞춰야 했다. 소매가격 편차가 크자 소비자들의 불신 또한 심화되었고 지나친 할인으로 수익성이 떨어지기도 했다. 빙그레는 원가 비중이 높아 적자 규모가 큰 카톤 아이스크림을 대상으로 먼저 추진하였으며, 내년부터는 붕어싸만코와 빵또아 등 다른 제품군으로 확대할 계획이다. (정찰제 도입으로 2012년 3,100억원이던 빙과 매출액이 6년 만에 3,185억원으로 9%가량 증가하며 회복했다.) 현재까지 80% 정도의 제품이 정찰제 도입 하에 있고 앞으로 비중을 늘릴 전망이다.

2) 빙과 시장 규모 감소 등 아이스크림 시장 변화

2018년 국내 아이스크림 시장 규모는 1조 3,797억원으로 2017년 대비 약 18.1% 축소됐다. 커피 전문점이 늘면서 아이스커피, 빙수 등 아이스크림을 대체할 상품이 급격하게 증가했기 때문이다. 여름 폭염으로 빙과 실적이 호조이긴 하지만 커피 시장 규모가 빠르게 확대하면서 여름철 의존도 또한 낮아지고 있는 추세다. 이에 더해 생수와 같은 음료 시장 확대도 아이스크림 시장 감소에 영향을 주었다는 분석이 있다. 유기농, 친환경 트렌드가 확산되면서 단맛이 강한 아이스크림이나 합성첨가물이 든 음료 대신 무색, 무미, 무취의 생수나 칼로리는 없지만 청량감을 주는 탄산수를 찾는 소비자가 늘고 있다는 것이다. 빙과 시장이 지속적으로 축소하고 있기에 계절에 따른 수익에 의존하기 보다 본질적으로 사업 구조를 개선하는 것이 중요할 것이다.

3) HMR 등 1코노미 관련 사업 확대

2017년부터 빙그레는 '헬로 빙그레'라는 HMR 브랜드를 출시했다. 출시 초반부터 5만 개 이상 판매되었으며, 빙그레는 '1코노미'를 공략하여 HMR을 더욱 확대해나갈 계획이다. HMR에 더해 투게더와 같이 대용량 제품에 대해 1인용 디저트로 즐길 수 있도록 기존 제품 대비 8분의 1 용량의 투게더 시그니처를 출시했으며, 벨코리아와 업무협약을 통해 '끼리'를 넣은 투게더 시그니처 또한 선보였다. 원재료 고급화와 디저트 열풍에 힘입어 지속적인 매출 성장을 기대하고 있다.

4) 해외 시장 확대

K-food가 트렌드로 잡혀가고 있는 만큼 빙그레도 이 기회를 잘 잡아야 한다고 생각한다. 특히 내수가 부진한 반면 해외 법인의 실적은 꾸준히 개선되고 있다. 2019년 3분기 누적 기준 해외 법인 실적은 매출 383억원, 순이익 44억원을 기록했는데 이는 지난해 동기 매출 306억원, 순이익 31억원을 낸 것에 비해 매출 25%, 순이익 39% 늘어난 수치이다. 그렇기 때문에 해외 진출에 더욱 적극적일 필요가 있다. 빙그레는 현재 브라질, 중국, 미국에 현지법인을 가지고 있고, 태국, 필리핀, 캄보디아, 말레이시아 등의 지역에도 수출하고 있다. 올해 상반기 베트남 법인 활

동을 개시하고 이를 토대로 동남아 시장 진출을 확대할 것이다. 베트남에서 안정적으로 자리를 잡은 후 차례로 동남아시아로 진출해 내수 위주의 포트폴리오를 재편할 계획이라고 한다.

참고자료

- 뉴스웨이 2019.09.06 빙그레, 해외서 돌파구 찾는다…美법인 실적 '껑충'
- 더벨 2018.10.12 빙그레, '다각화 호기' 빙과 · 제과업계 첫 진출
- 아시아경제 2018.12.07 연말까지 이어진 원유값 인상 쓰나미…빙그레 '바나나맛 우유'도 동참(종합)
- 한국NGO신문 2019.07.26 빙과의 전설 빙그레 메로나, 새 옷 갈아입고 세계로 '훨훨'
- 시장경제 2019.11.07 번번히 무산된 '아이스크림 정찰제'…빙그레 총대 맨다
- 헤럴드경제 2017.09.04 커피에 치이고 빙수에 데이고…쪼그라든 아이스크림 시장
- CEO스코어데일리 2019.12.09 빙그레, 내수 부진에 새 활로 개척…1년 새 해외 법인 순이익 39% 증가
- 조선비즈 2017.11.08 빙그레, '헬로 빙그레' 볶음밥 5종 신규 출시
- 아이뉴스24 2019.04.10 "브랜드 경쟁력 강화" 김호연 빙그레 회장 다양한 기업과 제휴 나서
- 한국경제신문 2019.05.09 백종원, 바나나맛우유로 OOO까지 만든다…유튜브 공개

오뚜기

1. 재무현황

(단위 : 억원)

구분	2016년	2017년	2018년	2019년 3Q 누적
매출액	20,107	21,262	22,468	17,608
영업이익	1,425	1,461	1,517	1,273

당사의 2019년 당 분기 매출액은 17,608억원을 달성하여 전년 동기 16,822억원 (K-IFRS 연결기준) 대비 4.67% 증가하였고, 당기순이익은 868억원으로 전년 동기 1,435억원(K-IFRS 연결기준) 대비 39.51% 감소하였다.

맞벌이 등 독신세대의 증가로 간편하고 편리함을 추구하는 소비자의 니즈에 부합하는 제품의 개발 및 건강을 지향하는 소비 트렌드에 맞춰 오뚜기는 당 함량이 낮은 제품을 출시하여 시장 경쟁력을 확보하고 있다. 또한 다양한 업소의 요구에 맞게 다품종 소량생산 체계를 구축하여 차별화된 업소 전용 제품을 생산 및 납품하는 등 매출 신장에 앞장서고 있다.

2. 사업현황

1) 국내 HMR 시장 성장에 따른 신제품 개발 주력

맞벌이 등 독신세대의 증가 영향으로 차별화된 식품 소비 욕구가 늘면서 국내 HMR 시장이 앞으로 더욱 성장할 것으로 보인다. 오뚜기는 3분 요리 시리즈를 시작으로 냉장, 냉동식품 등을 출시했으며 전체적으로 높은 시장 점유율을 가지고 있다.

2) 유통채널 다각화 및 신제품 개발 주력

현재까지는 대형마트 판매량 비중이 높지만, 대형 슈퍼나 온라인 등 다른 유통 채널에서의 판매량도 지속적으로 성장하고 있다. 따라서 유통채널 다각화를 통한 성장도 함께 예측되며 최근 유통 업체와 온라인 간의 협업이 기대되고 있다. 실제로 '오뚜기 미역초 비빔면'은 온라인에서 먼저 판매한 후 오프라인으로 판로를 확대하여 2019 여름 히트 상품으로 자리매김할 수 있었다. 또한 '와사비 진짜 쫄면', '렌지에 돌려먹는 생선구이 3종' 등 신제품을 지속적으로 개발해 회사의 경쟁력을 키워나가고 있다.

3. 주요이슈

1) 베트남 라면공장 발판으로 동남아로 라면 공략 확대

오뚜기는 동남아 라면시장을 넓히는데 속도를 내고 있다. 현지화 전략으로 성과를 낸 라면공장을 생산 허브로 삼아 올해 대만, 태국, 말레이시아 등 아세안 시장을 공략할 예정이다. 오뚜기가 아세안 라면시장 진출에 적극적으로 뛰어드는 것은 다른 경쟁 기업들보다 내수 매출 비중이 높아 해외시장에서 돌파구를 찾아야 하기 때문이다. 베트남 라면공장을 생산허브로 활용하면 현지 입맛에 맞는 제품을 동남아시아 시장에 빠르게 공급할 수 있을 것으로 기대하고 있다.

2) 오뚜기 '채황', 영국 비건협회 인증 획득

지난해 11월 출시한 채소라면 '채황'이 영국 비건 협회에서 비건 인증을 받았다. '채황'은 채식주의자도 먹을 수 있는 라면으로 소비자들에게 큰 사랑을 받고 있다. 영국 비건 협회 인증 획득으로 채식 트렌드를 이끄는 제품이 될 것으로 기대하고 있다.

3) HMR의 확산으로 냉동피자 시장 확대

오뚜기는 한판에 4,980원이라는 파격적인 저가 전략을 내세우며 냉동피자 시장을 개척했다. 간편함을 추구하는 1-2인 가구 증가와 가성비를 중시하는 젊은 층의 소비성향을 겨냥한 것으로 보인다. 글로벌 냉동 피자의 시장규모가 5조원에 달하며 향후 냉동 HMR이 폭발적으로 지속성장할 것으로 예상된다. 오뚜기는 국내 냉동 피자 시장 점유율 50%를 기록하며 1위를 차지하고 있으며, 최근 저온 숙성 반죽과 자연 치즈를 내세운 '오뚜기 피자'를 리뉴얼 출시하며 1위 지키기에 집중하고 있다.

4. 향후예상

1) 오뚜기 중앙연구소 연구개발비 투자 확대

오뚜기 중앙연구소는 '자연과 함께 맛으로 행복한 세상'이라는 슬로건 아래 제조 단계에서 환경영향을 최소화할 수 있는 제품 설계 및 사용 단계에서 탄소 배출을 줄일 수 있는 조리법 연구를 진행 중이다. 2018년 4월 400억원 이상을 투자해 중앙연구소를 기존의 4배 이상 면적으로 증축하는 공사에 들어갔다. 2020년 초에 문을 열게 될 신축 연구소에서는 HMR 중심으로 다양한 연구들이 이뤄질 예정이다.

2) 라면의 고급화

HMR 트렌드로 인해 한 끼 대용 식사의 대명사였던 라면 시장이 위축되고 있다. 따라서 오뚜기는 '면'의 고급화를 통해 간편하면서도 한 끼를 제대로 먹자는 소비자의 요구를 만족시키기 위해 노력하고 있다. '진짜 쫄면', '쇠고기 미역국 라면'등 고급화 제품을 지속적으로 선보이면서 국내 라면시장의 활기를 되찾는데 일조할 것으로 기대하고 있다.

참고자료

- 비즈니스포스트 2020.01.17 오뚜기, 베트남 라면공장 발판으로 동남아로 라면 공략 확대
- 시장경제신문 2020.01.15 다시 불붙은 냉동피자 전쟁... 오뚜기 독주 속 CJ · 풀무원 맹추격
- 푸드뉴스 2019.12.27 오뚜기, 채소라면 '채황' 英비건협회 인증받아
- 한겨레신문 2019.10.24 50년 식품외길 오뚜기, 간편식 원조 명성 이어간다
- 더벨 2018.07.17 오뚜기, R&D · 지배구조개편 '훈풍 부나'

현대그린푸드

1. 재무현황

(단위 : 억원)

구분	2016년	2017년	2018년	2019년 3Q 누적
매출액	25,217	25,340	32,517	23,306
영업이익	1,052	871	1,372	850

현대그린푸드의 수익성은 동종업종 내 상위 18%로 높은 편이다. 영업이익률은 2018년 기준 4.6%로 동종업계 평균인 2.9%보다 높다. 매출액 순이익률은 2017년 대비 소폭 하락했으나 동종업계 평균보다 높은 편으로, 양호한 수익성을 보였다. 2019년 2분기 매출은 2018년 같은 기간보다 3.8% 줄어든 7,608억원, 영업이익은 34.4% 감소한 281억원이다. 1분기에 이어 주요 자회사인 현대리바트와 에버다임 등의 실적이 국내 건설경기 불황 여파로 부진했던 점이 주 요인으로 보인다. 반면 주력 사업인 푸드서비스 · 식재 · 유통부문의 합산 영업이익은 190억원으로 전년 동기 대비 17.3% 증가하며 예상치를 상회했고, 1분기보다 개선된 모습을 보였다. 주요 자회사의 영업환경 개선을 낙관하긴 어렵지만 핵심 사업 실적이 견조하고 부진한 외식경기 속에서도 매장 수가 늘어 본업 영업환경은 개선되고 있다.

2. 사업현황

1) 급식사업

오피스, 공장, 병원 등 국내 500여 개 사업장에서 하루 약 50만 식 이상의 식사를 책임지고 있다. UAE, 쿠웨이트, 멕시코, 중국 등 4개국 50여 개의 해외 사업장에서 하루 약 10만 식의 식사를 제공하고 있다.

2) 리테일 사업

현대백화점식품관, 직영 슈퍼, 편의점, 홈쇼핑, 온라인몰(더현대닷컴, hmall 등) 채널에서 차별화된 B2C 식품 유통 서비스를 제공하고 있다. 19개의 현대백화점

식품관과 13개의 슈퍼, 편의점을 운영하고 있다.

3) 식자재 유통 사업

로컬 농축수산물과 다양한 가공식품, 차별화된 Global MD 등 식자재를 비롯한 다양한 상품을 취급한다. 전 세계 1,600개의 협력사 네트워크를 통해 농, 수, 축산품과 가공 상품을 소싱 한다. 또한 선진화된 유통시스템을 통해 900개의 고객사별 맞춤형 상품을 합리적 가격에 공급하고 있다.

4) 외식 사업

파인다이닝, 베이커리, 푸드코트, 연회 서비스 등 다양한 외식 브랜드를 보유하고 있으며, 현대백화점 식품관에서 로드샵으로 영역을 확장하고 있다. 77개의 매장과 21개의 브랜드 수를 보유하고 있다.

3. 주요이슈

1) HMR 식품 증가

1인 가구 증가에 따른 HMR 식품 증가가 기대된다. 그뿐만 아니라 고령화 사회에 접어들며 연화식 제품도 인기를 끌 것으로 예상된다. 현대그린푸드는 연화식 제품 또한 HMR로 제공 중이다. 단순 편리함을 넘어서, 맛과 건강이 모두 충족되는 고품질 제품에 대해 끊임없이 개발 중이다.

2) 에어프라이어 조리 대세

이제 대부분의 냉동식품 뒷면에는 에어프라이어 조리법이 기재되어 있다. 에어프라이어 보급률은 40%로, 에어프라이어 전용 냉동 식품도 늘고 있는 추세이다. 에어프라이어 역시 사용법이 간편하며 기름이 아래로 빠져 비교적 건강하게 먹을 수 있다는 것이 특장점이다. 이처럼 조리가 편리하면서도 건강한 음식에 대한 갈증을 기저로, 배달과 온라인 앱도 발달하고 있다.

4. 향후예상

1) 온라인 사업 강화

마켓컬리, CJ 더 마켓 등 식품 업계의 e-commerce 진출이 필수처럼 되어버린 요즘이다. 현대그린푸드도 더현대닷컴 '산지 스토리관'을 확대 운영할 예정이다. '산지 스토리관'은 현대그린푸드가 발굴한 전국 각 지역의 우수 농수산식품과 전통식품, 해외 우수 유기농 공산품 등을 온라인몰을 통해 편리하게 구매할 수 있다는 특징을 가지고 있다. 실제로 산지 스토리관는 2016년 3월 오픈 이후 매년 평균 60%의 매출 증가세를 기록하는 등 큰 인기를 끌고 있다.

2) 프리미엄 단체급식

최근 구내식당에 대한 수요는 계속해서 증가하고 있다. 이와 더불어 전문 영양사가 제공하는 식단을 통해 건강해질 수 있다는 인식이 직장인들 사이에 퍼지며 단체급식부문의 실적 호조가 지속되고 있다. 또 하나의 화제인 근무환경 개선의 측면과도 맞물려 철저한 위생안전 관리와 건강을 생각한 프리미엄 급식을 요구하는 소비자들의 니즈는 지속적으로 증가될 전망이다.

참고자료

- 뉴시스 2019.05.20 현대그린푸드, '산지스토리관' 확대…온라인 식품사업 강화
- 대한급식신문 2020.01.27 올해도 '비용 절감'이 핵심

CJ제일제당

1. 재무현황

(단위 : 억원)

구분	2016년	2017년	2018년	2019년(E)
매출액	145,633	164,772	186,701	223,437
영업이익	8,436	7,766	8,327	8,202

　CJ제일제당은 2019년 상반기 어닝쇼크 이후 재무구조 개선에 힘쓰며 2018년 영업이익인 8천억원대를 유지했다. 2019년 4분기 매출과 영업이익이 크게 증가하며 재무구조 안정화를 이끌었다. CJ제일제당은 수년간 국내외 기업의 M&A와 대대적인 마케팅 등 외형 확장을 위한 공격적인 경영 때문에 재무 건전성이 급속히 악화됐다. 이에 CJ그룹은 지난해 하반기 비상경영을 선포하고 경영 기조를 양적 성장에서 질적 성장, 수익성, 현금 흐름으로 전환했다. 서울 가양동 토지와 건물, 구로공장, 인재원 등 주요 자산을 매각하고 유동화해 1조 1천억원 이상의 유동성을 확보했다. 또한, 차입금 축소와 수익성 개선을 위한 움직임을 보였다. 이에 더해 가공식품 수익성 회복 노력과 생물자원, 바이오 부문에서의 실적 개선이 큰 영향을 미친 것으로 보인다.

2. 사업현황
1) 식품 사업
　CJ제일제당 식품사업은 1953년 대한민국 최초의 설탕 제조업에서 시작됐다. 세부적인 사업분야로는 가정간편식 사업, 육/수산식품 사업, 조미소스 사업, 건강식품/홍삼음료 사업, 스위트너/제분/유지 사업, 김/디저트/스낵 사업이 있다.

2) BIO 사업
　바이오 사업에서는 글로벌 6개국 11개 공장, 37개국 판매 네트워크를 가지고 있다. 이를 바탕으로 라 이신, 트립토판, 핵산, 발린, SPC(Soy Protein Concentrate,

농축 콩단백)의 글로벌 시장 점유율 1위 기업이 된다. 2016년 하이더 인수를 통한 식품용 아미노산 사업의 확장, 2017년 브라질 셀렉타 인수를 통한 식물성 고단백 사업 확장을 추진하는 등 글로벌 바이오 기업으로의 확장을 하고 있다. 매출액도 그만큼 크게 차지하고 있다. 2018년 기준 약 4.9조원의 매출 현황을 보여주고 있다.

3. 주요이슈

1) 냉장 햄 평균 9.7% 가격 인상 - ASF 장기화 여파

냉장 햄 가격을 인상하는 것은 2014년 6월 이후 5년여 만이다. 냉장 햄에 사용되는 미국산 앞다리 살과 베이컨의 주원료인 유럽산 삼겹살 시세는 2015년 대비 각각 25%와 42% 상승했다. 세계 최대 돼지고기 소비국인 중국이 사육 두수 급감으로 수입량을 늘리면서 도미노처럼 전 세계 돼지가격이 상승했기 때문이다. CJ제일제당은 ASF로 인한 소비심리 위축 등으로 반등의 기회를 찾지 못하는 국내산 돼지가격 안정 차원에서 국내산 구매를 지속 확대하고 있다. 지난해에도 농협과 MOU 등을 체결해 전년 대비 20%가량 국산 돼지고기 수매량을 늘린 바 있다. CJ제일제당 관계자는 "글로벌 아프리카 돼지열병(ASF) 장기화로 수입 원료육 가격 상승세가 지속돼 20% 이상 인상이 불가피하다"라며 "소비자 부담과 물가 영향을 고려해 인상률을 최소화하고 시점도 설 연휴 이후로 늦춘 것"이라고 밝혔다.

2) 그린 바이오 1위 노린다

CJ제일제당이 세계 최대 규모 핵산 시장인 중국을 제패하고 글로벌 No.1 그린 바이오 기업을 향해 속도를 내고 있다. CJ제일제당은 연간 4천억원 이상으로 추정되는 글로벌 핵산 시장의 약 2/3를 차지하는 중국에서 압도적 경쟁력을 바탕으로 시장 1위 공급자 지위를 확보하는 한편 글로벌 시장에서도 60% 이상의 시장점유율(생산량 기준)로 명실공히 1위에 올라있다. 이처럼 글로벌 핵산 시장 1위에 오른데에는 지속적이고 선제적인 투자로 확보한 고도의 연구개발(R&D) 역량을 기반으로 품질과 원가경쟁력을 동시에 갖춘 것이 주효했다는 평가다.

중국 핵산 시장에서 CJ제일제당의 핵산 제품은 차별화된 제품 경쟁력뿐 아니라 기업 간 거래(B2B)가 대부분인 사업의 특성을 고려해 '맞춤형 솔루션'도 제공하고 있다. 핵산 제품만을 제공하는 '제품 마케팅'에 주력하는 중국 내 다른 핵산 업체들과 달리, 현지 고객사가 원하는 핵산 제품뿐 아니라 제품에 맞는 사용법, 레시피 등을 함께 제공하는 '기술 마케팅'을 통해 수요와 판매를 확대하고 있다. CJ제일제당 관계자는 "글로벌 핵산 시장 1위 기업이 될 수 있었던 핵심 요인은 고객이 원하는 품질수준보다 한 발 더 나아갈 수 있는 초격차 기술경쟁력"이라고 말하고, "앞으로 핵산 사업이 CJ제일제당이 글로벌 No.1 바이오 기업이 되는 데 기여할 수 있도록 노력할 것"이라고 말했다.

한편, 중국의 경기 회복과 함께 현지 식품산업이 대형화·고도화되는 추세를 보이며 핵심 원료인 핵산 수요가 지속적으로 증가할 것으로 기대되고 있다. 또한 대형 식품업체들의 핵산 수요 증가로 과거 가격 중심의 시장에서 안정적인 생산 및 공급 역량이 중요한 시장으로 변화하면서 글로벌 핵산 최대 공급사인 CJ제일제당의 역할이 더욱 중요해질 전망이다. CJ제일제당은 이 같은 시장 변화에 발맞춰 앞으로도 생산 기반 확대와 원가경쟁력 강화를 통해 시장 영향력을 극대화하는 데 주력할 계획이다.

3) 쉬완스 인수

CJ제일제당이 미국 냉동식품 전문 기업 '쉬완스 컴퍼니(Schwan's Company)'를 인수했다. 쉬완스 컴퍼니 인수로 CJ제일제당은 미국 전역에 걸친 식품 생산·유통 인프라 및 R&D 역량을 갖춘 'K-Food 확산 플랫폼'을 확보하게 되어 이재현 회장의 식품사업 철학인 '한국 식문화 세계화'를 실현할 기반을 갖추게 됐다. 미국 시장 전역을 아우르는 쉬완스 컴퍼니 인수로 CJ제일제당은 세계 최대 가공식품 시장인 북미를 본격 공략할 수 있는 추진력을 확보하게 됐다. 우선 CJ제일제당이 기존 캘리포니아와 뉴욕, 뉴저지, 오하이오 등 5곳에 보유한 생산기지가 4배 이상인 22개로 대폭 확대된다. 미국 전역을 아우르는 물류·유통·영업망도 동시에 확보된다. 이에 따라 코스트코 등 일부 대형 유통채널에 집중되어온 '비비고' 등 기존 CJ제일제당 브랜드 제품들이 북미 시장에 빠르게 확산될 수 있는 기반이 마련됐다. 실제로 CJ제일제당은 '비비고 만두'등으로 올해 미국 시장에서만 4,000억원에 가까운 매출이 예상된다. 기존 만두, 면 중심의 간편식 품목도 피자, 파이, 애피타이저 등 현지에서 대량 소비되는 카테고리로 확대되면서 향후 한식을 접목한 다양한 신제품 개발도 가능해질 전망이다. 한식의 맛으로 차별화한 다양한 아시안 푸드(Asian Food)로 식품사업 포트폴리오가 확장될 것으로 보인다. 장기적으로 캐나다, 멕시코 등 인근 국가로의 시장 확대도 기대할 수 있다.

4) 수출규제 및 한일 경제 갈등

7월 일본산 불매운동이 퍼지면서 햇반의 원산지 논란이 있었다. 극소량의 일본산 미강(쌀겨) 추출물이 함유된 사실이 알려지면서 0.1% 미만의 함량이었지만 불매운동의 대상이 되었다. 이에 따라 CJ제일제당이 햇반 미강 추출물 100% 국산화 추진을 가속화하고 있다. CJ제일제당은 지난해 9월 햇반 전용 국산 미강 추출물 기술 개발을 완료해 10월부터 오곡밥 제품에 시범 적용한 데 이어, 올해 1월부터는 잡곡밥과 흰밥 등 전체의 20% 물량에 적용했다고 6일 밝혔다. 올해 1분기 내에는 햇반 전체 물량의 50%까지 국산 미강 추출물 적용을 확대한다는 계획이다. 미강 추출물은 쌀겨에서 뽑아낸 식품 원료로, 밥의 맛과 향을 유지해주는 역할을 한다. 햇반은 99.9% 국산 쌀과 물만으로 만들어지는 제품으로 미강 추출물이 0.1% 미만 극소량 들어가는데, CJ제일제당은 수년간 미강 추출물 국산화를 위한 연구개발과 노력을 지속해 왔다. CJ제일제당은 국산 미강 추출물 제조업체 생산 규모 확대 일정에 맞춰 연내 100% 국산화를 완료해 나가겠다는 계획이다. 현재 생산업체의 햇반 전용 미강 추출물 생산능력은 햇반 연간 생산량에 못 미치는 상황이다. CJ제일제당 관계자는 "국산 미강 추출물 적용 후 햇반 만의 엄격한 맛과 품질 기준을 충족시키기 위한 보다 면밀한 검증 및 테스트 과정이 필수 였다"면서 "앞으로도 소비자들이 신뢰할 수 있는 제품 연구 및 기술 개발에 최선의 노력을 기울일 것"이라고 말했다.

4. 향후예상
1) 더 간편하면서, 더 건강한 먹거리

HMR 시장이 강세를 이어갈 것이다. 1인 가구는 갈수록 늘고, 65세 인구도 늘어난다. At에 따르면, 특히 오는 2022년에는 현재보다 40% 성장한 5조 원 규모에 이를 것으로 전망돼 향후 국내 가정간편식 시장은 상승세를 이어갈 것으로 분석된다. CJ제일제당은 고메 핫도그부터 비비고 반계탕까지 HMR 부문 1위부터 5위까지 상위권을 싹쓸이했다. 식품업계 글로벌 트렌드로는 서유럽/미국 시장의 경우 글루텐 프리, 락토프리 등 가급적 아무것도 첨가하지 않은 프리 프롬 식품이 대세이며, 아시아 시장 새로운 단백질원, 기능성 성분 첨가 제품 선호하는 추세이다.

2) R&D 1,105억원 투자

CJ제일제당은 기업 경쟁력 강화를 위해 식품, 바이오 등 전분야 연구개발을 지속하겠다는 계획이다. CJ제일제당은 올해 연구개발 성과로 △HMR(가정간편식) 국물요리 상품화 △HMR 조리냉동 상품화 △찬류 경쟁력 강화 △고메피자·생선구이 상품화 등을 제시했다. CJ제일제당은 올해 1분기부터 3분기까지 비비고 국물요리 '순대국', '돼지김치 콩비지찌개'(7월), 고메 치킨박스 4종(7월), 비비고 생선구이 3종(8월), 고메 사이드바이트 치즈볼(9월) 등 다양한 신제품을 내놨다. CJ제일제당은 향후 식품, 바이오 사업부문을 중심으로 꾸준히 R&D 투자를 지속해 사업 경쟁력을 확보하겠다는 방침이다. 특히 CJ제일제당은 올해 사료용 아미노산과 식품 조미소재 등이 포함된 바이오 사업 부문에 800억원의 R&D를 투자해 2023년까지 글로벌 1위 바이오 기업으로 도약하겠다는 목표를 세웠다. CJ제일제당은 그린 바이오(생물체 정보를 활용해 고부가가치 물질을 대량 생산) 사업에서 경쟁사들의 화학 공법과 다른 친환경 천연 발효 공법을 발전시켜 시장을 확대하겠다는 계획이다.

참고자료
- CEO 스코어 데일리 2020.01.20 'CJ제일제당, 냉장햄 평균 9.7% 가격 인상…ASF 장기화 여파'
- CEO 스코어 데일리 2019.12.26 'CJ제일제당, R&D 1105억원 투자…식음료 업계 독보적 1위'
- 연합인포맥스 2020.01.31 'CJ제일제당, 구조조정 효과 보나.. 작년 실적 선방할듯'

SPC삼립

1. 재무현황

(단위 : 억원)

구분	2016년	2017년	2018년	2019년 3Q 누적
매출액	18,703	20,655	22,009	24,282
영업이익	655	547	599	502

　19년 매출이 증가한 이유는 신선식품과 베이커리 사업이 성장했기 때문이다. 하지만 영업이익이 감소한 이유는 노동집약적인 식품산업 특성상 제조원가에서 인건비가 차지하는 비중이 높았기 때문이다.

2. 사업현황

1) 제빵사업 국내 시장 점유율 70%

　식빵, 샌드위치, 샐러드 등 세 가지 사업 매출이 각각 연 1,000억원대다. 2010년부터 달걀 가공 업체, 제분기업, 육가공 전문 기업 등을 인수하여 생산된 신선식품이 식품유통 자회사인 SPC GFS를 통해 유통된다. 더불어 컨세션 사업(철도/고속도로 휴게소 내 식음료 매장)은 김천, 전주 휴게소 등 5개를 보유하며 최근 국내 매출 2위인 가평휴게소의 사업권도 따냈다.

3. 주요이슈

1) 삼립호빵 매출급증, 역대 최대 매출 기대

　삼립호빵은 작년 동기 대비 매출이 10% 증가하며 역대 최대 매출을 기대하고 있다. 이는 다양한 신제품 출시와 온라인 채널 공략에 따른 것으로 분석하고 있다. 지역 특산물을 활용해 출시한 제품인 이천 쌀과 커스터드 크림을 넣고 만든 이천 쌀호빵, 순창고추장호빵, 씨앗호떡호빵 등이 특히 좋은 반응을 얻었다.

　소비자 라이프스타일 변화에 따라 배달시장과 온라인 채널을 적극 공략하여 배

민마켓에서 구매 가능한 배달의민족 협업제품인 'ㅎㅎ호빵'이 배달 문화 트렌드와 맞아떨어져 좋은 반응을 얻었다.

2) 신선편의식품 사업 매출 30% 이상 성장

SPC삼립의 신선 편의 식품 사업 실적이 빠르게 성장하고 있다. 샐러드, 가공 채소, 음료, 소스류 등을 생산하는 SPC프레쉬푸드팩토리의 매출이 전년대비 30% 성장했다. 최근 샐러드와 샌드위치 시장의 성장으로 삼립의 완제품 샐러드인 '피그 인더가든'의 매출이 증가하고 B2B 구매가 확대된 것이 매출 상승의 원인으로 분석된다.

3) 간편식 스토어 '시티델리' 론칭

작년 11월, 패스트 캐주얼 델리를 콘셉트로 가볍게 점심을 즐기는 직장인들을 고려하여 샌드위치 샐러드 등 테이크아웃 메뉴를 주력으로 판매하며 종로구 청진동에 오픈하였다. 이는 최근 1인 가구 비중이 증가하여 식생활이 변화함에 따라 간편식이 성장하여 SPC가 사업을 확대한 것으로 보인다.

4. 향후예상

1) 74년 제빵기술력으로 해외시장 공략

SPC그룹은 현재 중국, 미국, 프랑스, 베트남, 싱가포르 5개 국에서 430개의 해외 매장을 운영하고 있다. 작년 4월 싱가포르에 4개의 브랜드 매장을 동시에 열며 동남아시아 시장을 적극적으로 공략하고 있다. 올해에는 HSC 그룹을 통해 캄보디아에 진출할 것으로 예상된다. 캄보디아는 식음료 산업의 성장이 가파르기에 베트남과 싱가포르와의 시너지도 기대된다.

2) 제과제빵기업이 아닌 종합식품기업으로의 성장

SPC는 세계적 종합식품기업으로 성장하는 것이 장기적인 목표이다. 때문에 최근 양산 빵뿐만 아니라 신선 편의 식품(샐러드 매장), 가정간편식 시장에도 진출하고 있다. 실제 SPC삼립의 매출 절반이 이미 식품유통부문에서 사 오고 있어 앞으로가 더욱 기대된다.

참고자료

- Chosun Biz 2020.01.10 주요 식품업체 10곳, 작년 영업이익 증가율 2.7%에 그쳐
- 중앙일보 2019.09.05 내년이면 캄보디아도 '빠세권' 된다
- 뉴데일리경제 2019.12.26 SPC삼립, '삼립호빵' 매출 급증… 역대 최대 매출 기대
- 이데일리 2019.11.18 SPC삼립, 레스토랑·편의점 장점 결합한 '시티델리' 론칭
- 머니투데이 2018.09.17 "제빵회사 아니죠"…SPC삼립의 화려한 변신

Chapter

08

금융

Chapter8.
금융

미래에셋대우

1. 재무현황

(단위 : 억원)

구분	2016년	2017년	2018년	2019년 3Q 누적
매출액	78,340	102,986	133,239	129,480
영업이익	31	6,277	5,123	5,753

미래에셋대우는 금융회사로서, 연결재무제표를 통해 회사의 건전성을 더 정확히 확인할 수 있다고 판단했기 때문에 연결재무제표를 사용했다. 위의 수치는 미래에셋대우와 그 종속기업들의 매출 및 영업이익이다.

미래에셋대우는 지난 3분기 영업이익 1,715억원으로 시장 전망치를 웃도는 실적을 내놨다. 트레이딩 부문과 IB(기업금융) 분야에서 전분기 대비 실적은 하락했지만, IB 부문의 수익 (수수료 + 기업 여신 수익)이 지난해 2분기 이후 6분기 연속 1천 억원을 상회했다. 브로커리지 부문은 해외 자산 증대, 연금과 자산관리 부문의 수익 기여를 통해 안정적인 수익을 달성했다. 트레이딩 부문도 투자목적자산 등에서 발생한 실질 배당수익의 확대와 주식운용, 채권운용 부문의 선전 등에 힘입어 전체 트레이딩의 수익 변동성이 완화되었다고 한다.

2. 사업현황
1) 투자매매업
자기의 계산으로 금융투자상품의 매도 · 매수, 증권의 발행 · 인수 또는 그 청약의 권유, 청약, 청약의 승낙을 영업으로 한다.

2) 투자중개업
타인의 계산으로 금융투자상품의 매도 · 매수, 그 청약의 권유, 청약, 청약의 승낙 또는 증권의 발행 · 인수에 대한 청약의 권유, 청약, 청약의 승낙을 영업으로 한다.

3) 투자자문업
금융투자상품의 가치 또는 금융투자상품에 대한 투자판단(종류, 종목, 취득 · 처분, 취득 · 처분의방법 · 수량 · 가격 · 시기 등에 대한 판단을 말함)에 대한 자문에 응하는 것을 영업으로 한다.

4) 투자일임업
투자자로부터 금융투자상품에 대한 투자판단의 전부 또는 일부를 일임받아 투자자별로 구분하여 금융투자상품의 취득 · 처분, 그 밖의 방법으로 운용하는 것을 영업으로 한다.

5) 신탁업
신탁을 영업으로 하는 것을 말한다.

3. 주요이슈
1) 업계최초 기록경신
해외 시장에 집중하며 증권사 최초 1,000억원대의 순익, 자기자본 9조원, 연금자산 11조원 등의 괄목할만한 쾌거를 이루었다. 프랑스 파리 랜드마크 건물 마중가 타워를 1조 830억원에 인수하고, 미국 라스베이거스 복합리조트 프로젝트파이낸싱(PF)의 약 4,000억원 규모와 홍콩 업무용 건물 등 굵직한 투자에 나서며 투자은행(IB) 분야에서 눈에 띄는 성과를 냈다. 홍콩법인이 유럽의 최대 바이오테크 업체인 바이오엔텍과 아시아 최대 물류 플랫폼 업체인 ESR의 해외 기업공개(IPO)에 공동 주간사로 참여해 국내 증권사가 해외 기업 나스닥 상장 주간사에 처음으로 함께해 업계의 이목을 집중시켰으며, 인도네시아와 베트남 법인은 현지 브로커리지를 성장시키며 실적 상승궤도에 오르고 있다.

2) 글로벌 ETF 비즈니스 성장 가속화

ETF 비즈니스가 국내를 넘어 해외에서 경쟁하고 있다. 미래에셋대우는 지난 9월 말 기준 한국, 캐나다, 호주, 홍콩, 미국, 콜롬비아, 브라질, 인도 8개국에서 40조원 이상의 ETF를 운용하고 있다. 연초 대비 8조원 넘게 증가하는 등 성장세가 가속화되고 있다. 해외 진출 초기인 2011년 말과 비교하면 현재 순 자산은 7배, 상장 ETF 종목 수는 3배 넘게 증가하는 등 큰 성장을 보이고있다. 미래에셋 ETF의 역사는 2006년 한국거래소에 3개 TIGER ETF 시리즈를 상장하며 시작됐다. 그동안 시장대표 지수 ETF 일변도의 시장에 섹터, 테마 등 다양한 ETF를 출시해왔다. TIGER ETF는 국내 ETF 시장에서 미래에셋대우의 ETF만으로도 글로벌 자산 배분이 가능한 포트폴리오를 제공하고 있다.

3) 베트남 브로커리지 톱5 달성

미래에셋은 영업력이 수반 되어야 하는 브로커리지 시장에서 지난해 톱5에 진입하며 완전히 정착했고, 올해는 IB와 PI 업무 등 기업금융 분야에서도 가시적인 성과를 거둬 종합 증권사로서 외형과 내실을 모두 잡는다는 계획이다. 올해 현지 시장을 선도할 수 있는 종합 증권사로 거듭날 수 있도록 브로커리지 뿐만 아니라 IB 및 PI 업무 등을 두루 갖추기 위해 IB 육성을 통한 다양한 금융상품 공급, 선진 전산시스템 구축을 목표로 하고 있다.

4) 위챗페이 간편결제 시스템

미래에셋대우가 중국 10만 회원을 보유한 위챗페이 간편결제 서비스를 출시하며 글로벌 간편결제 시장 공략을 본격화한다. 증권사 중 최초로 전자지급결제대행업 등록을 마친지 6개월만에 기존 은행권 중심 모바일페이 사업자에 위협적인 도전자로 등장했다는 평가가 있다. 이 시스템은 중국 관광객을 대상으로 한 핀테크 스타트업 아이엠폼(IMFORM)과 제휴를 통해 선보인 O4O 간편결제 플랫폼으로, 명칭은 숏페이(SHOOT PAY)이다. 숏페이는 앱 투 앱 방식의 결제로 고객과 가맹점주 간 직거래 결제 환경을 제공하게 된다.

4. 향후전망

1) 2019 결산 & 2020 전략

미래에셋그룹 회장 박현주는 2020년까지 미래에셋대우 자기자본 10조 원, 세전 자기자본 이익률(ROE) 10%를 달성하겠다는 목표를 세워뒀다. 그러나 2019년 9월 기준 미래에셋대우의 자기자본 이익률은 6%대에 그치며 목표치를 달성하지 못한 것으로 파악됐다. 미래에셋대우가 자본 규모를 빠르게 늘리고 있는 만큼 이에 걸맞은 순이익이 발생하지 않으면 수익성 지표인 자기자본 이익률이 떨어지게 된다. 자기자본 이익률은 순이익을 연평균 자기자본으로 나눠 계산한다. 박현주는 이를 극복하기 위해 국내 주식보다는 해외 주식에, 부동산보다는 4차산업 혁명 관련 기업과 혁신기업으로 주요 투자처를 옮기고 있다. 그동안 자산 운용과 부동산 투자를 중심으로 성장해온 그룹 체질을 보험, 펀드, 투자금융(IB)을 중심으로 바꾸겠다는 의지를 내보이고 있다. 미래에셋대우의 수익성 방어를 위해서라도 4조 원대 초대형 종합 금융 투자 사업자가 다룰 수 있는 단기금융업 인가를 하루빨리 얻어야 할 필요성도 제기된다.

2) 금융 디지털 플랫폼

네이버 파이낸셜에 국내 핀테크 스타트업 사상 최대 투자 규모인 8,000억원을 투자함으로써, 핀테크 업체의 혁신성과 편리성은 물론, 기존 금융회사에 버금가는 안정성과 신뢰성까지 갖추게 됐다. 최근 디지털 금융 서비스가 상향 평준화되고 과다 출혈 경쟁으로 페이 업체들의 재무 안정성 문제가 대두되는 상황에서, 네이버 파이낸셜은 이번 투자로 경쟁사들을 압도하는 차별화된 경쟁력을 확보하게 됐다. 향후 미래에셋대우와 네이버파이낸셜이 펼칠 시너지도 기대된다. 미래에셋대우와 네이버는 2017년 6월 상호 지분투자를 통한 전략적 제휴를 체결하고, 2년 넘게 혁신 금융 서비스를 함께 고민해왔다. 네이버파이낸셜을 중심으로 미래에셋대우의 금융 노하우와 네이버의 데이터가 결합할 경우, 그 시너지 효과는 상당히 클 것으로 기대되며, 기존 핀테크 업체나 금융회사를 뛰어넘어 시장을 빠르게 장악해 나갈 것으로 예상된다.

3) 증권업의 미래 먹거리, 모바일 결제 서비스

증권업계의 미래 먹거리 측면에 있어서 모바일 기반 서비스와 결제 관련 서비스, 두 영역은 반드시 강화해야 할 분야다. 특히 미래에셋대우처럼 은행을 갖고 있지 않은 증권사는 더 중요한 부분이라고 할 수 있겠다. 미래에셋대우가 위챗의 간편결제 서비스를 국내시장에 이용할 수 있게 함에 따라서 중국 관광객들의 국내 방문이 늘어날수록 서비스이용도 증가할 것으로 예상된다. 또한, 업계에서는 저금리 · 저성장 국면이 고착화된 국내 자본시장에서 리츠 (REITs · 부동산 투자 전문 뮤추얼펀드) 상품에 대한 투자 수요가 꾸준히 증가할 것으로 보고 있다. 특히 증권사 수수료가 낮아지면서 인기를 얻게 된 리츠를 통해 수익 추구에 나설 것이라는 설명이다. 리츠 시장에 대한 증권사들의 관심은 시간이 갈수록 확대될 것으로 보인다. 미래에셋대우는 2018년 IB3 부문 내 태스크포스로 구성했던 공모리츠금융팀을 2019년 초 IB1 부문 내 팀으로 정식 신설했다. 국내 증권사 가운데 공모리츠 관련 부서를 만든 것은 미래에셋대우가 처음인 만큼 성장이 기대된다.

참고자료

- 미래한국 2019.12.30 [CEO평판] 최현만 · 조웅기 미래에셋대우 부회장, 업계최초 기록 경신하며 괄목할 쾌거 이루다
- CEO스코어데일리 2020.01.17 미래에셋, 공정자산 순위 10년만에 22계단 '껑충'...글로벌 도약 '꿈틀'
- 소비자가 만드는 신문 2020.01.17 금융사 신남방 개척기③] 미래에셋대우 베트남서 '브로커리지 톱5' 달성하며 순항
- IT Chousun 2019.12.13 미래에셋, 네이버파이낸셜에 8000억원 투자 "핀테크 업계 사상

최대규모"

- NEWS1 2020.01.05 증권업계 2020년 3대 키워드 'IB · 해외진출 · 소비자보호'
- 디지털타임스 2020.01.02 증권업계 새해 경영화두는 차별화 · 디지털 혁신
- PAXNetnews 2020.01.13 올해도 증권업계 '가두리' 지수 전망 여전

삼성생명

1. 재무현황

(단위 : 억원)

구분	2016년	2017년	2018년	2019년(E)
매출액	304,286	319,590	322,409	165,374
영업이익	9,865	16,906	25,833	−116

　지속적인 상승세를 보이던 국내 생명보험사들의 영업이익이 급감했다. 보험업계가 이미 레드오션에 진입 하였고 금리 하락으로 인한 재정적 부담이 커졌기 때문이라는 분석이 나온다. 영업손실(저축성 보험 만기 도래)이 늘고, 투자이익은 줄어들었기 때문이다. 영업외이익도 감소했다. 게다가 보험료율 인상에 대해서도 정부와 당국이 부정적인 태도를 고수하고 있어 당분간 수익 개선은 힘들 전망이다.

　특히 삼성생명의 경우, 저금리 여파로 투자영업 수익이 줄었고 보험영업 비용이 증가한 여파로 영업이익이 줄었다. 또한, 당기순이익의 감소는 2019년 계열사인 삼성전자의 지분 매각이 영향을 미친 것으로 보인다.

2. 사업현황

1) 보험

개인고객 부문

삼성생명은 개별 고객에게 최적의 종합재무컨설팅으로 고객의 라이프사이클 단계에 따른 재정계획 수립을 도우며 다양한 채널을 통해 고객을 접하고 있다.

기업고객 부문

기업연금제도, 민영건강보험, 선택적 기업복지제도 등 기업복지 컨설팅 서비스를 제공하고 있다.

2) 대출

삼성생명은 고객자금운용에 있어서 주식, 채권 등 직접투자 자산 외 기업과 가계부문에 대해 다양한 대출 상품으로 자금운용을 하고 있다. 또한, 각 산업 부문의 자금 공급을 통해 국가 경제 발전에 기여하고 있다.

3) 퇴직연금

삼성생명은 2005년 퇴직연금 도입 이후부터 상품, 시스템, 컨설팅 등 다방면에 걸친 서비스를 제공하고 있다.

4) 펀드

삼성생명은 2004년부터 펀드사업을 시작했다. 대형·장기자산을 운용한 노하우를 펀드 판매에 접목함으로써 고객의 효율적인 자산관리 서비스를 제공하고 있다.

5) 신탁

신탁업은 삼성생명의 신성장 동력으로 종합금융화와 겸업화라는 추세에 발맞추어 2007년 12월에 시작되어 현재 활발하게 사업을 진행하고 있다.

6) 해외사업

삼성생명은 회사 가치 극대화를 위하여 6개국 11개 거점에서 적극적인 해외사업을 추진하고 있다. 2014년 해외사업 장기비전 수립을 기반으로 기존 사업의 경쟁력 제고와 함께 시장규모, 성장성 등을 고려하여 주요 거점 중심의 해외 사업을 전개하고 있다. 태국과 중국에 합작사를 설립하여 사업을 진행 중이며, 미국, 일본, 영국, 중국, 베트남에는 주재사무소와 투자법인을 운영하고 있다.

7) 삼성생명의 강점

삼성생명의 강점으로 우수한 브랜드 인지도, 강력한 전속설계사 조직, 상품경쟁력, 안정적인 자산운용, 풍부한 자본력 및 리스크관리, 고객서비스 전문화 등이 있다.

3. 주요이슈

1) 데이터 3법 개정안 통과

개인정보법 · 신용정보법 · 정보통신망법 등 이른바 '데이터 3법' 개정안이 통과된 후 보험사들이 헬스케어 사업 부문을 강화하는 데 집중하고 있다. 데이터 3법은 특정 개인을 못 알아보게 처리한 '가명정보' 개념을 도입해 이를 개인동의 없이도 쓸 수 있도록 하는 것이 골자다. 보험사들은 가명정보를 활용해 헬스케어 사업 부문을 강화할 수 있을 것으로 보고 있다. 특히, 빅데이터를 활용해 보험료와 보험금을 더 세분화해서 책정할 수 있게 되었다. 이는 보험사나 보험가입자 모두에게 득이 될 수 있다. 보험사 입장에선 지금까지 알아내지 못했던 고위험군 가입자에게 보험료를 더 받아 손해율을 낮출 수 있고, 소비자는 지금까지 실제 위험률보다 더 냈던 보험료를 줄일 수 있다.

4. 향후예상

데이터 3법 개정안 통과로 인해 국내 보험사들이 고객을 세분화해서 맞춤형 서비스를 제공할 수 있게 되었다. 해외에서는 이미 빅데이터를 보험업에 활용하고 있다고 한다. 빅데이터를 적절히 활용하게 된다면 단순히 개인에게 맞춤형 보험 서비스를 제공해주는 것을 넘어, 일정 조건을 만족하는 고객들을 위한 특별한 보험상품을 제공하는 등 차별화된 경쟁력을 갖출 수 있을 것으로 보인다. 현재 데이터 3법 개정안이 통과되어 긍정적인 전망이 이어지고 있지만, 데이터의 활용을 막는 다른 정책적 규제를 합리적으로 개선해나가야 제대로 된 빅데이터 기반 서비스 제공이 가능할 것으로 보인다.

참고자료

- Chosun Biz 2020.01.14 데이터3법 통과로 헬스케어 상품 가다듬는 보험사들
- BizFACT 2019.11.08 업계 1위 삼성생명도 '우울'…보험업계 3분기 실적 전망은?

신한금융투자

1. 재무현황

(단위 : 억원)

구분	2016년	2017년	2018년	2019년 3Q 누적
매출액	44,387	53,240	52,795	48,371
영업이익	1,438	2,527	3,348	2,329

신한금융투자는 금융회사로서, 연결재무제표를 통해 회사의 건전성을 더 정확히 확인할 수 있다고 판단했기 때문에 연결재무제표를 사용했다. 위의 수치는 신한금융투자주식회사와 그 종속기업들의 매출 및 영업이익으로, 신한금융지주와는 별도로 작성되었다.

신한금융투자는 2019년 9월 자기자본 4조원을 돌파하면서 초대형 IB 인가요건을 갖췄지만 하반기 발생한 라임사태를 피하지 못하고 무제한 연기되었다. 그럼에도 불구하고 기업인수합병(M&A)를 통한 취약 부분 강화로 안정적인 이익 포트폴리오를 보여줄 것으로 기대된다.

2. 사업현황
1) 영업추진/WM부문

증권중개, 투자자문, 재정 계획, 자산관리, 신용공여, 금융상품 판매 등의 서비스를 제공한다. 영업추진/WM 부문은 은행과의 시너지 협업체계인 복합점포 확대를 통해 기존 금융투자 지점 운영체계를 정비하고 그룹 관점의 고객기반 확장에 노력하고 있다.

2) 홀세일부문

국내/외 법인 고객 대상으로 증권중개, 투자자문, 자산관리, 투자자금대출, 금융상품 판매, 증권 분석 등의 서비스를 제공하고 있다. 홀세일 부문은 기관투자가 및 법인에게 성공적인 자산운용과 양질의 서비스를 제공하고 있다.

3) GIB부문
IPO(기업공개), M&A 자문, 채권발행, 증자, ABS 발행, CB 및 BW 발행, 부동산 및 SOC 관련 프로젝트 파이낸싱 업무를 진행한다. GMS(Global Markets Securities) 부문은 운용 전략 및 투자 자산의 다변화를 통해 안정적인 절대 수익을 추구하고 시장선도 상품을 공급하는데 기여하고 있다. 그룹 협업모델인 GIB 체계를 기반으로 구조화, PF, 채권인수 등 각 부문에서 경쟁력을 높이고 있다.

4) GMS부문
주식운용, 파생상품운용, 채권운용, 파생결합증권(ELS/DLS) 발행 및 판매, 자기자본투자, RP 운용 등의 업무를 진행한다. GIB(Group&Global Investment Banking) 부문은 그룹 협업모델인 GIB 체계를 기반으로 하여 그룹 자본시장에서 허브 역할을 완성하는 것을 목적으로 한다. 그룹 전 고객에게 우수 한 상품을 공급하기 위한 상품 제조 능력 강화를 추진하고 있다.

3. 주요이슈
1) 라임 사태
라임 사태란 은행, 증권사들이 라임자산운용의 사모펀드를 판매하면서 고객의 동의 없이 가입시키거나 사모펀드라는 사실을 알리지 않아 큰 손실을 입힌 사건을 뜻한다. 이 과정에서 폰지 사기와 수익률 조작까지 개입돼 있다는 사실까지 알려지면서 금융권 전반의 '태풍의 눈'으로 부상하고 있다. 이에 투자자들이 라임자산운용과 판매사(은행, 증권사)들을 고소하려는 움직임을 보이고 있다. 이 중 대표적인 판매자로 신한금융투자, 우리은행 등이 언급되고 있으며, 무역금융펀드 판매와 관련하여 사기 및 자본시장법 위반 혐의로 고소한다는 방침이다.

2) 증권시장의 해외진출
올해 주요 증권사 CEO들의 경영전략은 해외진출 강화다. 국내 M&A 시장 규모를 고려하면 딜의 공급량에도 한계가 있고, 시장에 뛰어드는 금융기관들의 자금력이나 그 수가 늘고 있기 때문이다. 금감원에 따르면, 2018년 말 기준 국내 14개 증권사는 13개국, 47곳에 달하는 해외 현지법인을 두고 있다. 2018년 국내 증권사들이 해외 현지법인을 통해 벌어들인 순이익은 1억 2,280만 달러에 달하며, 지역별로 홍콩(5,780만 달러), 베트남(1,830만 달러), 인도네시아(1,770만 달러), 미국(1,620만 달러) 등의 순으로 순이익 규모가 크다. 신한금융투자의 최근 해외실적으로는 지난해 11월 진행된 호주 외식업체 인수금융 리파이낸싱[19] 건이 있다. 총 인수금융 규모는 약 1600억원 대로, 그 중 1200억원 대의 주선실적을 가져갔다.

4. 향후예상

1) 투자자 신뢰 회복 급선무

신한금융투자는 라임자산운용 펀드 1,310억원어치를 판매했으며, 이 과정에서 수수료 명목으로 판매금액의 1~2%가량을 챙겼다. 라임 자산운용, 증권사, 은행 간에는 서로 책임 떠넘기기가 계속되고 있지만, 신한금융투자가 라임 사태에 깊이 관여되어있는 것으로 보인다. 일각에서는 라임과 무역금융 펀드를 공동으로 기획하고 개발한 만큼, 신한금융투자의 OEM 펀드 라는 이야기까지 나온다. 신한금융투자는 라임 사태 이후 헤지펀드 및 PBS 사업본부 재정비에 들어갔지만, 이미 투자자의 신뢰는 추락하였고 평판과 실적에 악영향을 미칠 것으로 예상된다. 이로써 목전으로 다가왔던 4번째 초대형 IB 인가의 기회는 하나금융투자로 돌아갈 가능성이 커졌다. 신한금융투자는 투자위험으로부터 소비자보호에 힘쓰고 당분간 추락한 신뢰를 회복에 노력해야 할 것으로 보인다.

2) 안정적인 수익성을 위한 지속적인 노력 필요

신한금융투자는 국내 최대 해외 주식 서비스를 제공하고 있으며, 아시아 주요 금융시장에 거점을 확보하며 영업기반을 확대하고 있다. 하지만 해외 수익 비중이 주식 중개에 집중되어 있어 시장 환경의 영향을 많이 받고 수익이 안정적이지 않다는 단점이 있다. 사업모델 및 수익원의 다변화를 위해 지속적인 노력이 필요해

---

19   *리파이낸싱: 조달한 자금을 상환하기 위해 다시 자금을 조달하는 일

보인다.

 # 참고자료

- 중앙일보 2020.01.26 라임펀드가 뭐야? 도주한 부사장은 어디에? 궁금증 다섯가지
- 디지털투데이 2020.01.10 금융권 '태풍의 눈' 라임 사태… 투자자 줄소송 본격화
- 일요신문 2020.01.04 '라임' 먹고 체한 신한금투 '공범' 의혹 쏟아지는 내막

신한은행

1. 재무현황

(단위 : 억원)

구분	2016년	2017년	2018년	2019년 3Q 누적
매출액	222,880	239,892	238,119	219,326
영업이익	31,086	38,300	44,994	41,375

　　신한은행은 영업이익만 공시하고 있기 때문에 신한지주회사 전체의 연결 재무제표를 사용했다. 신한은행은 금융회사로서, 연결재무제표를 통해 회사의 건전성을 더 정확히 확인할 수 있다고 판단했기 때문에 연결재무제표를 사용했다. 위의 수치는 주식회사 신한금융지주회사와 그 종속기업들의 매출 및 영업이익으로, 작성되었다.

　　신한은행은 18년 23조 8,119억원의 매출을 올려 17년 대비 0.74% 감소했지만, 영업이익률은 17년 15.97%에서 18년 18.90%로 상승해, 영업이익은 증가했다. 2019년은 집값 상승과 맞물린 전세 대출 덕분에 저금리에도 불구하고 실적이 증가했다. 특히 신한은행은 작년 한 해 대출 증가 비율이 9%에 달해, 금융권 전체의 목표치인 6% 초반에서 크게 벗어났다.

2. 사업현황
1) 예금 수납 업무
　　예금 수납 업무를 기본으로 자금을 조달하여 다양한 사업에 활용된다. 예금 수납 업무에는 입출금 자유예금, 거치식 예금, 적립식 예금, 단기 금융상품, 주택 청약 예금, 비과세 종합 저축 등이 있다.

2) 여신 업무
　　여신의 범위는 직접 자금을 부담하는 금전에 의한 신용공여인 대출뿐만 아니라 직접적인 자금 부담이 없는 신용공여를 포함한다. 여신의 분류는 담보 유무(담보 여신, 보증여신, 신용여신), 거래 방식(건 별 거래, 한도거래), 차주에 따른 분류(기업자금대출, 가계자금대출, 공공 및 기타자금대출), 자금 용도(운전자금대출과 시설자금대출), 보증 상대(대내지급보증, 대외지급보증, 원화지급보증, 외화지급보증)등이 있다.

3) 개인 금융
가계 대출, PWM서비스(고액자산 고객 관리) 등이 있다.

4) 기업금융
중소기업 금융, 대기업 금융, 전자 기업 금융, 기업 대출 등이 있다.

5) 투자금융
자금업무, 투자 업무, 파생거래, 국제 업무 등이 있다.

6) 기타업무
신탁업무, 외환상품 및 서비스, 펀드 및 방카슈랑스 상품 등이 있다.

3. 주요이슈
1) 핀테크 발전
개인정보보호법 · 정보통신망법 · 신용정보법 개정안 등 데이터 3 법안이 통과되면서 핀테크의 '혈액' 이라 불리는 빅데이터 정보 활용의 폭이 넓어졌다. 금융위도 올해 '투자와 개방' 전략을 통해 핀테크 판을 키우겠다고 발표했다. 하반기부터는 전자금융업자들의 후불결제도 가능해지게 된다. 2030고객 평균 투자액의 1.8배라는 4050고객의 핀테크 행이 늘어나는 등, 핀테크의 성장세가 눈에 띈다.

2) 안전자산 선호
미중 무역 분쟁을 비롯한 다양한 글로벌 이슈를 원인으로 하는 안전자산 선호 현상이 해를 넘겼다. 지난해 12월 기준으로 달러 예금 잔액은 154억 달러를 기록하며 4개월 연속 최고 기록을 세우고 있다. 상반기 원화 강세, 하반기 달러 강세가 예측되는 만큼 달러 예금의 인기가 식지 않을 것 같다는 의견이 지배적이다. 하지만 달러 예금은 외화현찰수수료가 1.5% 수준으로, 지난해 4분기 환율이 1,160~1,200원(±1.7%) 대에서 머문 것을 생각하면 환차익을 기대하기는 어려울 것 같다.

3) 라임자산운용 환매중단

지난해 DLF 사태에 이어 라임 자산운용의 환매 중단 사태도 불완전판매 의혹이 제기되면서 판매사인 신한은행도 이번 사태를 피할 수 없을 듯하다. 금융투자 협회가 추산한 환매 중단 규모가 2조원에 육박할 것으로 추정되는데, 신한은행은 이 중 2,700억원 정도 판매했다. 신한은행은 상품 설명과 다른 운용을 하며 고지하지 않은 운용사에 책임을 돌리고 싶어 하지만, 라임 운용은 자기자본 300억원의 중소 운용사로 배상을 받는 것은 어려워 보인다. 신한은행의 발표대로 고객들의 피해를 줄이는 것이 최우선 과제가 될 듯하다.

4. 향후예상

오픈뱅킹 전면 실시로 마케팅 경쟁에 열을 올리는 은행권이지만 차별화된 서비스가 필요해 보인다. 핀테크 자산관리 플랫폼 에임의 발표에 따르면, 4050세대의 핀테크 이용률이 2018년 대비 2019년에 1256% 증가하면서 핀테크 열풍에 가세하고 있다. 지금의 오픈뱅킹은 개정법안을 적용하지 못해 통합 계좌 관리 수준에 머물고 있지만, 신한금융그룹의 카드 사용 내역을 활용해 자동으로 펀드에 투자하는 '소액 투자서비스'를 전 계좌 통합으로 운용하는 등 발전이 필요해 보인다.

라임 사태에서 책임을 가벼이 하긴 어려울 것 같다. 설계된 대로 운용하지 않은 운용사가 가장 큰 책임을 지겠지만, 업계 관행상 정상적으로 투자하고 있는지 확인하는 것을 판매사가 수수료를 얻는 대가로 인식하고 있기 때문이다. 올 초 본부에서 승격된 '소비자 보호 그룹'이 이번 사태 해결의 주축으로 나서게 된 만큼 그

성과가 기대된다.

 # 참고자료

- 뉴스1 2020.01.24 '4개월째 최대' 달러예금 만들까? "환차익 NO, 자산배분 YES"
- 뉴스토마토 2020.01.24 은행들 퍼주기식 오픈뱅킹 마케팅…특화서비스는 뒷전되나
- the bell 2020.01.21 라임사태 '뒤늦게' 휘말린 신한은행, 대응전략은
- 매일경제 MBN 2020.01.26 편리미엄에 빠진 4050세대…핀테크 시장 핵심고객으로 떠오르나
- 매일신문 2020.01.12 [금융]규제 묶여있던 '핀테크', 2020년 날아오를수 있을까
- 이데일리 2020.01.29 금감원 '대출과속'은행에 경고장.. 돈빌리기 더 어려워진다

우리은행

1. 재무현황

(단위 : 억원)

구분	2016년	2017년	2018년	2019년 3Q 누적
매출액	235,983	236,730	199,244	183,300
영업이익	15,742	21,567	27,593	21,922

우리은행의 수익성은 낮은 편이다. 매출액 영업이익률의 경우 2018년 기준 13.7%로 동종업계 평균인 21.4%보다 낮았다. 매출액 순이익률도 동종업계 평균 (18.2%)보다 낮은 10.3%를 기록했다. 경쟁사인 하나은행과 수익성이 비슷한 수준 이다. 은행은 점포유지비, 인건비, 홍보비 등 고정비용 지출로 타 금융업계 회사보 다 영업이익률이 낮다.

우리금융그룹은 2019년 3분기, 누적 순익 1조 6,657억원으로 상반기에 이어 경 상 기준 사상 최대 성과를 얻었다. 이는 2019년 하반기 미·중 무역분쟁 장기화 등 의 어려운 대외여건 속에서도 우량 중소기업 위주의 자산성장과 핵심예금 증대를 통한 안정적 운용 및 조달 구조를 지속 개선한 것에 관한 결과이다.

2. 사업현황

1) 은행부문

우리금융그룹은 우리은행 1,000여 개 국내 지점망과 인터넷 등을 통해 국내 굴 지의 대기업 및 우량 중소기업과 개인 고객에게 예금, 대출, 카드, 보험, 외환, 무 역금융 등의 상품과 서비스를 제공하고 있다. 또한, 전 세계 해외 영업망을 통해 국내뿐만 아니라 해외에서 활동 중인 고객들에게 차별화된 국제금융 관련 서비스 를 제공한다.

2) 카드부문

우리금융그룹은 우리카드를 통하여 고객의 생활 편의를 위한 차별화된 카드 상품과 다양한 금융 및 생활 서비스를 제공한다. 우리카드는 건전하고 합리적인 고객의 생활 속 파트너를 추구하고 있다.

3) 종합금융부문

우리금융그룹은 우리종합금융을 통하여 기업고객에게는 장단기 자금의 조달에서 운용까지 One-stop Total 금융 서비스를 제공하고, 개인 고객에게는 예금자보호 상품과 투자 상품을 제공함으로써 든든한 자산관리 파트너가 되고 있다.

4) 투자부문

우리금융그룹은 우리프라이빗에퀴티를 통해 잠재력이 높은 기업에 대한 투자와 구조조정 기업의 경영정상화를 위해 최선을 다하고 있다.

3. 주요이슈

1) AI 업무적용 확대

우리은행은 최근(2020년 1월) 시중은행 최초로 수출입 선적서류 심사에 AI 제재법규 심사 시스템을 도입했다. 이미지 인식 기술과 머신러닝 기반의 AI기술을 활용해 수출입 서류 분류, 텍스트 추출, 데이터 축적, 심사 절차 등을 자동화함으로써 심사의 정확도를 높이고 인력을 심층 심사에 집중시키는 등 효율적인 업무처리가 가능해졌다. 특히 이번 시스템 구축으로 미국 금융당국이 요구하는 수준의 자금세탁방지 규제(AML)를 맞출 수 있을 것으로도 기대하고 있다.

2) 오픈뱅킹 '우리 WON모아' 3종 출시

우리은행이 금융권에 불어닥친 '오픈뱅킹'을 통해 금융 서비스에 대한 고객의 접근성과 편의성을 향상시켰다. 우리은행은 오픈뱅킹 특화상품 '우리 WON 모아' 3종을 출시했으며 철저한 보안과 안전시스템 구축으로 고객의 신뢰도 지켰다.

여기서 '오픈뱅킹'이란 핀테크 기업 또는 은행이 표준 방식을 통해서 모든 은행의 자금 이체와 조회 기능 등을 자체 제공할 수 있는 시스템으로 고객들은 은행 앱 하나만으로 다양한 금융 서비스를 편리하게 이용할 수 있다. 더불어 우리은행은 오픈뱅킹에 인공지능 기반 이상거래 탐지시스템(FDS)을 적용하고 전담팀을 운영하며 고객이 더욱 안심하고 사용할 수 있도록 보안성과 안전성 강화에 심혈을 기울였다. 또한 우리은행은 개인별 맞춤 관리 자산관리 서비스 등 다양한 비즈니스 모델을 핀테크 기업과 협업할 계획을 밟아가고 있으며, 2019년에 비해 대폭 확대된 3,200억원을 혁신기업에 투자하는 등 오픈뱅킹을 확장하기 위해 핀테크 혁신 기업에 직접 투자하고 있다.

3) 국내 금융권 최초 '원금상환 지원제도' 실시

우리은행이 은행권 최초로 상환의지가 있는 취약계층을 대상으로 원금 상환 구조 지원 제도를 도입하며 상환 능력이 부족한 취약계층의 금융부담 경감에 도움을 주고 있다. 취약계층 원금 상환 지원 제도는 상환 의지가 있는 신용등급 7등급 이하의 저신용자, 고위험 다중 채무자 등 취약 차주를 대상으로 운영되며, 이들이 대출을 연장할 경우 이자 납부액 중 6%를 초과하는 금액으로 대출 원금을 상환해주는 것으로 원금 상환에 따른 중도 상환 해약금도 전액 면제된다. 이를 통해 우리은 행이 취약계층 원금 상환 지원 제도를 통해 고객들이 정상거래가 가능해진다면 고객 개인과 은행에 긍정적인 영향을 불러일으킬 것으로 전망된다.

4) 은행 브랜드 평판 1위 달성

한국 기업 평판연구소가 은행 브랜드 평판 2019년 12월 빅데이터를 분석한 결과, 우리은행이 1위를 차지했다. 국내 은행 브랜드 평판 분석에서는 참여 가치, 미디어 가치, 소통 가치, 커뮤니티 가치, 사회공헌 가치, CEO 가치로 브랜드 평판 지수를 분석했으며, 브랜드 영향력을 측정한 브랜드 가치 평가 분석도 포함했다.

5) 혁신DNA '우리 어드벤처' 도입

우리금융그룹은 최근 업종간 경계가 허물어지는 빅 블러(Big Blur) 현상의 가속화로 그룹 차원의 사내벤처 제도인 '우리 어드벤처'를 도입했다. 우리 어드벤처는 아날로그(Analog)에서 디지털(Digital)까지 분야를 가리지 않고 자유롭고 혁신적인 아이디어로 도전하는 모험심 강한 벤처 집단을 의미한다. 우리금융그룹은 핀테크 혁신의 가장 큰 한계와 약점으로 거론되는 금융회사 특유의 보수적인 조직문화와 리스크 회피적 업무방식을 극복하기 위해 이번 사내벤처 제도를 도입했다.

6) 해외진출 기업에 금융지원 강화

우리은행이 기술보증기금과 함께 해외 진출 기업에 대한 금융 지원을 강화한다. 모기업과 함께 해외 진출을 계획하고 있는 기업의 자금 확보에 숨통이 트일 전망이다. 우리은행은 국내 은행 가운데 가장 많은 글로벌 영업망(26개국 474개 영업점포)을 갖추고 있는 만큼 이번 협약으로 해외 진출 계획을 세우고 있는 기업의 자금 확보에 도움이 될 것으로 기대된다.

특히 인도네시아와 베트남, 캄보디아 등 동남아 지역 진출 (예정) 기업의 유용한 자금 확보 창구가 될 전망이다. 우리은행은 현재 베트남 · 필리핀 · 인도네시아 · 캄보디아에 총 5개의 현지 법인을 두고 있으며 우리은행 해외 영업망의 70~80%가 동남아 지역에 있다. 이처럼 해외 영업망을 활용해 우량 기업을 발굴하고 지원함으로써 해외 진출을 적극 지원할 예정이다.

4. 향후예상
1) 리스크 관리에 초점, 고객 경영

저성장 시대에 본격 접어들며 은행들 수익성 하락은 불가피해졌다. 여기다 정부가 내놓은 강력한 부동산 규제 안으로 대출 영업이 막힌 은행들은 한숨 돌리기도 어려운 상황이다. 우리은행 역시 2020년에는 수익성 강화보다 리스크 관리에 초점을 두고 저성장, 저물가, 저금리 '3저' 현상에 대비한다는 계획을 세웠다. 이에 수익 · 비용 구조를 개선할 수 있도록 자산 포트폴리오를 다시 짜고, 리스크 관리 체계를 강화할 예정이다. 또한 '고객 경영'을 최우선 전략으로 내세우며 신뢰 회복을 이루겠다는 각오를 보이고 있다.

2) 동남아 진출

저성장, 저금리 고착화로 인해 국내 금융시장 만으로는 지속 가능 성장을 기대하기 어렵다는 판단하에 우리금융은 은행과 카드사를 중심으로 기 진출 지역에서의 유기적인 성장을 통해 글로벌 영업채널을 확장하고 타 계열사는 현지 확보된 은행 고객을 대상으로 진출해 영업기반을 구축, 현지시장 점유율을 높여나가려는 계획이다. 글로벌 진출 우선 국가로는 베트남, 인도네시아, 캄보디아 등으로 순서를 정했고 디지털 플랫폼을 활용한 비대면 채널 경쟁력 강화, 현지 법인 합병 등 로컬 금융회사에 못 미치는 대면채널 열세를 극복할 예정이다.

참고자료

- 미디어SR 2020.01.02 5대은행 신년사 키워드는 "고객중심"과 "디지털혁신"
- 팍스넷뉴스 2020.01.22 우리銀, 해외진출 기업 자금지원
- 핀테크경제신문 2020.01.07 우리금융, 혁신DNA '우리 어드벤처(A-D Venture)' 도입
- 미래한국 2020.01.08 우리은행, 보안과 안전 챙기며 '오픈뱅킹' 합류... 앱 하나로 금융 서비스 즐기기
- 글로벌금융신문 2019.10.29 우리금융, 사상최대 3분기 누적순익 1조 6,657억원
- 아주경제 2020.01.26 은행AI업무 적용 확대…디지털 전환 가속도
- 아시아타임즈 2020.01.23 우리금융, 2020년 신남방 영토 확장 원년 만든다

한국투자증권

1. 재무현황

(단위 : 억원)

구분	2016년	2017년	2018년	2019년 3Q 누적
매출액	50,228	62,004	80,317	82,308
영업이익	2,985	6,859	6,444	6,664

한국투자증권은 금융회사로서, 연결재무제표를 통해 회사의 건전성을 더 정확히 판단할 수 있다고 판단했기 때문에 한국투자증권의 연결재무제표를 사용했다. 위의 수치는 한국투자증권과 그 종속기업들의 매출 및 영업이익으로, 한국금융지주와는 별도로 작성되었다.

한국투자증권은 지난해 IB 분야와 트레이딩에서 큰 성과를 보였다. 3분기까지 IB 분야 수수료 수익은 전년동기대비 54.9% 증가했고, 트레이딩 부분은 전년동기대비 28.5% 증가했다. 2019 3분기 누적 IPO 수수료 83억원(시장점유율 16.1%)으로 업계 2위, 공모증자 인수/모집 수수료 39억원(시장점유율 15.1%)으로 업계 3위를 달성하고, 회사채 인수금액 기준 8.48조(시장점유율 9.7%)로 업계 3위를 기록하는 등 IB 강자로서의 입지를 견고히 하였다.

2. 사업현황

1) 위탁매매 부문(BK)

개인과 기관투자자 및 외국인을 대상으로 주식, 선물, 옵션 등의 위탁서비스를 제공한다. 전체 수익 비중의 약 11.4%를 차지하고 있으며, On-Off를 아우르는 다변화된 영업 기반을 토대로 다양한 컨텐츠 및 서비스를 제공하고 있다.

2) 자산관리 부문(AM)

수익증권, Wrap, 신탁 등의 금융상품을 판매하고 있다. 전체 수익내 8.0%를 차지하고 있으며, 작년 대비 질적성장으로 수익을 증가시키고 있다.

3) 투자은행 부문(IB)

기업공개, 회사채 인수, 공모증자, 구조화 금융, M&A/기업융자, PF대출 등 기업을 위한 종합금융서비스를 제공한다. 전체 수익에서 약 18.4%를 차지하고 있다.

4) 자산운용 부문(Trading)

주식, 채권, 파생상품 등의 운용을 통한 매매/평가/이자/배당금수익 취득으로 수익을 내고있다. 전체 수익 내 비중의 50.4%를 차지하고 있다.

5) 기타

구조화 금융, M&A/기업융자, PF대출 등 기업을 위한 종합금융서비스 제공하고 있다.

3. 주요이슈

1) 디지털 금융 강화

디지털 금융 사업을 강화하기 위해 2019년 3월 카카오뱅크와 함께 주식계좌개설 서비스를 출시하는 등 증권과 디지털의 결합을 시도하고 있다. 이는 가시적인 효과를 거두고 있다. 한국투자증권의 온라인 주식거래 서비스 '뱅키스'의 전체 계좌 수는 210만여 개인데, 카카오뱅크를 통해 개설된 신규 계좌 수가 절반 이상이다. 디지털 금융은 신규 수익원 창출뿐만 아니라 밀레니얼 세대를 잡는 방법이다.

2) 역대 최고 실적 예상

연간 영업이익 1조 클럽 가입 목표는 달성하지 못할 것으로 보이지만, 역대 최고 실적이 예상된다. 특히 IB 분야와 트레이딩에서 성과를 보였다. 3분기까지 IB 분야 수수료 수익은 전년동기대비 54.9% 증가했고, 트레이딩 부분은 전년동기대비 28.5% 증가했다. 또한, IB 그룹과 프로젝트 파이낸싱(PF) 그룹을 신설했다. 기존 IB 분야 5개 본부를 담당하는 IB 그룹과 PF 그룹을 두어 사업범위를 확대하려는 것으로 분석된다. 다른 증권사들도 IB 사업을 확대하고 있다.

3) DLF투자손실

한국투자증권은 2018년 7월부터 2019년 7월까지 고위험 파생상품인 독일 국채금리와 연계된 DLF 투자해 원금의 81%에 이르는 476억원의 손실을 냈다. 이에 대해 감사원은 책임소재를 조사하고 있다. 해당 상품은 독일 국채금리가 0% 이상이면 5~6% 확정 수익이 나지만, 금리가 0% 미만이면 0.1%포인트 내려갈 때마다 원금의 20%가 사라지는 구조인데, 지난해 독일 국채금리가 마이너스를 찍으며 손실이 발생했다. 고용보험기금은 고용안정, 직업능력개발, 실업급여, 육아휴직급여 등 사회보험 성격의 기금으로 고용기금을 초고위험 상품인 DLF에 투자하는 게 부적절하다는 비판이 제기되었다.

4. 향후예상
1) 해외 사업 확대

작년 해외영업 활성화를 위한 조직개편을 했고, 특히 신흥시장에 공을 들여왔다. 전통적인 위탁 중계 수익에 의존하는 선진시장보다는 새로운 사업이 가능한 신흥시장에 나설 전망이며 한국의 성장이 1~2%대에 고착화되고 있는 만큼 글로벌 IB의 경쟁력을 강화하여 세계 시장에 진출할 계획이다. 또한, 해외 부동산 사업에도 더욱 적극적으로 나설 것으로 보인다. 현재 프랑스 파리의 '투어유럽' 빌딩 인수 등 해외 부동산에도 투자하고 있는데, 영국의 재규어 랜드로버 물류 개발 센터 설립에 투자한 것으로 알려졌다. 한국투자증권 관계자에 따르면 투자가 확정되지 않았다고 하지만 재규어 랜드로버 측에서는 투자를 받았다고 보도했다.

참고자료

- 한국금융신문 2020.01.06 CEO초대석 10면 [정일문 한국투자증권 사장] "고객최적화·디지털금융 강화…순익 1조 조기 달성"
- NEWSIS 2019.11.27 증권사 실적 1위는 어디..'미래' vs '한투' 각축전
- NEWS1 2020.01.05 증권업계 2020년 3대 키워드 'IB · 해외진출 · 소비자보호'

- IT Chosun 2019.06.09 해외 부동산으로 눈 돌리는 증권사들⋯왜
- 더벨 2019.11.29 한국증권, 호주 · 폴란드 부동산투자 성과 관심

한화생명

1. 재무현황

(단위 : 억원)

구분	2016년	2017년	2018년	2019년(E)
매출액	206,661	260,871	234,305	95,530
영업이익	5,210	9,534	6,502	2,330

지속적인 상승세를 보이던 국내 생명보험사들의 영업이익이 급감했다. 보험업계가 이미 레드오션에 진입 하였고 금리 하락으로 인한 재정적 부담이 커졌기 때문이라는 분석이 나온다. 영업손실(저축성 보험 만기 도래)이 늘고, 투자이익은 줄어들었기 때문이다. 영업외이익도 감소했다. 게다가 보험료율 인상에 대해서도 정부와 당국이 부정적인 태도를 고수하고 있어 당분간 수익 개선은 힘들 전망이다.

특히, 한화생명은 2019년 상반기에 수입보험료는 늘었지만 영업이익이 마이너스를 기록하며 당기순이익을 끌어내렸다. 2019년 상반기 수입보험료는 8조2139억원으로 전년 동기보다 1.4% 증가했지만 영업이익은 −440억원을 기록했다. 한화생명은 2019년 1분기에도 영업이익이 −216억원이었고 2분기에도 −224억원으로 상반기 내내 마이너스를 기록했다.

2. 사업현황

1) 보험상품

한화생명은 고객 여정 및 고객 니즈에 따른 전략 기획과 실행으로 고객 가치를 창출하고 있다. 최근 2030세대를 겨냥해 디지털 금융 플랫폼인 토스(Toss)와 MOU를 맺고 미니보험상품을 출시하며, 가성비를 중시하고 비대면채널을 선호하는 2030세대의 고객경험을 강화하고 있다. 또한 건강관리에 신경쓰는 5060세대를 위해 치매보험과 당뇨보험, 암 보험등을 출시했다.

2) 퇴직연금

한화생명은 퇴직연금센터 운영을 통해 차별화된 퇴직연금 토탈 서비스를 제공하고 있다. 최저 적립금을 보증하는 변액연금, 세제혜택이 있는 적격연금, 개인퇴직연금(IRP) 등 다양한 연금상품을 제공하고, 공시이율을 적용하여 안정적인 수익을 추구할 수 있도록 일반연금의 수령 방식을 다양화하고 있다.

3) 자산운용

한화생명은 수익중심의 경영전략과 더불어 회사 가치 극대화를 추구하고 있다. 또한 금리위험, 시장위험, 신용위험, 유동성위험, 운영위험, 평판위험 등 리스크를 지속적으로 관리하여 자산 포트폴리오의 건전성을 제고 하고 있다.

3. 주요이슈

1) 클레임 AI 자동심사 시스템 도입

과거 3년간 보험금 청구 데이터 1천100만 건을 활용해 3만5천 번의 학습 과정을 거쳐 스스로 보험금 지급 결정과 관련한 규칙을 만들고 지급, 불가 등의 의사결정을 내리는 시스템을 개발했다. 기존 금융사들이 내부 전산센터에서 데이터를 보관·관리해오던 것과 달리 한화생명은 클라우드와 자사 전산센터를 통합 운영하는 '하이브리드' 방식으로 설계했다. 이번 시스템을 통해 보험금 청구 건수의 절반 정도를 자동심사로 처리할 계획이다. 한화생명은 이번 AI 자동심사로 향후 5년간 100억원 이상의 비용 절감 효과가 있을 것으로 추산했다.

2) 베트남 법인 가파른 성장세

2009년 4월 국내 생명보험사 중 최초로 베트남 보험시장에 진출했다. 베트남뿐만 아니라 단독으로 지분 100%를 출자해 현지법인을 설립한 것도 처음이다. 베트남 생명보험 업계 총자산은 한국 대비 약 1.7%, 수입보험료는 3.7% 수준으로 미비하지만 낮은 보험밀도와 보험침투율로 시장 잠재력이 아주 우수한 시장으로 꼽힌다. 또한, 최근 소득 및 생활 수준이 올라가고 보험에 대한 인식이 개선되면서 생명보험 시장이 급속도로 커지고 있다. 작년 2분기 생명보험 신계약보험료는 전년 동기 대비 1,142억원 증가했다. 한화생명은 현지화 전략을 통해 베트남 법인을 성공적으로 정착시킨 것으로 평가받는다. 베트남 법인장과 스텝 2명을 제외하고 최고영업관리자, 재무관리자 등을 모두 현지 인력으로 채웠다. 이들은 현지 금융환경에 밝고 1만 4,000여 명이 넘는 설계사들과 의사소통 및 유대감이 강해 조직경쟁력을 키우는 데 큰 역할을 했다.

3) 금리인하 대응

기준금리 인하에 발맞춰 선제적으로 신용대출 금리 및 한도 조정에 나섰다. 기준금리 하락으로 수익률 악화가 우려되자, 이를 대출로 방어하려는 것이다. 기준금리가 내려가면 보험사들의 운용자산 이익률은 떨어진다. 보험사들은 가입자로부터 받은 보험료를 채권 등에 투자해 수익을 창출한다. 그러나 저금리 기조에서는 보험사의 주요 투자처인 채권에서의 수익률이 하락하게 된다. 또 과거에 판매한 고금리 확정형 상품으로 인해 손실폭이 커져 부담이다. 이에 반해 대출은 금리 인하와 관계없이 수익을 창출할 수 있는 방안이다. 한화생명의 이지 패밀리 론과 유사한 상품을 삼성생명, 교보생명과 비교해 보면 한화생명의 대출금리가 가장 낮다. 따라서 기존보다 대출금리는 최대 0.3%포인트 낮아지고, 대출한도는 평균 400만 원 증가했다.

4. 향후예상
1) 미래 먹거리 창출

저금리 기조가 이어지며 운용자산부문의 투자 손실 등으로 악화된 수익성 회복, 새로운 국제회계기준(IFRS17)과 신지급 여력제도 등 제도 변화에 대응한 자본 확충, 다양한 신사업 추진 등 성장 동력 확보 등의 전략이다. 특히 디지털 혁신에 초점을 둔 'PINE TF'와 '헬스케어 TF'를 만들어 눈길을 끌었다. 이미 '드림플러스'로 디지털·핀테크 관련 스타트업 지원으로 디지털 사업 강화에 힘쓰고 있었던 만큼 이번 조직 개편으로 종합 금융 플랫폼 확장·개발 등 디지털 채널 발전에 더욱 힘이 실릴 전망이다. 헬스케어 역시 생명보험사들의 미래 먹거리 중 하나로 꼽히는 부문이다.

2) 비용절감 전략

한화생명이 오는 4월부터 종신보험을 포함한 일부 보험상품에 대해 자동이체 할인과 추가 납입 한도를 축소할 계획이다. 7일 보험업계에 따르면 한화생명은 종신보험, 스페셜 암보험, 스마트 통합보험 등 상품에 대해 4월 1일부터 1% 자동이체 할인을 폐지한다. 대신 각 상품의 적립 한도를 높일 계획이다. 또한 추가납입 한도 금액도 기존 보험료의 2배에서 1배로 축소할 예정이다. 자동이체 할인을 폐지하는 대신 각 보험상품에 적립률을 높일 계획이며 또한 추가납입 한도 축소는 지난해 말 금융당국의 권고에 따라, 고객이 저축성보험으로 오인해 보험을 가입하는 피해를 막기 위해 이러한 결정을 내렸다. 이번 한화생명의 보험상품 전략에 대해 사업비 지출을 줄여, 수익 감소를 최소화하기 위한 일환으로 보인다.

참고자료
- 서울파이낸스 2020.01.15 한화생명, '클레임 AI 자동심사 시스템' 도입
- 한국경제 2019.10.18 [이슈+] 금리인하에 대응하는 한화생명의 선제 전략
- CEO스코어데일리 2019.08.28 한화생명, 베트남 법인 가파른 성장세… 순이익 · 수입 보험료 '급증'

KB국민은행

1. 재무현황

(단위 : 억원)

구분	2016년	2017년	2018년	2019년 1Q 누적
매출액	–	192,745	180,783	53,068
영업이익	–	26,326	29,795	7,732

KB국민은행의 2019년 1분기 연결재무제표 기준 영업이익이 2018년 1분기 대비 감소한 7,732억원으로 집계됐다. 2017년 대비 18~19년 상반기까지 은행이 좋은 실적을 기록한 것은 본격적인 금리상승기에 접어들며 이자마진을 통한 수익성이 크게 좋아졌기 때문이다. 균형잡힌 비즈니스 포트폴리오를 기반으로 견고해진 이익 체력과 그간 지속적으로 추진해 온 비용효율성 관리, 자산건전성 개선 노력에 힘입어 전반적으로 양호한 실적을 시현했다. 이외에도 은행들이 정부의 대출 규제가 한층 더 강화되기 전 대출 규모를 늘린 영향과 순이자마진의 개선세가 뚜렷하게 나타나 긍정적인 영향이 반영된 것으로 분석한다. 하지만 2019년 1분기는 2018년보다 영업이익을 비롯한 전반적인 감소세를 보였다. 이는 미·중무역분쟁과 일본 반한 대외정책으로 인해 리스크가 상승하였기 때문이다.

2. 사업현황

1) 사업

2001년 11월 국민은행과 주택은행의 합병으로 탄생한 KB국민은행은 세계 최대 고객수와 최고의 고객만족도, 광범위한 채널 네트워크 및 브랜드파워 등 최상의 판매 인프라를 갖춘 대한민국 대표 은행이라고 할 수 있다. 예금, 대출, 지급보증, 유가증권투자, 신탁, 신용카드, 외환, 방카슈랑스(은행에서 판매하는 저축성보험 상품) 업무 등을 하고 있다.

3. 주요이슈

핀테크·빅테크 기업 등 기술기업의 금융시장 잠식이 가속화되고 있는 급변하는 경영 환경 아래 '차별적 경쟁우위 확보를 통한 지속가능경영 역량 강화'를 전략적 목표로 설정하고 다음의 4가지 전략 방향 하에 중점적으로 추진하고 있다. 4가지 전략적 방향성 외에도 견실한 수익창출 기반 확대 및 비용 효율성 제고를 통한 경영효율화를 통해 KB국민은행만의 견고한 경쟁우위 확보를 위해 노력하고 있다.

1) 바이오인증 창구 지급 프로세스

KB국민은행은 통장과 인감, 비밀번호 없이도 손바닥 정맥 만으로 예금 지급이 가능한 바이오 인증 창구 지급 프로세스인 '손으로 출금 서비스'를 출시하였다. '손으로 출금 서비스'는 기존 통장 기반 거래 관행을 탈피하고, 신분증·인감 등 일치 여부 확인 절차가 간소화돼 고객 거래 편의성이 크게 강화될 전망이다. 디지털 금융 강화를 통해 어떤 순간 어느 장소에서나 고객이 원한다면 KB국민은행과 연결될 수 있도록 다양한 방식으로 금융 서비스의 접근성을 높이고자 함이다.

2) 디지털 기술

국민은행은 챗봇, RPA 등 디지털 기술을 적극 활용하여 HR 프로세스 전 과정을 표준화, 자동화하고, DATA에 기반한 과학적, 객관적 의사결정을 지원하는 HR 문화의 근본적 변화를 추진하고 있다. 또한 IT/디지털/데이터 등 분야의 전문 직원 채용을 확대하고 WM/기업금융/자본시장/투자금융 등 미래 성장 동력 분야의 직 전문성 강화 등을 위한 교육 강화 등 사람(직원)에 대한 투자를 지속적으로 확대하고 있다.

3) Digital Transformation(DT)

2018년 11월 전사적 Digital Transformation을 선포한 이후 내부적인 프로세스 혁신의 디지털 경쟁력 강화와 더불어, 외부 생태계와의 협업 등을 적극적으로 추진하며 대, 내외 환경 변화에 적극적으로 대응하고 있다. 특히, 국내 최초로 금융—통신 융합 서비스인 'Liiv M'은 셀프 개통, 친구 결합 요금할인, 잔여 데이터 환급,

실시간 데이터 · 요금조회 기능 등을 새롭게 선보였다.

4) Work-Diet

주 52시간제 시행 등 제도적 변화와 밀레니얼 세대 부상 등 문화적 변화에 대응하여 업무 효율화 영역을 적극 발굴하는 Work-Diet를 비롯한 일 하는 방식의 혁신과 급변하는 환경에 민첩하게 대응하기 위한 유연한 조직문화 정착을 위해 노력하고 있다.

4. 향후예상

고객중심의 운영 체계를 강화하여 고객 로얄티 증대를 통한 장기거래 고객 기반 확대를 목표로 하고 있으며, 미래 고객을 창출하기 위하여 비대면 채널의 영업력을 강화하고 잠재력이 높은 기업고객 군의 발굴 및 유치에도 노력할 예정이다.

또한, 4대 시중은행 중 가장 부진한 실적을 지니고 있는 글로벌 부문의 성과를 높이기 위해 신흥국과 선진국 시장을 투 트랙으로 집중 공략하고 있다. 동남아 지역에서는 베트남 하노이 사무소를 지점으로 전환하였고, 캄보디아에서는 현지화 전략을 통해 비즈니스를 확대하고 있으며 미얀마에서는 KB마이크로파이낸스 미얀마의 영업점을 대규모로 확대하였다. 인도네시아에서는 2018년 7월 부코핀은행 지분을 22% 취득하며 2대 주주 지위를 확보했다. 선진국 시장에서는 '주재원 → 사무소 → 지점 → 법인'으로 규모를 키우는 기존 해외 진출 방식을 벗어난다. 글로벌 금융중심지마다 본점이 뒷받침하는 거점별 CIB로 새로운 성장 공식을 다지고 있다. 홍콩과 뉴욕 지점을 중심으로 IB 영업 활성화를 도모하고 있고, 2018년 5월에는 런던법인을 지점으로 바꾸어 유럽과 중동, 아프리카 시장 개척에 나서고 있다.

참고자료

- 웹데일리 2019.12.16 KB국민은행, 금융 · 통신 융합한 새로운 모바일 서비스 'Liiv M' 그랜드 오픈
- 머니투데이 2019.06.25 "약점을 강점으로"…국민은행 홍콩지점의 '변신'

- 조선비즈 2019.07.07 윤종규 회장 "주 40시간 근무체제 정착할 것"
- 조선일보 2019.10.06 "손만 대면 출금"…KB국민은행 '손으로 출금' 서비스 전국 영업점 확대

Chapter
09
자동차

Chapter9.
자동차

기아자동차

1. 재무현황

(단위 : 억원)

구분	2016년	2017년	2018년	2019년 3Q 누적
매출액	527,129	535,356	541,698	420,405
영업이익	24,614	6,622	11,574	14,192

　기아자동차의 올해 3분기 누적 판매는 국내에서 전년 대비 4.9% 감소한 37만 5,317대, 해외에서 전년 대비 0.6% 감소한 166만 8,463대 등 도매 기준 글로벌 시장에서 전년 대비 1.4% 감소한 204만 3,780대를 기록했다. 3분기 누적 매출액은 판매 감소에도 불구하고 고수익 차종의 판매 확대에 따른 제품 믹스 개선, 미국/내수 중심의 신차효과 및 우호적인 원·달러 환율 효과 등에 힘입어 전년 대비 3.3% 증가한 42조 405억원을 기록했다. 그 결과 1~3분기 영업이익은 지난해보다 83.0% 증가한 1조 4,192억원을 달성했고, 영업이익률은 전년 대비 1.5% 포인트 증가한 3.4%로 집계됐다.

　특히 최근 글로벌 업체의 경쟁이 가장 치열한 미국 대형 SUV시장에서 출시 7개월 만에 4만 대 이상 판매되며 성공적으로 시장에 안착한 텔루라이드는 기아자동차의 매출 확대와 수익성 강화에 크게 기여했다. 더불어 텔루라이드의 판매 호조는 북미시장에서의 기아자동차의 브랜드 이미지 제고에도 기여함으로써 수익성이 높은 기타 RV 차종의 판매 확대로 이어져, 올해 1~9월 누계 기준 RV 모델 판매 비중이 지난해 대비 3.5% 포인트 증가한 44.4%를 기록했다.

2. 사업현황

1) 국내시장

소형차, 하이브리드차, SUV의 판매는 증가했고, 중·대형차의 수요는 감소했다. 전년 동기 대비 4.9% 감소한 37만 5천 대(소매 기준)를 판매하여 29.1%의 시장 점유율을 기록했다. 신차 셀토스와 K7, 모하비 판매 확대에도 불구하고 쏘렌토, 스포티지, 카니발 등 노후화된 볼륨 차종들의 판매 감소로 전체 판매가 감소했다.

2) 미국시장

소형 상용차, SUV의 판매는 증가했고 승용차의 수요는 감소했다. 전년 대비 2.6% 증가한 46만 4천 대(소매 기준)를 판매해 3.6%의 점유율을 차지했다. 신형 텔루라이드가 3만 9천 대를 판매되며 호조를 이끌었다.

3) 아시아시장

중국시장: 중국은 경기 둔화 및 무역 분쟁 장기화로 전 차급에서 크게 수요가 감소했다. 중국시장 점유율은 1.5%에 머물고 있다. 전년 동기 대비 17.7% 감소한 20만 대(도매 기준)를 판매해 1.5%의 점유율을 차지했다. 중국 전략차인 즈파오, 이파오 및 페가스 등 현지 전략 모델의 판매 성장에도 불구하고, 산업 수요 급감 및 K2 등 볼륨 차종 부진으로 판매가 감소했다.

인도시장: 인도시장은 금융권 유동성 경색으로 수요가 위축되었다. 2019년 8월부터 총 1만 4천 대(도매 기준)를 판매했고, 현지 생산 첫 번째 모델인 셀토스는 출시와 동시에 판매 호조로 SUV-미드 차급 내 판매 상위권을 기록했다.

4) 유럽시장

독일 판매는 소폭 증가했으나 그 외 주요 국가인 영국, 프랑스, 이탈리아, 스페인의 판매 둔화로 시장 수요가 감소했다. 전년 대비 0.9% 증가한 39만 대(소매 기준)를 판매해 전체시장에서 3.2%의 점유율을 차지했다. 시장 수요 감소에도 불구 전략 모델인 씨드와 최근 출시한 씨드 파생차, 모닝, 스토닉, 니로 환경차의 견고한 판매에 힘입어 시장 성장률을 상회하는 판매 실적을 기록했다.

3. 주요이슈

1) 중장기 전략 'Plan S' 및 25년 재무/투자 전략 발표

기아차가 전기차(EV)와 모빌리티의 대중화를 이끄는 혁신 브랜드로 탈바꿈한다. 'Plan S'는 기존 내연기관 위주에서 선제적인 전기차 사업체제로의 전환과 동시에 맞춤형 모빌리티 솔루션을 제공함으로써 브랜드 혁신 및 수익성 확대를 추구하는 전략이다. 기아차는 2025년까지 11종의 전기차 라인업을 갖추며 영업 이익률 6%, 글로벌 점유율 6.6% 및 친환경차 판매 비중 25%를 달성하겠다는 계획을 내세웠다. 2026년에는 최근 실적이 부진한 중국 시장을 제외한 세계시장에서 전기차 50만 대를 포함해 친환경차 100만 대 판매 목표를 설정했고, 운송, 물류, 유통 등 기업 고객 등을 대상으로 하는 목적 기반 모빌리티(PBV, Purpose Built Vehicle) 시장에 주목하여 스케이트보드 플랫폼 기술이 적용된 PBV로 사업을 확대하겠다고 발표하였다. 또한, 전기차 인프라 확대를 위해 전기차 충전소, 차량 정비센터 등을 갖춘 모빌리티 허브를 글로벌 대도시에 구축할 예정이다.

2) 친디아(China+India) 공략

기아자동차는 친디아(ChIndia: China + India)시장을 적극적으로 공략 하겠다는 뜻을 밝혔다. 인도에서는 사업을 공격적으로 확대하고 중국에서는 체질 개선을 통해 수익성 향상을 이루겠다는 계획이다. 현대차의 인도시장 성공기를 지켜본 기아차도 인도시장을 확대하고 사드 이후 얼어붙은 중국시장을 다시 회복시키기 위해 노력하고 있다.

3) 영국서 딜러 회의 개최, 전기차 판매 확대

기아차 영국법인은 영국 리버풀에서 2020 딜러 콘퍼런스를 개최하고 지난해 우수한 실적을 보인 딜러들을 포상하고 2020년 판매 전략에 대해서 소통하는 시간을 가졌다. 기아차는 2020년 영국에 씨드의 플러그인 하이브리드 모델을 비롯해 새로운 e-니로, 쏘울 EV 등을 통해 전기차 시장의 점유율을 높여갈 계획이다.

4) 영국 전기차 전문업체 '어라이벌' 인수

기아자동차는 영국의 전기차 전문 업체 '어라이벌'에 1,290억원 규모의 전략투자를 실시해 인수하였다. '어라이벌'은 2015년 설립된 전기 상용차 전문 스타트업이다. 전기차에 사용되는 전기 배터리, 모터와 함께 자율주행 기술을 보유하고 있다. '스마트 모빌리티 솔루션 제공 기업'을 추구하는 기아차에게 Clean Mobility로의 전환과 전기차 부문의 경쟁력을 확보할 수 있는 좋은 선택이다.

5) 호주 오픈 연계 글로벌 마케팅 전개

호주 오픈 공식 스폰서인 기아차가 대회 공식 차량 전달식을 시작으로 '2020 호주 오픈 테니스 대회'의 본격적인 마케팅에 나선다. 지난 2002년부터 19년 연속 호주 오픈을 공식 후원하고 있으며 지난 해에는 호주 오픈을 통해 약 7억 3,500만달러 상당의 홍보 효과를 거뒀다. 기아차는 올해에도 다양한 디지털 콘텐츠를 활용한 특색 있는 마케팅 활동을 진행할 예정이며, 호주 오픈 현장의 뜨거운 열기를 고객들에게 생생하게 전달할 계획이라고 한다.

6) 신형 쏘렌토 3월 출시

기아자동차 중형 SUV 쏘렌토의 4세대 완전 변경 모델이 오는 3월 국내시장에 출시된다. 신차는 내 외관 대대적 디자인 변경과 하이브리드와 플러그인 하이브리드 등 친환경 파워 트레인의 적극 도입으로 상품성이 대폭 업그레이드될 것으로 알려졌다. 코드명 MQ4로 개발 중인 신차는 현행 모델 보다 역동적인 외관 디자인을 바탕으로 주행 및 안전 성능을 크게 강화한다. 또한, 여기에 하이브리드와 플러그인 하이브리드 등 친환경 파워 트레인이 적극 도입된다.

7) 텔루라이드 '2020 북미 올해의 차' 선정

미국 디트로이트 TCF 센터에서 열린 '2020 북미 올해의 차' 시상식에서 텔루라이드가 유틸리티 부문 북미 올해의 차로 선정됐다. 텔루라이드는 럭셔리 SUV 수준의 디자인과 프리미엄 경험을 선사하는 신사양 및 성능을 겸비한 SUV이며, 기존 SUV 브랜드들이 긴장해야 할 새로운 스타 플레이어라는 평가를 받았다. 텔루라이드가 북미 올해의 차 수상을 계기로 글로벌 시장에서 더 큰 활약을 보일 것으로 기대된다.

8) 기아자동차, 2019 임금협상 2차 잠정합의

2019년을 넘겨 협상이 이어지고 있는 기아차와 노조 간의 협상이 잠정합의안을 도출했다. 기아차 노조는 올해는 현대차보다 더 많이 받아야 한다는 목표를 가지고 파업에 돌입했다. 작년 12월 10일, 기본급 4만원 인상, 성과금 및 격려금 150%+300만원, 전통시장 상품권 20만원, 사회공헌기금 30억원 출연을 잠정적으로 합의했다. 노사는 14일 협상에서 사내 복지 기금 10억원 출연, 휴무 조정(5월 초 6일간 연휴), 잔업 관련 노사 공동 TFT 운영 등을 합의했다. 2차 잠정안에 대한 찬반 투표는 17일에 이루어질 예정이다.

4. 향후예상

1) 플랜S와 친디아 시장 확대

기아차가 뒤늦게 전기차에 대한 투자를 대폭 늘리며, 영업이익률 성장세를 두 자릿수 이상으로 가져가겠다는 플랜S에 대해 회의적인 시각이 보인다. 플랜 S 도입으로 인해 바로 이전과 같은 수익성 회복은 어려울 것이라 생각한다. 프로세스 전동화·고급화에 따른 원재료비 상승 등 판매 보증비, 연구 개발비 등의 고정비 부담도 지속되고 있기 때문이다. 또한, 품질·환경 규제와 관련한 미래 기술 연구 개발비도 추가적인 투자가 필요한 실정이다.

그러나 개인적으로는 기아차가 반등할 기회라고 생각한다. 나름 현실적인 플랜 S를 잘 실행하고, 더불어 중국과 인도시장을 신경 쓰면 가능할 것 같다. 기아차의

19년 9월 말 연결기준 영업이익률은 3.4% 수준으로, 22년까지 5%를 달성하겠다는 목표가 다소 높아 보인다. 하지만 17년 1.2%로 바닥을 찍은 뒤 2년 만에 3.4%까지 성장한 것을 보면, 22년까지 5%를 달성하겠다는 목표는 실현 가능해 보인다. 현재 판매되는 신형 차들이 좋은 평가를 받으며 안정적으로 시장을 구축해 나가고 있기 때문에 충분히 가능할 것 같다.

또한, 현대차가 2010년 이후 인도시장에서 단 한 번도 적자를 보이지 않은 것을 보고, 기아차도 친디아 시장을 공략할 비전을 공개했다. 기아차는 22년까지 RV 중심의 신규 라인업을 추가해 4개 차종을 인도에 선보이며, 공장 가동률을 최대로 끌어올려 22년 30만 대 생산 체제를 구축해 성장세를 이어갈 방침이라고 한다. 기아차는 중국시장에 대해 근본적인 체질 개선에 나설 계획으로, 중장기적 관점에서 브랜드 혁신이 생산, 판매 향상으로 선순환할 수 있도록 할 예정이다. 라인업 효율화, 지역별 전략차 운영, 딜러 경쟁력 제고 등 수익성 위주의 내실 강화에 초점을 맞출 방침이다. 2017년부터 현지전략 신차인 페가스(C1차급), KX크로스(SUV)를 출시하여 라인업을 보강하고 있고, 전략차인 즈파오, 이파오 등의 판매가 양호하기에 판매를 꾸준히 늘려나갈 것이다.

2) 친환경 차량 수요 증가

유럽을 시작으로 많은 국가들에서 환경 규제가 강화되며 친환경 차량의 수요가 증가하고 있다. 특히 유럽시장은 2021년 세계 최고 수준의 환경 규제 도입이 예상되고 있기 때문에 전동화 차량의 수요가 급증할 것으로 예상된다. 이에 기아차는 '어라이벌'과 협력과 R&D 부문의 막대한 투자를 통해 글로벌 친환경 차량 시장을 선도하는 입지를 다지고자 노력하고 있다. 단순히 전기차의 판매에만 몰두하는 것이 아닌, 전기차를 이용할 수 있는 인프라를 구축하기 위해 세계 주요 도시에 '모빌리티 허브'를 구축하고 있다. 지금도 전기차에 대해 이야기할 때 충전소는 주변에 많이 있는지를 먼저 고민하는 만큼, 인프라를 조성하려는 노력이 돋보였다. 또한, 목적 기반 모빌리티(PBV)를 통해 고객들에게 맞춤형 서비스를 제공하고자 하는 것이 고객 친화적인 목표를 가지고 있다는 것을 보여준다. 현대자동차와 함께 공격적인 R&D 투자와 글로벌 친환경 차량 시장 공략을 이어가서 국내 기업들의 글로벌시장에서의 영향력을 더욱 높여야 한다.

3) 노사 갈등 합의

노사 갈등은 현대차 그룹이 가진 고민 중 하나이다. 현대자동차 노조는 작년 여름 일찌감치 노사 합의 이뤄낸 것에 비해 기아자동차 노조는 아직도 파업을 이어가고 있다. 직원들 입장에서는 자신들의 이익을 위해 싸우는 노조가 좋게 보일 수 있겠지만, 자신들의 일자리를 제공하는 기업의 입장에서는 다소 답답함이 느껴질 것이다. 악순환이 이어지지 않도록 노사 간의 합의가 빠르게 진행되어야 한다. 합의 과정에서 자신들의 이익만을 내세우기보다는 하나를 내주고 하나를 받는, 장기적인 시각으로 바라보며 서로에게 생산적인 결과를 도출해내야 한다.

참고자료

- 에너지경제 2020.01.29 기아차, 영국서 딜러 회의 개최…전기차 판매 확대 드라이브
- 오토헤럴드 2020.01.23 기아차, 신형 쏘렌토 3월 출시 '디자인 · 파워트레인 대대적 변화'
- 조세일보 2020.01.16 기아차, 2022년 영업이익률 5% 달성 가능할까?
- 오늘경제 2020.01.16 '형만한 아우 있다'…기아차, 현대차보다 실적 상승세 우세
- 뉴스토마토 2020.01.16 현대 · 기아차, 영국 전기차업체 '어라이벌'에 1290억 투자
- 위키리크스한국 2020.01.16 기아자동차, 호주 오픈 연계 글로벌 마케팅 전개
- Thebell 2020.01.15 기아차, 재무목표 달성 핵심 '친디아' 시장 공략
- 이지경제 2020.01.14 기아자동차, 텔루라이드 '2020 북미 올해의 차' 선정
- 매일경제 2020.01.14 기아차, 전기차 · 모빌리티 양대축 키운다
- 이데일리 2019.12.10 기아차 노사, 2019년 임금협상 잠정합의안 도출
- 오토모티브리포트 2019.09.24 현대자동차, 앱티브(APTIV)와 미국 현지에 조인트벤처 설립
- 비즈니스코리아 2019.03.19 현대 · 기아차, 인도 '올라(Ola)'에 3억 달러 전략 투자

한국타이어

1. 재무현황

(단위 : 억원)

구분	2016년	2017년	2018년	2019년 3Q 누적
매출액	66,218	68,129	67,951	18,332
영업이익	11,032	7,934	7,023	1,801

2019년 승용차용 타이어 매출액 중 17인치 이상 고인치 타이어 비중은 55%에 달한다. 2019년 4분기는 완성차 생산 감소와 시장 재고로 실적이 감소할 것으로 예측된다.

2018년에는 한국타이어월드와이어와 분할한 이후 최저 수준을 기록했다. 중국을 포함한 글로벌 자동차 시장 수요 둔화로 OE타이어[20] 와 RE타이어[21] 판매율이 전반적으로 저조한 탓이다. 중국 및 유럽 등 해외 시장의 부진으로 매출액은 6조원 대에 그쳤고 영업이익률은 간신히 두 자릿수를 지켰다. 지역별로 살펴보면 국내시장은 2017년 보다 2% 증가한 2,550억원의 매출고를 기록했다. 반면 중국, 유럽, 북미 지역은 모두 감소세를 보였다. 그나마 유일한 위안거리는 17인치 이상의 고인치 타이어 판매가 유럽과 미국 등 주요 시장에서 작년보다 3.9% 더 팔렸다는 점이다. 이는 한국타이어의 전체 승용차용 타이어 매출의 52.3%에 달하는 수준이다.

2. 사업현황

대한민국 타이어 점유율 1위, 대형차량 시장 점유율 1위, 세계 타이어 업계에서는 2018년 매출 기준 세계 7위 차지하고 있으며, 매출 구조의 80%를 해외에서 얻

---

20 *OE타이어: 신제품에 들어가는 타이어/북미와 인도 지역에서 선방, 중국 등 다른 지역에서는 부진함

21 *RE타이어: 교체하여 장착하는 타이어/유럽, 중국 등에서 안정적인 성장세 but, 국내시장을 비롯하여 북미와 중동 지역에서 부진함, 유럽과 미국에서는 OE타이어를 그대로 RE타이어에 판매하고 있기도 함 / 소비자가 원하는 시간에 재고가 부족하지 않게 타이어가 교체되어야 하기 때문에 적기에 타이어가 제공되는 게 중요함

고 있다.

1) 타이어부문 (타이어 생산 및 판매)

국내에서는 RE타이어 시장 비중이 70%이다. 벤츠, 아우디, 포드, 포르쉐 등과 같은 고급차에 OE 공급을 납품하고 있다.

2) 비타이어부문 (타이어 생산에 필요한 기계장치 생산과 유지보수)

3) 자체 판매 대리점 채널인 T station 운영

카쉐어링 시장이 커지게 되면서 직접적인 타이어 교체 수요보다는 공유차량을 관리해주는 정비 서비스 수요가 많아지게 된다. T station 에서 멀티브랜드 판매와 경정비 서비스 등 유통혁신에 나서며 수요에 대응하고 있다.

3. 주요이슈
1) 사명 변경 (한국타이어→한국타이어앤테크놀로지)

한국타이어그룹이 글로벌 브랜드인 '한국(Hankook)'을 반영한 통합 브랜드 체계를 구축한다. 이에 따라 지주사 및 주요 계열사의 사명을 변경하고 테크놀로지 기반의 혁신을 통해 미래 경쟁력 강화를 위한 새로운 전기를 마련한다는 방침이다. 사명 변경은 미래 산업 생태계의 불확실성이 점차 커지고 있는 4차 산업혁명 시대에 대응하기 위해 개별 계열사 비즈니스 경쟁력 강화를 넘어서 새로운 비즈니스 영역 개척에 도전하는 파괴적 혁신을 지속하게 해 줄 초석을 다지기 위해 추진된다.

2) 벤투스, 키너지, 스마트 중심 상품체계 개편

벤투스 라인업은 최첨단 기술력을 반영해 어떠한 주행 조건에서도 최고의 퍼포먼스를 발휘한다는 평가를 받는다. 이 제품은 세밀한 조종 안정성과 뛰어난 코너링 성능을 발휘한다. 특히 벤투스 라인업의 대표 모델인 '벤투스 S1 에보' 시리즈는 여러 글로벌 프리미엄 완성차 브랜드와 신차용 타이어 공급 계약을 체결하며 기술력을 입증했다. 지난달 국내에 출시된 키너지 라인업은 유럽 최고 권위의 자동차 전문지 아데아체 모터 벨트와 아우토빌트의 타이어 성능 테스트에서 모두 최고 등급인 '강력 추천'을 획득했다. 안정적인 주행능력과 뛰어난 제동력, 마일리지 등 다양한 성능이 조화를 이뤄 소비자 만족도가 높은 제품으로 컴포트 타입의 '키너지 EX'를 비롯해 '키너지 GT', '키너지 Eco', '키너지 EV' 등이 포함된다. 한국타이어는 글로벌 프리미엄 브랜드와의 전략적 파트너십을 확대하여 전 세계 46개 완성차 브랜드, 320여 개 차종에 신차용 타이어를 공급하고 있다. 특히 벤투스와 키너지 라인업은 포르셰를 비롯해 독일 대표 3대 프리미엄 완성차 브랜드 메르세데스-벤츠, BMW, 아우디, 일본 도요타, 혼다, 닛산 등에 공급되고 있다. 스마트 라인업은 뛰어난 경제성을 바탕으로 합리적인 소비를 지향하는 고객에게 최적화된 제품이다. 특히 향상된 트레드 내마모도와 강화된 내구성을 바탕으로 높은 마일리지 성능과 가성비를 중시하는 소비자들에게 인기를 얻고 있다.

3) 사업 다각화

2019년 초 카라이프 사업본부 설립 후 승용차, 버스, 트럭 등 자동차 관리 사업에 진출했다.(티스테이션, 픽업&딜리버리 서비스등이 있다.) 한국타이어는 매출의 99.4%를 타이어 부문이 차지하고 있으며, 이 중 80%가량이 해외에서 판매되고 있다. 글로벌 비중이 절대적인 만큼 국내와 해외의 제품과 자원을 효율적으로 관리하는 게 필요한 상황이다. 이 사업을 통해 승용차, 버스, 트럭 등 자동차 관리사업에 진출할 계획이다. 올해 사업 다각화 차원으로 푸조 등을 판매하는 딜러 사업에 진출했다. 카라이프 사업은 자동차의 정비 외에 오일 교체 등 관리까지 포괄하는 영역이다. 앞으로 차량 관련 토탈서비스를 제공한다.

4) 신흥 시장 부상 대비

매출의 80%가 해외에서 발생하는 만큼, 해외조직 신설(아시아 태평양, 중동, 아프리카), 오스트리아, 인도네시아, UAE, 베트남에 법인을 설립하고 타이베이(대만), 베오그라드(세르비아) 등에 지점을 설립했다.

5) R&D에 꾸준한 투자

한국타이어 앤 테크놀로지는 지속적인 연구개발(R&D) 투자를 기반으로 세계 타이어 시장을 선도해 나가고 있다. 지난해 R&D에 투자한 비용만 약 2,000억원에 달한다. 한국타이어의 R&D 핵심 역할을 담당하는 곳은 대전에 있는 '한국테크노돔'이다. 한국테크노돔은 최첨단 설비를 갖춘 전 세계 각 대륙에 위치한 한국타이어의 4개 연구소(미국·독일·중국·일본)를 총괄하는 R&D 센터로, 타이어 원천 기술 개발을 맡고 있다. 특히 한국테크노돔 내 '드라이빙 시뮬레이션 센터'에선 포뮬러1을 비롯한 주요 레이스 트랙과 테스트 트랙의 노면 정보를 적용해 실제와 같은 가상 테스트 드라이빙이 가능하다. 테스트를 통해 주행 중 자동차의 모든 특성 값을 디지털화해 기록하며 정밀 연구를 진행 중이다. 세계 최고 수준의 타이어 소음 테스트 실험실도 갖췄다. 그 결과 한국타이어는 초고성능 타이어 '벤투스', 전기차용 타이어 등을 개발, 국내외 시장을 이끌고 있다. 특히 한국타이어의 초고성능 타이어 벤투스는 안정적인 접지력과 민첩한 핸들링은 물론 정숙성과 승차감, 젖은 노면 제동력 등을 고루 갖춘 초고성능 타이어로 전 세계적으로 기술력과 품질을 인정받고 있다.

6) 사우디아라비아 딜러사인 빈 시혼그룹과 50년간 파트너십 유지

빈시혼 그룹은 지난 1969년 한국타이어와 제휴관계를 맺고 현재 사우디 타이어 시장의 22%를 차지하고 있는 현지 최대의 가장 전통 깊은 타이어 딜러사다. 빈시혼 그룹은 지난 1950년 모하메드 빈시혼이 창립한 회사로 부동산, 가정용품, 배터리, 윤활유, 타이어, 건설, 산업 제품 등 다양한 부문에서 사업을 벌이고 있다. 이 가운데 타이어 딜러 부문이 가장 큰 계열사다.

7) 국내 RE타이어 시장 70% 점유

'픽업 앤 딜리버리 서비스' 직원이 고객을 직접 방문해 차량을 수령하고 타이어 교체나 경정비 점검 작업을 진행한 뒤 다시 가져다주는 서비스로 한국타이어만의 차별성을 보이고 있다.

8) 작년 현대의 팰리세이드와 신형 쏘나타 OE타이어 공급사에서 제외

교체용 타이어(RE) 수요도 북미와 중국을 제외한 전 지역에서 감소하고 있는 것으로 보인다. 이 때문에 해외 판매 비중이 큰 한국타이어 역시 완성차 시장 정체에 따른 제품 수요 감소의 직격탄을 맞았다. 문제는 안정적인 수익 확보의 기반이 돼야 할 '안방'에서도 별다른 재미를 보지 못하고 있다는 점이다. 현대차그룹이 최근 출시한 신차에 한국타이어는 수입 타이어 업체들에게 밀려 제품을 거의 공급하지 못하고 있다. 특히 이들 신차가 국내 시장에서 예상을 뛰어넘는 큰 인기를 누리면서 상대적으로 공급사에서 제외된 한국타이어는 더욱 쓰린 속을 달래야 하는 처지가 됐다. 현대차그룹의 고급 브랜드인 제네시스는 지난해 말 출시한 대형세단 G90 부분변경 모델에 수입 타이어 업체인 미쉐린과 콘티넨탈의 제품을 장착했다. 현대차의 대형 스포츠유틸리티차량(SUV) 팰리세이드에도 미쉐린과 일본 업체인 브리지스톤의 타이어가 적용됐다. 당시 제네시스 차량에서 진동과 소음이 발생한다는 소비자 불만이 빗발치자, 현대차는 차량에 탑재된 한국타이어 제품이 한쪽 측면만 마모돼 문제가 생겼다는 조사 결과를 발표했다. 한국타이어는 결국 현대차의 요구대로 문제가 생긴 제품을 전량 교체해주었지만, 제네시스의 고급화 전략에 차질을 빚게 만든 당시 일을 현대차는 그냥 넘어가지 않았다. 현대차는 이후 출시한 제네시스 G80과 신형 그랜저 등 주요 신차에 한국타이어 대신 미쉐린 등 수입 타이어를 기본 장착했고 몇 년이 지난 지금까지 이 같은 기조를 유지하고 있다.

9) 17인치 이상의 고인치 타이어 판매확대

한국과 유럽, 북미, 중국 등 주요 시장에서 17인치 이상 고인치 타이어의 안정적인 성장세를 보인다. 특히 프리미엄 브랜드 위상이 더욱 강화됐고, 특히 북미시장의 교체용 타이어 시장에서 고인치 타이어의 판매 증가 및 픽업트럭, SUV 위주의 신차용 타이어 공급이 증가하였다. 포르쉐SUV(카이엔), 아우디SUV(Q8), 포드SUV(포드 익스플로러)에 신차용 타이어를 공급하여 글로벌 SUV 시장 수요 증가에 따라 고인치 라인업을 보다 강화한다.

10) 미국 최대 트럭 정비 네트워크 '러브스 트래블 스톱'과 파트너십

미국 시장에서 트럭버스용 제품의 유통 경쟁력 높아질 것으로 예측된다. 이는 장거리 주행에 적합한 한국타이어의 첨단 '스마텍'기술이 접목되어 마일리지, 안전, 견인력 등 주요 성능을 높인다. 혁신적인 기술력을 바탕으로 트럭/버스용 타이어 포트폴리오를 적극적으로 확장하는 모습으로 볼 수 있다.

4. 향후예상

1) 프리미엄 타이어 주력

현대, 기아차가 한국타이어 대신 해외 타이어를 선택하면서 국내 수요 하락, 한국타이어도 도요타, 닛산, BMW 등으로 판매처 다각화할 전망이다. 자동차 산업이 침체되면서 프리미엄 타이어에 주력한다. 이는 일반 타이어보다 마진율이 높아 수익성 확보 가능하며, 한국타이어뿐만 아니라 타이어 업계 모두 해당한다. 2020년은 자동차 시장이 소폭 반등할 것으로 예상되며, 전기차와 SUV 타이어 판매 확대 기대된다. 특히 북미 전기차 업체가 주 고객일 것으로 보인다. 2020년 전기차와 SUV 판매 증가가 예상되는 만큼, 전기차 맞춤 타이어와 SUV 타이어의 수요가 늘어날 전망이다.

한국타이어의 경우 전기차 맞춤 타이어를 한 종류 생산하고 있다. 넥센타이어, 금호타이어, 콘티넨탈 등은 전기차 전용 타이어를 판매하고 있지 않다. 일반 승용차용 타이어를 사용해도 크게 문제는 없으나, 전기차 전용 타이어는 전기차만의 특성을 반영하여 설계되었다는 점과, 세계 전기차의 수요가 많아진다는 점을 고려하면 한국타이어의 전용 타이어의 수요가 높아질 것이라고 생각한다. 하지만 넥센타이어와 금호타이어의 내실이 다져지고 경쟁력이 높아지고 있는 만큼 점유율 하락에도 신경 써야 할 것으로 보인다. 또한 17인치 이상 고인치 승용차용 타이어를 주심으로 프리미엄 상품에 대한 경쟁력 강화 및 브랜드 이미지 제고에 주력할 전망이다. 또한, 신차용 타이어 공급 포트폴리오를 다변화하여 안정적인 성장 구조를 구축하고 해외 지역별 유통전략 최적화해 나갈 방침이다.

2) 불확실성 증가

글로벌 타이어 시장은 감소 폭이 개선되고 있지만 완성차 생산 감소와 시장 재고로 부진 해소폭은 제한적이고 기후 온난화로 윈터 타이어에 대한 주문이 지연되고 있어 4분기 기여가 불확실하다. 또한 미국 테네시공장은 3분기 계절적 비수기 영향으로 소폭 적자를 나타냈지만 2분기 BEP(손익분기점)를 돌파한 개선 기조는 유지되고 있으며 추후 증설은 현 공장의 안정화와 경기 고용 상황을 보고 시기를 검토할 계획이다.

3) 한국타이어앤테크놀로지

미래 혁신기술 확보에 집중, 스마트 팩토리 구축, 브랜딩 강화, 네트워크 중심의 신성장 추진 체계 확립을 목표로 한다. 스마트 팩토리는 생산관리 시스템 개발 및 지능화, 공정 물류 자동화 시스템 최적화 등 인공지능과 빅데이터를 통한 생산 효율 극대화한다. 타이어 업계가 매출액 대비 R&D 투자를 늘려가고 있지만 한국타이어는 2019년 3분기 매출액 대비 R&D 비율이 2.8%에서 머무르고 있다.

참고자료

- Motorgraph 2019.10.22 한국타이어, 美 최대 트럭 정비 네트워크 '러브스'와 파트너십 체결
- 비즈니스 와치 2019.03.14 한국타이어, 이름 석 '타이어' 떼며 3세 시대 개막
- 조선비즈 2019.05.03 한국타이어, 車 시장 침체에 현대차마저 외면하자 '위기'
- 더 벨 2019.05.03 한국타이어, 신흥시 장서 가능성 확인했다
- 아시아투데이 2019.05.23 타이어 업계, 실적 정체 언제까지… 글로벌 시장 저성장이 발목
- 뉴데일리경제 2019.05.08 한국타이어그룹, 통합 브랜드 구축… 한국타이어→'한국타이어 앤테크놀로지'로 사명 변경
- 조선비즈 2019.09.25 작년 R&D에 2000억원 투자… 초고성능 타이어 선도
- 오토데일리 2019.05.02 한국타이어, 車 판매 감소, 경쟁 격화로 1분기 영업이익 24% 감소
- 한국경제 2019.11.05 작년 R&D에 2000억원 투자… 초고성능 타이어 선도

현대모비스

1. 재무현황

(단위 : 억원)

구분	2016년	2017년	2018년	2019년
매출액	381,617	351,445	351,491	384,800
영업이익	29,046	20,249	20,249	23,593

2019년 연결기준 매출액이 38조 488억원으로 전년 대비 8.2% 증가했다. 영업이익은 2조 3,593억원으로 16.5% 증가했고 당기순이익은 2조 2,943억원으로 21.5% 늘었다. 실적 개선의 주 요인은 전동화 부품의 매출 증가와 글로벌 수출 확대이다. 2017년 처음으로 전동화부품 분야에서 매출 1조 원을 기록한 후 2018년 1조 8,000억원, 2019년 2조 8,000억원 등 매년 50% 이상 성장세를 이어갔다. 2019년 현대모비스는 현대·기아차 외 글로벌 완성차 제조사에 2조 860억원의 핵심부품을 수주했고 북미 시장에서만 1조 2,300억원의 실적을 거뒀다.

2. 사업현황

1) 핵심부품 제조부문

핵심부품 제조 부문에서는 능동형 주행 보조 시스템(ADAS), 전기에너지를 기계 에너지로 변환하는 구동모터, 전동화 차량 구동에 필요한 배터리 시스템 등 자동차 시스템 솔루션을 개발, 생산한다. 2019년 상반기 전동화 부문 매출 1조 원 돌파를 조기 달성하며 매출비중이 커지고 있다. 또한, 자율주행 센서 1위 회사와 손잡고 2021년 자율주행 레벨3 상용화를 목표로 하고 있어 핵심부품 사업의 비중은 점점 커질 것으로 보인다.

2) 자동차 모듈제조

모듈제조 사업부문은 자동차 3대 핵심 모듈인 샤시모듈(차량하부에서 뼈대를 이루는 부품), 칵핏모듈(탑승자의 편의장치 및 주행정보 제공하는 시스템), 프론트 엔드 모듈(차량의 전반부 외부공간 시스템)을 개발, 생산하고 있다. 미래차 부문이 힘을 받으며 전동화, 부품 제조 등 핵심기술 관련 모듈 사업은 매출이 증가하고 있지만, 규모는 크지만 기술집약도는 비교적 낮은 모듈 조립 부분은 비중이 감소하고 있다. 최근 2년간 매출은 최소 6조 4,000억원에서 8조 원 사이를 오르내리고 있다.

3) 자동차 AS 부품

AS 부품 사업은 현대모비스의 이익에 큰 비중을 차지한다. AS 부품 사업 분야에서는 국내외에서 운행 중인 현대, 기아자동차 약 6,100만여 대의 AS 부품과 국내외 240여 차종 270만 품목을 대상으로 AS 부품을 공급하고 있다. 이외에 수소전기차 핵심 부품도 생산하며 세계 최초의 수소전기차 모듈 양산 설비를 갖추고 있다. 현대, 기아차의 국내외 시장 판매가 꾸준히 누적되면서 AS 부문의 매출은 꾸준히 증가하고 있다. AS 부문은 2019년 1분기 영업이익률 25.13%를 기록하면서 현대모비스 전체 영업이익의 92%를 창출했다.

4) 자동차 용품

차량용 소화기, IoT블랙박스, 에어케어시스템, 커스터마이징 등 필요한 용품을 판매한다.

3. 주요이슈
1) 자율주행

현대모비스는 CES2020에서 콘셉트카를 통해 자율주행관련 소프트웨어와 부품 활용 범위를 소개했다. 향후 3년간 9조원을 투입해 미래 모빌리티 사업을 집중 육성할 계획이다. 2021년까지 자율주행 레벨 3 상용화 기술을 확보하고, 전동화 부품 생산을 늘릴 계획이다. 또한 투자를 통해 모기업 의존도를 낮추고 독자생존 능력도 함께 키울 생각이다. 이에따라 현 90%수준의 의존도를 2025년 60%까지 줄이는 목표를 세웠다.

2) 전기차

전 세계적으로 부는 친환경차(전기차) 바람과 현대, 기아차의 전기차 증산 계획에 맞춰 현대모비스는 울산에 연간 10만 대 규모의 전기차 핵심 부품 생산이 가능한 공장을 짓는다. 내연기관 차량의 판매량 급감에 따른 자동차 산업의 위기를 전동화 전략으로 돌파하겠다는 의지이다. 이는 다른 부품 공장과 달리 전동화 부품에 특화된 공장이다. 2019년 글로벌 친환경차 시장 규모는 597만 대 였다면, 2025년에는 약 2,000만 대로 예측된다. 현대모비스는 2018년 해외 완성차 업체를 대상으로 1조 9,000억원 규모의 핵심 부품 수주를 달성했다. 2019년은 아직 나오지 않았지만 21억 달러 수준으로 예측된다. 이는 2015년부터 매년 늘어나는 추세이다. 전체 해외 수주액의 60%에 가까운 10억 달러 규모가 모두 전기차 업체에 수주한 매출이다.

4. 향후예상

1) '미래차'에 집중

자율주행과 전동화, 커넥티비티 등 미래차 경쟁력 강화를 위한 인재를 확보할 것으로 보인다. 이미 2018년 소프트웨어 중심 회사로의 변화를 선언하며 2025년까지 4,000명 수준의 소프트웨어 설계인력을 확충할 것을 목표로 했다. 현대모비스는 2018년 11월 실리콘밸리에 투자 거점인 모비스 벤처스를 세우며 스타트업에 공격적 투자를 하고 있다. 자율주행과 친환경차 관련 부품 기술 발굴에 집중하기 위해 계속해서 신기술을 보유한 스타트업을 발굴하고 있다. 전기차 증산, 중형급 및 SUV 전기차와 제네시스 전기차가 등장한다면 현대모비스는 더욱 상승세를 탈 것으로 보인다. 그렇다면 현대모비스의 전동화 부품 매출은 약 30% 늘어나며 매출 비중도 8.8%까지 끌어올릴 것으로 기대된다.

2) 3년간 모빌리티 사업 집중 육성

현대모비스는 향후 3년간 9조 원을 투입해 미래 모빌리티 사업을 집중 육성할 것이다. 앞으로 자율 주행 관련 상용화 기술을 확보하고 전동화 부품 생산을 늘릴 계획이라고 한다. 미국 및 중국 내 보조금 축소의 여파로 상반기는 부진하겠지만 하반기부터 기저효과가 작용할 것이고, 유럽에서는 이산화탄소 배출가스 규제가 강화되면서 완성차별로 의무적으로 친환경차 투입을 늘려야 하기 때문에 현대차 기아차의 친환경 생산도 지속적으로 증가할 수밖에 없다. 이에 따라 현대모비스 전동화 부품 매출액도 올해 30% 증가하고, 매출 비중도 지난해 7.2%에서 올해 8.8%까지 상승할 것으로 예상된다.

참고자료

- 파이낸셜뉴스 2020.01.27 "전기차 등 전동화 분야 본격 선도" 현대모비스, 9조원이상 집중 투자
- 파이낸셜뉴스 2020.01.25 현대모비스, 미래 모빌리티 사업강화
- 조선비즈 2019.08.28 현대모비스, 두번째 친환경차 부품공장 울산에 착공
- 조선비즈 2019.12.23 현대모비스, 두번째 친환경차 부품공장 울산에 착공
- 매일경제 2020.01.14 기아차, 전기차 모빌리티 양대축 키운다 2020년
- 헤럴드 경제 2020.01.05 "현대차, 양적 성장보다 수익성 초점 맞추는 2020년
- 뉴시스 2020.01.02 신년사: 현대차 정의선 부회장 "2020년, 미래시장 리더십 확보 원년 될 것"
- 중앙일보 2019.12.31 현대차, 전기차 세계 8위 -> 3위 정의선 승부수 통했다

현대위아

1. 재무현황

(단위 : 억원)

구분	2016년	2017년	2018년	2019년
매출액	75,894	74,874	78,805	73,146
영업이익	2,627	167	50	1,019

중국에 위치한 현대위아 공장의 가동률 감소로 인해 2017년과 2018년 영업이익이 감소했다. 현대위아는 현대기아차에 부품을 납품하는 사업을 주로 영위하는데, 사드 배치 보복과 미 · 중 무역전쟁으로 현대자동차 중국 공장 가동률과 더불어 중국의 타국 산업 규제가 심해지면서 현대위아도 덩달아 가동률이 현저히 떨어졌다. 이로 인해 2016년 2,627억원이던 현대위아의 영업이익이 현재 20배 가까이 떨어졌다.

2. 사업현황

1) 자동차부품사업

국내 자동차 부품산업은 중소기업 중심의 업계 구조를 가지고 있으며 부품설계 및 개발 등에 있어서 완성차 업계에 대한 높은 의존도를 보이고 있다. 이러한 요인 및 국내 완성차 업계의 과점적 구조 등으로 국내 부품산업은 완성차 업계의 경기에 크게 영향을 받는 수익구조를 갖고 있다. 사업 비중의 87%를 차지하는 부문으로, 엔진, 모듈, AWD, 등속조인트, 친환경부품, 소재 등 자동차 구동 핵심부품을 공급한다. 국내 자동차 부품 업체 중 유일하게 엔진을 생산한다.

2) 기계사업

공작기계사업

공작기계는 주로 자동차, 항공기, 선박을 포함한 기계류의 부품 제작에 활용되는 제품으로, 제조업의 설비 투자 동향에 민감하게 영향을 받으며 전기, 전자 및 통신, 반도체 제작 기계의 기반이 되는 관계로 업종 관련 지수에 선행하는 특성이 있다. CNC 선반, 머시닝센터, 공장자동화(FA) 라인 등 글로벌 최고 수준의 기술을 적용한 공작기계를 연간 7,000대 이상 전 세계 제조업체에 공급한다. 스마트팩토리 시스템을 자체적으로 개발했다.

특수(방위)사업

방위사업의 주요 수요처는 국방부 및 해외 국방 관련 기관이며 수요 규모는 방위산업의 특성상 한정적이다. 주로 내수 위주의 산업이 진행되고 있으며, 수요변동에 대한 영향은 미미하다. 중, 대구경 화포 포신 및 함포는 물론 항공기 랜딩기어를 국내외에 공급한다.

3. 주요이슈

1) 적자규모 축소

현대위아는 저수익 사업인 모듈 부문을 축소하고, 고성능 다축 공작기계인 X 시리즈 등 고수익 제품 중심으로 개선해 나가며 적자 규모를 줄여가고 있다. 모듈 사업 매출은 2018년 3분기 5,090억원에서 2019년 3분기 3,910억원으로 감소했다.

2) 자동차 구동축 구조 변경 성공

현대위아는 2019년 1월, 기술적 한계로 100년 넘게 바뀌지 않은 기존 자동차 구동축 구조를 바꾸는 데 성공했다. 등속 조인트 · 휠 베어링 하나로 통합해 '기능통합형 드라이브 액슬'(IDA)을 개발했다. 이는 자동차 부품사 최초이며 1년도 채 되지 않은 현대위아의 최근 이슈이다. 현대위아는 현대자동차의 전기차 전용 플랫폼에 새 구조를 적용하는 것을 시작으로 적용 차종을 늘려갈 계획이라고 밝혔다.

3) 현대자동차 GV80 호조

현대자동차의 GV80이 하루 만에 15,000여 대가 예약 판매되면서 예상 판매 실적의 반을 하루 만에 달성했다. 여기서 현대위아가 최대 수혜자라는 말이 나오고 있다. 현대위아는 GV80에 탑재되는 4륜 구동 관련 부품들을 제작하는데, 현대모비스와 만도에서 납품하는 운전자 보조 시스템보다 가격 폭이 커 현대위아에게

GV80의 성공은 좋은 소식이 아닐 수 없다. 더불어 신규 공장 가동률 회복과 현대차의 RV 믹스 개선의 수혜로 차량 부품의 수익성이 지속적으로 오르고 있는 만큼, 2020년 현대위아의 스타트가 좋은 것 같다는 의견이 지배적이다.

4) 중국 공작기계 시장 공략

현대위아는 현지화 전략을 통해 중국 공작기계 시장 공략에 나섰다. 2019년 4월 중국 북경 국제전시센터(CIEC)에서 개최한 국제 공작기계전시회인 'CIMT 2019'에서 KF5608 등 8대의 공작기계를 선보였다. 당시 현대위아는 전시회 슬로건으로 '새로운 도약을 위한 현지화'를 내세웠다. 출품 전시 기종 8대는 모두 중국 수요가 높은 '중국 맞춤형' 모델이다. 중국에서 수요가 높은 모델을 현지에서 직접 만드는 방식으로 공급 가격을 최적화하고 사후서비스(AS)로 서비스 품질도 높여 궁극적으로 점유율을 높이겠다는 전략이다. 이는 현대차그룹의 주축인 현대 · 기아차와는 정반대의 행보로, 현대위아뿐 아니라 현대모비스 등 주요 계열사는 중국 잡기에 집중하고 있다. 이에 관해 더는 현대차에만 기대서는 살아남을 수 없다는 절박함이 깔려있다는 분석이다.

5) 7,000억원 규모 자동차부품 수주

현대위아가 유럽과 북미 고급 완성차 업체로부터 7,021억원 규모의 등속조인트 공급 계약을 수주했다. 유럽 고급차 업체에서의 이러한 대규모 수주는 이번이 처음으로, '탈현대'를 꾀하는 현대위아의 계획도 속도를 낼 것으로 보인다.

4. 향후예상
1) 러시아 엔진공장 투자

2019년 10월, 현대위아는 2021년 10월 양산을 목표로 러시아 상트페테르부르크 시에 '현대위아 러시아법인'을 설립한다고 발표했다. 중국 산동 법인의 감마엔진 조립 설비가 이전돼 러시아 공장은 연 24만 대 생산능력을 갖추게 됐다. 현대위아가 유럽 지역에 자동차 부품 생산기지를 세우는 것은 이번이 처음인 가운데, 이를 동남아, 유럽 등 현대 기아차의 글로벌 주요 엔진 생산 거점으로 활용될 예정이다.

2) 미래 성장 동력 확보

현대위아는 차량부품 부분에서 열관리 사업 등을 통해 미래 성장 동력을 확보하고 있고, 기계 부문도 스마트팩토리 사업을 중심으로 신시장을 개척해 나가고 있다. 고효율 난방 시스템 히트 펌프, 배터리 열관리 장치, 친환경차 특화 열관리 체제 등을 개발해 2023년부터 현대차그룹 전기차 전용 플랫폼 'E-GMP' 등에 제품을 공급하는 것을 목표로 세웠다. 전기차에서 열관리는 주행거리 연장 등에도 직접 영향을 주기 때문에 핵심부품으로 꼽힌다. 배터리의 열효율이 떨어지면 과도한 열 방출로 국부적인 온도 상승이 발생하고, 배터리의 신뢰성과 성능에 손상을 가하며 수명도 단축되기 때문이다. 또한 전기차는 엔진의 폐열이 없어 내부 난방 때 주행효율이 급격하게 감소할 수 있다. 따라서 전기차의 열관리 시스템은 내연기관차보다 많은 부품이 필요하고 가격도 크게 비싸지기 때문에 유망한 산업으로 여겨진다. 현대위아는 이와 관련된 기술을 확보하고 있으며, 2023년 열관리 모듈 양산을 시작한 이후, 차량 내부 온도 제어까지 포함하는 '통합 열관리 모듈' 사업으로 확장할 계획이라고 밝혔다. 이는 모듈화를 통한 경량화 설계로 원가와 중량을 절감할 수 있는 장점이 있다.

참고자료

- 국민일보 2020.01.29 [코스피] 현대위아 2019년 매출액 7조 3,146억원 영업이익 1019억원 (연결 기준)
- 한국경제 2019.11.15 "현대위아, 저수익사업 축소…신공장 가동률 상승"-IBK
- 한겨레 2019.01.22 현대위아, 자동차 구동축 구조 100년 만에 바꿨다
- 아이뉴스24 2020.01.19 제네시스 GV80 돌풍…차부품株 '나도 웃는다'
- 전자신문 2019.04.15 현대위아, 中 맞춤형 공작기계 · 스마트팩토리 솔루션 시장 공략 나선다
- 디지털타임스 2020.01.29 'GV80 넘어 유럽 고급차도 뚫었다'…현대위아, 7,000억원 규모 車부품 수주
- 경남도민일보 2019.10.28 현대위아 2,100억 투자 러시아 법인 신설
- 연합뉴스 2019.10.27 '전기차 세계 2위' 현대차 목표에 부품 계열사들도 '가속페달'

현대자동차

1. 재무현황

(단위 : 억원)

구분	2016년	2017년	2018년	2019년(E)
매출액	963,490	963,760	968,126	1,048,144
영업이익	51,935	45,746	24,221	35,256

현대자동차는 2019년 2분기 대비 3분기에 약 70% 가까운 영업이익 하락이 나타났다(2019년 2분기 영업이익: 12,377억원 / 2019년 3분기 영업이익: 3,785억원). 이는 3분기에 발생한 세타 2 엔진 평생 보증 프로그램의 영향으로 약 6,000억원가량의 일회성 비용이 발생했기 때문이다. 하지만 그것을 감안하더라도 전 분기와 비교하면 큰 폭의 영업이익 감소가 발생했다. 내수시장과 중국 등 주요 글로벌 시장에서의 수요 부진이 그 이유로 분석된다.

2019년 환율 환경은 우호적이었으나 신차 출시 연기, 임금 및 단체협약 관련 비용 약 1,200억원 반영 등으로 시장 기대치 수준의 영업이익이 예상된다. 금융부문은 재고감소와 긍정적인 신차반응에 따른 잔존가치 상승으로 개선이 기대되며 중국법인은 부진이 지속돼 수익성 개선이 어려울 것으로 보인다.

2. 사업현황

1) 사업부문

자동차와 자동차 부품의 제조 및 판매, 차량정비 등의 사업을 운영하는 차량 부문과 차량 할부금융 및 결제대행 업무 등의 사업을 운영하는 금융부문 및 철도차량 제작 등의 사업을 운영하는 기타 부문으로 구성되어 있다. 부문별 매출 비중은 최근 사업연도(2018년) 기준으로 차량 부문이 약 78%, 금융부문이 약 15%, 기타 부문이 약 7%를 차지한다.

2) 저성장 장기화로 인한 수익성 악화

글로벌 경제의 저성장 장기화와 보호무역주의 확산 등 어려운 경영 환경 속에서도 신차와 SUV 중심의 판매 확대를 달성했다. 하지만 원 달러 환율 하락, 신흥국 통화 약세 심화 등 외부요인과 더불어 기타 부문의 수익성 악화, 미래 경쟁력 제고를 위한 투자비용 증가 등이 원가율 상승으로 이어져 2018년 수익성은 전년 대비 하락했다.

3. 주요이슈

1) 전동화

전용 플랫폼 개발과 핵심 전동화 부품의 경쟁력 강화를 바탕으로, 2025년까지 11개의 전기차 전용 모델을 포함해 총 44개의 전동화 차량을 운영할 계획이다. 지난해 24종의 전동화 차량을 판매한 현대차그룹은 2025년에는 하이브리드 13종, 플러그인 하이브리드 6종, 전기차 23종, 수소전기차 2종 등 총 44개 차종으로 확대할 예정이다.

2) 자율주행

앱티브사와 미국 합작법인을 통해 안전하고 혁신적인 자율주행 기술 경쟁력을 확보하고, 2023년에는 상용화 개발을 추진해 나갈 계획이다. 자율주행 소프트웨어 개발을 가속화하고, 운전자의 개입 없이 운행되는 레벨 4,5 수준의 궁극의 자율주행차를 조기에 시장에 선보일 예정이다.

3) 모빌리티 서비스

LA에 설립한 모빌리티 서비스 법인 '모션랩'을 통해 올해 LA시 카셰어링 사업 본격화하고, 러시아 모스크바에서도 차량 구독 서비스 '현대모빌리티'를 주요 지역에서 시행하며 차종 규모도 늘릴 예정이다. 또한 '그랩', '올라'등 전략 투자한 모빌리티 플랫폼 기업과 협업도 확대할 계획이다.

4) 커넥티드카 고객 100만 돌파

2019년 월 기준, 커넥티드카[22] 국내 누적 가입자 수가 100만 명을 넘어섰다. 이는 자동차와 IoT를 결합한 초연결시대를 주도하겠다는 현대자동차 그룹의 의지가 반영된 결과다. 신형 쏘나타에는 인공 지능 플랫폼 '카카오 아이' 기술 탑재하여 차량 제어 및 다양한 비서 기능을 구현했다. 2025년까지는 모든 신차에 커넥티드 시스템을 기본 탑재할 계획이다.

5) 수소전기차 '넥쏘' 국내 판매 계획 1만 100대

2018년 넥쏘의 국내 판매량은 727대에서, 2019년 4,194대로 폭발적으로 증가했다. 2019년 7월 독일 유명 자동차 전문지 '아우토모토&슈포트'는 수소전기차 부문에서 현대차 '넥쏘'를 언급하며 한국의 수소전기차 기술력이 독일차보다 앞선다는 평가를 했다. 1회 충전에 600km 이상을 이동하는 연비 등 수소 연료전지 시스템은 물론 최고 속도, 실내공간 등 상품성 측면에서도 호평을 받았다. 세계 각국의 환경 규제에 대응하는 차원에서, 현대자동차는 2020년 수소전기차를 비롯한 친환경차 판매 및 수출을 늘릴 예정이다.

6) 제네시스 신차 'GV80'출시

GV80은 브랜드에서 최초로 선보이는 프리미엄 SUV이다. GV80을 론칭하며 제네시스는 직렬 6기통 디젤 엔진, 프리뷰 전자제어 서스펜션, 노면 소음 저감 기술 등 프리미엄 SUV에 걸맞는 다양한 최신 사양들도 대거 적용하여 수입 SUV 들과 당당하게 경쟁할 수 있다는 포부를 내비쳤다.

4. 향후예상

1) '2025 전략'

글로벌 3대 배터리 전기차, 수소전기차 제조사로 도약, 자동차 부문 영업이익률 8%과 글로벌 시장 점유율 5% 점유율을 달성과 내연기관 고수익화, 전동차 선도 리더십, 플랫폼 사업기반 구축을 제시했다. 제품 사업에서 균형적인 지속 성장과

---

22   *커넥티드카: 통신이 적용돼 차량의 내외부가 양방향으로 데이터를 주고받으며, 운전자에게 다양하고 유용한 가치를 제공하는 자동차

고객 가치 증대 및 원가구조 혁신을, 서비스 사업에서 제품 및 서비스 결합과 통합 모빌리티 플랫폼 활용을 추진할 전망이다.

2) '모빌리티 솔루션' 제공

다양한 이동 수단의 생산과 판매를 넘어 차량 공유 서비스까지 자동차와 관련된 모든 서비스를 제공하는 회사로 탈바꿈을 선언하였다. 생산 영역에서 현대차는 내연기관 자동차에서 친환경차, UAM 등에 이르기까지 모든 이동 수단의 개발에 나서고 있다. 자동차 생산의 비중을 50%로 낮추고, 30%는 UAM, 20%는 로보틱스로 채워 나갈 방침이다.

참고자료

- 매일경제MBN 2019.03.18 더 똑똑해진 '신형 쏘나타' 카카오 AI비서 탑재
- ChosunBiz 2019.11.15 현대차, 美LA서 신사업 한다… '규제 한국' 대신 미래투자 해외로
- ChosunBiz 2019.12.04 현대차, 2025년까지 61조원 투자…"글로벌 점유율 5% 달성할 것"
- TECHWORLD 2019.07.01 현대자동차, "2025년까지 친환경 차 44종 이상 · 연간 167만 대 판매"
- IT Chosun 2019.01.08 [CES 2019] 현대차, 모빌리티 솔루션 업체로 진화…핵심은 E · C · O
- ASIA TIMES 2019.10.29 자동차회사의 미래 '모빌리티 솔루션'… 현대차그룹도 변신 위해 41조 투자

Chapter10.
전기/전자

삼성디스플레이

1. 재무현황

(단위 : 억원)

구분	2016년	2017년	2018년	2019년
매출액	268,165	342,932	323,160	310,500
영업이익	21,043	52,684	25,221	15,800

    D램[23] 과 낸드플래시[24] 등 메모리 반도체의 수요가 급증하고 애플, LG전자, 화웨이 등의 OLED[25] 채택이 늘어나 호황을 누렸던 2017년과 달리, 2018년에는 중국의 물량공세로 인한 LCD[26] 시장의 저가경쟁과 OLED의 수익성 악화로 부진한 실적을 기록했다. 2019년 실적 역시 스마트폰 등에 쓰이는 중소형 디스플레이 사업

---

23   *D램: 반도체 기억소자로, 어느 정도의 시간이 지나면 기억된 정보가 지워진다. 단시간 내에 주기적으로 재충전 시켜줘야 하는 메모리로 컴퓨터의 기억소자로 많이 쓰인다.

24   *낸드플래시메모리: 전원이 끊겨도 데이터를 보존하는 비휘발성 메모리. 전원을 끄면 정보를 잃어버리는 D램과 구별된다.

25   *OLED: 유기발광다이오드. 자체발광, 스스로 빛나는 차세대 디스플레이. 백라이트가 필요하지 않으며, OLED로 얇은 두께의 제품을 만들 수 있다. 또한 이를 이용해 플렉시블 디스플레이 기기도 제작할 수 있다.

26   *LCD: Liquid Crystal Display의 약자. 액정디스플레이이며 자기발광성이 없어 백라이트가 필요하다. 하지만 전압이 낮아서 소비전력이 적고 휴대용으로 쓰기 좋아 휴대폰, TV 등에 널리 쓰인다.

은 라인 가동률 하락에 따라 비용이 늘고, 일부 프리미엄 제품군의 수요 약세로 매출이 줄었다. TV용 등 대형 디스플레이 사업 또한 판매 감소와 가격 하락으로 적자 폭이 확대되어 삼성디스플레이는 2020년 1분기 역시 실적 둔화가 이어질 것으로 예상된다.

2. 사업현황

디스플레이는 각종 전자기기에 사용되는 화면표시장치를 말한다. 표시방식 측면에서 표시소자가 능동적으로 구동되는(Active Matrix) 방식이 주류이며, OLED와 TFT-LCD[27] 가 이에 해당한다. 삼성디스플레이는 이러한 각종 전자기기의 OLED 및 TFT-LCD 제품을 생산 및 판매한다.

1) **모바일 디스플레이**: 스마트폰, 스마트워치, VR 등의 제품이 있다.

2) **TV 디스플레이**: Curved TV 등의 제품이 있다.

3) **PID[28]** : 비디오월(Video Wall), 옥외형(Outdoor), 실내형(Indoor), 스트레치(Stretched), Interactive White Board 등의 제품이 있다.

4) **IT 디스플레이**: Curved Monitor 등의 제품이 있다.

---

27 *TFT-LCD: Thin film Transistor Liquid Crystal Display. 매우 얇은 액정을 통해 정보를 표시하는 디지털 디스플레이. 액정의 변화와 편광판을 통과하는 빛의 양을 조절하는 방식으로 영상정보를 표시한다. 노트북 컴퓨터와 데스크톱 컴퓨터의 모니터, 휴대폰이나 텔레비전, 디지털카메라 등의 디스플레이로 사용된다.

28 *PID: Public Information Display의 약자. 공용 공간 또는 외부 공간에서 정보 전달을 위해 사용되는 디스플레이를 통칭한다. 설치 환경이나 목적에 따라 비디오월(Video Wall), 전자칠판(e-Board), 실내형(Indoor), 옥외형(Outdoor), 스트레치 디스플레이(Stretched Bar Type) 등으로 구분된다.

3. 주요이슈

1) 와이옥타(Y-OCTA) 기술

삼성디스플레이는 2020년 하반기, 애플이 출시하는 신형 아이폰에 Y-OCTA[29] 기술이 적용된 터치일체형 OLED 패널을 납품할 예정이다. 그동안 중국 경쟁사의 공세로 OLED 패널 시장에서 삼성디스플레이가 주춤한 모습을 보였으나 이러한 상황 속에서 Y-OCTA 기술로 독점적 지위를 유지하려는 행보를 보이고 있다. Y-OCTA 기술의 다른 기술과의 차별점은 원가절감이다. 일반적으로는 패널 위에 터치 필름을 부착하지만, Y-OCTA 기술은 패널과 터치 기능이 일체형으로 나오기 때문에 기존보다 더 얇은 패널을 만들 수 있다. 따라서 부품이 적게 들어가 원가절감의 효과를 누릴 수 있는 것이다. 이 기술은 갤럭시의 경우, 이미 갤럭시S8 때부터 적용되기 시작했고 이제는 그동안 필름 터치 방식을 고수하던 아이폰에 탑재될 예정이다. 이는 삼성디스플레이의 Y-OCTA 기술이 그만큼 강점을 가지고 있다는 것으로 보인다.

2) QD(퀀텀닷) 디스플레이

삼성디스플레이는 대형 디스플레이 기술 분야도 주력하고 있다. 차세대 대형 디스플레이 기술로 QD[30] 디스플레이를 육성할 계획으로, 삼성디스플레이는 이번 CES2020(국제전자제품박람회)에서 비공개 부스를 설치하고 8K와 4K 해상도 그리고 31.5인치, 65인치 QD 디스플레이 패널을 시연했다. 퀀텀닷의 특성을 이용하여 높은 색 재현력을 구현했으며 시제품을 본 관계자의 말에 의하면 시야각 문제가 해소됐다고 한다. 일반적으로 LCD TV를 측면에서 봤을 때 색이 일정하게 보이지 않는 현상이 발생하지만 QD 디스플레이는 이러한 문제점을 해소한 것이다.

---

29 *와이옥타(Y-OCTA) 기술: 스마트폰 터치 스크린 기능을 OLED 패널에 내재화하는 기술이며 삼성디스플레이의 플렉서블 OLED브랜드명인 'YOUM'에서 Y를 가져오고, OCTA는 On Cell Touch Amoled의 약자로, 이 둘을 결합해 만든 기술명이다.

30 *QD: Quantum Dot. 지름 수십 나노미터(nm, 1nm는 10억분의 1m) 이하의 반도체 결정물질로, 특이한 전기적, 광학적 성질을 지니는 입자를 말한다. QD디스플레이는 유기발광다이오드(OLED)를 비롯한 물질(발광원)들이 빛을 내고 이 빛을 받아 QD화소가 색을 재현하는 방식의 기술이다. 색 재현력과 명암비 등이 뛰어나 LCD 등을 대체할 수 있는 차세대 디스플레이로 꼽힌다.

3) 인도 스마트폰 디스플레이 공장 건설 계획

삼성디스플레이는 2019년 7월 인도 델리 인근 노이다 지역에 현지법인을 설립했다. 당시 삼성전자 인도 공장에 스마트폰용 패널을 공급하기 위해 법인을 설립했다는 입장을 밝힌 만큼, 공장 설립에 박차를 가할 것으로 보인다. 삼성디스플레이와 삼성SDI가 함께 투자하여 현지 공장을 건설할 계획이며, 삼성디스플레이가 약 2,400억원, 삼성SDI가 1,600억원을 출자할 계획이다. 삼성의 스마트폰이 인도 내 스마트폰 점유율 19%로 2위를 차지하고 있는 만큼, 스마트폰 제조 공장과의 시너지효과, 현지 정부의 세제혜택을 받게 된다면, 현재 점유율 1위를 달리고 있는 샤오미와의 경쟁에서 경쟁력을 갖출 수 있을 것으로 예상하고 있다.

4) 삼성디스플레이와 LG디스플레이, 그리고 아이폰

2019년, 삼성디스플레이는 애플에 아이폰용 OLED 90%가량을 공급했다. 하지만 2020년, 애플이 LTPO(저온폴리실리콘옥사이드) 공정을 적용한 OLED를 아이폰에 도입할 것이라는 소식이 전해지며 삼성디스플레이와 LG디스플레이 간의 경쟁구도가 다시금 나타나고 있다. 기존 디스플레이 공급사 1위인 삼성디스플레이를 넘어서기 위해 LG디스플레이도 LTPO 설비에 적극 투자할 예정이다. LG디스플레이는 애플워치 4에 LTPO OLED를 독점 공급한 이력이 있다. 반면, 삼성디스플레이는 기존의 협력관계를 이용하여 올해도 디스플레이 1위 공급사 지위를 지키겠다는 계획을 가지고 있다.

5) 2020년, OLED 스마트폰 6억대 넘는다

글로벌 시장조사업체 '카운터 포인트 리서치'는 2020년 OLED 디스플레이를 채택한 스마트폰 판매량이 6억 대 이상일 것으로 예상했다. 이는 2019년과 비교해 약 46% 증가한 수치인데, 중국의 스마트폰 제조업체들이 제품 차별화를 위해 OLED 패널을 채택하고 있어 수요가 지속적으로 증가할 것으로 보인다. 또한, 글로벌 스마트폰 제조사들이 프리미엄 모델뿐만 아니라 중저가 모델에도 OLED를 적용하면서 수요가 더욱 증가할 것으로 보인다. 특히, 삼성디스플레이는 2019년 3분기 기준, 글로벌 스마트폰 OLED 시장에서 90.5%의 점유율을 차지했다. 점유율을 유지한다면 올해 5억 대 이상의 스마트폰에 패널을 공급할 수 있을 것으로 예상된다.

4. 향후예상

1) 5G와 디스플레이

5G가 본격적으로 도입되면서 사물인터넷 기술이 본격적으로 실생활에 적용될 것으로 예상되고 있다. IoT기술이 다양한 전자기기를 연결한다면 결국 사람이 조작하고 정보를 활용하는 툴은 디스플레이가 될 것이다. 그렇기 때문에 4차 산업혁명, 5G의 도입을 통해 디스플레이 산업은 지속적으로 성장세를 보일 것이다.

2) 폴더블 디스플레이

최근 폴더블 디스플레이 시장이 점차 활성화되고 있다. 삼성은 스마트폰뿐만 아니라 Curved Monitor, Curved TV 등 '커브드' 디스플레이 시장을 선도하고 있다. 2020년에는 약 1,500만 대 이상의 커브드 모니터가 판매될 것으로 예상되는 만큼, 삼성디스플레이의 매출도 향상될 것이라고 생각한다.

3) QD디스플레이

삼성디스플레이는 2025년까지 QD OLED에 13조 1,000억원을 투자하여 OLED 사업으로의 빠른 전환을 시도하고 있다. 2030년까지 133조 원을 투자할 계획이라고도 밝혔다. 특히 초대형 OLED 사업에 주력하면서 이 투자로 생산라인을 안정화하고 있으며 디스플레이의 신기술 개발을 꾀하고 있다. 2020년 1월 말에는 'QD사업화팀'을 신설하여 QD디스플레이 사업을 본격화하는 만큼, 기술 측면에서 적극적인 투자와 기술 개발을 통해 차세대 디스플레이를 선점하는 것이 삼성디스플레이의 제일 중요한 임무일 것 같다.

참고자료

- ZDNet Korea 2019.01.31 삼성디스플레이, 작년 영업익 2.6조…전년比 51.48%↓
- 더벨 2020.01.15 삼성디스플레이, 아이폰용 '와이옥타' OLED 양산체제

- 전자신문 2020.01.12 [단독]삼성디스플레이 "차세대 QD디스플레이도 8K로 간다"…CES서 최신 개발품 시연
- IT조선 2020.01.21 삼성디스플레이, 인도에 5억달러 투자해 스마트폰 패널 공장 세운다
- 조선비즈 2019.08.22 애플, 신작 아이폰에 LG디스플레이 OLED도 채용…삼성디스플레이 위기?
- 전자신문 2020.01.13 올해 'OLED 스마트폰' 6억대 넘는다…삼성디스플레이 미소
- 데일리안 2020.01.25 삼성디스플레이, '중소형' LGD '대형' 같은 듯 다른 OLED 전략
- 조선비즈 2019.11.14 삼성디스플레이, 커브드로 기업용 모니터 시장 공략
- ZDNet Korea 2019.10.10 삼성디스플레이 "QD가 미래..13.1조 투자"
- 조선비즈 2020.01.28 LCD '반짝' 반등에도 구조전환 속도내는 삼성 · LG디스플레이

삼성전기

1. 재무현황

(단위 : 억원)

구분	2016년	2017년	2018년	2019년 2Q 누적
매출액	46,903	50,030	56,821	25,894
영업이익	−2,502	−506	3,979	1,769

다수의 스마트폰 업체들이 듀얼 카메라를 채택하고 있으며, 그동안 중국 매출 비중이 커지면서 삼성전자 의존도 역시 낮아진 상태이기 때문에 17년도 영업이익이 적자를 기록했다. 하지만 MLCC의 공급이 확대되면서 2018년에 흑자로 전환되었다.

2019년에는 미중 무역전쟁 여파로 글로벌 IT 수요가 둔화되며 MLCC 업황도 악화되었다. 공급과잉 우려로 지난해 MLCC 가격이 떨어진 탓이다. 2018년의 호황으로 많은 기업이 MLCC에 대한 투자를 늘렸고, 대만 기업들은 가격 인하까지 하면서 MLCC의 수익성은 급락했다. 하지만 올해는 5G 스마트폰 시장 확대로 고부가 제품인 산업용 제품 공급이 늘어날 것으로 예상된다. 또한, 올해부터는 카메라 부문도 고화소, 광학 줌 기능 등이 탑재된 멀티 카메라 채용이 늘어날 것으로 전망된다. 따라서 고부가 제품 비중을 높여 수익성을 개선할 것으로 보인다.

2. 사업현황
1) MLCC(Multi-Layer Ceramic Capacitors)/ 적층 세라믹 캐패시터
전자기기에 꼭 들어가는 필수품이라 불리며 '전자산업의 쌀'이라고 불린다. 휴대폰부터 노트북 PC까지 적게는 수백개에서 많게는 수만개가 들어간다. 전기를 저장해두었다가 회로에 일정량의 전류가 흐르도록 제어해주는 일종의 '댐' 역할을 한다고 생각하면 이해하기 쉽다.

2) 전장용 MLCC

전기자동차에 들어가는 MLCC로 전기자동차에는 1만 3천여 개 정도가 들어간다. 자동차에 들어가는 만큼 신뢰성과 안전성이 중요하게 생각된다. 자동차의 전자기기화가 급진전되면서 차량에 탑재되는 MLCC도 늘어날 것으로 보인다.

3) 카메라 모듈

아이폰과 삼성 휴대폰의 차이점이라고 할 수 있는 카메라 돌출을 삼성전기에서도 찾아볼 수 있다. 삼성전기에서 개발한 5배 광학 줌 카메라 모듈을 사용한다면 카메라 렌즈 부분이 튀어나와 있지 않음에도 광학 줌이 가능하다. 또한, 휴대폰에 그치지 않고 ADAS 첨단 운전자 지원 시스템인 자동차용 카메라 모듈도 생산 중이다.

4) 통신모듈

전파를 주고받는 부품으로 전자기기의 통신을 돕는 부품. 5G 시대가 대두되면서 경쟁력은 안테나를 동일 성능으로 최대한 작게 만드는 것이다. 이러한 사업분야에서 삼성전기는 8조원이 넘는 매출액을 보이고 있으며 1조원의 영업이익을 냈다.

3. 주요이슈
1) 중국 등 글로벌 기판업체의 증가

기판 사업 수익성 개선을 위해 HDI에서 철수 후 반도체 패키지 기판과 디스플레이용 경연성 인쇄회로 기판(RFPCB) 사업에 집중할 계획이다. HDI는 스마트폰 부품 간 전기적 신호를 회로로 연결해 주는 고밀도 기판으로 중국, 대만 업체들의 저가 공세로 시장 경쟁이 치열해지며 수익성이 악화됐다.

2) 스마트 팩토리

AI-Day는 삼성전기 내 AI 전문가를 양성하는 등 AI 인프라를 구축하고 저변 확대를 위해 마련된 자리다. 삼성전기는 지난해 각 사업부에서 엔지니어 33명을 선발, AI 개발자를 초빙해 9개월간 전문교육을 실시했다. 이후 회사 내 글로벌 기술센터에서 구축한 AI 통합 플랫폼을 통해 과제를 수행했고, 이날 AI-DAY에서 과제 결과를 발표했다. 삼성전기 AI 전문가들은 검사, 품질, 설비, 설계, 물류 등 AI 5대 분야에서 20개의 과제를 진행했다. 이를 통해 제품 양산 수율을 높이고 개발 기간을 단축하는 등 4년간 약 1,041억원을 절감할 것으로 예상된다.

일부 과제는 이미 삼성전기 국내외 현장에 도입됐다. 삼성전기는 먼저 MLCC 품질 검사에 AI를 반영했다. 기존 MLCC 외관 선별기는 전통적 영상처리 기법으로 불량품을 선별하는데, 미세하게 스크래치가 발생한 일부 제품은 판단이 모호해 선별에 어려움이 있었다. 'AI 기반 MLCC 외관 선별기'에서는 과거 선별했던 데이터와 스스로 학습하는 딥러닝을 바탕으로 검사를 실시해 불량품 검출 정확도를 높여 수율을 높였고, 재검사율도 크게 개선했다. 삼성전기는 제품 생산에 관한 프로세스를 유기적으로 통합한 MES(생산관리시스템) 3.0 구축했고, AI 통합 플랫폼을 활용하여 제품 개발, 제조, 물류 등 고객에게 제품이 납품되는 전 과정에 AI를 적용한 스마트팩토리를 구현하는 등 급변하고 있는 산업환경에 선제 대응해 회사 전반의 경쟁력을 높이고 있다.

3) 적자사업 청산

핵심사업에 역량을 집중하기 위해 고밀도 회로 기판(HDI) 사업을 담당하는 중국 쿤산 삼성전기의 영업을 정지했다. 연결 기준 매출액은 감소하겠지만 손실이 축소돼 재무구조는 개선될 것으로 예상했다. 또한, 중국 쿤산 공장은 삼성전기가 100% 지분을 보유한 자회사로 HDI 생산의 80%를 담당하고 있다. 이러한 쿤산 공장의 사업 중단은 바로 HDI 메인보드가 스마트폰의 핵심부품이었지만, 시장의 성숙과 가격경쟁이 갈수록 치열해지면서 가치가 하락했다고 판단했기 때문이다. 비록 정리를 하며 초반의 일회성 손실은 발생할 수 있지만, MLCC, 기판이 순차적으로 손익을 이끌 것 같다.

4) 스마트폰 카메라 고스펙의 가속화

삼성의 카메라 모듈이 성공적인 평가를 받으며 삼성전기의 카메라 모듈 사업 자체도 좋은 평을 받았다. 이러한 측면에서 삼성전기는 LG이노텍이 애플에 카메라를 책임지는 것처럼 삼성 갤럭시의 휴대폰은 삼성전기에서 책임진다는 말도 생겨났다. 또한, 자동차의 카메라 모듈에서는 신뢰성을 바탕으로 많은 사업에 신뢰감을 파급할 수 있을 것이라 생각된다.

5) MLCC

사실 가장 중요한 사업이며 황금알을 낳는 거위라고 부르고 싶을 만큼, 삼성전기의 알짜배기 사업이라 생각한다. 전자기기에 빼놓을 수 없는 부품으로 삼성전기의 영업이익을 견인하고 있기 때문이다. 실제 현재 MLCC 공장 가동률은 90%를 유지하고 있다. 전기차, 전자기기, PC 등 5G 이동통신과 인공지능 등에서도 필요한 부품이기에 앞으로의 호조가 지속되지 않을까 생각한다.

4. 향후예상

1) 본격적인 5G 스마트폰 출하

2020년 프리미엄 스마트폰 중심으로 5G 폰 출시가 확대되면서 적층세라믹콘덴서 채용량이 30% 늘어날 것으로 예상되고 있다. 기지국 수요도 증가할 것으로 보인다. MLCC는 전류 흐름을 제어하고, 전자파 간섭을 방지하는 역할을 하는 부품이다. 4G보다 높은 주파수를 쓰는 5G는 부품 간 전자파 간섭을 막기 위해 이전보다 20~30% 많은 양의 MLCC가 들어가게 된다. 삼성전기는 5G 기지국 확대에 대비해 주요 고객사로 신규 제품 공급을 확대하고 서버용 고온 적층세라믹콘덴서 등 응용용처 다변화도 추진할 전망이다.

따라서 전 세계적인 5G폰 시장 확대와 서버향 비중 증가가 반영되면서 MLCC 단가 자체도 올라가지 않을까 생각한다. MLCC 수요가 꾸준히 증가한다면 영업이익도 다시금 1조원을 달성할 수 있을 것이라 생각한다.

2) 고부가가치 전장용 MLCC

작년 미·중 무역분쟁 등 대외 이슈에 따른 수요 부진으로 적층세라믹콘덴서(MLCC) 업황 악화를 겪은 삼성전기가 올해 고부가가치 제품인 전장용 MLCC로 반전을 노린다. 5세대 이동통신(5G) 스마트폰 출시 확대로 인한 초소형 고용량 MLCC 수요 증가와 함께 전장용 사업 경쟁력을 강화해 제품 적용처 다변화를 꾀한다는 전략이다. 이와 함께 최근 MLCC 가격이 반등 조짐을 보이면서 내년 실적 회복에 대한 기대감도 커지고 있다. 삼성전기는 부산사업장에 건설 중인 전장용 MLCC 전용 신원료동을 연내 준공하고 올해 상반기 본격 양산 가동에 돌입할 계획이다.

중국 톈진에 있는 전장용 MLCC 생산공장도 신원료동 가동에 맞춰 내년 상반기 양산 가동을 목표로 건설하고 있다. 산업의 쌀로 불리는 MLCC는 전기를 저장했다가 반도체 부품에 필요한 만큼 전기를 공급하는 역할을 하는 핵심 전자 부품이다. 최신형 스마트폰부터 자동차까지 거의 모든 전자제품에 필수로 들어간다. 특히 자동차에 쓰이는 전장용 MLCC는 스마트폰 등 전자제품에 들어가는 MLCC 대비 진입 장벽이 높아 상대적으로 높은 이익을 안정적으로 거둘 수 있는 분야이다. 전체 MLCC 시장에서 삼성전기는 일본 무라타에 이어 2위를 차지하고 있지만 전장용 MLCC 시장에서는 무라타를 비롯해 TDK, 교세라 등 일본 업체에 밀려 지난해 기준 점유율 2%에 그치고 있다. 상위 일본 업체 3곳의 전장용 MLCC 점유율을 모두 합하면 총 71%로, 삼성전기가 크게 밀려 있다. 그러나 올해 신원료동과 톈진 공장이 본격 가동되면 삼성전기의 전장용 MLCC 생산능력이 대폭 확대되면서 일본 업체들을 따라잡을 수 있는 강력한 추진력을 얻게 될 것으로 보인다.

참고자료

- 이데일리 2020.01.28 수장 바꾼 삼성전기, 새해 5G · 車 MLCC 확대 실적 개선 기대
- 헤럴드경제 2020.01.02 "삼성전기, LG이노텍, 카메라모듈 스펙↑ 호재"
- 전자신문 2019.12.12 삼성전기, 스마트폰 기판(HDI) 사업 철수…쿤산 법인 청산
- 한국경제 2019.12.12 삼성전기, HDI 사업 접는다
- 매일경제 2019.12.12 삼성전기, 고부가 전장 MLCC로 실적 반전 노린다
- 비즈니스포스트 2019.10.24 삼성전기 "내년 고부가 적층세라믹콘덴서로 매출 늘린다"

삼성전자

1. 재무현황

(단위 : 억원)

구분	2016년	2017년	2018년	2019년
매출액	2,018,700	2,395,850	2,437,700	2,304,000
영업이익	292,400	536,500	588,800	277,700

삼성전자는 연결기준 2019년 연간 영업이익과 매출액이 각각 27조 원 7,700억 원, 230조 4,000억원으로 전년 대비 52.84%, 5.48% 줄어들었다. 당기순이익도 21조 7,389억원으로 전년 44조 3,449억원 대비 반 토막으로 감소했다. 2019년 4분기에 매출액 59조 8,800억원, 영업이익 7조 1,600억원을 각각 기록하였고 2018년과 비교하면 매출은 1.0% 늘었고, 영업이익은 33.7% 감소했다. 하지만 같은 기간 CE부문 주력제품인 QLED TV 판매가 전년 대비 2배 이상 늘어나고 75인치 초대형 TV 시장에서 매출 성장세를 보임에 따라 삼성전자 연 매출 230조를 유지하는데 중요한 역할을 하였다.

2. 사업현황

1) CE(Consumer Electronics)부문

CE사업부문은 TV, 에어컨, 냉장고, 세탁기 등 소비자가전 분야의 제품을 담당한다. TV는 CE사업 분야의 핵심 제품으로 2017년 말까지 12년째 세계 시장점유율 1위를 유지하고 있다.

2) IM(Information technology & Mobile communication) 부문

IM사업부문은 모바일 기기(HHP · HandHeld Player)와 PC, 모바일AP, 카메라 센서 칩 등 정보모바일 분야의 제품을 담당한다.

3) DS(Device Solutions) 부문

DS사업부문은 D램, 낸드플래시 등 메모리와 모바일AP, 주문형 반도체 등을 제조하는 반도체 사업, LCD패널, OLED패널 등 액정화면표시 장치인 디스플레이 패널을 생산 · 판매하는 디스플레이 사업 등으로 구성되어 있다.

4) Harman 부문

하만(Harman) 사업부문은 2016년 미국의 자동차 전장(전자장치) 업체인 하만(Harman)을 전격 인수하면서 시작됐으며 인포테인먼트, 텔레메틱스, 스피커, 헤드폰 등의 제품을 생산 · 판매한다.

3. 주요이슈

1) 영업이익 감소

삼성전자의 19년 4분기 영업이익은 7조 1,600억원으로 집계되었다. 삼성전자의 반 토막 난 4분기 실적은 반도체 가격의 급락과 스마트폰 시장의 치열한 경쟁 때문으로 보인다. 하지만 올해 IM/CE(IT 모바일/소비자가전) 사업 부분이 작년보다 희망적이고, 반도체 사업이 포함된 DS에서도 메모리 반도체의 수요가 점점 생김에 따라 낸드플래시와 서버 D램 가격상승이 기대되어 반도체 중심으로 실적이 좋아질 것으로 보인다.

2) AI, 사물인터넷 시대

신년부터 IM/CE 부문은 1월 7일 라스베이거스에서 개최된 세계 최대 가전/IT 전시회에서 전자업계와 정보기술 업계들의 올해 키워드인 AI와 5G, DT(Digital Transformation)가 접목된 제품들을 내놓았다. 2019년 삼성전자는 이미 AI와 5G에 약 25조 원을 투자하여 기술력을 키워나가고 있다. 단순한 가전제품이 아니라, 사용자의 패턴을 학습하고 맞춤 서비스로 편리함을 제공하는 기능이 강화되었다. 이러한 제품을 선호하는 소비자들을 '편리미엄(편리함+프리미엄)' 이라 부른다. 가격이 비싸더라도 다기능의 편리한 제품을 찾는 하나의 '가심비' 형태가 가전제품 구매와 출시에도 영향을 끼친 것으로 보인다.

갤럭시 홈 미니: AI 스피커로 타사 제품까지 음성만으로 제어가 가능, 적외선 송신기를 탑재해 인터넷 연결 기능이 없는 제품도 연동이 가능하다.

의류건조기 '그랑데': AI 기술을 이용해 세탁물을 스스로 판단해 작동하는 방식과 옵션 설정 등이 가능한 음성명령 기능 탑재되었다.

에어드레서: AI 기술로 의류에 맞게 케어 서비스를 알아서 작동한다.

2020년형 패밀리허브 냉장고&TV: 홈 IoT 성능이 강화되었다.

로봇 '볼리': 지능형 로봇

4. 향후예상

1) 불황을 대하는 공격적 투자

불황을 대처하는 기업들의 움직임도 트렌드가 있다. 과거에는 불황이 찾아올 때마다 기업들의 구조조정이 조금 더 부각되었다면, 최근 불황을 대하는 태도는 '공격적 투자'에 있다. 삼성, SK하이닉스, 현대 모두 대규모 투자로 미래를 대비하고 있기 때문이다. '어려울 때일수록 진짜 실력이 나온다.'라는 이재용 부회장의 말처럼 삼성전자는 반도체 초격차를 위해 투자액을 3년간 180조 원으로 확대하고 국내에 130조를 배정한다고 밝혔다. 특히 인공지능, 5세대 이동통신, 전장부품 등을 위주로 투자가 이루어지고 있다.

2) 5G TCU, BMW전기차 첫 수주

5G 분야에서는 삼성전자와 하만카돈의 5G TCU[31] 공동 개발 제품이 BMW 전기차에 첫 수주되는 성과가 있었다. 삼성전자 전장사업 팀장 박종환 부사장은 5G TCU에서 삼성의 계열사 하만이 세계 1등을 할 것 같다고 말할 정도의 자신감을 내비쳤다. 또한, 하만 매출에서 전장 부분이 매년 10%씩 성장하고 있으며 매년 목표액보다 항상 초과하고 있다고 말했다.

3) 국내기업들간 'AI 초협력'

이미 미국의 구글, 아마존, 페이스북, 애플과 같은 거대 기업은 서로 협력을 하

---

31   *TCU: 자동차 안에서 이메일을 주고받고, 인터넷을 통해 각종 정보 검색, 고화질 콘텐츠와 맵을 실시간으로 제공받을 수 있고, 끊기지 않는 화상회의 등 기능을 수행한다.

고 있는데 국내 기업들은 그렇지 못한 실정이다. SKT 박정호 사장의 제안을 수용해 삼성, 카카오 등이 협력을 이루어 글로벌 시장을 양분할 경쟁력을 가져야 한다.

참고자료

- 연합인포맥스 2020.01.02 "불황 극복" 한목소리 낸 전자업계 CEO들…'기술 · 가격 · 고객' 강조
- 데일리안 2020.01.02 [다시 뛰는 2020] 전자 · IT업계 키워드 셋, 'AI · 5G · DT'

LG디스플레이

1. 재무현황

(단위 : 억원)

구분	2016년	2017년	2018년	2019년 2Q 누적
매출액	24,616	277,902	24,928	112,321
영업이익	13,114	24,616	885	−5,007

패널값 하락, 구조조정 비용으로 2019년에는 엄청난 적자를 기록했다고 분석할 수 있다. 중국 기업들의 LCD 공급과잉에 따른 패널 값 하락과 LCD 사업부 축소, 구조조정 과정에서 발생한 일회성 비용 등이 포함된 것이라 볼 수 있다. 특히 지난해 8월부터 가동할 계획이었던 광저우 8.5세대 OLED 공장가동이 수율 안정화에 따른 어려움으로 지연됐었다. 광저우 공장이 가동되면 올해 매출에서 OLED가 차지하는 비중은 40%에 달할 것으로 LCD 대비 가격 경쟁력이 높은 만큼 실적에도 긍정적인 영향을 미칠 것으로 보인다.

2. 사업현황

디스플레이 단일 사업 부문으로 TV 부문에서는 OLED TV 및 UHD 등 프리미엄 제품군을 확대하고 있고 8.5세대 10.5세대 OLED 투자를 통하여 OLED 사업 기반을 더욱 확고히 다질 것이다. IT 부문에서는 IPS와 Oxide 기술에 기반을 두어 고해상도, 대화면 등 프리미엄 제품을 중심으로 비중을 확대하고 있다. 또한, Mobile 부문에서는 6세대 Plastic OLEC 기반의 스마트폰을 양산하고 중소형 OLED 사업의 본격 확대를 위한 기반을 다지고 있다.

3. 주요이슈

1) 차량용 디스플레이

LG디스플레이가 지난해 글로벌 차량용 디스플레이 시장에서 일본 업체들을 제치고 처음으로 1위에 올랐다. LG디스플레이는 업계 최초로 차량용 'P−OLED' 양산에 돌입하여 당분간 이 부문 1위를 지킬 전망이다. LG디스플레이는 이 시장에서 점유율 20%를 기록했으며, 특히 벤츠와 BMW 등 고급 완성차에 탑재하는 10인치 이상 대형 디스플레이 시장에서 압도적 점유율을 보인다. LG디스플레이가 일본 업체를 뛰어넘은 배경에는 차별화된 기술력과 품질 경쟁력, 불화수소의 탈일본화가 자리 잡고 있다. 일본 업체들은 아직 P-OLED 상용화에 나서지 못한 상황으로 당분간 LG디스플레이의 시장 지배력은 계속될 전망이다.

2) 연구개발(R&D)부서 확장

생산라인 인원 3,000명 감축 및 LCD 생산라인 전면 중단, 임원 25%를 감축하고 있는 상황에도 불구하고, 유일하게 부서가 확장된 조직이 연구개발(R&D)이다. 회사의 사활이 걸린 OLED 기술력을 더 높이기 위한 전략이다.

4. 향후예상

1) OLED 사업 몰두

LCD 사업에서 크게 적자를 본 LG디스플레이는 OLED 사업으로 개편하고 있다. 삼성의 포기로 대형 OLED는 엘지가 이미 선점하고 있다. 2019년엔 이러한 사업구조 전환을 위한 대규모 투자와 구조조정으로 손실이 엄청났다. 하지만 LG디스플레이의 OLED 사업이 이제 막 BEP에 도달했으며 조만간 영업이익을 낼 것으로 보인다. 또한, 광저우 대규모 OLED 공장이 상반기 중 가동될 예정이며, 이를 통해 OLED를 사용한 다양한 제품(폴더블, 롤러블 등)을 출시 차별화를 통해 수익을 낼 것으로 생각한다. 또한, 자동차나 항공 등 신시장 개척을 위해 P-OLED를 생산 예정이며 이를 통해 점유율을 선점할 계획이다. 따라서 2021년에는 전체 매출의 50%가량이 OLED로 사업이 개편될 것으로 보인다.

2) 미래형 디스플레이

전자업계는 운송 수단 전장화 추세에 따라 내부 공간을 채울 차세대 디스플레이 제품개발을 하고 있다. LG디스플레이는 최근 CES 전시장에서 OLED 디스플레이를 활용해 미래 항공기의 일등석을 선보인 바 있다. 특히 유선형 벽면에 맞춰

설치한 곡면형 화면, 투명 디스플레이 파티션 등이 눈길을 끌었고 14인치의 계기
판, 12.3인치의 정보 디스플레이, 12.8인치의 컨트롤 패드 디스플레이 등 자동차
OLED도 공개했다. 자율 주행 기술이 발달하면서 운전자가 직접 운전하는 시간이
짧아지고, 그만큼 영상과 콘텐츠 소비가 늘어날 것으로 보아 디스플레이의 수요도
올라갈 것으로 생각한다.

참고자료

- 머니투데이 2020.01.28 LG디스플레이, '차량용 디스플레이' 日 제치고 세계 1위
- 조선비즈 2020.01.28 LCD '반짝' 반등에도 구조전환 속도내는 삼성 · LG디스플레이

LG이노텍

1. 재무현황

(단위 : 억원)

구분	2016년	2017년	2018년	2019년 3Q 누적
매출액	57,546	7,6414	79,821	53,368
영업이익	1,048	2,965	2,635	1,939

　LG이노텍의 영업이익과 매출액은 2018년 까지 꾸준했다고 봐도 무방하다. 하지만 2019년 1분기에 영업이익의 손실이 발생했다. 이는 무려 113억원의 영업손실이었는데 이는 다음과 같다. 계절적 요인에 따른 스마트폰 부품 수요 부진, 카메라모듈과 모바일용 기판 판매 감소, 신모델 대응을 위한 고정비 증가 등이 복합적으로 작용한 데 따른 것으로 분석됐다. 다만 다행히도 디스플레이 및 반도체용 기판 소재 사업이 안정적인 수익성을 보였고, 전장부품 사업도 매출 성장세를 유지하며 선방했다. 하지만 이러한 실적은 하반기에 가까워 질수록 상승세를 기록하며 손실을 깔끔히 씻어냈다. 아이폰 특수로 인해서 영업이익이 급증했다.

2. 사업현황

1) 광학솔루션: 카메라모듈, 3D 센싱모듈 등 (58.94%)

　카메라모듈 사업에 주력하고 있으며, 세계 1위로 시장을 선도하고 있다. 애플의 아이폰을 중심으로 스마트폰에 카메라모듈을 공급하면서 높은 성장을 이루었으며 다양한 분야로 사업을 확대해 나가는 중이다.

2) 기판소재: Photomask, Tape Substrate, HDI, 반도체 기판(14.46%)

　반도체 기판, 테이프 서브스트레이트, 포토마스크, 터치윈도우 등을 개발하며 기술혁신을 주도하고 있다. 또한 미래 잠재력이 큰 사물인터넷 분야에 있어서 유망 센서 모듈을 개발, 진행하고 있다.

3) 전장부품: 모터/센서, 차량통신, 차량용 카메라 등(12.72%)

모터와 통신모듈에 주력하고 있으며, 글로벌 성장을 위해 멕시코, 중국, 폴란드 공장을 구축하고 있는 상황이다.

4) LED: 조명, BLU 등 (6.95%)

국내외 시장규모가 커지고 있는 상황에서 지속적인 성장을 보이고 있는 추세이다. 세계 최고 수준의 경쟁력을 갖추고, LED 패키지 및 모듈 라인업을 확대해 나가고 있다.

3. 주요이슈

1) 중국 내 아이폰 인기, LG이노텍 실적 흥행

LG이노텍의 주 고객사이자 매출의 절반 이상을 차지하는 애플의 '아이폰 11' 시리즈가 미중 무역분쟁이 지속되고 있는 상황에도 중국에서 흥행하면서 LG이노텍 실적 증가에 기여, 사상 최대 실적을 달성할 것으로 기대된다. (2019년 매출 8조 778억원, 영업이익 3,652억원 추정)

2) 발광다이오드(LED) 사업 정리

일부 모듈을 제외한 나머지 LED 사업은 내년 2분기까지 철수할 것으로 예상된다. 그 이유는, 액정표시장치(LCD) 사업 대신 OLED 디스플레이 제품에 집중키로 하면서 LED 사업을 축소키로 했기 때문이다. 또한, LG이노텍의 다른 관계자는 "삼성전자는 주력 제품인 QLED TV가 LED를 광원으로 사용하기 때문에 LED 사업이 쓰임새가 있지만, OLED TV에 집중하는 LG 그룹은 LCD TV 광원용 LED를 굳이 직접 만들 이유는 없다"라고 언급했다. 하지만 LG이노텍이 LED 사업을 축소해도, 그룹 차원에서 추진하는 전장사업을 위해 차량용 모듈은 남길 것으로 보인다. 또한 LED 사업은 11년째 적자를 기록하고 있다. 간단히 말해 사업 중단이라기보다 사업 효율화를 위해 사업 구조를 변경하는 중이다.

4. 향후예상

전장 사업은 앞으로 계속 확대될 것이라 생각한다. 전장 사업은 진입장벽이 높고 고객사와의 장기적인 관계가 요구되는 만큼 놓치지 말아야 한다.

1) 글로벌 경쟁력 1위

LG이노텍은 2019년 2분기에 잠시 매출 정체가 있었지만 3분기에 다시 회복하며 매출 증가세를 보였다. 각 사업부별 보이는 실적과 전망에 따라 주요 추진전략이 달라지겠지만 가장 큰 부분을 차지하는 것은 글로벌 경쟁력 1위라는 타이틀을 내주지 않기 위한 것으로 보인다. 이와 같은 차별화 기술을 통한 경쟁력 강화는 각 사업 부분에서 공통적으로 내세우고 있는 전략 중 하나이다. LG이노텍은 이를 통해 고객 대응력을 강화하고 글로벌 1등이라는 지위를 지키려고 할 것이다.

2) 높은 애플 의존도

마지막으로 LG이노텍은 현재 애플에 공급하는 카메라 모듈을 베트남 공장에서 생산하며 원가 경쟁력을 확보했고, 글로벌 생산 거점을 확보하는 등 활발한 해외 진출을 보이고 있다. 그러나 카메라모듈 매출의 70%를 애플에 의존하고 있고, 중국 부품 업체의 성장세는 LG이노텍을 위협하고 있다. 의존도가 높은 만큼 판매 결과에 따라 실적이 결정되기 때문에 이 부분에서는 개선이 필요할 것으로 보인다. 이러한 상황 속에 최근 중국은 반도체, 스마트폰 부분에 연간 수 조원을 투자하고 있으며 관련 업체들 또한 성장이 두드러진다. 중국의 성장이 국내 업체에 큰 위협이 되지 않도록 심도 있는 해결방안이 필요해 보인다.

참고자료

- 뉴데일리 경제 2020.01.16 LG이노텍, '중국 덕' 최대 실적 기대…아이폰 호조에 '방긋'
- THEELEC 2019.12.23 LG이노텍, LED사업 정리 수순
- 아이뉴스24 2019.01.27 애플 따라 웃고울고…LG이노텍 결국 수익성 '뚝'

LG전자

1. 재무현황

(단위 : 억원)

구분	2016년	2017년	2018년	2019년 3Q 누적
매출액	553,670	613,962	613,416	462,449
영업이익	13,376	24,685	27,032	23,343

2. 사업내용

1) H&A(Home Appliance & Air Solution)

Home Appliance는 냉장고, 세탁기, 오븐, 식기세척기, 청소기, 전자레인지 가전 등을 생산 및 판매한다. 최근 건조기, 스타일러, 정수기, 공기청정기 등의 건강/위생 가전 및 IoT와 연계된 스마트 가전 등으로 그 영역이 확대되고 있다.

2) HE(Home Entertainment)

HE부문은 TV · AV 제품 등의 멀티미디어 영상 음향기기 및 모니터 · 노트북 PC 등의 IT 제품을 생산 · 판매하는 부문이다.

3) MC(Mobile Communications)

이동통신 단말기, 태블릿, 웨어러블 제품이 중심인 모바일 산업에서 관련 스마트 기기를 생산 및 판매하고 있다.

4) VS(Vehicle component Solutions)

차량용 인포테인먼트(텔레매틱스, 디스플레이오디오, 네비게이션) 제품, 전기자동차용 구동부품(모터, 인버터, 배터리팩 등), 자율주행 부품 및 자동차 램프를 생산 및 판매한다.

5) BS(Business Solutions)

인포메이션 디스플레이(ID) 제품과 태양광 패널 제품으로 구성되어 있다. 인포메이션 디스플레이 사업에서는 B2B Commercial 제품인 모니터사이니지와 호텔 TV 등을 생산 및 판매한다. 태양광 산업은 지구온난화 등 환경오염과 석유, 석탄으로 대표되는 에너지원의 고갈로 신재생 에너지원의 지속적 성장이 전망된다.

6) 이노텍

카메라 모듈 산업은 기술 집약적 산업이며 전후방 산업과 연관 효과가 매우 큰 고부가가치 산업이다. 카메라 모듈은 관련 기술의 발전과 함께 점차 다양한 분야의 전자제품에 적용할 수 있어, 확장 가능성이 매우 큰 제품이다. LED 산업은 재료, 가공, 조립 등의 생산기술과 광원, 광학, 기구, 방열, 회로 등의 설계기술이 복합적으로 집약된 고정밀의 자본 기술 집약적 산업이며, 에너지 절감 효과가 뛰어난 고효율 저전력 친환경 광원으로 다양한 영역에서 적용되고 있다.

3. 주요이슈
1) 디지털전환

2020년 LG전자 가전제품은 AI에 초점을 두고 있다. 세계 최대 가전박람회인 CES 2020에서 AI, 사물인터넷(IoT) 기술을 적용한 가전제품을 선보였다. 집 안에서 누리는 인공지능 솔루션을 소개하는 'LG 씽큐 홈', 이동 수단에서의 인공지능 경험을 보여주는 '커넥티드카 존', 사용자와 닮은 3D 아바타에 옷을 입혀보며 실제와 같은 가상 피팅을 경험할 수 있는 '씽큐 핏 컬렉션', 로봇을 활용한 다이닝 솔루션을 선보이는 '클로이 테이블' 등이 포함된다. 기존의 AI가 '시켜야만 움직이는' 모습이었다면 이번에 출시될 AI 기능 DD 모터를 탑재한 세탁기, 건조기 같은 경우 '시키지 않아도 알아서 하는 가전제품'으로 다른 경쟁사와의 차별점을 두었다.

북미에서 개최된 세계 최대 전자제품박람회에서도 프로액티브 고객 서비스를 공개하며, IOT, 빅데이터 기반의 AI 기술을 활용하였다. 대표적으로 고객이 제품을 사용하는 패턴을 학습하고 제품의 상태, 관리 방법을 LG씽큐 앱, 이메일, 문자 등을 통해 알려주는 기술이 있었다. 이러한 AI의 집중투자는 캐나다 AI 스타트업 엘레멘트 AI와 손잡고 개발한 AI 발전 단계의 효율화, 개인화, 추론, 탐구에서 볼 수 있다. LG전자는 앞으로도 AI분야에 많은 투자를 할 것으로 전망된다.

2) 스마트폰 수요 증가

LG전자는 스마트폰 부분에서 새로운 전환기를 노리고 있다. 2020년 5G 스마트폰 수요는 1억 9천만 대에 육박할 것으로 전망된다. 2020년 3,500만 대 이상의 스마트폰을 공급할 계획을 세우고 있다. 지금까지 LG전자는 높은 가치의 가전 사업으로 인해 저가 정책을 쉽사리 펼칠 수 없었다. 하지만 최근에는 프리미엄 라인업에 대한 집착을 버리고 ODM 확대 등을 통한 중저가 스마트폰 보급으로 수익성 개선을 도모할 것으로 예상된다.

4. 향후예상
1) 실적 향상 기대

LG전자의 2019년 매출은 2018년보다 1.6% 늘며 연간 기준 사상 최대를 기록했지만, 영업이익은 10% 줄었다. 하지만 2020년에는 실적 개선 전망이 있다. 실적 양대 축인 가전(H&A)과 TV(HE) 실적이 지난해보다 개선되고, 지난해 베트남으로의 공장 이전 등 구조조정에 나선 스마트폰(MC) 사업도 올해부터는 본격적인 체질 개선 효과를 볼 것으로 보이기 때문이다.

2) 기본에 충실한 스마트폰

LG전자의 최근 라인업은 '혁신'이 아닌 '기본'에 충실한 형태였다. 경쟁사에 비해 안정성에 있어 뒤처지지 않는다는 평가를 받으며 소비자의 신뢰를 되찾을 수 있었다. 그러나 신뢰도는 높아졌지만, 폴더블 스마트폰이 유행할 때 LG 전자는 듀얼 스크린을 내놓았고, 이어폰이 시장을 휩쓸 때도 견줄 만한 아이템을 내놓지 못하면서 트렌드를 선도하지는 못했다.

그러나 제품의 고질적 문제였던 제품 결함과 사후지원 부실 문제가 해결되었고,

미중 무역분쟁으로 삼성전자, 애플이 아닌 제 3자인 LG전자가 주목을 받고 있다는 점도 주목할 만하다. 5세대 이동통신 경쟁에서도 V50을 통해 경쟁사들에 비해 유리한 고지를 점한 것도 큰 이득이 될 것이다. 중국의 화웨이 외의 다른 중국 제조사들이 LG전자 앞을 가로막겠지만, 제3의 선택지로 LG전자 이상의 위치를 점하기는 힘들다는 판단이다.

참고자료

- 연합인포맥스 2020.01.02 "불황 극복" 한목소리 낸 전자업계 CEO들…'기술 · 가격 · 고객' 강조
- 데일리안 2020.01.01 [다시 뛰는 2020] 전자 · IT업계 키워드 셋, 'AI · 5G · DT'
- 이데일리 2020.01.28 삼성-LG전자, 신제품 통해 본 2020년은 고객 편의의 해
- 뉴시스 2020.01.28 성-LG, 설 연휴 지나고 '인공지능 가전' 정면 대결
- 파이낸셜뉴스 2020.01.06 LG '혁신과 편리한 삶' 모토 등판…AI 기술력 뽐낸다

SK하이닉스

1. 재무현황

(단위 : 억원)

구분	2016년	2017년	2018년	2019년 3Q 누적
매출액	171,980	301,094	404,451	183,300
영업이익	32,767	137,213	208,438	21,922

SK하이닉스는 17년 대비 18년 34.33% 매출이 상승했지만, 2019년 전년 대비 33.62%나 매출액이 감소했으며, 영업이익은 85.9%나 감소했다. 매출의 80%를 차지하는 D램 가격이 18년 8달러 선에서 지난해 2달러대로 추락한 것이 주원인이라는 분석이 대부분이다. 또한, 연간 3조원대 영업적자를 낸 것으로 예상되는 낸드플래시 사업 또한 해결 과제 중에 하나이다. 이에 2019년 SK하이닉스는 저사양 낸드 생산을 줄이고 고사양 낸드를 늘리는 방향으로 수익성을 개선하고 공급량을 조절하여 수익성을 확보할 전망이다.

2. 사업현황

국내 이천, 청주 사업장을 포함해 중국 우시, 충칭에 4개의 생산법인을 운영하고 있으며, 미국, 영국 등 10개국에 판매법인을, 이탈리아, 미국, 대만, 벨라루스에 4개의 연구개발 법인을 운영 중이다.

1) 메모리 반도체 사업

D램

D램은 전원이 켜져 있는 동안에만 정보가 저장되는 휘발성(Volatile) 메모리로, 18년부터 클라우드 컴퓨팅을 중심으로 CSP(Cloud Service Provider)의 성장에 따라 서버형 DRAM의 채용이 급증하였다. IoT 및 자율주행차 등 차세대 기술의 적용 또한 확대되고 있어 꾸준한 수요가 기대된다.

플래시메모리 사업

플래시메모리(낸드플래시)는 전원이 공급되지 않아도 저장된 데이터가 지워지지 않는 비휘발성 메모리로 코드 저장형인 노어(NOR)형 보다 대용량 정보를 저장하는데 적합하다. 이 제품이 적용되는 분야는 디지털카메라, 차량용 내비게이션, SSD(Solid State Drive), Flash Array, 모바일기기 등이 있다. 최근 들어 범용 메모리보다는 고객지향적인 메모리 수요가 늘고 있어, 적극적인 응용제품 개발 및 철저한 고객 대응의 중요성이 커지고 있다.

2) 비메모리 사업

CIS(CMOS Image Sensor)는 빛 에너지를 감지하여 그 세기의 정도를 영상 데이터로 변환해 주는 반도체 소자로서 디지털 촬영 기기에서 필름 역할을 한다. 최근 CMOS (Complementary Metal Oxide Semiconductor) 이미지센서의 기술이 크게 향상되고 디지털 촬영 기기가 소형화됨에 따라, 크기가 작고 전력 소모가 적은 CMOS 이미지 센서의 활용 범위가 확대되고 있다. 특히, CIS의 사용 분야 중 스마트폰과 태블릿 PC의 출하량과 매출 비중이 각각 50%를 넘어 고성장 추세이다.

3. 주요이슈

1) 원재료 가격 변동

SK하이닉스의 메모리 반도체 부문 생산 공정에 투입되는 원재료는 크게 웨이퍼, 리드프레임 및 섭스트레이트, PCB 그리고 기타 재료가 있다. 지난 몇 년간 인공지능, 클라우드, 사물인터넷 등 시장 확대에 따라 반도체 산업의 호황으로 웨이퍼 수요와 가격은 지속적으로 증가하는 추세였지만 최근에는 웨이퍼의 수급률이 개선됨에 따라 가격이 안정화되었다.

2) 공급 과잉

기술 혁신으로 반도체 생산량이 엄청나게 늘어나는 데 비해 수요가 이를 따라주지 못해 반도체 산업은 주기적으로 공급 과잉을 겪어왔다. 2019년에는 공급 과잉 현상으로 인해 반도체 가격은 계속해서 하락했다. 이에 SK하이닉스는 재고 정상화를 위해 일부 디램 생산 라인을 CIS 라인으로 전환하였고, 이러한 재고 정상화로 2020년 2분기부터는 디램과 낸드플래시 모두 평균 판매단가가 2019년 같은 분기 대비 상승할 것으로 기대된다.

3) 환율 변동

SK하이닉스는 국제적으로 영업활동을 하고 있어 환율 변동으로 인한 위험에 항상 노출되어 있다. 2019년에는 미중 무역분쟁으로 달러 환율 상승폭이 급격히 올라 반도체 수출은 수월했다. 하지만 반도체 가격 하락으로 인한 실적 악화를 겪어온 SK하이닉스는 환율 상승의 혜택이 크지 않았다. 이는 중국 업체의 출하량 증가 탓에 가격 하락 폭이 컸기 때문이다. 이에 환율상승의 큰 효과는 없었던 것으로 보인다. 향후 미국의 화웨이 수출에 대한 완전한 제재 완화가 발표되면, SK하이닉스 모바일 DRAM 매출에 도움이 될 것으로 기대된다.

4) 6세대 낸드플래시 128단 4D NAND 세계 최초 양산

SK하이닉스는 2019년 6월, 기존 5세대 제품보다 생산 효율을 40% 높이고 전력 효율을 20%가량 향상할 수 있는 6세대 낸드플래시를 세계 최초로 양산했다. 이를 위해 업계 최고 수준으로 양산 장비를 최적화했으며 기존 96단 낸드플래시 제품보다 대기전력을 30% 줄이는 동시에 입출력 속도는 1.4Gbps로 초고속 저전력 회로 설계 기술도 도입했다. 이로 인해 기존 96단에서 128단 낸드로 전환 투자비용을 이전 세대 대비 60%가량 절감할 수 있다.

5) D램가격 회복

반도체 호황기로 불리는 18년 9월 8.19달러에 이르던 D램 가격은 19년 1월 6달러에서 7월 2.94달러, 10월 2.81달러까지 떨어지며 엄청난 매출 감소를 가져왔다. D램이 매출의 80%를 차지하는 만큼 가격 하락은 큰 타격을 줬다. 그러나 공급과잉으로 지지부진하던 가격이 3달러 초반대까지 20% 정도 상승해, 빠른 가격 회복세를 보이고 있다. 가격 회복세의 이유는 네이버와 구글 등 국내외 기업이 데이터센터를 설립해, 서버용 D램 수요가 높아졌기 때문이다. 또한, 5세대 이동통신(5G)

사업이 올해부터 본격적으로 이루어지면서 D램 수요를 견인할 것으로 보인다. 5G가 모바일 기기의 통신 수단을 넘어 미디어·모빌리티 등 전 산업 분야로 확대되고 있어 D램수요 견인에 기여할 것으로 보인다.

6) D램에 의존하는 사업구조 변화

사업 포트폴리오 다변화를 위해 메모리 외 파운드리, 이미지센서 사업 등 비메모리 분야에도 지속적으로 힘을 실을 예정이다. 파운드리는 반도체 위탁생산을 말하며, CMOS 이미지센서(CIS), 디스플레이 구동드라이버IC(DDI), 전력관리칩(PMIC) 등을 주력으로 자회사에서 위탁 생산하고 있다. 멀티 카메라 스마트폰이 대세로 떠오르고 있는 가운데 인공지능(AI), 자율주행차 등의 시장이 커지면서 이미지센서 수요가 빠르게 늘어나고 있어 CIS 개발에 박차를 가할 것으로 보인다. 시장 후발주자로 10%대 시장점유율을 보이던 하이닉스는 그간 화웨이, 샤오미 등 주로 중국 스마트폰에 이미지센서를 납품해 왔다. 그러다 지난해부터 본격적으로 영역을 넓혀 삼성전자의 중저가 스마트폰 라인업인 갤럭시A·M 일부 전면 카메라에 이미지센서를 공급하며 성장의 발판으로 삼고 있다.

4. 향후예상

1) 차세대 메모리 반도체 개발 등 기술혁신

SK하이닉스의 주력사업인 메모리 반도체 산업은 최근 기술 경쟁이 치열해지며 미세 공정 기술력이 핵심 요소로 손꼽히고 있다. 미세공정화가 진행될수록 D램 제품의 크기와 두께를 줄일 수 있음은 물론, 전력효율을 높일 수 있으며, 같은 원판에서 많은 반도체를 생산할 수 있어 생산량 증대와 원가 절감에 도움이 된다. SK하이닉스는 수요 급증이 예상되는 IT분야 신산업(가상화폐, 자율주행차, 인공지능 등)의 차세대 메모리 반도체의 개발에 주력(기술혁신 및 대규모 설비투자)하여 안정적인 성장 동력을 확보하기 위해 노력 중이다.

2) 비메모리 반도체 분야 확장

글로벌 반도체 시장은 비메모리 분야가 3분의 2를 차지하고 있다. 삼성전자는 물론 SK하이닉스도 비메모리 반도체 시장에서 점유율이 2.8%에 불과하다. SK하이닉스는 그동안 낸드플래시를 키우기에 벅차 비메모리 사업에 신경을 쓰지 못했지만, 최근 시스템반도체에 투자를 확대하며 메모리 반도체에 이어 비메모리 분야에서의 사업 확장에 힘을 쏟고 있다. 고객 확보를 위해 미국 반도체 제조사 사이프레스와 손잡고 홍콩에 합작 법인을 설립하고, 매그나칩 반도체 인수전에도 참여했다.

3) 중국 우시에 파운드리 공장 준공

SK하이닉스는 내년 1분기 중국 우시에 파운드리 공장을 준공하여 생산할 계획이다. 지난해 7월 우시 정부 투자회사 WIDG와 합작사를 설립해 자회사 SK하이닉스 시스템 아이씨가 생산을 담당한다. 우시 공장은 충북 청주 M8 라인의 200mm 웨이퍼 기반 파운드리 공정 장비로 채워지며, 본격 가동은 내년 하반기로 예상된다. 파운드리는 가동률이 중요하기 때문에 상대적으로 반도체 설계(팹리스) 업계가 빈약해 고객사가 부족한 한국 대신 1,000개 이상의 반도체 설계(팹리스) 업체들이 상주한 중국을 거점으로 삼는다. 저렴한 인건비와 대량생산으로 수익성 향상에 도움이 될 것으로 기대된다.

4) 1z D램 올해부터 본격 공급 예정

18년 11월 2세대 10나노급(1y) D램 개발에 이어 11개월 만인 작년 10월 3세대 10나노급(1z) 미세공정을 적용한 16Gb(기가 비트) DDR4 D램도 개발했다. 업계 최대 용량 16GB와 메모리 총용량도 현존하는 D램 중 가장 큰 제품이다. 작년 1z D램 양산 준비를 마치고 올해부터 본격 공급에 나설 예정이며, 차세대 모바일 D램인 LPDDR5와 최고속 D램 등 다양한 응용처에 걸쳐 1z 미세공정 기술을 확대 적용해 나갈 계획이다.

5) SSD 시장 진출 노력

최대 약점이었던 낸드플래시 부문에서 기업용 1 SSD[32] 시장에 진출할 계획으로, 미국 연구소 투자 확대와 분당 사옥 매입을 통해 제품 역량 개발은 물론 인재 유치에 열을 올릴 것으로 보인다. 2019년에는 업계 최초 차세대 표준 ZNS SSD를 선보이면서 시장에서 두각을 나타내고 있다.

6) CIS(CMOS Image Sensor) 활용 범위 확대에 따른 기술 경쟁력과 원가 경쟁력 확보

CMOS 이미지센서(빛을 전기 에너지로 바꿔 이미지를 만들어내는 반도체) 기술이 향상되고 디지털 촬영 기기가 소형화됨에 따라, 크기가 작고 전력 소모가 적은 CIS의 활용 범위가 점차 확대되고 있다. 디지털카메라와 캠코더 등 고화질을 요구하는 고가 제품에도 많이 사용되는 추세이다. CIS는 IT 기기에서 전자 필름 역할을 하는 비메모리 반도체로 SK하이닉스는 메모리 반도체 분야에서 축적한 기술을 바탕으로 CIS 사업에 성공적으로 진입한 바 있다. CIS를 통한 영상 정보의 활용(스마트폰, 웹 카메라, 의학용 소형 촬영 장비, 자동차, 로봇 등)이 더욱 늘어날 전망이기에 SK하이닉스는 삼성전자 스마트폰 전면 카메라 모듈을 위한 CIS를 공급하는 것을 시작으로 점유율을 확대해 나갈 것으로 보인다. (2019년 9월, 이미지 센서 강국인 일본에 연구소를 개소해 우수 R&D 인력을 확보하고 생산능력을 확대하며 투자를 줄이지 않을 것이라 밝혔다.) CIS는 청주를 중심으로 공급을 확대할 예정이며, 지난해 론칭한 '블랙펄'이 중심이 될 것이다.

참고자료

- 데일리안 2020.01.15 삼성전자–SK하이닉스, D램 수요 상승에 '미소'
- 디지털데일리 2019.12.20 SK하이닉스, 'D램 의존도' 낮춘다...파운드 리 · 낸드 · CIS 공략
- 매일경제 2020.01.17 SK하이닉스, 128단 4D낸드 양산...高사양 반도체로 승부

---

32   *SSD : 하드디스크의 대안으로 개발된 제품으로 HDD(하드디스크)와 달리 반도체를 이용해 데이터를 저장한다. 이러한 특성 덕분에 SSD는 HDD보다 빠른 속도로 데이터의 읽기나 쓰기가 가능하다. 그리고 물리적으로 움직이는 부품이 없기 때문에 작동 소음이 없으며 전력소모도 적다는 특성 덕분에 휴대용 컴퓨터에 SSD를 사용하면 배터리 유지시간을 늘릴 수 있다는 이점이 있다.

- 뉴스핌 2020.01.16 삼성 중저가폰 셀카에 SK하이닉스 반도체⋯ 연내 4800만 화소 개발
- 한국경제 2019.04.25 SK하이닉스, 1분기 영업익 70%↓⋯"하반기엔 D램 수요 회복 확신"
- 뉴시스 2018.12.30 2019 반도체시장 '상저하고' 뚜렷⋯ 1분기가 변곡점
- 매일경제 2019.11.22 반도체 산업 언제쯤 회복? "내년 상반기엔 반등" 전망이 우세 日 보복 · 삼성비메모리 성과 변수
- 더벨 2019.07.31 SK하이닉스, 연말 재고 정상화 후 '감산 철회' 전망
- 매일경제 2019.06.26 SK하이닉스 '6세대 낸드'로 기술벽 뛰어넘었다
- 테크월드 2019.06.05 메모리 반도체 시장 핵심 이슈, 'Top 4'
- 더스쿠프 2019.05.15 반도체 2인자 SK하이닉스가 빠진 '딜레마의 늪'

Chapter

11

제약

Chapter11.
제약

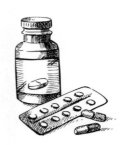

대웅제약

1. 재무현황

(단위 : 억원)

구분	2016년	2017년	2018년	2019년 3Q 누적
매출액	7,940	8,667	9,435	7,440
영업이익	353	446	307	300

　대웅제약의 2019년 3분기 매출액은 2,425억원, 영업이익은 28억원이다. 전년대비 매출액은 4.5% 증가했으나, 영업이익은 65.2% 감소한 수치이다. 영업이익 대폭 감소의 주된 요인은 보툴리눔 톡신 나보타 소송비용과 리니티딘 사태로 인한 알비수 회수 비용에 약 150억원의 비용이 발생한 점을 꼽는다. 그러나 이러한 이슈를 배제한다면 전년동기대비 2배 이상의 영업이익을 기록한 것이다. ETC와 OTC의 주력 제품이 모두 꾸준한 매출 성장세를 그리며 나보타의 미국 수출건으로 대웅제약의 매출 상승은 계속될 것이라 생각한다.

2. 사업현황
1) 의약품 제조 및 판매(수출포함)
(주)대웅제약, 한올바이오파마(주)

2) 주력제품

ETC(전문의약품): 나보타(주름개선), 올메텍(고혈압치료), 대웅졸레드론산주사액(폐경 후 여성의 골다공증 예방), 크레젯(콜레스트롤 감소제), 세레노직(류마티스 관절염 치료제), 알비스(위궤양 치료제), 우루사(간기능 개선) 외 128개 종류가 있다.

OTC(일반의약품): 렛잇비(비타민), 코메키나 캡슐(국내 OTC 최초 메퀴타진 복합 비염치료제), 우루사(피로개선, 간기능개선), 스멕타(식도, 위, 십이지장 대장질환 통증 완화), 이지엔6(각종 통증 진통제), 베아제(소화제) 외 42개 종류가 있다.

3) 글로벌을 향한 도전

'삶의 질 향상을 선도하는 글로벌 헬스케어 그룹'이라는 2020 비전을 세운 대웅제약은 기술력과 글로벌을 향한 도전하고 있다. 이를 실현하기 위해 대웅제약의 각 센터는 구체적인 목표를 가지고 있다. 먼저 바이오센터는 '차세대 줄기세포치료제 개발'을 목표로 스마트 줄기세포치료제를 개발하고 있으며, 신약센터는 'First/Best in Class 신약개발'을 목표로 대웅제약의 지속적 성장 동력을 강화하고 있다. 신제품 센터는 '글로벌 제품화'를 목표로 장기 지속형 주사제와 개량신약을 지속적으로 발매하며, 글로벌 제네릭에 집중하고 있다.

3. 주요이슈
1) 할랄 인증

국내 제약업계가 이슬람 시장 개척에 나서고 있다. 이슬람 지역에 진출하기 위해서는 할랄 인증이 필수 요소로 꼽힌다. 흔히 할랄은 식품에만 해당한다고 오인되고 있지만 할랄은 먹고 마시고 바르는, 즉 사람 몸속으로 들어가는 모든 것에 포괄적으로 사용된다. 국내 제약사들은 인도네시아를 교두보로 할랄 시장 진출을 목표로 하고 있으며 대웅제약은 인도네시아 합작법인인 대웅인피온을 통해 바이오의약품인 빈혈치료제 에포디온의 할랄 인증을 획득했다. 인도네시아에 바이오의약품으로 할랄을 받은 것은 총 5개 제품뿐인 것을 감안하면 큰 성과이다.

특히, 나보타는 국산 보툴리눔 톡신 제제 최초로 아랍에미리트와 인도네시아에서 품목허가를 획득하며, 미국, 유럽, 캐나다 등에 이어 중동과 아시아 시장에서도 입지를 더욱 확고히 했다. 또한, 아랍에미리트는 나보타가 처음으로 진출하는 중동 국가로, 이를 교두보로 삼아 나머지 중동 국가로의 허가도 가속화할 계획이다.

2) 식약처 라니티딘 전 품목 유통 잠정중단 결정

2019년 제약업계의 대표적인 이슈 중 하나는 식품의약품안전처가 9월에 발암물질이 검출된 라니티딘 성분 의약품에 판매 중단 조치를 내린 것이다. 대웅제약 전체 매출의 6.2%를 차지했던 국내 처방 1위 항궤양제 '알비스' 역시 라니티딘 성분이 포함되어 있어 판매가 지난해 9월부터 중단됐다. 대웅제약은 기존에 알비스가 가진 연 매출 600억 정도의 공백을 채우기 위해 위식도 역류질환 신약 '펙수프라잔' 출시를 앞두고 있다.

4. 향후예상

대웅제약의 2020년 목표 중 '글로벌 시장 진출 확대'와 '혁신신약 개발'이 가장 기대되는 부분이다. 대웅제약은 지난해 라니티딘 사태로 영업이익은 감소했음에도 ETC와 OTC 사업별 제품의 매출 성장으로 매출액 1조 클럽 달성을 예상하고 있을 만큼 탄탄한 제약사이다. 2019년 사상 최대 매출액을 이루었고 혁신신약 개발에 집중하고 있는 대웅제약은 올해는 글로벌 성과 창출에 더 집중할 것이라 예상한다.

1) 2020년 글로벌 50위 제약사 목표

글로벌 제약사 50위로 진출하겠다는 대웅제약은 희귀 난치성 질환 치료제 개발에 집중하고 있다. 현재 2020년 자가면역질환치료제 DWP212525는 임상 1상 진입을 준비하고 있으며, 특발성 폐섬유증 치료제 DWN12088은 호주에서 임상 1상이 진행되고 있다. 이처럼 대웅제약은 오픈콜라보레이션 전략을 통해 대웅제약의 기술력과 글로벌 제약사와의 협력을 통해 시간을 단축하며 혁신신약 개발에 빠르게 도전하고 있다. 올해는 대웅제약이 혁신신약 개발을 통한 더 많은 글로벌 성과를 발표할 것이라 생각한다. 대웅제약은 자체 기술력으로 아시아 최초 자체개발에 성공한 보툴리눔톡신(나보타) 제품을 미국, 유럽 등 의료 선진 국가에 허가를 취득했다. 미국시장을 시작으로 캐나다, 올해는 유럽까지 진출을 계획하고 있는 상황이다. 대웅제약은 보툴리눔톡신 제품을 글로벌 치료사업으로 확장할 예정이며, 이온바이오파마와 함께 미국에서 치료 적응증 획득을 위한 임상실험을 준비하고 있다. 올해는 나보타의 또 한번의 고공행진과 임상 실험단계의 제품들이 어떤 새로운 결과를 가져올지 기대되며 대웅제약의 오픈콜라보기술력의 결과가 굉장히 우수하기 때문에 대웅제약의 R&D 투자가 높아질 것이라 예상한다.

2) 전 세계 40조원 시장 진출 '펙수프라잔'

대웅제약은 R&D 투자를 통해 혁신신약을 개발하는 데에 몰두하고 있다. 지난해 위식도역류질환 치료제 '펙수프라잔(Fexuprazan)'이 국내 임상 3상을 마쳤고, 2020년 1월 멕시코에 약 5천만 달러 규모로 기술수출을 하였다. 멕시코는 중남미 국가 중 두 번째로 큰 의약품 시장이며 중남미 시장 진출을 시작으로 더 많은 국가에 진출을 목표로 하고 있다. 전 세계 위식도역류질환 치료제 시장 규모는 약 40조 원으로 형성되어 있는 만큼 의학적 수요가 높은 질환이다. 대웅제약은 멕시코 진출을 시작으로 올해는 미국과 중국에 임상시험을 추진할 계획이다. 규모가 큰 시장인 만큼 해외 시장에서 펙수프라잔이 어떤 입지를 굳히게 될지 궁금하며, 대웅제약의 기술력과 혁신신약의 효과가 어떻게 평가 받을지 기대된다.

3) 기술 공유와 해외진출

대웅제약은 한국 용인연구소뿐만 아니라 중국, 인도, 미국, 인도네시아 등 해외 5개의 생명과학 연구소와 함께 글로벌 연구성과를 확보해가고 있다. 전 세계 100 개국의 수출 네트워크를 구축하고, 중국과 동남아시아 등의 해외 진출 국가에서 10 위권 내로 진입할 것이라는 대웅제약의 목표가 머지않아 달성될 것이라 생각한다.

참고자료

- 메디컬투데이 2020.01.17 [세계시장 노리는 제약사③] 할랄 인증으로 이슬람 시장 개척한다

- 팍스넷뉴스 2019.09.26 대웅제약, 라니티딘 파동에 직격탄…600억 증발 위기
- 조선비즈 20220.01.22 대웅제약 '펙수프라잔' 글로벌 진출…멕시코 5000만달러 수출계약

유한양행

1. 재무현황

(단위 : 억원)

구분	2016년	2017년	2018년	2019년 3Q 누적
매출액	13,207	14,622	15,188	10,866
영업이익	977	887	501	40

19년도 3분기 누적 매출액은 전년동기대비 1.6%(약 180억원) 감소했으며 영업이익은 90.5% 감소하였다. 유한양행은 다국적 제약사의 상품 판권 반납과 신약 개발을 위한 R&D 투자 비용 증가로 인한 영업이익 감소라는 입장을 밝혔다. 건강라이프 스타일 브랜드 '뉴오리진' 사업 분할과 유한양행의 혁신신약 개발 기업인 애드파마에 투자로 인한 성과가 나오지 않았기 때문이라 생각한다.

2. 사업현황

유한양행의 사업분야는 의약품, 건강기능식품, 생활용품, 동물약품, 수출로 나뉜다.

1) 의약품

유한양행의 토대가 되는 사업분야이다. 항고혈압제, 항암제, 항생제 등의 전문의약품과 삐콤씨 등의 일반의약품, 그리고 살충제, 염모제 등의 의약외품을 생산, 판매하고 있다.

2) 건강기능식품

기능성 음료와 건강보조식품을 공급하며, 바쁘게 살아가는 현대인의 건강을 지키는데 기여하고 있다.

3) 생활용품

살균, 소독, 표백제 '유한락스'와 천연 베이킹소다를 주원료로 한 '암앤해머 치약', 친환경 마크를 획득한 '아름다운세제' 등을 판매함으로 고객의 삶의 질을 높이기 위해 노력하고 있다.

4) 동물약품

축산과 수산, 애완 품목으로 구성되어 마취제, 생균제 등의 축산 의약품과 백신을 포함하는 수산 의약품 그리고 반려견 사료와 미용용품 등의 애완 품목까지 동물약품의 영역을 점차 확대하고 있다.

5) 수출

항바이러스제, 항생제, 항암제 등의 원료의약품 및 완제품을 미국, 유럽 등 제도권 시장뿐만 아니라 아시아를 비롯한 전 세계에 수출하고 있다.

3. 주요이슈
1) 유한양행, 건강식품 사업 별도법인 설립, 본격 강화

유한양행이 건강식품 사업을 본격적으로 확대하고 있다. 유한양행은 프리미엄 건강 라이프스타일 브랜드 '뉴오리진'을 유한양행에서 분리, 독립적인 경영활동을 시작한다. 지난해 4월 런칭한 뉴오리진은 '오리진을 다시 쓰다'라는 슬로건 아래 건강을 강조하는 식품사업을 주력으로 전개해왔다. 유한양행 관계자는 "이번 독립법인 출범을 통해 뉴오리진은 식품, 라이프, 뷰티를 포괄하는 건강 라이프스타일 브랜드로 더욱 견고하게 자리매김할 예정"이라고 설명했다.

2) 삐콤씨, 면역력, 항산화 성분 업그레이드

원조 국민 영양제인 유한양행의 삐콤씨가 활성비타민과 면역력, 항산화 성분 강화로 업그레이드를 거듭하고 있다. 유한양행은 2017년 비타민B군(B1, B2, B6)을 체내 흡수율과 이용률이 높은 활성비타민으로 교체한 '삐콤씨 액티브'를, 최근에는 비타민D, E를 강화한 신제품 '삐콤씨 파워정'을 선보였다. 삐콤씨 액티브는 활성비타민 B1 성분인 벤포티아민을 고함량(50㎎) 사용해 빠르게 흡수되고 약효가 오래 지속돼 육체피로 · 근육통 · 신경통, 눈의 피로회복에 뛰어난 효과를 발휘한다고 알려져있다. 또한, 뼈콤씨 파워정은 여기에 비타민D와 E를 강화한 제품으로 충분한 햇볕을 쬐지 못하는 현대인의 뼈 건강과 피로 완화, 혈액순환 개선에 도움이 된다고 알려져있다.

4. 향후예상

2020 유한양행의 목표는 'Great & Global'이다. 오픈 이노베이션[33] 기술을 통한 혁신신약에 집중하여 기술 성과를 얻어내는 것에 유한양행은 집중할 것이라 생각한다. 2018년까지 유한양행은 수년간 국내 제약시장의 시장 점유율 1위(약 7.1%)를 지키는 기업이었다(2019년 시장점유율은 아직 발표되지 않았다). 매출액 1조를 넘는 대형 제약사지만 매출액 대비 R&D 투자율이 낮고, 상품 매출이 높다는 비판적인 평가는 유한양행이 반박할 수 없는 비판이었다. 그러나 2020년부터는 'R&D 중심 유한양행'으로 과감하게 방향을 틀 것으로 예상된다.

1) 오픈 이노베이션을 통한 새로운 가치 창출.

'오픈 이노베이션' 5년 전 유한양행이 시작했던 것이 현재는 국내 제약사의 신약 연구개발에 발판이 되었다고 생각한다. 자체 기술에 스타트업 기업, 대학병원, 대학원과의 연구 협력을 제품 연구에 시간을 단축할 수 있었다. 유한양행은 오픈 이노베이션 전략을 통해 다양한 기술을 빠르게 습득할 수 있었고 기술을 수출해 신속하게 해외로 진출하고 있다.

유한양행은 2015년 오스코텍 미국 자회사 제노스코에서 도입된 폐암 치료제 레이저티닙을 공정 개발, 전 임상 등을 거쳐 가치를 높인 뒤 2018년 11월 미국 얀센 바이오테크에 기술 수출하는 등 성공적인 오픈 이노베이션 사례를 보유하고 있다. 유한양행은 미국 샌디에이고와 보스턴, 호주 법인 등을 오픈 이노베이션 활성화를 위한 전초기지로 활용될 것이라고 밝혔다. 국내 제약산업에서 해외 기업들과 글로

33　*오픈 이노베이션: 기업이 필요로하는 기술과 아이디어를 외부에서 조달하여 내부 자원을 외부와 공유하면서 새로운 제품이나 서비스를 만들어내는 것이다.

벌 협력을 맺어 기술 개발에 몰두한 오픈이노베이션 전략으로 올해는 타사 제품인 상품매출의 비율을 낮추어 그동안의 비판을 수구러트릴 수 있길 기대한다.

2) R&D에 과감한 투자 시작

유한양행은 14년도부터 18년도까지 매출액 대비 약 7%의 R&D 투자를 진행하며 시장점유율 1위 기업이나 연구개발비는 다소 부진하다는 지적이 많았다. 그러나, 2019년 3분기까지의 R&D 투자 비율은 매출액 대비 9.4%를 기록했고, 2020년은 매출의 13% 이상인 2,000억원 이상을 투자할 예정이다. 매출액 대비 투자현황은 낮으나, 높은 매출액으로 R&D 투자의 규모는 타 제약사보다 클 것이라 생각한다. 유한양행 이정희 사장은 회사의 외형과 내실을 함께 키우며 매출액에 대한 아쉬움을 내려놓겠다는 입장을 취하고 있다. 신제품 개발, 해외 라이선싱 강화, 신약 파이프라인 확대에 유한양행의 공격적인 R&D 투자를 예상된다.

3) 내부 제품 구조조정

유한양행은 기업의 자체 제품보다 타 제약사의 제품을 수입하여 판매하는 상품매출의 비중이 높은 기업이었다. 그러나 19년도 3분기 영업이익은 전년동기대비 90.5%가 감소했다. 유한양행은 다국적 파트너 제약사인 길러어드, 베링거 제품을 제외한 다수 제품은 원 개발사에 판권을 반납했다고 급감한 영업이익의 이유를 설명했다. 돌려준 제품의 매출 총계가 1,200억원 수준이라고 하니 유한양행 상품 매출의 비중을 낮추어 그동안의 비판을 벗어나 적극적인 투자를 위한 준비라고 생각된다.

참고자료

- 네이버포스트 IT조선 2019.11.27 유한양행, 오픈 이노베이션 뒷심받고 글로벌 도약
- 이데일리 2019.10.01 유한양행, 건강식품 사업 별도법인 설립, 본격 강화
- 서울경제 2019.12.23 [건강한 겨울나기]유한양행 '삐콤씨'
- 의학신문 2020.01.20 'Great&Global' 유한양행, R&D기업 변신 완성의 해
- 약업신문 2020.01.20 유한양행 이정희 사장 "볼륨만 초점 맞춘 '상품' 원상복구"

종근당

1. 재무현황

(단위 : 억원)

구분	2016년	2017년	2018년	2019년 3Q 누적
매출액	8,319	8,842	9,557	7,807
영업이익	612	781	780	559

　주)종근당은 투자사업부문을 담당하는 존속법인 주)종근당홀딩스를 제외한 의약품사업무분을 담당하는 주)종근당의 매출액을 재무제표의 기준으로 산정했다. 종근당의 매출은 국내 제약산업의 제약사 중 약 5% 내외의 매출실적을 점유하고 있다. 종근당은 2019년 매출액 1조 789억원, 영업이익 770억원을 기록할 것이라 예상하고 있으며 전년대비 영업이익은 1.3% 감소했으나 매출액은 12.9% 늘었다. 종근당 3분기 보고서에 따르면 R&D 투자 비용이 당기 매출액의 12.14% 차지하고 있다.

2. 사업현황

1) 전문의약품

　자체개발 신약 항암제 캄토벨, 당뇨병치료제 듀비에, 항고혈압제 딜라트렌, 텔미누보, 고지혈증치료제 리피로우, 면역억제제 타크로벨 외 총 385개의 제품이 있다.

2) 일반의약품

　두통약 펜잘, 구충제 젤콤, 소화제 속청. 경구피임약 머시론 외 총 50개의 제품이 있다.

3) 건강기능식품

　프리락토, 고함량 고농축 프리미엄 오메가3 시리즈를 포함한 총 13개의 제품이 있다.

4) 의약외품

건강음료, 살충제 등 건강과 환경을 고려한 제품군 총 24개를 판매하고 있다.

3. 주요이슈

1) 플랫폼 기술 HDAC6

종근당 효종연구소는 효능 및 독성 측면에서 HDAC6[34] 선택적 저해제의 우수성을 인지하고 신경, 암, 면역 등의 질환 치료를 목표로 신약을 개발하고 있다. HDAC6 저해제의 기본 구조를 바탕으로 각 질환에 맞는 최적의 약물을 도출한다.

2) 플랫폼 기술 Liquistal(Liquid crystal))

종근당의 원천기술로 1회 주사로 1주일 내지 수 개월간 약효의 지속성을 늘린다. 이 기술의 주사 후 체액과의 접촉을 통해 젤로 전환되어 벌집과 유사한 격자구조를 가지며, 약물의 효능을 지속적으로 방출한다.

3) 국내 임상 승인 1위 기업

지난해 국내에서 이루어진 임상시험은 917건으로 작년 대비 13.4% 증가 했는데, 국내 제약사 중 가장 많은 승인을 받은 곳이 종근당(26건)이다. 종근당은 고지혈증, 고혈압 치료제(CKD-348), 위염 치료제(CKD-495), 대장암 치료제(CKD-516정), 고혈압, 고지혈증 치료제(CKD-386), 심방세동 치료제(CKD-825) 등 5개의 임상 3상을 진행 중이며, 녹내장 치료제(CKD-351) 임상 2상을 진행 중이다.

4. 향후예상

국내 제약사 중 가장 많은 임상실험과 매출액 대비 높은 R&D 투자를 지속하고 있는 종근당은 국내를 넘어 글로벌 제약시장에서도 입지를 만들어 나가고 있다. 작년 인도네시아 항암제 생산공장 준공과 일본에 빈혈치료제 제조 판매 승인은 종근당이 글로벌 진출 국가에서 새로운 성장을 어떻게 보여줄지 기대하게 만든다.

---

34   *HDACs: 세포 내 단백질들을 탈아세틸화 하는 효소. HDAC6은 HDACs 패밀리 중 class llb에 속하며 다른 HDACs와 달리 세포질에 위치한다. 단백질 탈아세틸화 외에도 유비퀴틴화된 단백질과 결합해 분해한다.

1) 인도네시아 항암제 생산 공장 준공

종근당은 19년 7월 인도네시아 치카랑에서 합작법인 'CKD-OTTO'사의 항암제 생산 공장을 준공했다. 또한, 2018년도 인도네시아 정부로부터 GMP 승인을 얻은 종근당은 인도네시아 이슬람 최고 의결기구인 울레마협의회로부터 할랄 인증을 받아 인도네시아 최초 할랄 인증 항암제 공장을 준공하였다. 인도네시아 정부로부터 항암제 젬시타빈과 파클리탁셀의 품목허가를 받아 생산에 돌입한 상태이다. 세계 인구 4위인 인도네시아의 제약시장 규모는 2023년 약 13조원으로 예상된다. 인도네시아의 항암제 시장은 약 2,300억원 규모로 연평균 38% 이상 성장하고 있어 종근당의 인도네시아 항암제 설비 공장 진출은 가파르게 성장하는 국내 제약산업과 제약사에 큰 기여를 할 것이라 생각한다.

2) '네스벨' 일본 제조판매 승인 획득

종근당은 2019년 세계 최초 2세대 빈혈치료제 바이오시밀러 '네스벨'의 일본 내 제조 판매 승인을 획득했다. 5,500억원 규모 일본 시장을 시작으로 3조 6,000억원에 이르는 글로벌 시장의 규모에 뛰어들기 위해 종근당은 미국과 유럽 등 총 9개국에서 네스벨의 제법 특허를 획득하였다.

참고자료
- 뉴스토마토 2020.01.29 종근당, 커지는 바이오사업 무게감

한미약품

1. 재무현황

(단위 : 억원)

구분	2016년	2017년	2018년	2019년 3Q 누적
매출액	8,827	9,165	10,159	8,107
영업이익	267	821	835	739

한미약품은 지주회사로 한미사이언스를 두고 있으며, 한미약품과 그 종속기업은 원료의약품 제조 및 판매 부문 한미정밀화학, 중국 북경에서 의약품을 제조 및 판매하는 북경한미약품이다. 한미약품은 종속 기업을 포함한 연결재무를 기준으로 매출액을 산정한다. 18년 기준 한미약품 자체 개발 제품 매출 비율 93.7%로 국내 제약업계 최고 수준이다.

2. 사업현황

1) 주력 제품

한미약품은 R&D를 통한 혁신신약 개발에 주력하고 있다. 주요 제품으로는 복합 고지혈증 치료제 '로수젯', 복합 고혈압치료제 '아모잘탄', 역류성 식도염 치료제 '에소메졸'이 있다.

2) 사업부문

한미약품(의약품), 한미정밀화학(원료의약품), 북경한미약품유한공사(해외의약품)

3) 압도적인 R&D 투자 비율

2019년도 상반기 R&D 투자액이 1,000억원을 넘었으며 2019년 3분기 기준 별도 연구개발비용은 129,957백만원으로 매출액의 20.7%이다.

3. 주요이슈

1) 공격적인 R&D 투자

지난 10년간 한미약품이 R&D에 투자한 금액은 1조원이 넘는다. 실제 한미약품의 작년 매출 기준, 20%에 달하는 비용을 R&D에 투자하여 신약개발을 하는 만큼 상품이 아닌 제품에 초점을 맞추어 끊임없이 도전하고 있다. 신약개발의 성공은 내수시장을 넘어 해외시장 진출에 속도를 더해주기에 제약회사들은 제품개발을 위해 사활을 걸고 있는 상황이다. (현재 한미약품은 30여 개의 파이프라인[35] 소유하고 있다.)

2) 1조원 클럽 달성

2019년 한미약품의 매출액은 전년동기대비 12.9%, 영업이익은 16% 성장하여 작년 매출 1조원 이상 달성을 2년 연속 달성할 것으로 보인다. 한미약품이 호조를 보이는 이유는 혁신적인 신약개발을 안정적인 기존 제품들이 뒷받침해주기 때문이다. 한미약품의 베스트셀러인 고지혈증 치료제 로수젯은 전년 동기 대비 43% 성장, 고혈압 치료제인 아모잘탄 패밀리는 24% 성장하며 시장에 우위를 차지하고 있다.

3) 국내 원외처방실적 1위

위와 같은 순위에는 복합, 개량신약[36]의 선전이 뒷받침된 것이라 생각한다. 전체 처방실적의 절반을 차지하는 상위 10개 품목 중 대다수가 복합, 개량신약이며, 특히 아모잘탄 패밀리의 성장세가 두드러졌다. 한미약품의 2019년 원외처방실적은 6,149억원으로 2018년 대비 11.5% 증가했다. 이 중 상위 10개 품목의 원외처방실적을 합치면 3,105억원에 달해, 전체 처방 실적의 절반 이상을 차지하는 것이다. 지난해 국내 원외처방시장 전체 규모는 13조원을 넘어섰다. 2018년 12조 4,317억원 대비 7.8% 증가한 것으로, 그 중 한미약품은 두 자릿수 성장률과 함께 2년 연속 1위에 올랐다.

---

35 *파이프라인: 연구개발 단계에 있는 신약 후보 물질

36 *개량신약: 다양한 기술을 이용해 오리지널 의약품의 단점을 개선시킨 의약품

4. 향후예상

한미약품은 지난 10년간 국내 제약산업의 혁신을 주도하며 내실을 다져왔다. 2020년에는 쌓아온 기반으로 기술수출과 해외 진출에 더욱 집중할 것이라 예상된다. 주요 국내 제약사 중 최다 파이프라인 보유, 기술수출 등의 한미약품의 행보는 2020년 우창수 대표가 신년사에서 언급했던 국내 제약산업의 대표 기업이 되겠다는 기업의 자신감이 느껴진다.

1) 호중구감소증 치료제 미국 진출

2019년 12월 말 호중구감소증 치료제 롤론티스가 FDA 허가 절차에 들어갔다. 롤론티스가 허가를 받는다면 15년 만에 출시되는 호중구감소증 신약이며, 한미약품의 개량신약이 미국에 진출하는 것이다. 호중구감소증은 백혈구 50~70%를 차지하는 호중구가 항암치료 중 비정상적으로 감소해 감염에 취약해지는 병으로 호중구감소증 치료 시장은 미국서 4조원대 규모를 형성하고 있다.

2) 비알콜성 지방간염 치료제 트리플 어고니스트

비알콜성 지방 간염이란 알코올 섭취와 무관하게 간에 중성지방이 축적돼 간세포가 괴사하는 염증성 질환으로, 아직까지 정확한 원인이 밝혀지지 않아 현재까지 치료제가 없어 더욱 수요가 많을 것으로 예상된다.

3) 북경한미약품유한공사 중국 시장 집중

중국 의약품 시장은 전 세계 3대 시장으로 2017년 기준 약 2조 16억 위안화로 매년 약 10% 성장하고 있다. 2020년에는 세계 2대 시장으로 성장할 것으로 예측되고 있으며, 중국의 제약산업은 국가 중요 7대 과제 산업으로 육성되고 있는 가장 유망한 산업 중의 하나로 성장 잠재성이 무궁무진하다고 생각한다. 북경한미약품유한공사는 의약품 연구개발에서부터 생산, 영업 등 전 분야를 수행하는 독자적인 제약회사이다. 주력 제품은 어린이용 제품인 정장제 '마미아이'와 감기약 '이탄징'이며, 성인용 정장제 '매창안' 등 총 20여 품목을 판매하고 있다. 2019년 3분기 1,866억 3,500만원의 매출을 기록했다. 북경한미약품유한공사는 R&D 센터에서 임상시험 진행과 만성 치료제 중심의 신약 개발을 하고 있다. 한국 본사 한미약품과의 R&D 네트워크 시너지를 통해 글로벌 신약 개발에도 앞장설 것으로 기대된다.

현재 미국 FDA 허가를 기다리고 있는 '롤론티스'가 랩스커버리[37]가 적용되었다. 롤론티스가 허가된다면 랩스커버리가 적용된 바이오 신약[38]으로는 첫 글로벌 상용화가 된다는 점에서 의미가 있으며, 허가 후 판매된다면 국내제약사가 기술 수출한 품목 가운데 첫 매출 로열티가 발생하게 된다는 점도 기대되는 부분이다.

참고자료

- 헬스조선 2019.10.25 한미약품, 바이오신약 FDA 시판허가 재신청
- 메디파나뉴스 2020.01.23 지난해 처방실적 1위 한미약품, 개량신약 효과 '톡톡'
- 서울경제 2019.12.27 한미약품, "美 FDA서 기술수출 신약 '롤론티스 심사개시"

---

37   *랩스커버리: 체내 바이오의약품의 약효 지속시간을 늘려주는 한미약품의 독자 개발 플랫폼 기술.

38   *바이오신약: 사람이나 다른 생물체에서 유래된 세포/조직/호르몬 등을 이용해 개발된 의약품

Chapter
12
조선/철강/해운

Chapter12.
조선/철강/해운

포스코

1. 재무현황

(단위 : 억원)

구분	2016년	2017년	2018년	2019년 3Q 누적
매출액	530,835	606,551	649,778	156,907
영업이익	28,443	46,218	66,426	33,113

　철강시장 침체와 사업 구조조정 작업이 맞물려 호황기 대비 영업이익률이 하락했지만, 재무구조 개편 작업과 고부가가치 제품 판매에 집중하면서 영업이익률이 회복된 추세이다. 하지만 이에 머물러 있을 수만은 없는 포스코이다. 2018년까지만 해도 6조를 넘겼던 포스코 제철은 우리나라 명실상부 제철소라 해도 과언이 아니었다. 지금의 기조는 미중무역전쟁의 여파로 인한것과, 철강업계의 부진이 있다고 하더라도 너무 급감했다는 의견이 나온다. 하지만 고부가가치 제품인 WTP(World Top Premium) 판매비중이 전분기 대비 0.3% 포인트 증가한 29.9%를 기록하며 영업이익 감소폭을 최소화하였고 영업이익률은 8.6%를 기록했다. 또한, 포스코는 국내 주요 수요산업인 자동차, 건설분야의 수요가 지난해 대비 감소할 것으로 전망하며 국내 철강경기 회복이 다소 지연될 것으로 예측된다.

2. 사업현황

포스코 철강, 포스코 강판, SNNC, 포스코알텍

포스코는 열연, 냉연, 스테인리스 등 철강재를 단일 사업장 규모로 세계 최대 규모인 포항제철소와 광양제철소에서 생산하고 있다. 현재 신사업 동력으로 2차 전지 리튬 사업과 해외 진출을 활발히 추진하고 있다. 특히, 포스코그룹의 사업 중 철강이 50%로 가장 큰 비중을 차지하고 있으며 다음으로 무역(35%), E&C(10%) 등이 있다.

3. 주요이슈

1) 포스코, 영업이익 1조 깨질까?

지난 4분기 실적 발표에서 포스코는 10분기 연속 이어오던 영업이익 1조 원 기록이 깨질 수 있다는 우려 섞인 목소리가 있었다. 국내에서의 중국 철강재 수입량이 증가했으며 이에 따른 내수 수요 부진으로 철강재의 평균 판매 가격이 하락한 탓이다. 철강 수요산업의 부진과 예상치 못한 원자재 가격 급등을 제품가에 반영할 수 없는 상황이 수익성 악화의 주요 원인으로 볼 수 있다. 또한, 미·중 무역전쟁의 갈등 장기화에 따른 제조업 부진도 수익성 악화에 거들었다. 다행히 1조 원 영업이익은 깨지지 않았지만 2020년에는 원재료 가격의 하락, 미·중 무역전쟁 완화로 인한 철강 수요 증가 등으로 실적이 더욱 개선될 수 있을지 귀추가 주목된다.

2) 원재료 가격 상승, 미국 철강 수입규제

위와 같은 상황에 포스코는 최근 경비를 30% 절감하는 노력을 단행했다. 최근 철광석 등 원재료 가격이 브라질과 호주의 공급 이슈로 철광석 가격의 급등하며 원가는 올랐지만, 과잉 경쟁으로 인해 제품 가격을 올리지 못해 매출에 악영향을 끼쳤기 때문이다. 또한, 미국의 철강 수입규제를 통해 쿼터가 줄어서 매출에 직격탄이 되었다.

3) 2019년 철광석 가격의 급격한 상승

2019년 초 주요 철광석 생산국 중 하나인 브라질의 9,000만 톤 생산능력을 가진 브라질 광산이 사고로 채굴을 못하게 되면서 전 세계 공급에 차질이 생겼다. 그로 인해 작년 초 65달러에 머물던 철광석이 가격이 6월에는 110달러가 넘어갈 정도로 급등했다. 하지만 철광석 가격의 급등만큼 철강 제품의 가격을 인상하지 못했기 때문에 스프레드가 악화되었고 포스코를 비롯한 철강 업체들은 긴 부진에 빠져왔다.

4. 향후예상

1) 불안정한 단기 전망

포스코의 단기적인 향후 전망은 좋지만은 않을 것이라 생각한다. 포스코는 철광석 가격 인상에 대비해 작년 11,12월에는 후판과 열연 유통가격을 4~5만원/ton 인상했고, 올해 1월에는 실수요향 열연가격을 3만원/ton으로 인상하는 방안을 추진하고 있다고 언급했다. 철광석 가격 인상에 따른 스프레드 확대에도 불구하고, 중국산 저가 제품 유입, 세계 경기 침체 등으로 인해 수요 감소로 수익 개선이 쉽지 만은 않을 것이라 생각했기 때문이다.

2) 긍정적인 장기적인 관점

올해는 미중 무역분쟁 완화 기조가 이어질 것으로 전망되고, 원가 상승에 따른 가격 인상 요인 역시 여전하다고 생각한다. 경기가 풀리면서 작년과는 달리 제품 가격 인상이 가능할 것으로 예측된다. 더불어 멕시코 경제부가 포스코의 자동차용 냉연강판 수입 쿼터 확대 예비 판정을 내리면서 수익성 향상에 영향을 줄 것이라 예상된다. 현지 최대 철강사인 암사와의 거래 재개 가능성도 높아지면서 아연도금 생산증대의 조짐도 살펴볼 수 있다.

3) 철강부문의 성장세

철강 부문에서 향후 중국, 미국을 넘어 아세안, 중남미 쪽으로 수요가 집중될 것으로 전망된다. 2014년 가동 이후 적자이던 크라카타우 포스코는 고수익 후판 판매 확대와 판매 가격 상승 등으로 지난해 2,100억원의 영업이익을 기록하며 설립 후 최대 실적을 달성했다. 이를 바탕으로 포스코 철강은 인도네시아를 거점으로 싱가포르, 호주 등으로 철강 공급을 진행할 것으로 점 쳐진다.

참고자료

- 이코노믹리뷰 2020.01.29 포스코 · 현대제철, 유례없는 보릿고개에 시름… '돌파구' 찾아라
- 뉴시스 2019.12.19 [제조업, 脫한국 가속화⑥] 포스코, 동남아서 미래 찾는다…아세안 시장 집중 공략
- 연합뉴스 2020.01.22 삼성전자 · 포스코만 20년 넘게 영업이익 1조원 달성
- 네이버 포스트 2019.11.11 LGD, 입사 5년차부터 희망퇴직…포스코, 일반경비 30% 줄여

현대상선

1. 재무현황

(단위 : 억원)

구분	2016년	2017년	2018년	2019년 2Q 누적
매출액	45,848	49,258	50,528	26,258
영업이익	−8,334	−4,181	−5,859	−2,363

지난 3분기 사모 전환사채를 발행, 부채비율이 50% 가량 줄어들었다. 또한, 사채의 만기 역시 30년으로 길다. 이는 현대상선의 선박 투자, 선비 투자, 운영자금으로 쓰일 예정이다. 현대상선은 2010년 이후 8년간 영업손실을 내고 있다. 2019년 3분기 누적 물동량 331만 9617TEU을 기록, 작년 동기 기준 332만 1120TEU 대비 9.6% 감소 줄어든 물동량에도 불구하고 실적은 긍정적이다. 컨테이너선의 화물 적취율이 하락하면서 선박에 빈 공간이 많아졌지만 효율성이 높아졌기 때문이다.

2. 사업현황

1) 벌크 서비스

원유선, 제품선, 부정기선, 벌크 정기선이 있다. 부정기 벌크선의 주요 화물은 흔히 해운업에서 벌크라고 불리는 철광석/석탄/곡물/ 비료 등이 있다. 특정항로를 정기적으로 반복 운항하는 정기선과는 달리 화물이나 선박의 수요/공급에 따라 부정기적으로 화물을 수송하는 것이 특징이다.

2) 컨테이너

내륙운송, 위험화물, 규격초과화물, 냉동화물, 중량화물 등이 있다. 사업 비중이 가장 커, 매출의 60% 이상을 차지한다. 현대상선은 60개 이상의 서비스 항로로 100개 이상의 항구를 연결하며, 세계 주요선사와 함께 보다 전략적인 서비스를 제공하고 있다.

3. 주요이슈

1) 해운 동맹체 합류

현대상선이 해운 동맹체 '디 얼라이언스'에 합류하면서 지난해부터 논의돼 온 사명 변경에 속도를 낼 예정이다. 새 이름은 HMM이 유력하며, '한국상선'도 물망에 올랐다. 세계 3대 해운동맹 중 하나로 현대상선을 포함하여 독일 하파그로이드, 일본 ONE, 대만 양밍해운 등 4대 국적선사들로 구성된다. 동맹 하에 선박 공유 등 적극적이 협력이 이루어질 것이며, 얼라이언스 네트워크를 활용한 유럽/미주 등 노선 영업의 경쟁력 확보가 가능할 것으로 전망된다.

사명 변경의 장점에 대해서는 한국해운 재건이라는 미명 하에 과거 좋지 않은 이름을 버리고 새로운 이미지로 시작할 수 있다는 것이다. 비용적인 측면에서는 선박 페인트칠이나 명함 교체 등에는 큰 비용이 들지 않을 것으로 예상된다. 이번 사명 변경을 통해 현대상선은 구조조정 사태 등 부정적인 이미지를 버리고, 디 얼라이언스 합류를 계기로 이미지 쇄신에 나선다는 전략이다.

2) IMO2020

해운 업계가 IMO2020에 희비가 갈리고 있다. 올해 1월부터 국제해사기구의 환경규제가 시작되면서 해운업계 저유황유 가격 상승에 따른 우려가 나타나고 있다. 이에 현대상선은 보유한 선박 중 70%에 벙커c유의 탄소 배출량을 억제하는 스크러버 설치를 완료했다. 현대상선은 2018년 이미 스크러버 설치 작업을 준비해 온 것으로 알려졌다. IMO2020은 선박 연료유의 황 함유량을 현행 3.5%에서 0.5%로 제한하는 환경규제다. 이를 준수하려면 현대상선처럼 선박에다 스크러버를 설치하거나 선박에 사용하는 연료를 저유황유로 교체하는 방법이 있다. 그러나 저유황유 가격이 급등한 관계로 해운업계는 울상을 지을 수밖에 없는 실정이다.

3) TDR(Tear Down and Redesign)운동

자체적인 수익성 개선 운동으로 비용을 줄이고 수익을 늘리기 위해 1TEU 당 관리 쪽에서 20달러를 절감하고 영업에서 30달러 수익을 증대한다는 방식의 전략이다.

4) 고수익화물 전략

저수익 화물을 제한하여 매출원가에서 대부분을 차지하는 화물비를 낮출 수 있다.

5) 벌크 부문의 이익

초대형 원유운반선의 5척 투입과 시장 상황이 급변함에 따라 운임 반등 현상으로 266억원의 흑자 기록에 성공했다. 하지만 미중 무역분쟁과 일본 수출 규제 등으로 인해 해운시장 악화되어 앞으로의 전망이 불투명하다.

6) 정부의 해운 재건 정책

정부는 해운업 재건에 도움을 주기 위해 화주와 동반 성장하기 위해 노력하는 해운선사를 우수 선사로 지정하는 '우수 선사 인증제'를 추진한다. 우수 선사로 인정되면 기업에게 항만시설을 이용하거나 정부 사업에 참여할 경우 인센티브를 부여한다.

7) 뉴 가우스 2020

클라우드 기반의 글로벌 차세대 해운물류 시스템으로 인공지능, 사물인터넷, 클라우드, 빅 데이터, 모바일 기술을 접목시킨다. 이는 운항, 계약 및 예약, 운송 등 선사 운영 정보를 비롯해 선박, 인사, 관리 등의 모든 정보를 IT시스템 하에 관리할 수 있도록 한다. 예를 들어, 사물인터넷 기술이 냉동컨테이너와 합쳐지면 냉동컨테이너의 내부 온도, 화물의 상태 등을 세계 어디에서도 확인 가능하고 화주가 화물의 상태 점검하기 용이하기에 경쟁력을 확보할 수 있다. 또한, 자율운항선박 기술을 도입하면 최적화된 운항 경로를 찾을 수 있어 선박 운영비를 최대 22%까지 줄일 수 있다.

4. 향후예상

해운 동맹 '디 얼라이언스' 가입으로 인한 영업 확대, 12척의 초대형 선박 투입, 컨테이너선 시황 회복세 등 호재가 맞물리면서 실적 개선에 청신호가 켜질 것이란 기대감이 나오고 있다.

2015년 2분기부터 쭉 영업손실을 기록한 현대상선이지만, 올해는 영업 흑자를 기대하고 있다. 또한, 지난해 3분기의 경우 벌크 부문은 새로 도입한 초대형 유조선 5척을 투입한데다 시황 급변에 따른 운임 반등 덕분에 266억원의 흑자전환에 성공했다. 글로벌 선사들의 공급 과잉과 운임 경쟁으로 컨테이너 운임 종합지수가 10%나 급락한 가운데서도 이례적으로 적자 폭은 줄었다. 미주와 중국, 싱가포르 등 주요 거점을 기반으로 물량 확대를 위한 화주들의 협조를 요청할 것으로 보인다. 네트워크 강화를 위해 해운 비즈니스에 대한 이해도가 높은 현지 인력을 지속적으로 채용하는 상황에 있다.

현대상선은 초대형 컨테이너선 12척 투입을 통해 고정비 원가를 낮출 수 있다. 규모의 경제 실현으로 인한 유류비 절감, 운임 경쟁력 강화 등의 효과가 기대된다. 또한, 디 얼라이언스의 정회원이 된다는 것도 기대감을 높이는 요인이다. 새로운 노선 개척과 고객사 확보로 네트워크를 강화할 수 있으며, 선박 공유를 통해 서비스 개선이 가능하다.

참고자료

- 머니투데이 2019.12.31 재무구조 · 실적 개선…현대상선 '부활의 뱃고동'
- 데일리안 2020.01.23 현대상선 사명변경 속도…'HMM' 유력
- 스페셜경제 2020.01.21 해운-정유업계 'IMO 2020'에 희비 갈려…저유황유 수요 증가 영향
- 내일신문 2020.01.22 현대상선, 3분기에 흑자달성 목표
- 비즈니스워치 2019.02.12 [어닝 2018]현대상선, 더 늘어난 적자
- 한국경제 2019.12.31 현대상선, 초대형컨선 · 해운동맹으로 재도약
- 조선비즈 2019.12.16 현대상선, 2020년 영업전략 회의 개최…"내년 재도약 준비"
- The bell News 2019.11.20 물동량 감소한 현대상선, 고수익 화물 전략 통했다
- The bell News 2019.09.05 현대상선, 사업다각화 시동…벌크선 버팀목 될까"
- 연합인포맥스 2020.01.16 현대상선, 4월부터 해운동맹 '디 얼라이언스' 정회원 합류
- 부산일보 2019.01.31 현대상선, 클라우드 기반 해운물류시스템 '뉴가우스 2020' 개발
- 부산일보 2019.11.12 [반환점 돈 文 정부 해운 재건 정책] 해운 시장 불황 속에서도 재도약 기반 다져

현대제철

1. 재무현황

(단위 : 억원)

구분	2016년	2017년	2018년	2019년 3Q 누적
매출액	166,915	191,660	207,804	156,907
영업이익	14,450	13,676	10,261	4,791

현대제철의 영업이익의 감소가 눈에 들어온다. 이렇게 현대제철의 매출액 감소와 더불어 영업이익 감소가 어떻게 됐는지 알아보면, 첫번째로 철강업계에 가장 크게 영향을 미친 미 중 무역전쟁의 여파가 크다고 생각해 볼 수 있다. 또한, 2019년 4분기에는 재고자산 폐기, 탄소배출권 충당금 설정 등으로 일회성 손실 약 500억원을 기록한데다 이를 제외한 영업손실 979억원을 냈다. 철강재 가격 급락으로 판재류, 봉형강 롤마진이 전분기 대비 하락한 것이 주요 원인이다. 롤마진은 톤당 철근 판매가에서 철광석, 합금철 등의 원재료 가격을 뺀 값을 말한다.

2. 사업현황
1) 철강부문
판재, 봉형강, 중기계 으로 이루어져 있다.

2) 기타부문
반제품, 부산물 등으로 이루어져 있다.

3. 주요이슈
1) 현대제철의 불황
현대제철은 작년 주요 고객사인 현대기아차와의 2년째 동결되고 있는 자동차 강판 가격협상 때문에 철광석 가격 상승의 부담을 고스란히 떠맡게 돼 수익성이 악화되었다. 봉형강 부문도 침체되며 실적은 더 떨어졌다. 더불어 건설시황 둔화로 철근·형강 판매가 줄어들고, 단가도 하락하며 매출과 이익도 감소한 것으로 보여진다. 자동차 강판·조선용 후판 등 주요 제품 가격 인상에서도 어려움을 겪으며 부담이 늘어났다.

2) 철강사업 경쟁력강화 TFT조직 신설

프로세스혁신을 중앙 직속 소속으로 조직을 개편하여 보다 적극적으로 신사업을 추진할 것으로 보여진다. 또한, 해당 부서에서 스마트팩토리 구축 등을 논하며 4차 산업혁명에도 대응할 것으로 보여진다. 친환경 이슈가 계속해서 화두인만큼, 철강업에서도 지속적인 친환경 소재 투자와 친환경 공장을 구축하기 위한 설비 투자가 이루어질 것이라 생각된다. 미세먼지, 온실가스 등 폐기물은 철강산업과 직결되는 문제이기에 위기로 대두되고 있으나, 재활용성 친환경성 철강 소재는 새로운 성장동력이 될 수도 있기 때문이다.

4. 향후예상

신년사에서 밝힌 현대제철의 전략은,

1. 다양한 포트폴리오에서 고부가 제품 비중 확대로 변환
2. 사업구조 개편(강관사업부 매각 논의 및 미세먼지 감축관리 사업/AMP 설치)
3. 스마트팩토리 구축(2025년까지 모든 공정에 인공지능과 사물인터넷 등을 적용할 계획)

위와 같이 3가지이다.

더불어 현대제철의 '타깃'은 '글로벌'에서 '회사 내부'로 바뀌었다. 지난해 국내 철강업계는 철강 주요 원부자재인 전극봉, 철광석 가격 급등에도 불구하고 원가 인상분을 제품 가격에 온전히 반영하지 못했다. 특히 철강 최대 수요고객인 자동차, 조선업계와의 가격 협상이 상반기 동결에 이어 하반기에도 소폭 인상에 그치며 고스란히 철강업체들의 내부 실적 악화로 직결되었다.

1월 유통향 출하분 판재류 가격을 톤당 3만원 상향 조정하며 강력한 인상 드라

이브를 건 상태이지만 지난해 국내 완성차 생산대수가 400만 톤이 무너지는 등 국내 철강 주력 수요산업 침체가 확대되고 있어 철강사들의 제품 가격 인상 의지가 모두 관철될지는 여전히 미지수이다.

참고자료

- 철강금속신문 2019.12.30 현대제철, 역량 극대화/미래전략 강화 위한 조직개편
- 머니투데이 2019.12.30 "본업 경쟁력 끌어올린다"…위기 돌파 나선 현대제철
- CEOSCORE DAILY 2020.01.14 [2020 CEO열전] 안동일 현대제철 사장, "본업 경쟁력 끌어올린다"… '정공법'으로 위기 돌파

현대중공업(한국조선해양)

1. 재무현황

(단위 : 억원)

구분	2016년	2017년	2018년	2019년(E)
매출액	223,004	154,688	131,199	148,934
영업이익	3,915	146	−5,225	1,613

2018년의 매출 감소와 영업손실이 눈에 띈다. 그 원인은 '일감 부족'이다. 2016년부터 시작된 수주 절벽이 2018년 3분기까지 이어지면서 현대중공업의 수익성을 압박했다. 또한, 조업물량 감소에 따라 매출 감소와 고정비의 부담이 증가했기 때문이다. 배는 많은데 쓸 곳이 없어 비용만 계속해 나가는 상황이다. 또한, 원자재 가격의 인상도 영업손실의 한 부분을 차지했다.

현대중공업 그룹은 현재 조선, 엔진 부문 세계 점유율 1위 기업이다. 가격경쟁력을 무기로 맹추격하고 있는 중국 기업을 따돌리기 위해 기술우위를 확보해나가고 있다. 근 몇 년간의 부진한 실적을 떨치고 2019년 전 세계 LNG선 발주 물량 63척 중 현대중공업그룹이 23척을 수주했다. 올해는 국제해사기구(IMO)의 선박 황산화물 관련 환경규제 강화로 전 세계 선박 발주가 50% 가까이 증가할 것으로 예상되는 만큼, 대규모 수주 확보로 인한 영업이익 개선을 기대할 수 있을 것으로 보인다.

2. 사업현황

1) 사업부문

LNG 운반선, 컨테이너선, 유조선, 드릴쉽, 자동차운반선, RORO선, LPG선 등 다양한 선박들을 생산하고 수주 받고 있다. 사업실적면에서는 단연 LNG선이 1등을 차지하고 있다. 이유는 다음과 같다. 우선 친환경 선박을 주도로 하는 글로벌 시장에서 LNG선의 필요성은 점점 커지고 있다. 초대형 LNG선을 수주 받아 제작할 수 있는 기업은 세계적으로도 그리 많지 않다.

수주현황

LNG선 13척, 컨테이너선 11척, LPG선 8척, T/K선 6척 등

인도 현황

LNG선 4척, 컨테이너선 9척, LPG선 6척, T/K선 4척

3. 주요이슈

1) 대우조선해양 인수

현대중공업이 대우조선해양 인수를 위해 물적 분할 방식을 택했다. 이로써 현대중공업은 '한국조선해양'이라는 이름으로 거듭나게 된다. 한국조선해양은 현대중공업 그룹의 지주사인 '현대중공업 지주'의 자회사로 그룹 내 조선사인 현대중공업ㆍ현대삼호중공업ㆍ현대미포조선을 거느린 중간 지주회사 역할을 맡게 된다. 이는 현금화 가능한 자산 비율을 늘려 대우조선해양 인수에 필요한 자금을 용이하게 확보할 수 있게끔 하기 위한 것이다.

2) LNG선

불황에 허덕이던 한국 조선업이 LNG선을 중심으로 활기를 되찾았다. LNG 운반선은 물론 LNG를 연료로 사용하는 LNG 연료 추진선 분야에서 국내 조선사들이 중국ㆍ일본의 경쟁사들보다 한발 앞선 기술력을 보유하고 있기 때문이다. 3년 전 프랑스에서는 중국에 LNG선 수주를 했다. 그때 현대중공업도 같이 입찰에 참여했지만 수십억에 해당하는 금액을 깎아주겠다는 중국의 말에 프랑스는 중국에 수주를 주었다. 하지만 애초에 중국은 LNG 선을 만들 수 있는 기술을 가지고 있지 않았다. 이처럼 중국에 시장을 빼앗겼다는 말을 할 정도로 우리나라 조선업계는 불황이었다. 하지만 중국의 자기 무덤 파기식 진행으로 우리나라 조선업은 차츰 빛을 발하기 시작했다. 프랑스의 수주 외에도 카타르의 LNG선 수주, 그리스 선사와의 계약으로 초대형 원유운반선을 수주하게 되었다. 이처럼 국내 조선사들이 LNG 운반선 및 연료 추진선 분야에서 강세를 보이는 건 관련 건조기술을 보유한 기업이 많지 않기 때문이다.

4. 향후예상

1) IMO2020

IMO 2020은 선박용 연료유의 황산화물 함유율을 현행 3.5%에서 0.5% 미만으로 낮추는 규제다. 이 규제에 저촉되는 선박은 174개 IMO 회원국의 항구 입항이 불가능해진다. 현재 선박용 연료유로 주로 사용되는 벙커 연료의 경우 평균 황 함량이 2.5% 수준이어서 '역사상 가장 강력한 친환경 규제'라는 말이 나오고 있다. 해운업계는 IMO 2020 준수를 위해 스크러버(Scrubber, 배출가스 정화 시스템)을 설치하고 고유황 연료유(HSFO)를 계속 사용하거나 해양 경유(MGO) 또는 황 함량 0.5% 미만의 초저유황 연료유(VLSFO) LNG 등을 선박 연료로 사용 해야한다. 이 중 스크러버 장착비용과 저유황유의 높은 가격 등을 감안하면, 가장 합리적인 대안은 LNG 연료 추진선이라는 것이 국내 조선업계의 의견이다. 이미 글로벌 조선·해운업계는 주요 선박들을 LNG 추진선으로 대체하려는 움직임이 보이고 있다. 이에 따라 국내 해운업계는 반사이익을 톡톡히 얻을 수 있을 것이라 생각된다. 또한, 규제를 극복하기 위해 선박에 들어가는 각종 조선기자재의 상당수가 부울경 지역 업체들 제품이 사용돼 지역 경제 활성화에 보탬이 될 것으로 기대된다. 또한, 규제를 피하기 위한 부품 중 대표적인 부품인 스크러버는 대부분 파나시아와 현대중공업 계열사 제품으로 설치하기로 해 기업 간의 시너지 효과를 거둘 것으로 보인다.

2) 자율운항 선박 개발

우리나라는 2025년까지 국제해사기구(IMO)가 인정하는 '레벨 3' (최소 인원으로 운항 원격 제어) 수준에 도달하고 2030년까지 '레벨 4' (완전 무인운항) 수준에 도달해 세계 자율운항선박 시장에서 50%의 점유율을 목표로 전망했다. 하지만 화물 사고 가능성 등 무인운항에 대한 부정적인 시각과 선박직원법 등 관련법 개정 문제가 남아 있기 때문에 10년 후 자율운항선박의 실용성과 수요가 그만큼 따라와 줄지 의문이다.

참고자료

■ 스페셜경제 2020.01.27 'IMO 2020'에 LNG선 발주 늘어…韓조선업 호재 기대

- 디지털타임스 2020.01.20 '출발 좋은' 현대중공업, 임단협 · 대우조선 인수 남았다
- 파이낸셜뉴스 2020.01.27 조선업계, 환경규제 수혜… 3년 연속 수주 세계 1위 '청신호'

Chapter

13

주류

Chapter13.
주류

오비맥주

1. 매출현황

(단위 : 억원)

구분	2016년	2017년	2018년
매출액	15,453	16,635	16,981
영업이익	6,184	6,229	6,466

　오비맥주는 비상장사로 감사보고서를 통해 연간 실적만 공개하고 있다. 때문에 2019년 분기 실적은 공개되지 않았으나, 최근 오비맥주의 최대주주인 AB InBev가 동아시아 지역을 묶어 홍콩증시에 상장하며 아시아태평양 지역 사업체인 버드와이저브루잉을 통해 실적 추정이 가능해졌다. 오비맥주의 국내 매출액은 현재 버드와이저 APAC에서 일본, 뉴질랜드 매출과 함께 APAC East에 포함되는데, 3분기 판매량이 17% 감소했다. 이러한 감소의 대부분은 국내 오비맥주 판매량 부진에 기인하고, 국내 판매량은 15%이상 감소했을 거라고 업계는 추정하고 있다.

2. 사업현황

　오비맥주의 글로벌 본사는 Ab InBev로, 2014년 4월 Ab InBev가 6조 1690억원에 오비맥주를 인수했으며 생산 공장은 이천, 청주, 광주에 있다. 주요 브랜드로 카스, 버드와이저, 스텔라 아르투아, 코로나, 호가든, 산토리프리미엄몰츠 등이 있으며 현재 30여 개 국에 수출하고 있다.

3. 주요이슈

1) 중국산 맥아 유입량 증가

최근 3년간 중국산 맥아 유입량이 2016년 10t, 2017년 1,100t, 2018년 2만 8,100t, 그리고 2019년 11월 기준 3만 900t으로 눈에 띄게 증가했으며, 이는 8억 500만 병을 생산할 수 있는 규모라고 업계는 추산했다. 국내 업체 가운데 중국산 맥아를 들여오는 곳은 오비맥주가 유일하다. 오비맥주가 중국산 맥아 사용을 늘린 배경으로는 원가 절감을 꼽을 수 있다. 타 지역에 비해 중국은 지리적으로 가까워 물류비가 적게 든다는 이점이 있다. 이는 수치로도 증명된다. 최근 3년간 오비맥주의 매출과 영업이익은 모두 전년 대비 증가한 반면 판관비ㆍ물류비는 해마다 80억~100억원씩 줄고 있다.

오비맥주 관계자는 "중국에 대한 이미지 때문에 중국산 맥아는 수출용 제품을 만드는 데 주로 사용하고 있다"며 "특히 올해 블루걸이 홍콩 외에 중국 본토에서도 큰 인기를 얻고 있어 생산량을 많이 늘린 상황"이라고 말했다. 그러나 오비맥주의 연 매출액 중 해외 비중은 약 10% 정도로 알려져 있으며, 이 때문에 중국산 맥아 수입량을 전부 수출용으로 사용했다고 보기에는 무리가 있다. 또한, 오비맥주가 2016년, 2019년 4월 가격 인상에 대해 "주요 원재료 가격이 인상됨에 따라 원가 압박이 가중되고 있으나 소비자 부담을 고려해 인상 폭을 최소화했다"라고 말한 부분에 대해 실제로 저가의 중국산 맥아를 대량으로 수입해 사용하면서, 맥주 판매가 인상의 주된 요인을 원재료 값 인상 때문이라고 설명하는 것은 모순이라는 지적도 있었다.

2) 주세법 개정, 종가세에서 종량세로

주세법 개정으로 기존 가격에 세금을 매기는 제도였던 종가세에서 2020년 1월, 종량세로 바뀌었다. 가장 큰 이유로는 국산 맥주와 수입 맥주 사이의 '기울어진 운동장' 때문이다. 종량세는 출고되는 주류의 '양'에만 세율을 곱하기 때문에 생산원가 등 가격이 다르더라도 주종이 같고, 출고량이 같다면 세금도 똑같다. 기존 종가세 체계에선 고품질 맥주를 생산하기 위해 원가가 올라가면 더 많은 세금을 부담해야 했지만, 이제는 추가적인 세금 부담 없이 고품질의 맥주를 생산할 수 있다. 이에 가장 크게 혜택을 받는 것은 수제 맥주 제조사로 보이며, 이에 가격을 낮출 여지가 크지만, 기존 대형 주류 업체는 시장 상황을 계속 살피는 중이다. 오비맥주는 지난해 10월 맥주 '카스' 출고가를 평균 4.7% 인하하며 선수를 쳤다. 당시 오비맥주는 "법 개정을 앞둔 선제적 조치"라고 밝혔다. 그러나 이는 2019년 4월 인상한 출고 가격을 되돌리는 수준으로 여전히 경쟁 제품 출고 가격과 비슷해 주세법 영향을 받고 변화를 줬다고 하기에는 무리하다는 지적도 있다.

3) 반격에 나서는 오비맥주

최근 테라의 흥행으로 갈수록 좁혀지는 2위와의 격차를 벌리기 위해 가격 인하와 함께 영업 전문가인 새 사장을 선임하고 96년 국내 맥주시장과 광고계를 휩쓸었던 OB라거도 시장에 선보였다. 2020년 1월 1일, Ab InBev에서 20년간 근무하며 영업과 물류 분야에서 다양한 경력을 쌓은 벨기에 태생인 벤 베르하르트를 신임 사장으로 임명하며 분위기 쇄신과 실적 올리기를 기대하고 있다. 또한 뉴트로 감성을 입힌 'OB라거'를 선보이는 마케팅을 펼쳤다. 2019년 10월에는 올 몰트 라거 OB 브랜드를 현대적 감각으로 재해석한 'OB라거' 가정용 355ml 캔 제품을 선보였고, 이어 11월 중순부터 일반 음식점용 500ml 병맥주를 출시했다.

4. 향후예상

하이트진로가 테라를 출시한지 채 1년이 되지 않는 기간 동안 5억 병 가까이 팔았고, 뉴트로 열풍에 힘입어 '진로 이즈백'도 출시 7개월 만에 1억 병 이상 판매했다. 이에 업계 관계자는 테라와 진로가 인기를 끌며 점유율을 확대하고 있는 것은 분명한 사실이며, 하이트진로가 이 분위기를 이어간다면 주류업계 1위 탈환도 가능할 것이라고 전망했다.

그러나 이런 반등세에 대한 반론도 있다. 우선, 오비맥주 판매에는 변화가 없다는 의견이 있다. 음식점이 아닌 가정 시장에서 오비맥주 카스의 점유율이 더 높다는 분석에 기인한다. 한국 농수산 식품유통공사 식품산업 통계 정보(닐슨코리아 조사)에 따르면 지난해 3분기 맥주 전체 소매점 매출액은 8,867억원으로 집계된다. 이중 오비맥주의 3분기 소매점 매출은 54.3%인 4,818억원이다. 하이트진로는 21.6%인 1,921억원을 차지했다. 또한 이런 테라 열풍이 카스가 아닌 하이트진로의 하이트 등 자사 브랜드의 점유율을 빼앗고 있을 뿐 카스 점유율에는 영향이 없다는 반응이다.

참고자료

- 매일경제 2019.12.04 [알아봤습니다!]오비맥주, 중국산 맥아 수입물량 확 늘린 까닭은
- 뉴스워커 2019.12.09 카스맥주 맥아는 중국 친황다오산? … 원재료비 절감에 수익성 극대화 노리는 오비맥주
- KBS 뉴스 2020.01.07 52년 만에 바뀐 '술세금'…국산 맥주의 역습 시작된다
- CNB뉴스 2020.01.22 [뉴스텔링]주류업계 지각변동? 하이트진로의 설욕전

하이트진로

1. 재무현황

(단위 : 억원)

구분	2016년	2017년	2018년	2019년 3Q 누적
매출액	18,902	18,899	18,856	14,765
영업이익	1,240	872	904	555

2017년부터 하이트진로의 영업이익은 1,000억원 아래로 하락하면서 수익성 또한 떨어져 왔다. 하이트진로의 성장세 둔화는 국내 맥주시장 경쟁 심화 및 수입 맥주의 점유율 확대와 관련이 깊다. 2018년에 영업이익이 상승한 이유는 점유율에는 영향이 없었지만 주류 가격인상으로 실적이 개선되었기 때문이다. 2019년 테라와 진로이즈백 출시후 하이트진로는 소주와 맥주의 시장점유율이 각 부문에서 약 50%를 돌파하고 있다. 또한 일본 제품 불매운동에 따른 반사 수익으로 인해 영업이익과 매출액이 전년 동기 대비 67.9%, 7% 증가하여 19년 전체 매출 또한 성장할 것으로 예측된다.

2. 사업현황

1) 사업분야

소주(55.15%), 맥주(37.86%), 생수(4.09%), 기타(2.90%)로 구성되어 있다. 생수 위주였던 음료사업에서 무알콜 맥주와 탄산수, 블랙보리까지 다양한 제품을 지속적으로 선보이고 있다. 기타 부문에서는 병유리 제품을 주류회사, 음료회사에 공급하는 산업, 그라비아 인쇄 사업을 통해 주류 및 음료회사에 산업용 포장지를 공급하는 사업 또한 진행하고 있다.

2) 주종별 국내 소비량매출

주류산업은 세계 어느 나라를 막론하고 국가 재정 측면의 조세정책, 알코올 남용 방지를 위한 국민 건강보호 정책, 경쟁력 강화 측면의 산업 육성정책 등으로 인해 보호와 규제를 동시에 받고 있는 산업이다. 국내 주류 시장은 전반적으로 정체되고 있는 상황이며 맥주와 소주 시장도 성장이 역시 비슷한 상황이다. 국산 맥주 시장의 경우 전반적으로 감소가 지속되고 있으며, 수입 맥주 시장의 경우 지속 상승 추세였으나 일본 제품 불매 운동의 영향으로 상승세가 꺾이는 모습이 나타났다. 소주 시장은 산업의 특성상 안정적으로 전년과 유사한 수준의 시장규모가 형성될 것으로 예상된다.

3) 맥주사업부문

2019년 상반기 신제품 '청정라거-테라'를 중심으로 하이트, 맥스, 드라이d, S, 스타우트, 이슬톡톡, 망고링고, 필라이트 등 새로운 맥주 수요 창출을 위한 신유통 개발 노력을 하고 있다. 멀티플렉스 영화관, 공연 프로덕션, 호텔 검색 사이트, CRM 솔루션 전문 업체와의 제휴를 통해 주요 타깃과의 지속적인 커뮤니케이션을 하고 있으며, 소비자의 호응이 높은 기획 상품 제작, 업소 스크래치 카드 행사 등 다양한 프로모션을 진행하고 있다.

4) 소주사업부문

'진로'는 No.1. 주류사로서 누적된 오랜 헤리티지를 현대적인 재해석을 통해 '뉴트로' 트렌드의 신제품으로 19년 4월 출시 이후 2개월 만에 1천만 병 판매를 돌파하는 등 소비자들의 큰 사랑을 받고 있다. 출시 이후 2030세대에게는 새로움을, 3050세대에게는 과거의 향수를 느끼게 하는 제품으로 많은 사랑을 받고 있으며, '참이슬'과 함께 No.1 소주로서의 위상을 굳건히 해 나아가고 있다. 또한, 온라인 활동으로는 셀럽들의 술자리 라이브 영상인 '이슬라이브'가 여전히 대중들에게 꾸준한 인기를 얻고 있으며, 이슬라이브의 인기를 오프라인으로 확대한 소주 브랜드 최초의 '이슬라이브 페스티벌' 역시 소비자에게 많은 호응을 얻고 있다.

3. 주요 이슈
1) 음주 문화의 변화
건강 중시 기조 확산, 김영란 법 시행, 주 52시간 근무제 도입 등으로 폭음이나

2차 이상의 술자리가 감소하고, 혼술/홈술 트렌드가 확산되고 있다. 음주 가능 인구 1인당 알코올 소비량은 지속적으로 감소하고 있으며, 이는 도수가 낮고 음용이 편한 맥주 소비량 증가와 도수가 높은 위스키 소비량 감소로 나타나고 있다.

2) 수입맥주 그리고 종량세 개편

그동안 수입 맥주는 4캔에 1만 원과 같은 파격적인 가격을 무기로 국내 맥주 시장을 공략해왔다. (2018년 점유율 18% 차지) 이와 같은 배경에는 그동안 수입 맥주에 유리하게 작용하던 과세 체계가 있다. 국산 맥주의 경우 생산비에 유통비, 판관비, 마케팅비 등까지 포함해 세금을 내야 했던 반면, 수입 맥주는 신고가에만 세금이 매겨졌다. 2019년 정부가 맥주 과세 체계를 종량세 방식으로 전환하며 2020년부터 적용하게 되었다. 종량세 전환으로 국산 캔맥주에 붙는 주세는 리터당 291원 감소, 생맥주는 311원, 페트맥주는 27원, 병맥주는 16원 증가할 것으로 예상되며 세 부담 증가 폭이 큰 생맥주의 경우 2년간 한시적으로 20% 경감된 세율을 적용하게 된다. 세금 부담을 덜게 된 업체들이 투자 부담을 덜고 품질 경쟁이 가능해지게 될 것이라는 전망이 있다.

3) 소주 출고 가격 인상과 테라 매출 반영

하이트진로는 2019년 1분기에 분기 적자를 기록했다. 테라 출시를 준비하면서 마케팅 비용 등 판관비가 1,672억원으로 전년대비 10.6%나 늘었으며 하이트, 맥스와 같은 레귤러 맥주 매출이 6.1% 감소한 것이 원인이다. 하지만 테라가 2019년 출시 279일 기준 약 4억 5,600만 병이 판매되는 등(초당 19.2병 판매) 맥주 부분 실적 개선을 이끌었고, 참이슬의 출고 가격이 평균 6.45% 인상되면서 수익성을 개선하고 있는 것으로 보인다.

4) 소주병 전쟁 중재

환경부는 '하이트진로'와 '롯데칠성'간 분쟁으로 시작되었던 '소주병 전쟁' 중재에 나섰다. 2009년 공병 재사용 활성화와 편의성 제고 목적으로 '소주 공병 공용화 자발적 협약'을 맺고 같은 모양의 초록색 병을 이용했다. 하지만 2019년 4월, 하이트진로에서 협약을 벗어난 진로이즈백 투명병을 출시하며 갈등이 일어났다. 따라서 환경부는 개선방안을 업계에 권고하거나 필요하면 강제 규정까지 할 방침이다.

4. 향후 예상

1) 인구구조 변화

저출산과 인구 고령화로 인해 음주 가능 인구의 성장률이 둔화되고 있다. 1990년대 연평균 1.5%를 기록하던 음주가능인구 성장률이 17년까지 1.0%대로 하락했다. 한국은 2025년 고령사회에 진입할 것으로 파악되기에 이러한 인구구조 변화는 주류시장의 중장기적 성장에 제약이 될 것으로 보인다.

2) 음료사업 영역 확대

하이트진로는 생수 부문에서 생산설비 보강과 확충을 통해 품질 향상과 제품 공급의 안정성 확보는 물론 브랜드 이미지 개선을 통해 먹는샘물 전문 기업으로서의 위상을 확고히 할 계획이다. 또한 생수 위주의 음료 사업을 확대해 종합음료회사로 성장하고자 다양한 제품을 출시하고 있다.

3) 글로벌 전략

창립 100주년을 맞는 2024년을 목표로 글로벌 주류 전문 기업 도약에 박차를 가하고 있다.

하이트진로는 지난 16년 베트남 설립 이후 3년 만에 필리핀 법인을 설립했다. 필리핀 주류시장은 내수시장을 기반으로 소폭 성장하고 있으며 연간 6,000만 상자를 소비자는 증류주 시장도 올해까지 약 10% 성장할 것으로 보인다. 필리핀 법인 설립을 통해 시장 맞춤형 전략과 지역 특색에 맞는 프로모션을 통해 한국 주류의 위상을 키워 나갈 예정이다.

또한 하이트진로가 미국에서 소주시장 확대에 나섰다. 현지의 대형 주류 체인인 베브모에 '참이슬'을 입점시켜 현지 판매망을 확대해 나가고 있다. 유통 중인 제품은 참이슬 후레쉬, 진로24, 딸기에 이슬, 청포도에 이슬 4종으로 미국 내 150개 매장에서 판매 중이다.

4) 맥주사업 흑자전환 기대

2019년 신제품 '테라'를 출시해 국내 맥주 시장에서 선풍적인 인기몰이를 했던 하이트진로가 2020년에도 승승장구할 전망이다. 2019년 하이트진로의 국내 맥주 시장점유율은 32~33% 수준이며, 2020년은 40% 초반대로 약 10% 포인트 성장할 것으로 예상된다. 2019년 테라가 4억 5,600만 병 판매를 돌파했고, 국내 주류 산업은 '충성고객'으로 인해 시장 점유율이 고정되면 오랜 기간 유지된다는 특징이 있다. 이와 같은 이유로 하이트진로의 맥주사업 흑자전환이 기대된다.

#참고자료

- 한국기업평가 2018.11.07 주류산업, 경쟁의 현 주소와 미래 – 소주보다는 맥주의 우려가 크다
- 매일경제 2019.09.19 '퇴근후 속 편하게 한잔…순한 술 열풍 계속된다'
- 중앙일보 2020.01.02 '50년 만에 종량세 전환 …수제맥주 전성시대 누가 열까'
- 연합인포맥스 2020.01.20 '하이트진로, 테라 돌풍에 5년 만에 맥주사업서 흑자 전환 가시권'
- 더벨 2019.06.03 '하이트진로, 적자전환에도 웃는 이유는'
- 중앙일보 2018.11.23 '생수시장 공략 재시동…하이트진로음료, '석수' 브랜드 전면 리뉴얼'
- 주간동아 2019.09.20 "생수전쟁 불꽃 튀네"
- 신아일보 2019.12.29 '하이트진로, 글로벌 '게임체인저' 위상제고 가시화'

Chapter
14
통신

Chapter14.
통신

KT

1. 재무현황

(단위 : 억원)

구분	2016년	2017년	2018년	2019년 3Q 누적
매출액	227,437	233,872	234,601	181,466
영업이익	14,399	13,752	12,615	10,027

2016년도 전체 매출은 무선, 인터넷, IPTV 등 주력 사업에서 우량 가입자 확대에 힘입어 전년 대비 2.1% 증가했다. 영업이익은 매출 확대와 함께 그동안 지속해서 추진한 비용 혁신의 결과로 전년 대비 11.4% 성장했다.

2017년도 매출액은 인터넷·IPTV 분야 사업 성장과 자회사 매출 증대로 증가하였지만, 영업이익은 평창동계올림픽 5G 시범 서비스 같은 일회성 비용 증가로 인해 감소했다.

2018년에는 인건비 증가와 무선 매출 감소가 영향을 끼쳐 전년 대비 영업이익이 11.4% 가량 감소하였다. 또한 아현지사 화재로 인한 요금감면 비용이 4분기에 반영되었다.

2019년 영업이익이 감소한 이유는 5G 네트워크 투자와 마케팅 부담의 영향으로 예측된다.

2. 사업현황

1) Marketing/Customer(64.6%): 유선전화, 무선전화, 초고속인터넷, IPTV 등이 있다.

KT 통신사업 가입자 추이

유선전화는 지속적으로 하락하며 2019(1Q)에는 1,415만 명(시장 점유율 80.6%), 무선전화는 6,696만 명(점유율 31.6%), 초고속 인터넷은 2,130만 명(점유율 41.2%), IPTV 가입자는 1,693만 명(점유율 47%)을 기록하며 지속적으로 성장해왔다.

2) 금융(12.9%): 비씨카드, Smartro, 브이피㈜ 등이 있다.

비씨카드는 1982년 5개 시중은행의 신용카드 업무를 수행하는 사업자로 출범하여 다양한 서비스 개발을 통해 국내 결제 서비스 리딩 기업으로 자리매김 해왔다. 최초 5개의 회원은행으로 시작했던 고객사는 현재 31개로 확대 되었으며, 업계 최초 g-CRM 시스템 구축, 인터넷 지급결제 보안 솔루션 보유, 모바일카드 국가 표준 모델 개발 등을 통해 국내 결제 서비스를 선도해왔다. Smartro는 고품질의 안정적인 신용카드 VAN 서비스 및 PG 서비스 등을 제공하는 종합 전자 지급 기업이다. 브이피㈜는 BC카드와 KB국민카드의 인증서 기반의 신용카드 결제인증 서비스를 제공하는 회사이다. 생체인증 분야로 영역을 확대하고 있으며 모바일과 IT 기술을 융합하는 핀테크 사업의 리딩기업이다.

3) 위성방송(2.6%): 케이티스카이라이프 등이 있다.

케이티스카이라이프는 국내 유일의 위성방송 사업자로, 방송의 제작부터 송출까지 아우르는 종합 미디어 기업이다. 국내 최초 24시간 HD 채널, IPTV 결합 서비스, 'OTS' 상품, 최다 채널 UHD 서비스, 세계 최초 위성 Android TV 등 끊임없는 혁신으로 방송업계를 선도하고 있다.

4) **기타(19.9%)**: 케이티텔레캅, 지니뮤직, 케이티에스테이트, 케이티하이텔, 나
스미디어 등 13개 부문이 있다.

케이티텔레캅은 KT 그룹의 정보통신기술(ICT)과 시큐리티를 융합한 첨단 ICT
기반의 Security 전문기업이다. 지니뮤직은 감정지능 큐레이션 음악 서비스인 지
니를 운영하고 있다. 또한 KT와 결합한 컨버전스 서비스를 제공하고 있다. 케이티
에스테이트는 ICT 부동산 및 포트폴리오 진단과 개발, 임대/운영 관리, 유동화/증
권화 등 부동산 전 영역을 아우르는 다양한 사업을 전개하고 있다. 케이티하이텔
은 기존 유선기반의 콘텐츠 유통 플랫폼을 유/무선으로 확대, 솔루션, 콘텐츠 영
역의 사업을 하고 있다. 나스미디어는 2000년 설립 이후 폭넓은 네트워크와 전문
미디어플래닝 서비스를 기반으로 최적의 인터넷 광고를 집행하고 있다. 디지털 미
디어 환경의 다양한 광고 영역(모바일, IPTV, 디지털사이니지 등)으로 사업을 확
장하고 있는 미디어랩이다.

3. 주요이슈
1) 5G 기술 선도화
KT는 세계 최초로 5G 시범 서비스를 위해 글로벌 제조사들과 KT
5G-SIG(Special Interest Group)를 구성해 5G 전체 규격을 완성하여 평창에서
선보였다. 이에 더해 KT는 5G 생태계 조기 활성화를 위해 노력해왔다. 5G를 기반
으로 다양한 서비스를 진행 중이며 대표적으로 실감형 미디어(VR/AR), 스마트 팩
토리, 커넥티드카, 드론(재난 안전 플랫폼 사업 진행) 등이 있다. 2020년까지 실
감형 미디어 분야 매출 1천억원, 국내 실감형 미디어 1조 시장 창출을 목표로 하고
있으며 apM이커머스, 알에스오토메이션과 패션 스마트 팩토리 구축 MOU를 체결
했다. AI, 빅데이터를 활용하여 패션 트렌드 분석부터 작업환경과 생산성까지 패
션 산업 전반에 IT 기술이 활용될 것이다.

2) ARPU(Average Revenue Per Use, 가입자당 평균매출) 상승세
KT는 19년 3분기 5G 누적 가입자 수가 100만 명을 돌파했지만 마케팅 비용 증

가로 수익성은 잡지 못했다. 하지만 5G 무제한 요금제 가입자 증가 덕분에 무선 ARPU는 2분기 연속 상승했다. KT는 5G의 과도한 마케팅 비용은 경쟁을 줄이고, ARPU 성장 전략으로 실적 개선에 나설 것으로 보인다. 3분기 무선사업 매출은 전년 동기 대비 0.2% 감소했지만 실제 고객이 사용한 무선서비스 매출은 5G 가입자 증가로 전년 동기 대비 1.0% 상승했다. 이런 상승세를 가지고 올해도 5G 가입자와 ARPU, 무선 매출이 모두 성장할 것으로 예측된다.

3) 5G 퓨처 포럼

KT는 5G 도입 확산 및 모바일 엣지 컴퓨팅 솔루션 기술 확보를 위해 5G 퓨처 포럼을 만들었다. 5G 퓨처 포럼은 KT, 아메리카 모빌(멕시코), 로저스(캐나다), 텔스트라(호주), 버라이즌(미국), 보다폰(영국) 총 6개 통신사로 구성되어 있다. 이를 통해 글로벌 호환성 강화를 기반으로 다양한 사업 기회를 모색하려는 KT의 모습을 볼 수 있다. 모바일 엣지 컴퓨팅은 머신러닝, 산업 장비 자동화, 커넥티드카, 스마트시티, 사물인터넷, 증강현실/가상현실 등 지연시간에 민감한 서비스 활성화에 영향을 끼칠 것으로 보인다.

4) AI 사업 확대

KT는 스마트홈으로부터 스마트 팩토리로의 확장을 통해 가정을 중심으로 AI를 활용했던 것에서 앞으로는 공장으로 확장하여 KT의 AI를 가정에서도, 직장에서도 활용하는 환경인 'AI 에브리웨어'를 달성하고자 한다. 또한 KT 자체의 변화로 네트워크와 관련된 운영에서 업무 혁신이 진행되고 있다. AI 고객 센터에서 AI 보이스봇, 챗봇, 어시스턴트 등과 같은 서비스 제공을 통해 직원들에게 업무적인 편의성과 생산성을 보장해 주려는 움직임이 보인다. AI 아파트, AI 호텔, 감성 AI(언어적 요소 발달), 영상 AI(기가 빔: 자율주행차, 지능형 CCTV, 스마트 매장 활용), 분석AI, 예측/추론 AI(원내비: 교통흐름을 판단 및 개선) 등으로 사업영역을 넓히고 있다.

5) 밀리미터파 데이터 전송 필드 검증 성공

KT는 국내 28기가헤르츠 대역 주파수를 지원하는 상용망 환경에서 5G 기지국으로 밀리미터파 데이터 전송 필드 검증에 성공하였다. 쉽게 풀어 말하면 상용 환경 28기가헤르츠 필드인 대구시 알파시티 주변에서 28기가헤르츠 단말을 탑재한 5G 자율 주행 자동차를 무선 연동하여 운행하는 데 성공한 것이다. 이를 실행하기 위해 무선 전송 오류를 줄여 데이터 재전송 발생을 최소화하고 기지국과 단말 간 불필요한 전송 절차를 제거하는 URLLC 기술을 적용하였다.

이처럼 28기가 헤르츠 기반 5G 네트워크가 적용되면 경기장, 대형 쇼핑몰과 같은 트래픽 밀집 지역에서의 초고속 데이터 서비스가 가능해진다. 또한, 차량 간 운행 상태 정보 전송, 자율 주행 맵 데이터 전송 등 자율 주행 자동차에 필수적인 네트워크 서비스가 더욱 안전해질 수 있다. 마지막으로 스마트 공장에서의 로봇 제어, 머신비전을 활용한 실시간 공장 관제 또한 가능해진다.

6) 업계 최초 20대 5G 요금제 'Y슈퍼플랜'

만 29세 이하 고객을 대상으로 한 요금제로 국내 데이터 무제한 혜택을 제공하고, 데이터 로밍 혜택을 강화해 해외여행 수요가 큰 20대의 데이터 요금 부담을 줄였다. 아침에 눈을 떠서 잠을 잘 때까지 핸드폰을 사용하는 20대들을 겨냥한 요금제는 현재 트렌드를 잘 반영하였다고 볼 수 있다.

4. 향후예상
1) 글로벌 사업

KT는 2019년부터 글로벌 사업 성과 창출의 의지를 드러냈다. 전형적인 내수 사업이었던 통신사업을 IT 기술 전반에 관여하며 글로벌로 확대한 것이다. 글로벌 매출 확대를 위해 기존 글로벌 사업은 물론 글로벌 ICT 사업(스마트 에너지, 지능형 교통관제 및 차세대 미디어, 통합 보안, 헬스케어 및 공공 인프라를 통한 국가 보안망, 교육망 구축, 아랍에미리트 농업 ICT 스마트팜 진출), 글로벌 데이터 서비스 산업(글로벌 사업자와의 접속을 통해 국내 기업/공공기관, 통신 사업자, 인터넷 사업자들에게 전 세계 지역을 대상으로 데이터 회선 및 IP 접속 서비스를 제공하는 사업), 투자 사업(르완다 정부와 PPP 사업 형태로 합작회사 설립하여 르완다 전역에 LTE wholesale 서비스를 독점 제공, 우즈베키스탄 시장 East Telecom과 Super iMax에 투자, 우즈베키스탄 전력 시장 스마트 미터 시스템 설치 등 에너지 사업 협력을 기반으로 스마트시티, 핀테크, 디지털 헬스케어 등 융합사업으로 영역 확대), 트래픽 홀세일(전 세계 착신 서비스, 3국 중계 서비스) 등의 노력을 진행하고 있다. 2020년에도 글로벌 매출 2조 원을 목표로 활발하게 사업을 진행할 것으로 예상된다.

2) 5G 1등, 1등 플랫폼 사업자

KT는 자사가 보유한 세계 최고의 5G 역량과 차별화로 소비자 인식뿐 아니라 실제 시장 점유율에서도 1등을 달성하겠다는 목표를 가지고 있다. 5G를 도입하면서 기존 기업 인프라를 5G로 전환하고 KT의 강점을 살려 시장을 주도하고 있다. 글로벌 장비 (통합 오퍼링, 에지 클라우드) 및 통신사와 함께 5G 규격을 만들고 시범망을 구축하여 세계 최초로 B2C 대상 5G 서비스를 상용화하였으며 이를 기반으로 플랫폼 사업자로서도 글로벌 1등을 꾀하고 있다.

5대 플랫폼(미디어, 스마트 에너지, 금융거래, 재난/안전/보안, 기업/공공 가치 향상) 매출액을 2021년까지 전체 매출의 30% 수준으로 확대, 20년까지는 규모를 4조 원 및 전체 매출 비중의 20%까지 확대하겠다는 목표로 각 기관과 협업(경찰청과 빅데이터 분석을 통한 디지털 성범죄 예방 협업, 유엔 글로벌 콤팩트−빅데이터로 감염병 확산 방지 프로젝트, 전기차 사용자와 공공기관 사업자, 부지 보유자 대상 충전 인프라 구축 및 운영 관리, 자체 개발한 ESS와 신재생 에너지 발전소 구축 및 운영 기술로 지자체 융복합 에너지 사업 선도 등) 하며 육성하고 있다.

3) 5G 커버리지 맵 확대

KT는 삼성서울병원에 기업 전용 5G 네트워크를 구축하여 허가된 사용자만 접속이 가능하게 하여 보안성을 높였다. 결과적으로 환자를 위한 의료 서비스의 질을 높였다. 또한 '5G 스마트 혁신 병원'을 통해 수술실 내 자율 주행 로봇 개발, 수술 관련 교육 진행, AI 기반 병실을 개선하였다. 이후 KT는 B2B 고객 수를 확보하기 위해 노력할 것으로 보인다.

4) 데이터 완전 무제한 요금제인 '슈퍼 플랜' 확대 예상

KT는 지난 4월 세계 최초 5G 서비스를 시작하여 5G 요금제와 서비스를 출시하였고 한 달 만에 10만 가입자를 돌파하였다. 하지만 데이터에 대한 고객 부담은 여전히 존재하고 있고 이를 해소하기 위해 데이터 완전 무제한 요금제인 '슈퍼 플랜'이 확대될 것으로 예측된다. 이미 관련 상품으로 KT는 업계 최초로 5G 기반의 '구독형' 게임 서비스를 선보였다. 월정액 요금을 낸 뒤 영상 콘텐츠를 무제한으로 즐길 수 있는 '넷플릭스'처럼 일정 금액을 내고 높은 사양의 게임 콘텐츠를 무제한으로 즐길 수 있는 서비스(스트리밍 게임)이다. 이로 국내 클라우드 게임 시장 또한 호조를 보일 것으로 보인다.

#참고자료

- 인더스트리뉴스 2019.03.11 KT, apM이커머스 · 알에스오토메이션과 5G패션 스마트팩토리 구축 나선다
- 글로벌이코노미 2020.01.08 이동3사, 신성장동력 키워드는 '5G · AI · 디지털 전환'
- 서울경제 2020.01.12 KT 20用 5G요금제 'Y슈퍼플랜' 출시
- 뉴스시스 2019.11.08 KT "연내 5G 가입자 150만 전망… ARPU 성장 전략"
- 조선비즈 2020.01.17 KT 버라이즌 등 글로벌 통신사들과 '5G 퓨처 포럼' 만든다
- 폴리뉴스 2019.10.30 KT "AI 사업 확대, 어디서든 AI 활용하는 사회 만들 것"
- 인더뉴스 2020.01.15 KT 28GHz 대역 5G 현장 검증 성공

LG유플러스

1. 재무현황

(단위 : 억원)

구분	2016년	2017년	2018년	2019년 2Q 누적
매출액	114,348	122,629	120,967	61,989
영업이익	7,558	8,436	7,347	3,504

국내에서 통신서비스는 생활 필수 서비스로 자리 잡고 있다. 따라서 경기변동에 크게 동요되지 않으며, 수요의 계절성이 없으므로 계절에 민감하게 반응하지 않는 특징을 가지고 있다. 추가로, LG헬로비전 실적이 인식될 경우 LG유플러스의 연간 지배주주 순이익은 5,600억원대에 이를 것으로 예상된다. 현재 증권가에서 예상하는 LG유플러스의 내년 영업이익은 7,000억~7,400억원 정도다. LG헬로비전을 감안한 연간 영업이익은 8,000억원대를 웃돌 것으로 예상되고 있다.

2. 사업현황

1) 무선 서비스

무선 산업은 기존의 음성통화 중심에서 데이터 중심으로 시장이 빠르게 전환하고 있다. LTE 기술의 상용화로 무선 네트워크에서도 고화질 영상 서비스, 게임 및 대용량 파일의 업로드와 다운로드가 가능해졌고, 특히 당사는 네트워크 커버리지를 지속적으로 확대하며 가입자당 가장 많은 LTE 주파수를 제공할 수 있는 총 100MHz주파수 대역폭을 제공하고 있다. 2019년 4월 3일, 5G 첫 가입자 개통을 시작으로 5G가 상용화됨에 따라 무선 서비스 시장은 더욱 커질 것이라 예상된다.
무선 서비스 시장점유율: LG U+(21.5%), SKT(46.6%), KT(31.9%)

2) 홈/미디어 서비스

스마트홈 서비스는 IPTV, 초고속인터넷, 인터넷전화, 홈IoT/AI서비스 등으로 구성되어 있다. IPTV 서비스는 초고속 인터넷망을 기반으로 고화질의 실시간 방송 및 VOD(영상 콘텐츠)를 제공하는 사업이며, 이를 제공하기 위해 네트워크, 방송 플랫폼 및 콘텐츠에 투자가 필요한 장치 산업이다.

3) 기업서비스(전화 및 데이터)

유무선 통신사업을 기반으로 다양한 분야와 결합하여 차별적인 서비스를 제공하며, 5G, AI, 빅데이터 등을 활용하여 변화하는 비즈니스 환경에 적극적으로 대처하고 있다. 'e-Biz 사업', 'IDC사업', '전용회선', '전화' 사업으로 구분하여 설명할 수 있다.

3. 주요이슈

1) CJ헬로 인수

LG유플러스가 CJ헬로 인수에 성공하면서 미디어와 알뜰폰 분야에서 양 날개를 달게 되었다. 단숨에 국내 유료 방송 점유율 24.7%를 기록하며, 유료방송시장 2위, 알뜰폰 1위 사업자가 되었다. 현재 LG유플러스는 2019년 말 이동통신 부문 5G 가입자 수를 120만 명으로 추산하였고, 시장 점유율은 25%로 이는 LTE 시장보다 높은 수준이다. 인수 조건은 알뜰폰 사업자에게 제공되는 5G 통신 도매대가를 최대 66% 수준까지 인하하는 조건이다. 이번 인수를 통해 LG유플러스는 두 배로 확대된 825만 유료방송 가입자를 기반으로 유무선 시장 경쟁 구조를 재편하겠다는 의지를 밝혔다.

2) 5G 단독 모드 장비 연동 성공

LG유플러스가 서로 다른 제조사 5G 단독 모드 장비 연동에 성공했다. 이와 함께 5g 핵심 기술로 알려진 네트워크 슬라이싱과 모바일 엣지 컴퓨팅 시연에도 성공했다. 네트워크 슬라이싱은 하나의 물리적인 네트워크를 논리적으로 분할해 초고속·초저지연·초연결 등 서비스별 특성에 맞는 전용 네트워크를 제공하는 것이다. 또한, 모바일 엣지컴퓨팅은 AR, VR 스마트 헬스케어 등에서 초저지연을 실현하기 위한 핵심 기술이다. 특히 VR과 AR을 활용한 클라우드 게임 등 다양한 콘텐츠를 바탕으로 넓은 연령층을 공략할 것으로 보인다.

3) 가입자 1,500만

2019년, LG유플러스는 8% 이상의 성장률을 보였다. 이는 최근 5년간 약 5~6% 대의 성장률을 보인 것을 웃도는 기록이다. 2019년 LG유플러스의 5G 마케팅이 가입자 수 증가에 효과적이었던 것으로 분석할 수 있다. 5G 상용화와 더불어, LG 유플러스만의 차별화된 콘텐츠들이 호응을 얻었으며, 실제로 5G 사용자들의 월 데이터 사용량이 LTE보다 2배 이상 높게 나타났다. 이는 모바일 사업뿐만 아니라 IoT, AI 서비스에서도 고르게 성장 가능할 것으로 보인다.

4) 중국 통신장비업체 '화웨이'

미·중 무역전쟁의 영향이 ICT 사업에 영향을 미치고 있다. 미·중 무역전쟁은 한편으로 사이버 전쟁이라고 할 수 있다. 또한, 통신업계 그 한복판에는 중국 IT 업계의 화웨이가 있다. 미국은 중국 통신장비 업체 화웨이에 전방위적인 압박을 펼치며 숨통을 조이고 있다. LG유플러스는 서울을 비롯해 수도권 북부 지역 기지 국에 화웨이 장비를 이용해 5G 네트워크를 구축하고 있는데, 양국의 갈등이 보복 관세에 이어 ICT 전쟁으로 번지면서 LG유플러스는 3사 통신사 중 가장 곤혹스러 운 처지에 놓여 있다.

그렇다면 LG유플러스가 화웨이를 선택한 이유는 무엇일까? 화웨이 장비는 경 쟁사보다 가격이 저렴한 것이 가장 큰 특징이다. 화웨이의 장비 가격은 경쟁사 대 비 약 70% 수준으로 알려져 있다. 특히 LG유플러스는 화웨이의 LTE 장비를 썼던 터라 이와 연동되는 같은 업체 장비를 쓰면서 5G 망 구축비를 아낄 수 있었기 때 문이다. 특히, 5G 상용화를 앞두고 SKT, KT에 도전장을 내민 업계 3위 LG U+에 비용 절감을 큰 메리트로 작용했다고 분석 가능하다.

5) 유플러스 대표 IPTV 사업 – 아이들 나라, 넷플릭스

키즈 대상 서비스 '아이들 나라'와 2-30대 청년층 매니아를 가진 '넷플릭스'는 LG유플러스를 대표하는 서비스이다. 이처럼 해외 콘텐츠 확보, 맞춤형 콘텐츠 제 작을 바탕으로 고가 요금제 가입자 비중도 상승 추세에 놓여있다. 이를 통해 유플러스만의 차별화된 IPTV 서비스 라인업이 구축되었으며, 이는 사업의 고무적인 성장을 견인할 것이다.

4. 향후예상

1) 5G에 집중

LG유플러스의 모바일 가입자 1,500만 명을 돌파했다. LTE와 5G 서비스의 누적 가입자 비중은 현재 95.5%로 대부분의 가입자가 4G 또는 5G를 사용하고 있다. 올해 하반기 5G가 본격적으로 개통되면 5G 미디어 시장은 더욱 커질 것으로 예상되며, 이에 따라 고객의 무선 데이터 사용량은 꾸준히 증가할 것으로 보인다.

LG유플러스는 5G를 통해 만년 3등이라는 꼬리표를 지우고 싶어 한다. 따라서 5G 출시 후 관련 미디어, 콘텐츠에 힘을 쓰고 있다. 2020년에도 5G 전용 AR, VR 콘텐츠 등이 대거 출시될 것으로 예상된다. 또한 프로야구, 골프 등을 통해 스포츠 중계에서도 우위를 가져가겠다는 의지이다. 5G는 향후 10년의 운명을 결정하는 사업인 만큼 5G 콘텐츠와 통신 커버리지를 통해 가입자를 선점하고 시장을 주도하겠다는 방침이다. 현재 5G 주력 서비스인 U+아이돌 Live, U+AR, U+VR 등의 핵심 콘텐츠를 개발하고 있으며, 어린이 특화 AR 교육 서비스 'U+아이들 생생 도서관'을 출시할 예정이다.

추가로, LG유플러스는 강점을 가지고 있는 IoT 부문에서도 지속적으로 투자와 R&D를 진행하며 사업 포트폴리오를 늘리고 경쟁력을 갖추고 있다. 현재 투자한 모빌리티 IoT 기술은 향후 완전 자율주행차량, 스마트시티와 스마트카의 도입 시에 경쟁력을 갖출 수 있는 소중한 자산이 될 것으로 보인다.

참고자료

- 한겨레 2019.12.15 [속보] LG유플러스-CJ헬로 인수 승인…알뜰폰·유료방송, 이통사가 꽉 잡는다
- 뉴시스 2020.01.20 LGU+, 서로 다른 제조사 '5G 단독모드' 장비 연동 성공
- 인더뉴스 2020.01.20 LG유플러스, 모바일 가입자 1500만 돌파…'만년 3위' 벗어날까

SK텔레콤

1. 재무현황

(단위 : 억원)

구분	2016년	2017년	2018년	2019년 3Q 누적
매출액	170,918	175,200	168,740	133,331
영업이익	15,357	15,366	12,018	9,474

2019년에는 이동통신 3사 모두 5G 요금제 가입자 증가로 매출액이 증가했다. 하지만 영업이익이 감소하지 않은 회사는 SK텔레콤이 유일하며 11번가의 흑자 전환과 ADT캡스, SK인포섹 등 자회사의 높은 영업이익률이 실적 개선에 기여한 것으로 보인다.

올해는 5G 가입자가 본격적으로 늘어나며 ARPU(가입자당 평균 수익) 상승으로 인한 실적 개선을 기대하고 있다. 다만 올해도 계속되는 5G 관련 투자가 부담으로 작용할 것으로 보이는데, 지난 2분기 5G 마케팅 비용으로 SK텔레콤은 7,286억원을 지출했다. 또한 설비투자비용(CAPEX)도 급증해, SK텔레콤은 5,756억원을 투자해 전년 동기 대비 42.5%의 증가세를 보였다.

2. 사업현황

1) 사업부문

무선통신사업: SK텔레콤, 피에스앤마케팅, SK오앤에스, 서비스에이스 등 – T, 5GX, 밴드데이터 등

유선통신사업: SK브로드밴드, SK텔링크, 홈앤서비스 – Btv, 00700, 국제전화, 7mobile 등

커머스사업: 11번가

기타: SK플래닛, 에이디티캡스, SK인포섹, SK커뮤니케이션즈, 드림스컴퍼니 (구 아이리버) 등

2) 영업개황

강력한 사업구조 변화를 추구하며 통신 사업자를 넘어 종합 ICT 사업자로의 변신을 추구하고 있는 SK텔레콤은 치열한 시장경쟁과 요금 인하 등의 악화된 경영 환경 속에서 견조한 가입자 성장과 상품/서비스 혁신을 지속하였다. 무약정 플랜, 안심 로밍, T플랜 등 일련의 고객 가치 혁신 프로그램 등을 통해 고객들의 긍정적인 반응을 이끌어 냈다. 5G 가입자 경쟁자에 있어서도 1위 사업자의 위상을 굳건히 유지하여, 핸셋 가입자는 2019년 3분기 기준 9천명의 순증을 달성하였고, 해지율은 역대 최저 수준인 1%로 안정화된 모습을 유지하였다. 작년 4월에는 세계 최초 5G 가입자 확보와 함께, 5G 초시대를 열었고 미디어, AR/VR, 게임 등의 영역에서도 차별적인 콘텐츠를 제공하고 있다.

3. 최근이슈

1) 국내 최초 상용망에서 순 5G 통신 성공

SK텔레콤은 국내 최초로 상용망에서 '5G SA(Stand alone, 5G 단독 규격) 데이터 통신에 성공하며 '5G SA' 서비스 제공 준비를 마쳤다. 2018년 12월 세계 최초로 5G 전파로 송출에 성공한 현재 5G 네트워크는 LTE 시스템을 일부 공유하는 '5G-LTE 복합 규격(NSA, None stand alone)'방식이다. 5G SA 통신은 LTE 망과 연동이 필요 없으며, 5G NSA 대비 접속 시간이 2배 빠르고, 데이터 처리 효율이 3배쯤 높다. AR, VR, 자율 주행, 스마트 팩토리 등 5G 시대의 차세대 서비스의 활성화에 기여할 수 있는 기술이다. 상용망에서 5G SA 통신에 성공했다는 것은 5G 네트워크 상용화가 눈앞에 있음을 의미한다.

2) SKT-MS 엑스박스 개발자 행사 개최 및 양사 간 협력 확대

양사 간 엑스박스 개발자 행사 협력은 지난해 10월 엑스박스 게임을 스트리밍으로 서비스하는 'ProjectxCloud'의 시범 서비스에 이어, 게임 개발 등으로 협력분야를 확대하기 위함이다. 향후 게임 개발을 위해 양사 간 공통 투자를 확대하고, 게임 개발사 지원을 위한 다양한 마케팅 방안 등을 검토하고 있다.

3) 5개의 통신사와 5G MEC '초협력 체계' 구축

SK텔레콤은 차세대 기술은 5G MEC(Mobile Edge Computing) 분야에서 글로벌 초협력 체계를 구축했다. 아태 통신사 연합회인 '브리지 얼라이언스' 소속 통신사인 싱텔(싱가포르), 글로브(필리핀), 타이완모바일(대만), HKT(홍콩), PCCW글로벌(홍콩) 등 5개사와 함께 '글로벌 MEC TF'를 지난 13일에 발족했다. 이번 초협력 체계 구축은 한국 기술 중심으로 아시아 5G MEC 생태계가 구축되고, 5G 기술·서비스를 관련 국가에 수출할 수 있는 활로가 열렸다는 점에서 의미가 크다.

4) 차세대 단일 광자 라이다

SK텔레콤은 CES 2020에서 차세대 단일 광자 라이다를 공개했다. 라이다는 레이저를 목표물에 비춰 사물과의 거리와 다양한 물성을 감지하고 이를 3D영상으로 모델링 할 수 있는 기술로, 자율주행차의 눈 역할을 하는 것은 물론 향후 다양한 분야에 널리 쓰일 것으로 예상된다. 자율 주행, 교통관제로 대표되는 모빌리티 분야뿐 아니라, 보안, 사회 안전 분야 등 다양한 산업 분야에서 활용될 것이다.

5) 5G 요금제 개편

올해 1월 1일부터 '5GX프라임'·'5GX플래티넘' 요금제는 각각 월 8만 9,000원(이하 VAT포함), 12만 5,000원에 완전 무제한 데이터를 정규 혜택으로 제공한다. '5GX스탠다드'는 월 7만 5,000원에 데이터 200GB를, '슬림'은 월 5만 5,000원에 데이터 9GB를 제공하는 요금제로 확정됐다. 이번 개편으로 5G 요금제의 데이터 혜택이 유사 LTE 요금제 대비 한층 유리해졌으며, SK텔레콤은 이용 패턴 분석과 고객 니즈 파악을 통해 5G 요금제 라인업을 점차 확대할 예정이다.

6) IPTV 매출의 견조한 성장세 기반으로 '종합 미디어 서비스'로의 도약을 준비 중

구글·아마존·페이스북·애플(GAFA)과 같은 기업들은 서로 협력하며 발전하고 있다. 이러한 움직임에 SK텔레콤은 CES 2020에서 기자간담회를 열고 다음과 같이 밝혔다. "글로벌 AI 경쟁에서 국내 ICT 기업들이 뭉쳐 'GAFA'에 대응해야 한다"라며, 이는 곧 초협력 대상인 삼성전자와 카카오로 알려졌다. 이러한 움직임은 각 기업에 있어서 큰 연구개발(R&D) 비용이 투입되는 AI 엔진은 공동 개발하고 단말기나 서비스는 기업 특색에 맞게 적용하는 성과를 생각해볼 수 있다. 예를 들어 2019년에는 SK텔레콤의 '옥수수'와 지상파 3사 콘텐츠를 합친 온라인 동영상 서비스(OTT) '웨이브'를 꼽았다. 이와 같은 협력은 더 나은 서비스의 탄생을 의미한다고 생각한다. SKT의 3분기 IPTV 매출은 3,337억원으로 전년 대비 14%, 전분기 대비 3.6% 상승했다. 'oksusu'와 방송 3사의 'pooq'을 통합해 지난해 9월 새 OTT 서비스 '웨이브(wave)'를 출범했으며, 2023년까지 유료 가입자 500만명을 확보하고 글로벌 시장에 단계적으로 진출하겠다는 포부를 밝혔다.

7) 협력을 통해 AI 기술 및 5G 서비스 품질 개선

국내 AI 시장은 SK텔레콤의 '누구', 삼성전자의 '빅스비', KT의 '기가지니', 카카오의 '카카오 미니' 등이 나눠 갖고 있는데, 각자 자회사의 데이터만 보유한 만큼 데이터가 적어 발전이 느리다는 지적이 있다. SK텔레콤은 이 기업들과 협력해서 빅데이터화해 기술 수준을 빠르게 발전시키는 것을 목표로 하고 있다. 이외에도 차세대 기술인 5G MEC(모바일 에지 컴퓨팅) 발전을 위해 아태 통신사 연합회 '브리지 얼라이언스' 소속 통신사 5개사와 '글로벌 MEC TF'를 13일 발족하는 등 기술 발전을 위해 힘쓰고 있다.

8) SK텔레콤, 바이톤과 차세대 전기차 시장을 위한 협력

SK텔레콤과 바이톤은 한국 소비자들을 위한 차세대 IVI의 발굴부터 개발, A/S 서비스, 차량 적용까지 디지털 서비스 전반에 걸친 협력에 나선다. 또한 SK텔레콤은 글로벌 전장 기업 파이오니아 스마트 센싱 이노베이션즈(PSSI)와 CES 2020에서 차세대 단일 광자 라이다 시제품도 공개했다. 라이다는 레이저를 목표물에 비춰 사물과의 거리와 다양한 물성을 감지하고, 이를 3차원(3D) 영상으로 모델링할 수 있는 기술이다. BMW · 닛산 등 글로벌 자동차 기업 출신 핵심 인력이 2017년 만든 전기차 업체 '바이톤'과 MOU 체결하였으며, 이번 MOU는 바이톤이 한국에 출시하는 전기차 내부에 SK텔레콤의 '통합 IVI' 적용하기 위함으로 보인다. '통합 IVI'란, 차량 내에서 다양한 콘텐츠를 손쉽게 이용할 수 있도록 만든 통합 차량

엔터테인먼트 시스템을 말한다. T맵, 인공지능 누구(NUGU), 음원 서비스 플로 (FLO), OTT 서비스 웨이브, 주차 서비스 T맵 주차 등을 '통합 IVI'로 구현할 것으로 보인다. 또한, 현대기아차와 협력해 '홈투카' 서비스(집에서 자동차의 기능을 원격으로 켜고 끌 수 있는 기능)를 출시하였다.

9) 티브로드 인수합병

SK브로드밴드의 케이블 TV 2위 티브로드의 인수합병이 통과되면서 업계의 지각 변동이 예상된다. 올 4월 합병법인이 출범할 것으로 보인다. 이번 합병은 지난 해 말 LG유플러스와 CJ헬로에 이어 경쟁 관계였던 IPTV와 케이블 TV 간 두 번째 합병이다. 또한, 앞으로는 KT와 딜라이브, SK텔레콤과 현대 HCN의 인수합병이 예상되며 유료 방송업계의 지각변동이 본격화될 전망이다. 유료방송업이 큰 화두가 된 이유는 이미 목전에 다가온 OTT 시장과의 시너지와 준비로 보인다.

10) 싱클레어와 합작회사

SK텔레콤과 미국 최대 지상파 방송사 싱클레어와 합작회사를 만들어 미국 최초로 통신, 방송 기반 고화질 방송 서비스를 제공한다. 또한, 향후 차량 통합 인포테인먼트 영역을 확장해 모빌리티까지 조준한다는 내용이다. 자율 자동차 시대를 맞이하며 차량 내부에서 주행 정보와 엔터테인먼트를 제공받는 서비스를 제공하겠다는 계획이다.

11) CSR까지 신경 쓰는 SK텔레콤

SK텔레콤이 춘천시, 강원정보문화진흥원과 손잡고 최신 정보통신기술(ICT) 인프라와 기술을 활용해 춘천시의 사회적 문제 해결과 ICT 인프라 환경 조성을 한다. SK텔레콤의 강력한 ICT 기술은 교육과 안전에 보탬이 될 것이다.

4. 향후예상
1) 무선통신(MNO)과 신사업

올해 조직개편을 통해 이동통신 사업과 미디어, 보안, 커머스 등 뉴 ICT 사업을 분리해 각각 지원하는 이원화 체계(듀얼 OS)를 도입할 계획이다. 본업과 신사업 역량을 개별적으로 끌어올려 회사 전체 가치를 높인다는 전략이다. 이는 지난해 3분기 연결 전체 매출 중 비무선 매출 비중이 45%를 넘어설 정도로 미디어, 보안, 커머스 사업이 실적을 견인하고 있기 때문이라고 보인다.

2) 5G를 통한 신시장 창출

콘텐츠 및 기업(B2B) 사업으로 눈을 돌리고 있다. 5G는 스마트폰 통신을 넘어 증강현실(AR), 가상현실(VR), 자율 주행, 스마트홈, 스마트팩토리 등으로 파생 가능한 네트워크 인프라로 제조, 자동차, 미디어 업계 등과 합종연횡하며 산업 간 경계를 허물고 신산업 기반을 마련할 계획이다. 2019년 4월 3일 세계 최초로 대한민국에서 5G가 상용화됨에 따라 새로운 네트워크 인프라의 우수성과 그 잠재력에 세계의 이목이 집중되고 있다. SK텔레콤은 2018년 5G 기술 표준화에 기여한 데 이어 MEC, 양자 암호기술 접목 등 경쟁사와 차별화된 5G 네트워크 인프라를 구현해나가고 있다. 또한, 5G MEC 기술 기반의 다양한 미디어 기술은 물론, 미디어 감상 서비스, 차세대 단일 광자 라이다 등 다양한 자율 주행 기술 및 서비스를 CES 2020에서 소개했다. 기존에 볼 수 없던 초고화질 콘텐츠 제공 및 글로벌 최상위 사업자들의 독점 제휴를 통해 5G와 TV · 자동차와 연결시키며 미디어, 모빌리티 분야를 선도할 글로벌 ICT 기업으로 거듭날 것이다.

3) 미래먹거리: 차세대 교통수단

자율주행차를 비롯한 차세대 교통수단이 미래 먹거리로 떠오를 것이다. 자율주행차는 자동차, 교통망, 운전자 간 긴밀한 네트워크가 요구돼 5G 기술의 고도화가 필수 요소로 꼽힌다. SK텔레콤은 서울시와 5G 기술을 기반으로 교통신호제어, 안전 관리 등 '차세대 지능형 교통 시스템' 구축에 착수했다. 지능형 교통시스템이 구축되면 5G망을 통해 보행자 무단횡단을 감지하거나, 구급차 접근을 알려 빠르게 길 터주기 등이 가능해질 것이다. 따라서 SK텔레콤은 차세대 교통수단과 5G를 연결하기 위한 지속적인 투자를 진행할 것으로 예상된다.

순수 5G 통신의 성공과 상용화를 이룩한다면, '빨리빨리'의 국가인 대한민국에서 2배 빠르고 AR과 VR, 자율 주행, 스마트 팩토리 등 많은 분야에서 더욱 견고함을 보여주는 SK텔레콤이 되지 않을까 생각한다. 또한, 무선 데이터 전송 지름길을 만들어 클라우드 게임과 스마트팩토리, 자율 주행, 차량관제 기술에 있어서 필수라고 불리는 핵심 기술인 MEC은 SK텔레콤과 본격적으로 협력에 나서기 시작했다.

4) OTT

위에 언급한 웨이브 같은 OTT 시장에서 SK텔레콤이 승부수를 띄울 수 있을지는 의문이다. 넷플릭스, 왓챠플레이 등 수많은 경쟁자들을 두고 국내 사용자들의 마음을 돌릴 수 있을지는 아직까지도 가시화되지 않았다. 협력을 통해 합쳐졌다고는 하지만, 어림도 없는 수치를 보이며 타 OTT에게 밀리고 있다. 개인적인 견해로는 다른 부문에 더욱 많은 투자를 하는 것은 어떨지 의문이다.

참고자료

- 한국경제신문 2020.01.20 SK텔레콤, 2배 빠른 5G 통신모드 성공
- 매일경제신문 2019.01.08 [CES 2019] SKT, 미국 방송사와 합작社 설립…20조 시장 정조준
- 디지털데일리 2019.12.23 [2019결산/통신] 한국이 이뤄낸 5G 세계최초 상용화 '명과 암'
- 시사위크 2019.10.31 SKT, 3분기 실적 '비무선 사업'이 견인
- 한국일보 2020.01.02 박정호 SKT사장 "상상력으로 현재를 뛰어 넘고 확장하자"
- 조선비즈 2019.11.11 [팀장칼럼] SKT, 2G 서비스 종료 급할수록 돌아가라
- 시사포커스 2020.01.20 SKT, '5G SA' 데이터 통신 상용화 초읽기…상용망 구현 성공
- 한국경제신문 2020.01.19 박정호 SKT "국내 기업간 'AI 초협력' 필요하고, 진행할 것"
- 연합뉴스 2020.01.13 SKT, 아태 5개 통신사와 '5G MEC' 협력…기술·서비스 공동개발
- 파이낸셜뉴스 2020.01.08 SKT, 전기차·자율차 등 미래 모빌리티 사업 박차
- 이데일리 2020.01.16 [마켓인]SKT, 헬스케어 사업 확대…만성질환관리 플랫폼 투자
- SKT 블로그 2019.08.16 '超엣지'로 확 달라질 5G 세상, SKT '5GX MEC'를 만나보세요!
- 한국경제신문 2019.08.12 "가입자당 평균매출 반등"…하반기가 기대되는 통신株

- 조선비즈 2020.01.20 SK텔레콤, '5G 단독 규격' 통신 준비 마쳐... 올 상반기 중 제공
- 서울경제신문 2020.01.15 SKT-MS국내 첫 엑스박스 개발자 행사
- TheDailyPost 2020.01.08 SKT-바이톤, 韓 차세대 전기차 시장 위한 전방위 협력
- 한국경제신문 2020.01.12 SK텔레콤, 美 지상파 싱클레어와 합작
- 조선비즈 2019.12.05 SK텔레콤 조직 개편...무선사업 · 신사업 분야로 이원화
- 조선비즈 2020.01.15 SKT-MS, 국내 첫 Xbox 개발자 행사 개최
- 채널인 2019.12.30 SKT, 5G 요금제 개편⋯5GX프라임 6000원 ↓
- 뉴스핌 2019.09.16 한국형 '넷플릭스' OTT '웨이브' 출항...동남아 진출

Chapter
15
패션

Chapter15.
패션

삼성물산 패션부문

1. 재무현황

(단위 : 억원)

구분	2016년	2017년	2018년	2019년 3Q 누적
매출액	18,430	17,490	17,590	12,480
영업이익	−452	327	250	20

　　삼성물산 패션부문의 2019년 3분기 매출은 전년동기 대비 3.6% 감소했다. 다만 150억원의 영업손실을 기록한 패션부문은 운영 효율화 등으로 지난해 같은 기간 180억원의 영업손실과 비해 다소 개선됐다. 5개 브랜드 6,000억원대 매출을 올리는 캐시카우 브랜드 빈폴이 내년 S/S시즌 대대적인 리뉴얼을 앞두고 있어 실적 반등을 기대하는 모습이다. 또 준지, 구호를 비롯해 빈폴의 신규 캡슐 라인인 '팔구공삼일일'의 글로벌 시장 확대를 통해 내수 매출의 한계를 극복할 계획이다.

2. 사업현황
1) 삼성물산 패션부문의 변화
　　갤럭시는 탁월한 품질과 디자인을 바탕으로 대한민국 최고의 신사복 브랜드로서 그 가치를 인정받고 있다. 올해로 브랜드 론칭 30주년을 맞이한 빈폴은 높은 브랜드 충성도와 성공적인 서브 브랜드 확장을 통해 국내 대표 캐주얼 브랜드로 자리매김하였으며, 젊은 온라인 고객 니즈 대응을 위한 온라인 전용 라인을 선보이는 등 소비자 니즈 및 시장 변화에 발맞춰 끊임없이 진화, 발전하고 있다.

여성복 구호, 르베이지는 차별화된 브랜딩과 상품 경쟁력을 기반으로 고급 여성복 시장을 선도하고 있으며, 편집숍 10꼬르소꼬모, 비이커는 국내외 유명 브랜드뿐만 아니라 문화와 라이프스타일을 선보이는 크리에이티브한 공간으로 자리 잡고 있다.

에잇세컨즈로 시장 성장성이 큰 SPA(Specialty retailer of Private label Apparel) 사업에도 진출해있으며, 빈폴스포츠, 브룩스 등 스포츠 웨어도 새롭게 선보이며 밀레니엄 세대 공략에 적극 나서고 있다. 또한, 삼성물산 패션부문 공식 온라인 쇼핑몰인 SSF샵(www.ssfshop.com)은 지속적인 콘텐츠 및 서비스 업그레이드는 물론 패션 상품 외에도 고객의 라이프 스타일과 연관된 다양한 브랜드를 소개함으로써 대한민국 대표 라이프스타일 온라인 스토어로서의 위상을 갖춰가고 있다.

3. 주요이슈

1) 패션 AI 텍스토미

삼성물산 패션부문은 빅데이터 연구업체 더아이엠씨와 협력해 패션 AI텍스토미를 개발했다. 시리스파트너스와 협업한 국내 유명 브랜드는 AI를 활용한 제품을 내년 상반기 선보일 계획이다. 삼성물산 패션부문은 패션 AI를 통해 소비자 선호도를 예측하고 매출로 연결시키면서 울트라 패스트패션을 선보이는 동력을 장착하고 있다.

2) 친환경, 윤리적 패션

삼성물산은 패션뿐만 아니라 건설, 상사, 리조트 등 4개 부문에서 '삼성물산 사회 공헌단'을 출범시켰고, 블랙야크는 황사방지를 위해 중국 네이멍구 쿠부치 사막에 생태원을 조성하는 프로젝트를 런칭했다.

3) 선택과 집중

2019년 한 해 동안 많은 일들이 삼성물산 패션부문을 지나갔다. 빈폴이라는 브랜드는 6년 만에 다시 손잡은 정구호 디자이너와 재단장에 성공했으며 뉴트로의 흐름에 잘 맞춰 따라가기도 하고, 세계시장으로 뻗어 나갔다. 하지만, 20년 동안 운영하던 이탈리아 남성복 브랜드 빨질레리의 국내 라이선스 사업을 접었고, 노나곤 사업도 접었다. 선택과 집중의 삼성물산 패션부문을 더 지켜봐야 할 것 같다.

4. 향후예상

1) 강력한 브랜드 입지 확보

지난해 새로 시작한 라이프스타일 브랜드들에 더 집중할 계획이다. 지난해 그라니트와 메종키츠네 등 리빙 소품과 패션을 접목한 라이프스타일 브랜드를 국내에 들여왔다. 또한, 글로벌 여성 브랜드 '구호'의 세컨드 브랜드 '구호플러스', 소비 주축으로 부상하고 있는 밀레니얼 세대를 적극 공략하는 차원에서 온라인 채널 중심의 2535세대를 타깃으로 한 글로벌 여성 브랜드 '구호'의 세컨드 브랜드 '구호플러스'를 론칭했다. 이를 통해 '프리미엄을 넘어 편리미엄'을 주는 온라인 사업에 더욱 집중하고, 미주와 유럽으로의 진출 또한 계속해서 확장해 나갈 것으로 예상된다. 적극적인 해외 시장 진출을 추진 중으로 빈폴 등 대표 브랜드를 중심으로 중국 사업을 확장하고 있다. 또한 준지, 구호는 해외 컬렉션을 통해 한국 패션의 위상을 높이는 동시에 유럽, 북미, 아시아의 유력 패션 리테일러에서 판매됨으로써 브랜드 가치와 경쟁력을 인정받고 있다.

패션산업의 핵심 경쟁요소는 브랜드 가치, 상품기획, 주요 백화점 및 핵심 상권 입점을 위한 영업력, 고객 가치 기반의 구매 경험 제공을 위한 리테일 운영 역량, 철저한 품질관리, 가격경쟁력 등이 해당된다. 삼성물산 패션부문은 디자인 개발, 소재기획, 컬러 구성, 패턴 등 상품기획 전반의 핵심 역량을 기반으로 강력한 브랜드 입지를 확보하고 있다. 또한 국내 주요 백화점 및 핵심 상권 내 우수 유통채널을 확보하고 있으며, 차별화된 매장 콘셉트 및 고도화된 매장 관리로 경쟁력을 지속 강화하고 있다. 또한, 국내외 협력업체들과의 긴밀한 파트너십을 통해 선진 글로벌 소싱 체계를 구축해왔으며, 엄격한 품질관리를 기반으로 고품질의 상품을 선보이고 있다. 이렇듯 높은 경쟁력을 갖춘 삼성물산 패션부문은 전년보다 높은 매출액을 달성할 것으로 전망된다.

2) 차별화 전략

사실 몇 년 전만 해도 삼성물산의 사업에서 중국은 문제점이 많았다. 시장 진출에 실패했다는 말들이 쏟아져 나오기도 했다. 그 저변엔 미중 무역전쟁과 과거 사드 배치 등이 있었고, 이는 중국을 타겟으로 한 에잇세컨즈에 직격탄이 되었다. 특히, 이랜드의 스파오와 비교당하기 일쑤였다. 현지화에 실패했다는 말들이 나오기도 했다. 결국 2년 9개월 만에 1호점 문을 닫았다.

하지만 국내에서 빛을 보기 시작하였고, 2019년에는 국내를 넘어 미주와 유럽시장에서 빛을 보기 시작했다. 구호와 준지를 들어 스파 브랜드뿐 아니라 디자이너 브랜드까지 다양성을 갖춰 미주와 유럽시장에 공격적으로 진출하는 삼성물산 패션부문의 사업성이 먹히는 듯하다.

또한, 남성 신사복과 원단 부문에서는 우위를 가지고 있는 것으로 보인다. 아직도 동대문 시장에서 정장 부문에서 제일모직 원단을 1등으로 쳐준다는 얘기가 있다. 또한, 타 패션업계들이 그렇듯 삼성물산 패션부문도 온라인 시장(공식 온라인 쇼핑몰인 SSF샵)에서 탄탄함을 보여주며, 편집숍 비이커를 이용해 차별화까지 꾀했다.

참고자료

- 한국섬유신문 2019.11.01 2020년, 패션 AI 시대 본격 도래
- 뉴데일리경제 2019.10.13 블랙야크강태선나눔재단, 中 사막에 축구장 2개 크기 숲 조성
- 뉴데일리경제 2019.09.02 삼성물산 패션, 밀레니얼 브랜드 '구호플러스' 론칭… "온라인 강화"
- 패션취업연구소 2019.05.23 삼성물산 패션부문 과연 괜찮은걸까?
- 미래한국 2017.09.19 [시장분석] 패션산업의 특성과 성장
- M이코노미뉴스 2016.02.20 의류산업불황에도 성장하는 SPA시장

코오롱인더스트리FnC

1. 재무현황

(단위 : 억원)

구분	2016년	2017년	2018년	2019년 3Q 누적
매출액	11,516	11,372	10,456	6,613
영업이익	597	481	399	51

2018년까지 코오롱인더스트리FnC의 매출액과 영업이익이 지속적으로 하락한 주요 원인은 아웃도어 브랜드 코오롱스포츠의 부진이 가장 크다. 경기 침체와 맞물려 아웃도어 브랜드 간의 경쟁 심화, 캐주얼 패션의 급부상으로 패션 부문 매출의 절반을 차지하는 코오롱스포츠가 젊은 층에게 외면받고 있기 때문이다. 타 경쟁사들이 시장 침체에 따라 아웃도어의 타깃층을 기존의 중장년층에서 젊은 세대로 넓혀가며 대응한 반면, 코오롱인더스트리FnC는 중장년층 중심의 등산복 브랜드 이미지에서 벗어 나는데 실패했다. 아웃도어 브랜드 외에도 다른 브랜드들(럭키슈에뜨, 슈콤마보니, 캠브리지, 커스텀멜로우 등)의 실적 부진도 매출 하락의 원인이 되었다. 주력 브랜드는 이미 성장 한계에 부딪혔음에도 실적 턴어라운드를 이룰만한 신 성장동력이 나오지 않고 있다.

2. 사업현황
1) 사업부문

11개 사업 분야(outdoor&sport, golf, menswear, womenswear, accessories, premium, upcycling, cosmetics, retail, online platform, 신유통 비즈니스)를 통해 토털 패션 비즈니스를 영위하고 있다.

3. 주요이슈
1) "재고로 만든 옷, 해외에서 더 잘나가요" 친환경 패션 뜬다
친환경 전략이 패션업계의 성장 동력으로 부상하고 있다. 업사이클링 전문 브랜드부터 명품, 패스트 패션까지 친환경을 화두로 내세운다. 코오롱인더스트리 FnC 부문의 업사이클(새활용) 브랜드 래코드는 지난 18일 노들섬에 아뜰리에를 개장했다. 2012년 출범한 래코드는 자사의 3년 이상 된 재고를 활용해 옷을 만든다. 재활용하면 낡고 지저분한 이미지를 떠올리기 쉽지만, 이곳에서 만나는 옷은 해외 패션 편집숍에서나 볼법한 창의적이고 과감한 디자인이 대부분이다.

코오롱인더스트리FnC에 따르면 래코드의 매출은 매년 40% 이상 성장하고 있다. 특히 해외에서는 하이패션(고급 의류) 대접을 받는다. 최근 런던, 베를린, 파리에서 2020 봄 · 여름 컬렉션을 전시했는데, 수주량이 45% 증가했다. 프랑스, 영국, 독일, 미국, 일본 등 8개국, 14개 패션 편집숍에서 바잉 해갔다. 선주 래코드 브랜드 매니저는 "소각을 앞둔 재고를 뜯어서 만들기 때문에 탄소발자국이 없다"라며 "국내에서는 '디자인이 어렵다', '가격이 높다'는 평도 있지만, 해외에서는 고급 옷 대접을 받는다. 업사이클 브랜드인 걸 모르고 주문하는 바이어도 있다"라고 설명했다. 래코드는 7년 차를 맞아 서울과 안양에 흩어졌던 사무공간을 합치고, 쇼룸을 겸한 복합문화공간을 만들었다. 브랜드 안정화에 접어든 만큼, 더 많은 소비자와 소통한다는 계획이다. 한경애 코오롱인더스트리FnC 전무는 "해외 수주회에 나가면 '한국에도 이런 브랜드가 있었냐'며 놀라워한다. 친환경이 뜨고 있지만, 기업이 나서서 전문 브랜드를 운영하는 경우는 해외에서도 흔치 않다. 지속 가능한 가치를 앞세워 세계 시장에 도전할 것"이라고 했다.

2) 코오롱인더스트리FnC, 스킨케어 '엠퀴리' 롭스 입점

코오롱인더스트리 FnC부문은 사이언스 스킨케어 화장품 '엠퀴리'가 롯데의 헬스앤뷰티(H&B)스토어 롭스에 입점하면서 본격적인 유통 확장에 나선다고 밝혔다. 엠퀴리는 독자적인 기술인 'MTD26' 테크놀로지를 활용하는 것이 특징이다. 화장품의 유효성분을 26분 안에 피부 속 깊숙이 전달해 주는 기술로 단기간에도 즉각적인 피부 개선 효과를 볼 수 있다.

엠퀴리는 롭스 입점을 시작으로 오프라인 진출을 본격화한다. 엠퀴리 관계자는 "엠퀴리의 즉각적인 효과와 차별화된 기술력이 소비자에게 긍정적인 반응을 끌어내고 있다"라며 "첫 오프라인 채널 진출을 시작으로 앞으로도 소비자와의 접점을 확대하기 위해 노력할 것"이라고 말했다.

3) 코오롱인더스트리FnC 사내 브랜드 1호 '아카이브앱크', 8월 출격…남은 숙제는?

코오롱인더스트리FnC부문에서 개인 디자이너 브랜드의 감성을 담은 '아카이브앱크(Archivépke)'가 8월 말 출시됐다. 아카이브앱크는 다른 브랜드를 자사 브랜드로 인수한 것이 아닌 기존 FnC 직원들이 아이디어를 모아 만든 사내 브랜드 1호라는 데 의미가 있다. 다만 전 제품 중국 공장 생산으로 다른 개인 디자이너 슈즈 브랜드와 달리 맞춤 제작이 불가능한 것은 한계로 작용할 전망이다.

브랜드명 아카이브앱크는 기록보관소를 뜻하는 아카이브(archive)와 '예리한 감각으로 사람을 연구하다(études for people with a keen sense)'의 합성어이다. 코오롱인더스트리 FnC 부문 관계자는 "기존 직원들이 아이디어를 내서 시작하는 브랜드는 '아카이브앱크'가 처음"이라고 설명했다.

테스트 형식으로 운영 중이다 보니 오프라인 매장은 '아카이브앱크 청담 쇼룸' 단 1곳뿐이다. 온라인 판매가 중심이다. 현재 코오롱몰 외에 개인 디자이너 브랜드를 선호하는 고객들이 자주 찾는 온라인 편집숍 '더블유컨셉'에도 입점했다.

패션 유통의 축이 온라인으로 기울었다는 것을 방증하는 변화다. 향후 아카이브앱크를 정식으로 출시하더라도 유통은 온라인 중심이 될 가능성이 높다. 대부분 개인 디자이너 브랜드들이 제품을 시착할 수 있는 쇼룸을 한곳만 갖고 있고, 판매는 주로 온라인을 통해 하는 것과 같은 형식이다. 코오롱인더스트리 FnC 부문 관계자는 "지금은 유통 채널도 많이 변하고 SNS의 영향력도 높아지는 등 시장이 변했다"면서 "새로운 사업을 예전에 하던 방식으로 하는 것보다 온라인 선호도가 높은 고객층에 맞는 브랜드를 선보이고자 한다"고 말했다.

4) 인플루언서들과 함께 하는 '커먼마켓' 관심집중

코오롱인더스트리 FnC부문이 인플루언서들과 새로운 패션 비즈니스 모델 '커먼마켓'을 가동한다. 상품에 대한 적극적인 피드백과 홍보에 나서는 밀레니얼 세대를 겨냥한 '커먼마켓'은 밀레니얼 세대가 상품 디자인과 판매를, 코오롱인더스트리

FnC가 상품생산과 배송의 역할을 분담해 시장 변화에 발 빠르게 대응한다. 커먼 마켓은 기글(giiigle)과 'Do Not Disturb' 두 개의 브랜드를 시험 운영한다. 기글은 SNS 인플루언서인 임기용과 지난 2월에 런칭했다. 임기용은 서울대생으로 학교에서 촬영한 데일리룩 콘텐츠로 인기를 얻었다. 기글은 셔츠와 팬츠, 즉 일명 아메카지룩을 제안하고 있는데 지난 6월 초 와디즈에서 펀딩을 진행했고 10일 동안 목표 액수 약 1200%를 상회하기도 했다.

Do Not Disturb는 모델 에이전시인 고스트(GOST)에 소속된 세 명의 모델 안재형, 김준수, 유채림이 인플루언서로 함께 한다. 이들 인플루언서는 기본 티셔츠와 셋업 자켓 팬츠, 베스트 등 13개 아이템을 선보인다. 코오롱인더스트리FnC는 두 개 브랜드를 온라인 편집숍 29cm에 지난 5월 29일 입점 시켰으며 수요일마다 새로운 브랜드를 소개하는 코너 '수요 입점회'를 통해 선보였다.

디저트 카페로 유명한 '글래머러스 펭귄'의 파티셰 유민주와도 함께 가방 2종과 앞치마를 선보여 화제가 됐으며 그중에서 '레몬 머랭 캔버스 백'은 2일만에 준비수량이 완판, 추가 수량을 확보하는 등 성과가 좋았다. 온라인 비즈니스를 총괄하고 있는 김기영 코오롱인더스트리FnC 전무는 "마케팅에 능한 밀레니얼 고객과 함께 그들이 입고 싶은 옷을 만들어 판매하면서 좀 더 가볍고 빠르게 대처할 수 있는 능력을 키우고자 한다"라고 기획의도를 설명했다.

5) 코오롱인더스트리FnC BKBC 온라인전용백, 엄지족을 공략하라

코오롱인더스트리 FnC부문(코오롱인더스트리FnC)이 전개하는 온라인 전용 핸드백 브랜드 블랭크블랑이 최근 BKBC로 브랜드 리뉴얼을 단행하면서 이달 20일부터 마이크로 인플루언서와 함께 고객을 찾아간다. 브랜드 론칭 초기 밀레니얼 고객만을 타깃으로 했다면, 리뉴얼 이후엔 밀레니얼 세대와 Z세대는 물론 온라인 쇼핑에 능한 이들로 고객을 확장한다는 계획이다. BKBC는 유통 또한 온라인을 기반으로 하기 때문에 온라인 환경에서 가장 큰 영향력을 발휘하는 비주얼을 중심으로 리뉴얼을 단행했다.

6) 코오롱인더스트리FnC 4세 경영 반년 키워드는 '온라인'

코오롱의 패션사업을 담당하는 코오롱인더스트리 FnC부문(코오롱인더스트리 FnC)이 온라인에 방점을 찍고 브랜드와 조직 정비에 나섰다. 코오롱인더스트리 FnC에 따르면 최근 조직 개편에서 스포츠 브랜드 '헤드'는 온라인 본부 소속이 됐다. 개별 브랜드가 코오롱몰을 담당하는 온라인 본부 산하에 들어온 건 이번이 처음이다.

패션 브랜드의 경우 남성복 본부, 여성복 본부, 골프 사업부 등 복종별로 조직이 구분된다. 당초 헤드는 코오롱스포츠와 함께 스포츠 본부 소속이었다. 조직 개편에 앞서서는 헤드를 온라인 중심 브랜드로 탈바꿈했다. 백화점 영업을 정리하는 한편 무신사, W컨셉 등 온라인 편집숍과 롯데닷컴, SSG닷컴 등 온라인 쇼핑몰에 입점했다. 브랜드 사업뿐만 아니라 올해 초 단행한 개편 작업을 통해서는 물류, 고객 서비스 담당 조직이 온라인 본부로 편입됐다. 코오롱몰을 중심으로 온라인 사업 역량을 강화하기 위해 내린 결정이었다. 오너가 4세 이규호 COO(최고운영책임자)가 올해부터 패션사업을 총괄하게 되면서 온라인 강화 움직임이 뚜렷해졌다. 올해 35세인 만큼 젊은 감각으로 사업을 벌인다는 평가를 받는다.

또한, 온라인 매출 규모가 나날이 커지고 있어 성장세를 잇고자 한다. 코오롱몰 매출은 2016년 462억원, 2017년 651억원이었는데 지난해 1,100억원으로 급성장했다. 올해 1~4월 매출은 전년 동기 대비 30% 늘었다. 헤드도 온라인 중심 브랜드로 변신한 결과 올해 1~4월 매출이 전년 동기 대비 182% 증가하는 효과가 따랐다. 온라인 전용 상품의 반응도 좋다. 시리즈에서 지난해 4월 출시한 '247팬츠'는 현재까지 14차례 리오더(재주문)를 거듭해 1만 7,000장 판매됐다. 코오롱인더스트리FnC 관계자는 "실제로 온라인 중심 브랜드, 전용 상품이 판매 순위 상위권에 오르는 등 인기"라며 "성장세에 발맞춰 온라인 사업을 계속해서 키우고자 한다"라고 말했다.

4. 향후예상

코오롱인더스트리FnC의 3분기 누적 영업이익은 51억원으로, 전년 동기(153억원) 대비 66.7%나 줄었다. 이에 따라 2013년 매출액 1조 3146억원으로 정점을 찍은 이후로 2019년의 매출액은 최초로 1조 원을 넘기지 못할 것이라는 예상도 있다.

이에 맞서 코오롱인더스트리FnC는 지난 7월, 커먼마켓과 사내 아이디어를 통해 신규 브랜드 출시를 위한 노력도 하고 있고 업사이클링 브랜드 래코드와 솟솟상회 등 기존의 방향성을 바꾸려는 다양한 시도를 하고 있다. 2013년 이후 계속된 매출 하락세를 겪고 있고 경영 승계의 이슈도 있는 만큼, 코오롱인더스트리FnC에게 2020년은 그러한 시도들의 결과를 확실하게 내야 하는 중요한 한 해가 될 것 같다. 패션사업은 경기변동에 매우 민감하고 내수 위주의 사업구조로 국내 경기 변화에 대한 민감도도 높은 편이다. 해외 스파 브랜드와 글로벌 브랜드들의 국내 진출로 시장은 더 어려워질 것이다. 패스트패션 사이클과 디지털화에 대응하기 위해 앞으로도 온라인과 옴니 채널에 힘을 실을 것이다.

참고자료

- 더스쿠프 2019.12.17 [Company Insight 코오롱FnC] 등산복 안 팔리니 실적 '뚝'
- 조선비즈 2019.10.22 "재고로 만든 옷, 해외에서 더 잘나가요" 친환경 패션 뜬다
- 뉴시스 2019.09.24 코오롱FnC, 스킨케어 '엠퀴리' 롭스 입점
- CEO스코어데일리 2019.07.04 코오롱FnC 사내 브랜드 1호 '아카이브앱크', 8월 출격… 남은 숙제는?
- 한국섬유신문 2019.06.26 인플루언서들과 함께 하는 '커먼마켓' 관심집중
- 매일경제 2019.12.26 [뷰티&패션] 코오롱FnC BKBC 온라인전용백, 엄지족을 공략하라
- 머니투데이 2019.06.02 코오롱FnC 4세 경영 반년 키워드는 '온라인'
- 연합뉴스 2019.07.02 코오롱FnC, 사내 아이디어 모아 신규 브랜드 만든다
- 비즈니스워치 2019.08.27 부진에 빠진 코오롱FnC, 승계 걸림돌 될라

LF

1. 재무현황

(단위 : 억원)

구분	2016년	2017년	2018년	2019년 3Q 누적
매출액	15,293	16,020	17,066	13,085
영업이익	789	1,101	1,195	601

LF는 2019년 3분기까지 연결기준 매출액 1조 3,085억원, 영업이익 601억원을 기록했다. 분기별 실적의 경우 2019년 3분기 매출액 4,157억원, 영업이익 46억원을 내며 2018년 3분기와 비교해 매출은 13.2% 증가했지만, 영업이익은 61.3% 감소했다. LF의 영업이익이 급감한 이유는 3분기가 패션업체들의 계절적 비수기일 뿐 아니라, 최근 선보인 여성 화장품 브랜드 '아떼'에 투입된 마케팅 비용 때문이다.

LF는 의류패션 시장의 불황에도 경쟁 의류업체보다 양호한 실적을 유지해오고 있다. 실제 LF의 영업이익을 보면 2015년 741억원에서 2018년 1,195억원으로 불어나며 3년 평균 18.1%의 성장률을 기록했다. LF가 꾸준한 성장을 할 수 있었던 이유는, 온라인 채널이 각광받는 최근 유통구조에 따라 LF도 기존 오프라인 채널을 온라인으로 전환했기 때문이다. 오프라인 매장에 투입되는 인건비, 임대료 등 고정비가 감소하고, 수요가 없어도 무조건 매장 구성을 위해 갖춰 놓아야 했던 제품 생산 비용이 절감되어 수익성이 많이 개선되었다.

2. 사업현황
1) 패션

패션 브랜드를 기초로 하여 대표 브랜드로는 닥스, 마에스트로, 헤지스, 질스튜어트 등을 보유 중이며 이자벨마랑, 바네사브루노, 빈스, 조셉 등의 수입 브랜드도 운영 중이다. 브랜드 가치를 경영의 중심에 두고 브랜드 아이덴티티 확립을 위한 기존 브랜드의 정비와 신규 브랜드 런칭 및 육성 전략을 진행하고 있으며, 의류 소비 시장의 양극화에 적극적으로 대응하여 가치 소비자에 대한 커버리지를 확대하고 있다. 고객 가치 향상을 위해 해외 생산 업체 개발 및 원단 소싱을 통한 원가 절감 정책을 실시하고 있다. 또한, 상해, 파리, 밀라노, 뉴욕에 디자인 스튜디오 운영을 통한 디자인 역량 강화, 생산방식 개선을 통해 고객 만족도를 높여가고 있다. 패션사업 경쟁력의 원천인 우수 패션 전문 인력(바이어, 디자이너 등)의 확보와 체계적 육성에도 중점을 두어, 미래의 지속적인 경쟁우위 확보를 위해 노력하고 있다. 2019년 5월부터 찾아온 무더위는 간절기 패션 아이템 판매를 저조하게 만들고 브랜드 할인 경쟁이 심화돼 원가 부담이 높아졌다. 남성복과 액세서리 브랜드, 여성복 모두 매출 성장률을 회복되었으나 정상가 판매율은 저조한 실정이다.

2) 식음료 및 외식사업

내수 침체에 빠진 의류 시장에 의존하기보다는 식음료와 외식사업 등 사업영역을 확장하고 있다. 프리미엄 씨푸드 뷔페인 '마키노차야', 일본식 라멘 '하코야' 등 2개의 브랜드를 운영 중이며, 일본 식자재 유통 업체 '모노링크', 유럽 식자재 유통 업체 '구르메F&B코리아'를 인수했다.

3) 화장품

네덜란드 화장품 브랜드 '그린랜드' 독점 사업권을 획득했으며, 프랑스 화장품 브랜드 '불리 1803' 오픈했다. 2017년 상반기 화장품 제조 관련 사업부 신설 후, 2018년 9월 남성 화장품 '헤지스맨 룰 429' 출시했다.

4) 리빙, 방송, 부동산 자산운용

패션 아웃도어 산업 자체가 구조적 침체를 겪는 상황이었기 때문에 LF는 비패션 분야를 아우르는 생활 문화 기업으로 나아가기 위해 비패션분야에 공격적인 M&A를 이뤄내고 있다. 2015년부터 2019년까지 최근 5년간의 M&A 건수 10건으로 패션 기업 중 가장 많다.(방송업 '동아티브이', 귀금속제조업 '이에르로르코리아', '코람코자산신탁' 등이 있다.)

3. 주요이슈

1) 이커머스 사업 확대 추진

LF는 이커머스 사업 확대를 적극적으로 추진하고 있다. 라이프스타일 종합 온라인 쇼핑몰로 육성 중인 'LF몰'에 이어 1020 소비자를 겨냥한 온라인 편집몰 '어라운드코너'를 런칭했다. 또한, 온라인 채널 다각화를 위해 '인생한벌', '마이슈즈룸' 등 온라인 채널에 적합한 판매전략과 프로모션을 진행하여 긍정적인 반응을 얻고 있다.

2) 인공지능 서비스 '씽큐핏'을 활용한 헤지스 가상 피팅 기술

체험 공간에 설치된 스마트 미러, 모바일 기기 등에 있는 아바타에게 다양한 스타일과 사이즈의 옷을 마음껏 입혀보며 실제 옷을 입어보지 않아도 착용감을 확인할 수 있다. 또한, 씽큐핏과 연결된 LF몰 앱을 통해 옷을 구매하거나, 빅데이터 분석을 통해 어울리는 옷을 추천받을 수 있다.

3) 첫 남성 전문 온라인 편집몰 '아우(AU)' 론칭

LF는 자신을 꾸미는데 시간과 돈을 아끼지 않는 35~45세의 그루밍족들을 위한 남성 전문 온라인 편집몰을 런칭했다. 차별화된 점은 고객들이 '아우'의 앱을 통해 마치 게임을 즐기듯이 자신의 취향에 맞는 디자인을 선택할 수 있다는 점이다. 이후 원하는 시간과 장소를 예약하면, 전문 컨설턴트가 고객이 있는 현장에 방문해 고객을 위한 신체 사이즈에 맞는 최적의 수트와 코디를 제안하며 더 나아가 남성 패션에 관한 모든 지식과 노하우를 제공한다. 개인주의적 소비 성향이 강해지고 있는 최근 소비 트렌드를 완벽히 파악한 것으로 보아 성공적인 성과가 기대된다.

4) 밀레니얼 세대와 Z 세대

실용성을 중시하는 이들은 온라인 시장에서 가장 강력한 소비층으로 떠올랐다. 이들이 주요 소비층으로 자리 잡으면서 스트릿 패션 업계가 전례 없는 호황을 맞고 있는데 반해 스트릿 패션의 트렌드를 따라가지 못하는 중견 의류업체들은 침체기를 겪고 있다. 따라서 브랜드와 브랜드, 브랜드와 캐릭터 사이의 협업이 자주 이뤄지기도 한다. LF는 패션 트렌드의 변화에 대응하기 위해 영 스트릿 편집샵인 어라운드더코너를 열고, 미국 스트리트 캐주얼 브랜드 챔피온의 국내 판권을 획득하였다. 스트리트 캐주얼 브랜드 던스트를 런칭한데 이어 해외 브랜드 판권 확보에 나서며 10 · 20세대 소비자층 확보에 열을 올리고 있다. 전통적으로 남성복 시장에서 우위를 점해왔던 LF는 젊은 세대를 신규 소비자로 영입하기 위해 스트리트 캐주얼을 겨냥하고 있다.

5) HSD 출범

2030세대를 타겟으로 한 HSD(Hazzys Second Delivery)라는 자체 브랜드를 출범시켰다. 외국에서 판권을 들여온 브랜드보다 자체 브랜드의 마진이 더 높지만 재고 소진이 원활하게 되고 있지 않다.

6) 주얼리 브랜드 이에르로르 운영사 제이씨랩 인수

식음료, 화장품 등으로 꾸준히 사업을 다각화한 LF가 처음으로 주얼리 브랜드를 인수했다. 이레르로르는 송혜교, 한예슬 등 연예인이 제품을 착용해 유명한 브랜드로 최근에는 16K 남성용 실반지를 개발해 20 · 30세대 남성들로부터 높은 호응을 얻고 있다.

7) 소형 가전 유통사업 진출

영국 혁신 소형 가전 브랜드 '듀얼릿'에 대한 국내시장 독점 수입 및 유통 관련 계약을 체결했고, 올해 1월부터 본격 브랜드 전개에 나선다.

8) 콜라보레이션 확대

LF는 각자의 강점을 융합해 서로를 부각하면서 시너지를 얻는 콜라보레이션을 활용하고 있다. '3M' 브랜드와의 협업, 인기 어플 '틱톡' 콘텐츠와의 협업, 세계적인 아트스타인 '코코 카피탄'과의 협업 등으로 SNS상에서 이슈를 만들어 내며 브랜드 이미지에 신선하고 젊은 느낌을 주며 인지도를 끌어올렸다.

4. 향후예상

1) 적극적인 해외시장 진출

작년 11월 캐주얼 브랜드 '헤지스'의 베트남 호치민 매장이 오픈했다. LF는 오는 2021년까지 호치민 내 주요 쇼핑몰 유통망에 5개 매장을 추가로 오픈하고 베트남 시장 공략을 가속화할 예정이다. 또한, 이를 교두보로 삼아 향후 고급 캐주얼웨어에 대한 수요가 높아지고 있는 태국과 인도네시아, 말레이시아 등 동남아시아 국가 진출을 적극적으로 추진할 계획이다.

2) 확고한 기반 바탕의 사업 다각화

패션과 다른 별도 부문에서 사업 다각화를 지속해서 추진 중이다. 19년도 3분기에 여성 화장품을 시작으로 2020년 상반기 소형 가전을 추가했고, 리빙 부문으로 사업 확장 계획이 있다. 또한, 고가 라인 위주의 화장품 사업을 10월부터 온라인 채널을 통해 전개해 나갈 예정이다.

실제로 LF의 계열사는 39개까지 늘어난 상황이다. 하지만 이 중 13곳이 적자를 내며 유의미한 성과가 없다. 이는 본 패션 사업과 시너지를 내지 못한 무분별한 M&A가 오히려 독이 되었다고 생각한다. 따라서 현재 LF는 라푸마와 같은 적자의 사업을 철수하고 있다. 본 패션 사업에 대한 확고한 기반이 없이는 사업 포트폴리오의 다각화는 실현될 수 없다고 생각한다. 당분간은 패션업계에 대한 집중이 필요한 시점이라고 보인다.

3) 남성 패션업계 변화에 따른 캐주얼 라인 강화

대기업을 중심으로 근무 복장을 직원 자율에 맡기는 자율복장 제도가 확산되고 있다. 작년 6월 삼성전자, LG전자, CJ에 이어 현대차그룹, 금호아시아나그룹이 복장 자율화에 들어가며 비즈니스 캐주얼의 인기가 높아졌다. 이런 수요 변화에 따라 정장 제품보다, 캐주얼 제품을 출시하고 있다. 캐주얼웨어 브랜드인 TNGT의 론칭 당시 정장과 캐주얼 비중은 7 대 3이었지만, 작년 기준 3 대 7로 역전되면서 다양한 연령층의 남성들을 위한 캐주얼 라인이 강화될 것으로 예상된다.

4) 식품 사업의 호조

LF의 사업 다각화 전략 중 외식 및 식자재 자회사들의 매출이 확대되고 있다. 작년 기준 LF푸드 매출은 전년 대비 37.9% 증가한 368억원을 기록했다. 또한, 17년 인수한 식자재 기업 모노 링크의 18년 매출은 890억원으로 전년 대비 65.2%, 구르메 F&B는 340억원으로 전년 대비 188.6% 증가했다. LF의 식품 사업 부문이 성장하고 있는 것은 B2B를 통한 안정적인 거래처 유지를 바탕으로 꾸준히 시장 확대에 기인했기 때문이다. 수입 주류 유통 사업 또한 안착하는 단계로, 점차 B2C로도 영역을 확장한다면 LF의 또 다른 수익을 창출할 수 있을 것이다.

5) 오프라인 매장 활성화

특색 있는 공간을 찾아다니는 2030 세대를 위해 LF 역시 발 빠르게 플래그십 스토어 운영, 브랜드와 협업한 팝업스토어 등 매장을 활용한 체험공간을 마련하고 있다. 이를 발전시켜 AI 기술을 적극적으로 도입하거나, 데이터를 기반으로 가상의 아바타를 생성하고 개인화된 고객 맞춤의 제품을 제안한다면 고객 만족도를 높일 수 있다.

참고자료

- 한국섬유신문 2020.01.29 '헤지스 · LG전자' 스마트폰에 구현한 가상피팅의 미래
- 아시아타임즈 2020.01.25 LF, 패션업계 M&A 건수 1위...화장품은 LG생활건강이 '하마'
- 포쓰저널 2020.01.10 LF 헤지스, 'CES 2020'서 LG전자와 더 정교해진 '가상 피팅' 기술 선봬
- 연합뉴스 2020.01.06 LF 헤지스, 명동 플래그십 스토어에서 김용택 시인 북토크
- 한국섬유신문 2019.12.20 주얼리'로 사업 다각화 나선 패션기업
- 비즈니스코리아 2019.12.23 LF, 첫 남성 전문 온라인 편집몰 '아우(AU)' 론칭
- 연합뉴스 2019.11.19 LF 헤지스, 호찌민에 첫 매장..베트남에선 4호점
- 연합뉴스 2019.10.09 LF, 美 스포츠 캐주얼 '챔피온' 국내 판권 확보
- 한우리경제 2019.09.22 LF-여성화장품 소형가전 등 신규사업 진출은 지속된다
- 서울경제 2019.09.21 LF가 이끄는 온라인 패션몰 전성시대
- 매일경제 2019.09.18 LF, 영국 혁신 소형 가전 브랜드, 듀얼릿 국내 독점 계약 체결

- 조선비즈 2019.07.20 올해 국내 패션시장 2% 성장 예상…온라인 · Z세대 전략 관건
- 패션포스트 2019.07.15 LF '틱톡'과 협업
- 연합뉴스 2019.06.23 '수트발은 옛말'…기업들 복장 자율화에 남성복 캐주얼 바람
- 뉴스웨이 2019.06.03 '사업다각화 언제 빛보나' 미끄럼틀 탄 LF
- 매일경제 2019.05.13 LF, 3M과 손잡고 '포스트잇 티셔츠' 출시
- 폴리뉴스 2019.04.10 LF, 식품사업 매출 확대… 사업 다각화 전략 주효
- 비즈니스코리아 2019.04.03 LF 질스튜어트뉴욕, 코코 카퍼탄 협업 라인 팝업스토어 오픈
- 조세일보 2019.03.18 LF, 20~30대 겨냥한 캐주얼 악세서리 브랜드' HSD' 론칭

Chapter

16

편의점

Chapter16.
편의점

코리아세븐

1. 재무현황

(단위 : 억원)

구분	2016년	2017년	2018년	2019년 3Q 누적
매출액	37,032	38,427	39,309	30,251
영업이익	473	429	429	402

　매출과 영업이익은 지속적인 상승세를 보이고 있으며, 2019년 11월에 바이더웨이와의 인수합병 마무리로 점포 수가 늘어나면서 매출이 증가할 것으로 보고 있다. 세븐일레븐의 점포 수는 지난해 451개 순증해 연말 기준 1만점을 돌파했다. 그러나 매출 대비 영업이익률은 2016년 1.27%, 2017년 1.1%, 2018년 1.09%로 떨어지며 간신히 1% 대에 머물고 있다. 편의점 빅3(GS리테일 · BGF리테일 · 코리아세븐) 시장 점유율 역시 2016년 26.2%에서 2018년 24.4%까지 떨어지며 2014년 이후 단 한 차례 반등이 일어나지 않고 있다. 2019년에도 매출은 증가한 반면 수익성은 제자리 걸음을 거듭했을 것으로 보인다.

2. 사업현황
　코리아세븐은 편의점 브랜드 '세븐일레븐'을 운영하는 롯데 그룹의 계열사로 현재 전국에 약 1만여 개의 점포를 운영하고 있다. 매출 규모와 점포 수에서 업계 3위의 안정적인 지위를 유지하고 있으며 편의점 산업 특성상 GS리테일과 BGF리테일과 함께 매년 안정적인 매출 증가를 보여 주고 있다. 그러나 편의점 주요 3사 GS리테일(3.4%), BGF리테일(3.1%)의 수익성과 비교해볼 때 영업이익률은 매출과 대비되고 있다. 올해부터는 편의점 FA(자유계약) 점포 쟁탈전이 벌어지며 다시 1만 점포 아래로 되돌아갈 위기에 처해 있다. 2015년을 기점으로 급증한 편의점의 계약기간은 보통 5년으로 올해 약 3천여개의 점포가 재계약을 앞두고 있다.

3. 주요이슈

1) 편의점 FA 쟁탈 '폭풍전야'···세븐일레븐, 1만 점포 붕괴?

다른 편의점 업계와 마찬가지로 신규 출점은 어려워진 상황이다. 2018년 말 담배 소매점 출점 기준 강화, 편의점 근접 출점 제한 자율규약 등의 규제와 함께 전국 편의점은 이미 4만 곳 이상으로 포화 상태에 달했기 때문이다. 따라서 편의점 본사들은 신규 출점보다는 재계약 점포 잡기에 집중할 것으로 전망된다. 재계약 시기가 다가온 기존 점포를 지키면서 경쟁 브랜드 점포를 뺏어오는 이른바 FA 시장 경쟁이 시작될 것 이다. 편의점 본사들은 FA 점포를 잡기 위해 일시 인센티브, 수익 배분율 조정, 기타 지원금 확대 등 추가적인 혜택을 제시하는 것으로 알려져 있다. 다만 GS리테일(GS25), BGF리테일(CU), 코리아세븐(세븐일레븐) 등 주요 편의점 본사의 영업이익률은 1~3%대에 불과해 지원금을 펑펑 쓸 수도 없는 상황이다.

세븐일레븐의 경우 각각 1만 4,000곳에 가까운 점포를 보유한 GS25와 CU에 비해 점포 수가 적을 뿐 아니라 각 점포의 매출도 적다. 다른 브랜드로의 이동뿐 아니라 폐점도 급속히 늘어날 것이라는 전망도 나오고 있다. 또한, 2018년 기준 적자를 기록한 세븐일레븐 편의점은 39%에 이르기까지 했다. 경쟁사인 CU, GS25의 본사 영업이익률이 3%인 점과 비교했을 때 세븐일레븐은 본사 코리아세븐의 영업이익률이 1% 초반대에 불과해 FA 시장 경쟁에 적극적으로 뛰어들기도 어려울 것이다. 2019년 9월 말 기준 부채비율도 297%에 달하기 때문에 앞으로 지속적인 경영악화가 예상된다.

2) 집 앞 편의점도 '배달 전쟁' 합류… 실효성 의견 분분

배송 서비스는 국내 편의점 업체들에게 필수가 되어가고 있다. 업계에서는 점포 매출 증대와 고객 편의성 강화라는 두 마리 토끼를 마다할 이유가 없기 때문이다. CU를 운영하는 BGF리테일에 따르면 비가 내리거나 흐린 날씨엔 평소보다 CU 배달 서비스 이용률이 최대 40% 높았으며, 구매 단가는 시행 초 1만 6,500원에서 1만 8,200원으로 증가해 배달 서비스 전체 매출이 약 20% 늘었다고 한다. 하지만 세븐일레븐은 편의점 고객의 경우 현장 즉석 소비 경향이 강하고 대량 구매가 적어 온라인 주문·배달 서비스를 하기에는 이르다는 이유에서 아직 배달 서비스를 도입하지 않았다.

3) 세븐일레븐의 고민… 영업익 5년째 1%대

세븐일레븐 측은 경쟁사에 비해 수익성이 낮아 고민이 많다. 첫째, 바이더웨이와 M&A 후 간판 교체 등 본사가 부담해야 할 비용이 많기 때문이다. 둘째, 경쟁사에 비해 상대적으로 '저수익 매장'이 많은 것도 이익 감소의 원인이다. 편의점 사업의 특성상 저수익 매장에는 본사의 지원이 많이 들어가기 때문이다. 셋째, 경쟁사들이 물류를 내부에서 직접 운영하는 반면 세븐일레븐은 외주에 맡기고 있기 때문이다. 실제 GS리테일과 BGF리테일은 각각 GS네트웍스와 BGF로지스 등 물류 전문 계열사를 보유하고 있어 수익적인 부분에서 우위를 차지하고 있다. 넷째, 미국 세븐일레븐에 지급하는 로열티 액수가 실적에 부담될 만큼 크다는 점이다. 계약상 코리아세븐이 미국 세븐일레븐에 지불하는 로열티는 초기 계약 당시에 순 매출의 0.6%~1%였고, 현재는 순 매출의 0.6%다. 코리아세븐은 미국 세븐일레븐에 상반기 로열티로 129억원을 지불했다. 이는 상반기 영업이익(252억원)의 51.3%에 해당하는 규모다. 적잖은 로열티에 판매비와 관리비가 포함된 탓에 코리아세븐의 상반기 영업 이익률은 1.3%에 그쳤다.

4) 오프라인 위기에 식품 늘리는 H&B · 다이소

최근 온라인에 밀린 오프라인 유통점들이 상품 구색을 늘리면서 '변종 유통점' 논란이 일고 있다. 다이소는 소비자 니즈를 고려해 일부 매장에 과자류와 참치캔,

아이스크림 등을 추가해 식품 코너를 확대했으며, GS리테일이 운영하는 H&B 스토어 랄라블라는 최근 서울 강서구에 식품 코너를 늘린 첫 테스트 매장을 오픈하며 논란의 중심에 섰다. 자율규약을 위반한 변종 편의점이라는 의견과 신개념 복합매장이라는 의견이 서로 충돌되고 있다.

5) 10대 고객, 설 선물, 뉴트로 등 트렌드 적극 반영

코리아 세븐에서는 최근 편의점 도시락의 핵심 소비자층으로 떠오르고 있는 10 대들을 겨냥해 메뉴 발굴에 나섰다. 대명절인 설날이 다가옴에 따라 520종에 달하는 설 선물 세트와 같은 상품들을 내놓기 시작했다. 또한 트렌드에 더욱 힘쓰기 위해 '뉴트로'까지 신경 쓰는 모습을 보여주고 있다. 이러한 트렌드에 발맞춘 움직임이 과연 수익성을 창출하고 그러한 수익성으로 점주들의 마음을 되돌릴 수 있을지 귀추가 주목된다.

4. 향후예상

1) 코리아세븐 대표이사 교체

'28년 편의점 전문가' 최경호 신임 대표가 선임되면서, 질적 성장의 한계에 부딪힌 코리아세븐을 일으킬 인물로 사실상 내부에서 '발탁'됐다. 코리아세븐에서 28년간 평사원부터 시작하여 대표이사직까지 승진하여 편의점 전문가라는 호칭이 붙었다. 최경호 대표는 상품 부문장 시절 FFS 플랫폼을 기획한 주역이며, 푸드드림은 정승인 전 대표 시절인 작년 7월 1호점을 개점해 현재 13개점 점포까지 확장시켰다. 최 대표는 임원 시절 푸드드림뿐만 아니라 1인 가구 맞춤형 HMR(가정간편식) 브랜드 '소반' 기획 등을 주도하면서 차세대 편의점의 핵심 카테고리인 식품 부문 강화에 기여해왔다. 실제 푸드드림 점포 일 매출은 기존 점포 대비 67%, 객단가는 21% 높다. 평균 이익률은 일반 점포 대비 6% 포인트 이상 높다. 점포 면적이 일반 점포 대비 평균 2배 넓다는 점을 감안하여도 상당한 효율성을 보여주고 있다. 최경호 대표는 올해 FFS(프레시푸드 스토어) 편의점 확장에 집중하면서 기존 세븐일레븐 편의점 체질을 점진적으로 바꿔나간다는 계획을 가지고 있다. 푸드드림 점포를 통하여 이익률을 개선해 코리아세븐의 경쟁력을 높이려고 하고 있다.

2) 메가 편의점의 등장

편의점 업계에 따르면 최근 30~40평 규모의 대형 점포가 늘어나면서 편의점의 평균 영업면적이 커지고 있다. 한국 편의점 산업 협회에 따르면 지난 2015년 평균 21.8평이었던 편의점 영업 면적은 지난해 22.1평으로 커지면서 3년 연속 꾸준히 상승했다. 세븐일레븐의 경우 매장 대형화로 객단가가 20% 올랐으며, 카페 · 스터디룸을 결합하는 등 다양한 매장 포맷의 변화도 시도됐다. 국내 편의점 업계가 약 1분에 불과한 고객들의 방문 시간을 늘리기 위해 점포 대형화에 속도를 더하고 있다. 영업 면적을 키워 상품을 다양화하고 휴게공간을 갖춰 구멍가게가 아닌 생활 공간으로 진화하고 있는 것. 최저임금 인상과 신규 출점 규제로 대도시 상권에서의 점포 확장이 어려워지자 기존점의 경쟁력을 강화하기 위해 선택한 전략으로 보인다. 국내 편의점 평균 매장 면적은 약 22평으로 일본의 40평에 비하여 현저히 작다. 매장 대형화가 이뤄지면 손님의 수도 늘어나고 신선식품 등 고마진 상품군의 취급 범위를 넓힐 수 있어 점주의 수익 상승으로 직결될 수 있으므로 집중이 필요해 보인다.

3) 고 매출 보다는 고 수익

편의점의 경우 타 업종과는 달리 매출액과 수익이 비례하지 않는 특성을 가지고 있다. 담배의 경우 매출액 대비 수익이 적은 특성을 가지고 있기 때문이다. 이에 반하여 FF부문의 경우 수익률이 높아 편의점 수익의 핵심을 차지하고 있다. 세븐일레븐의 경우 '푸드드림'은 푸드를 중심으로 한 다채로운 생활 먹거리로 특화된 프리미엄 매장으로 약 40평 규모의 점포로 5대 핵심 상품군 즉석 푸드, 차별화 음료, 신선 가정간편식(HMR), 와인 스페셜, 생필품을 중심으로 한 다목적 푸드 플랫폼 구현하여 수익성 개선에 힘쓰고 있다.

4) 편의점 하면 빼놓을 수 없는 무인 편의점의 바람

세븐일레븐은 업계 최초로 무인 편의점을 선보이며 시그니처 미래형 편의점 점포를 확대하고 있다. 이마트24 역시 24시간 무인점포와 하이브리드형 이마트 24 셀프 등을 선보이고 있으며 업계 1위인 CU는 앱 기반의 무인점포 모델인 CU바이

셀프를, GS 리테일 같은 경우 스마트 GS25를 운영하고 있다. 국내에 이렇게 무인 편의점의 바람이 불고 있는 이유에는 최저 임금 상승에 따른 인건비 인상 등의 문제를 해결하기에 적합하기 때문이며 앞으로 다양한 개발을 통해 새로운 포맷의 무인점포가 나타날 것으로 보인다.

5) 프리미엄 상품 판매

편의점 업계는 타 유통업계처럼 소비자의 상품 구매 흐름에 매우 민감한 편이다. 그리고 떠오르는 소비 세대인 밀레니얼 세대와 Z세대를 잡기 위하여 편의점 업계는 단순히 생활용품, 간편식품, HMR 식품 판매뿐 아니라 초고가 프리미엄 상품을 판매 확대할 예정이다. 경쟁사인 CU의 경우 농협홍삼 한삼인과 협동하여 천삼 6종을 업계 단독 판매했다. 이는 약 90만원에서 380만원 상당의 고가이지만 분명한 소비층이 있을 것이란 판단하에 런칭을 시작했다. 그뿐만 아니라 1등급 이상 한우 세트는 당일 생산, 당일 출고를 선보이고 완도 활전복, 영광 굴비, 제주 갈치 등은 BC카드 결제 시 20% 이상 추가 할인을 진행하였고 더불어 GS25는 3,800만 원짜리 초고가 와인 로마네 콩티 2013을 출시하고 이 밖에도 홈 트레이닝 기구, 스피커 등을 판매할 예정이다. 이러한 흐름에 힘입어 세븐일레븐도 저렴한 실속형부터 고가 프리미엄 라인까지 다양하게 준비할 것이다. 그리고 화장품을 구매하는 10~20대 고객층을 잡기 위하여 단순한 화장품뿐 아니라 롱패딩, 귀걸이, 목걸이 등을 판매할 것이다.

참고자료

- UPI뉴스 2020.01.09 편의점 FA 쟁탈 '폭풍전야'…세븐일레븐, 1만 점포 붕괴?
- 비즈조선 2020.01.02 집 앞 편의점도 '배달 전쟁' 합류…실효성 의견 분분
- 팍스넷뉴스 2019.10.14 롯데-美세븐일레븐, 고가 로열티에도 30년 우정 굳건
- 디지털타임스 2019.04.10 세븐일레븐의 고민… 영업익 5년째 1%대
- 뉴시스 2019.10.08 우원식 "편의점 21%는 적자 점포…세븐일레븐 '저매출 점포' 최다"
- 서울경제 2019.10.10 덩치 키웠더니 매출 66% '쑥'…메가편의점 일냈다
- 머니투데이방송 2019.12.02 [변종 편의점 논란]② 오프라인 위기에 식품 늘리는 H&B

· 다이소

■ 더벨 2020.01.16 '제1호 내부승진' 최경호 코리아세븐 대표의 과제는

한국미니스톱

1. 재무현황

(단위 : 억원)

구분	2016년	2017년	2018년	2019년 3Q 누적
매출액	11,722	11,853	11,830	11,637
영업이익	3,421	2,615	2,324	4,646

2018년 이후로 한국미니스톱의 영업이익과 매출액이 감소하게 되었다. 그 이유로는 두 가지를 들 수 있는데, 첫 번째로 편의점 업계의 포화이다. 편의점 수가 4만 개를 넘어선 한국은 둘째가라면 서러운 편의점 공화국이다. 현재 우리나라 편의점 업계는 다들 알다시피 포화상태로 GS, BGF 코리아세븐이 3위까지 차지하고 있다. 그렇기에 한국미니스톱은 설 자리를 잃어가고 있다고 봐도 무방할 것이다.

두 번째로는 특화된 한국미니스톱의 사업이다. 한국미니스톱이 내세운 전략은 일본 편의점 모델과 닮았다. 대표적인 게 '대형 편의점'을 지향한다는 점이다. 한국미니스톱은 '편의점+즉석식'가 결합한 '콤보 편의점'을 콘셉트로 내세우고 있다. 편의점에서 즉석식품을 먹는 게 익숙하지 않던 시절부터 한국미니스톱은 치킨과 소프트아이스크림을 판매하며 차별화를 꾀한 셈이다. 매장 내에서 즉석식품을 조리해서 판매하기 위해 조리실과 식사 · 휴식 공간을 갖춘 대형 점포 위주로 출점했다. 이러한 사업은 초기에 빛을 보는 듯했으나 이제는 다른 편의점업계도 조리에서 경쟁력을 이미 충분히 갖추게 되어 경쟁력을 잃게 되었다.

2. 사업현황

한국미니스톱의 경영 주체인 이온그룹은 현재 한국을 비롯해 일본, 필리핀, 중국 칭따오, 베트남 등 동남아 국가에 5개 국가 · 지역에서 사업을 영위하고 있다. 해당 지역은 한국인 해외여행객들 사이에 인기 관광지로 각광받고 있다. 한국미니스톱은 이온그룹의 네트워크를 활용해 현지 인기 상품들을 합리적인 가격에 수입

함으로써 상품 경쟁력을 높일 수 있을 것으로 내다보고 있다. 한국미니스톱은 즉석조리식품 확대, 글로벌 소싱 등 큰 축의 차별화 전략에 신규 서비스 도입, 매장 운영 시스템 개선 등 현지화(로컬라이징) 전략을 더하고 있다. 이 같은 현지화 전략 가운데 배달 서비스는 세븐일레븐을 제외한 편의점 업체 3사가 모두 공들이고 있으며, 셀프 세탁, 무인 보관함 등 부가 기능을 추가로 도입해 편의점 '플랫폼화(化)' 추세에 발맞추고 있다.

3. 주요이슈
1) 편의점 브랜드 평판 5위
한국미니스톱이 한국 기업 평판연구소가 분석한 2020년 1월 편의점 브랜드 평판 순위에서 5위를 기록하였다. 1위부터 5위는 GS25, CU, 세븐일레븐, 이마트24, 한국미니스톱 순이었으며, 브랜드에 대한 평판은 브랜드에 대한 소비자들의 활동 빅데이터를 참여 가치, 소통 가치, 소셜 가치, 시장 가치, 재무 가치, 사회적 가치로 나누어 분석하였다.

2) '닭 껍질 튀김' 정식 출시
닭 껍질 튀김은 많은 양을 생산할 수 없는 특수 부위인 만큼 수급에 어려움이 있어 지난해에는 한정된 물량으로 판매할 수밖에 없었다. 한국미니스톱은 한정 판매 기간 동안의 성원과 고객의 재출시 요청에 따라 수급 안정화 등의 준비 기간을 거쳐 정식 메뉴로 선보이게 되었다.

4. 향후예상
1) 식품군 개선, 매장 생산성 강화
한국미니스톱은 즉석조리식품(FF) 군의 신메뉴를 출시하고 도시락, 가정간편식(HMR), 자체브랜드(PB), 지역 특화 등 범주의 식품군을 개선해나갈 예정이다. 또한, 한국미니스톱 해외 사업장에서 유통되고 있는 인기 상품들을 국내에 적극적 도입하는 전략도 추진 중이다. 이 밖에도 매장 생산성을 강화하기 위해 스마트 프라이어, 패스트푸드 쇼케이스 등 상품 판매에 필요한 집기들을 새로 도입하고 포스(POS) 시스템 개선 등을 진행할 계획이다.

2) 점포 수 3000개까지 확대

한국미니스톱은 2년 안에 국내 점포 수를 3,000개까지 늘릴 것이라고 밝혔다. 특히 25평 이상의 넓은 편의점을 집중적으로 육성해 차별화된 상품·서비스를 선보일 예정이다. 국내 편의점 매장의 평균 규모는 약 22평이다. 한국미니스톱은 일본과 대만 편의점 같은 대형점포를 지향하고 있다. 향후 2년간 대형점포를 늘려 넓고 쾌적한 공간에서 기존 편의점에서 경험하기 힘든 상품과 서비스를 제공할 방침이다.

3) 편의점의 '플랫폼화'

모든 것을 집 주변에서 해결하려는 트렌드에 가장 알맞은 곳은 편의점이다. 그러므로 공유경제, 렌탈, 택배 보관, 배달 등 모두 편의점을 통해 해결할 수 있다. 또한, 편의점 업계가 양적 성장보다 미래형 점포 모델을 선보이는 질적인 성장을 모색하면서, 기존과 다른 양상으로 사업 전략을 펼쳐나갈 것이다. 한국미니스톱은 점포를 공격적으로 늘리는 전략 대신 점포별 수익을 강화하는 데 초점을 맞춘다고 발표했다. 동시에 꾸준히 점포 수는 확대한다고 발표했다. 최저임금이 오르고 주 52시간제 정책이 적용되며, 편의성과 수익성을 높일 수 있는 미래 기술을 접목한 매장이 많이 늘어날 것이다.

참고자료

- 뉴스1 2019.09.26 [단독]심관섭 미니스톱 대표 "2년안에 점포수를 3000개까지 늘린다"
- 한국평판신문 2020.01.07 미니스톱, 스토리웨이와 격차 벌이며 순위 안착… 2020년 1월 편의점 브랜드평판 5위
- 더스쿠프 2019.03.06 한발 늦고 로열티 늘고… 미니스톱, 스톱할 만했네

BGF리테일

1. 재무현황

(단위 : 억원)

구분	2016년	2017년	2018년	2019년
매출액	–	9,387	57,758	59,461
영업이익	–	265	1,895	1,966

*BGF리테일은 2017년 (주)BGF에서 인적분할해 신설된 법인이므로 2017년 매출은 11월 1일~12월 31일 2달간의 실적으로 작성됐다. 편의점 업계를 둘러싼 영업 환경이 좋지 않음에도 불구하고, 19년 BGF리테일은 18년 대비 매출액 2.8%, 영업이익 3.9%씩 성장했다. 이를 뒷받침하듯이 2017년 22.3조 원이던 편의점 업계가 18년 24.1조로 8% 성장했으며 점포 수는 18년 38,451개로 17년 대비 4.4% 증가했으며 BGF리테일은 2018년 기준 34.2%의 점유율을 찍었다. 그러나 최근 1년간 점포당 월매출 증가율이 2018년 동기 대비 −2.6%대를 기록하고 있다는 점에서 편의점 시장의 레드오션화가 지적되고 있다.

2. 사업현황
1) 편의점(96%)

생활 필수재 상품 취급, 택배 및 공과금 수납 등의 서비스 상품 운영 등을 도매, 상품중개업, 가맹사업을 진행하고 있다.이다. 유통 관련 규제(근접 출점 제한)와 저성장에 따라 소매업 전반이 어려움을 겪고 있지만 오프라인 업계 중 편의점만 유일하게 성장세를 기록하고 있다. 2013년도부터 2018년까지 최저 8%(2014년) 성장 최고 24% 성장률(2018년)을 기록하고 있다. 최근 CU 편의점의 점포 수가 3,000개까지 늘어났으며 올 1분기 안으로 5,000개를 돌파할 전망이다.

2) 물류사업(2.8%)

물류 및 창고 사업, 자동차 운송 사업이며 2010년 편의점 업계 최초로 배달 서비스를 시작한 CU는 지난해부터 요기요, 메쉬코리아부릉과 함께 배달 서비스를 운영하고 있다. 주문자가 요기요에 접속해 주소지 인근 CU 점포의 상품 재고를 확인하고 배달 이용료 3,000원을 더해 구매하는 방식이다. 배달 서비스 운영을 희망하는 등록 대기 점수는 약 2,000개에 달한다.

더불어 경기도 광주에 최첨단 통합물류센터를 구축해 수도권 물류 경쟁력을 높일 방침이다. BGF리테일의 이 같은 행보는 최근 온, 오프라인 유통 업체가 앞다퉈 배송 경쟁력을 강화하고 있는 트렌드에 발맞춘 것으로 보인다. 배송 경쟁력이 시장 점유율과 직접 연결되고 있는 유통 업계 환경을 고려할 때 e커머스 업체와 경쟁에서 밀리지 않고 편의점만의 강점을 살리기 위해서는 물류 시스템 강화가 필수이기 때문이다.

3) 기타(1%)
(주)씨펙스로지스틱, (주)비지에프푸드 식품 제조 및 유통 사업

3. 주요이슈
1) 출점 관련 이슈
신규 출점 제한에 따라 기존 편의점 가맹점주들의 마음을 붙잡아 두기 위해 다양한 노력을 하고 있다. 올해 3,000여 개의 점포가 계약이 만료되는데, 이미 편의점 입지가 포화되었고 출점 제한까지 걸려있어 기존 사업자들을 유지하는 것이 중요하다. 지난해 11월 기준으로 CU의 매장수는 1만 3,820개로, GS25보다 79개 적다. 17년 1위 자리를 내준 이후로 매년 매출과 가맹점 수에 뒤지고 있기 때문에 올해 점포 확장 및 수익성 향상을 위해 노력해야 할 것 같다.

최근 CU가 17년간 지켜왔던 점포 수 1위 자리를 GS25에 내준 가운데 점포 '40곳'의 사활이 걸린 '지하철 7호선 사업권' 입찰이 이건준 BGF리테일 대표의 리더십 시험대로 평가되면서 기대를 모은 바 있으나 BGF리테일은 지하철 입찰에 나서지 않았다. GS25는 최소 낙찰가보다 64억원가량 높은 금액인 275억을 써내면서 입

찰에 성공했다. 지하철 특수 점포는 신규 출점이 제한적이기 때문에 1,2위를 다투는 GS25와 CU 간 40곳의 점포를 늘릴 기회로 여겨졌지만, 적자가 나는 구조이고 수익성 측면에서는 득 될 게 없으므로 CU 측은 외형적 성장보다는 내실을 다지는 데 주력한 것으로 분석된다.

2) 점주 마음 사로잡기

점주들의 마음을 잡기 위해 BGF리테일이 다양한 서비스를 제공하고 있다. BGF리테일은 올해부터 점주들을 대상으로 노무, 법률, 세무 서비스를 제공한다. 상속세 · 취득세 등 무료 세무 상담 서비스는 물론이며, 제휴 노무사를 통한 노무 대행 서비스, 임대, 손해배상과 같은 법률 상담 서비스도 제공한다. 또한 CU는 지난해 추석 도입한 '명절 자율 휴무제'의 신청을 올 설에도 진행했고 가맹점의 10%에 해당하는 1,300여 개의 점포가 휴무를 신청했다.

3) 주세법 개정

주세법 개정에 따른 맥주 판매 확대가 편의점 업계에 새로운 바람을 가져올 것 같다. 일본 불매운동이 발생한 뒤로 발생한 일본 맥주의 공석을 국내 맥주로 채울 수 있는 절호의 기회다. 주세법이 기존 '종가세(출고가에 세율 적용)'에서 올해 '종량세(주류 양에 세율 적용)'로 전환되면서, 캔맥주의 세금이 큰 폭으로 감소하게 된다. 수입 맥주의 묶음 판매로 가격경쟁력에서 열세를 보였던 국내 맥주 및 수제 맥주들의 시장성은 더 확대될 것이다.

4) 해외소싱팀 구성

2017년 국내 편의점 업계 최초로 '해외소싱팀'을 만들었다. 일본 모찌롤과 태국 모구모구 주스, 대만 대왕 젤리 등이 바로 이 팀의 작품이다. 이후 다른 경쟁사들도 속속 해외 직소싱에 나서는 등 업계 트렌드를 주도했다는 평가를 듣고 있다. CU는 대형마트와 다르게 소비자들이 재미있게 생각할 만한 제품 위주로 소싱하고 있다. 또한 디저트 전략은 제조업체와 접촉하고 각국의 식품박람회 출장을 가는 등의 발품의 중요성을 강조하고 있다.

5) 편의점택배 사업 확장

2019년 4월 BGF 포스트를 통해 편의점 택배 사업 확장에 본격적으로 나섰다. CU 점포를 거점으로 주로 개인 고객들의 택배 수신과 발신을 중개해주는 택배 중개업을 영위해왔다. 택배 중개업은 전국적인 네트워크를 갖춘 편의점 점포가 개인 고객들을 위한 물류 거점으로 활용될 수 있다는 발상에서 시작된 서비스다. 편의점 업계로서는 B2C 택배 사업을 주력으로 하는 택배 전문 기업들이 커버하지 못하는 C2C 틈새시장을 발견하게 된 계기가 됐다.

4. 향후예상

1) 경쟁 과열

GS25와 CU의 경쟁이 점입가경이다. 최근 펭수 캐릭터 무단 도용을 둘러싸고 상대방을 직접 겨냥하며 감정싸움으로 번졌다. 또한 점포 수도 더 이상 공개하지 않기로 했다. 해군 PX 입찰 관련 경쟁이 치열할 것으로 전망된다. 재계약 점포가 3,000곳에 이르기 때문이다.

현재 해군 PX는 GS25가 10년째 운영하고 있으나 이번 입찰에서 GS25와 CU 중 누가 입찰에 성공할지 귀추가 주목된다. 지하철 입찰을 포기한 CU는 해군 PX에 올인 할 것이라는 시장의 전망이 있었으나 올해 '안정'을 경영 키워드로 내세운 CU의 행보가 어떻게 될지 주목된다.

2) 서비스 확대 및 내실 보강

BGF리테일은 택배 보관함 확대, 배달 서비스 가능 점포 확충, 무인점포 테스트 등 편의점 업계가 추진하고 있는 다른 서비스도 착실히 준비하고 있다. 업계 1위로 올라선 GS25와 근소한 점포 차이를 보이고 있어 중요하게 생각되던 7호선 편의점 입찰경쟁에 참여하지 않은 것을 보면, 점포 수 확대에는 큰 미련을 보이지 않는 것 같다. 다양한 상생방안(법률서비스 확대, 명절 휴무 자유화 등)을 제공하며 기존의 가맹점주를 붙잡아 두는 노력을 더 하는 것으로 보아 확대보단 기존의 점포 지키기에 노력하면서 변심하는 타 브랜드 점주를 노리는 것 같다.

작년에 이어 올해도 상권 별 타깃 상품 출시로 매출 신장을 위해 노력할 것 같다. 오피스 상권에서는 컵 과일, 가족단위 소비자 상권에서는 대용량 과일을 배치하는 등 상권별로 제품을 차별화하려는 노력을 하고 있다. 또한 편슈머를 타깃으로 한 '가잼비'상품들도 잇달아 출시하고 있다. CU는 지난해 11월 커피 브랜드 탐앤탐스와 함께 테이크아웃 용기에 떡볶이를 담은 '몰래 먹는 떡볶이'를 출시해, '회사에서 부장님 몰래 먹는 떡볶이'라는 가잼비 콘셉트로 성공했다. 최근 화제가 된 유행어 '라떼는 말이야'('나 때는 말이야'라는 문장을 'Latte is Horse'로 변형한 언어유희)를 제품명으로 쓰는 등 가잼비 제품을 잇따라 출시하면서 소비자들을 공략하고 있다.

참고자료

- 비즈팩트 2020.01.10 "1위 내준 CU' 이건준 대표 첫 시험대 '7호선 입찰' 승리할까?"
- 한국경제 2020.01.02 "CU 배달' 점포 3000개 돌파⋯1분기 5000개까지 확장"
- 전자신문 2019.07.11 "BGF리테일, 경기도 광주에 최첨단 통합물류센터 구축"
- 서울경제 2020.01.05 "편의점, FA점주 쟁탈전 더 치열해진다"
- 더팩트 2020.01.15 "'원더키디의 해' 편의점, 더 똑똑해진다"
- 아시아경제 2020.01.17 "과일 섭취는 편의점에서⋯소용량 컵포장 과일 오피스族 인기"
- 뉴시스 2020.01.17 "달라진 편의점⋯설 당일 3500곳 문 닫는다"
- 매일신문 2020.01.16 "커피 한잔도 재밌어야 마시는 '펀슈머' 잡아"라 – 매일신문

GS리테일

1. 재무현황

(단위 : 억원)

구분	2016년	2017년	2018년	2019년 3Q 누적
매출액	74,020	82,666	86,916	67,661
영업이익	2,181	1,657	1,803	1,455

2016년도에는 급격하게 늘어난 편의점 점포 수의 확대로 매출액과 영업이익이 성장하였다. 하지만 2017년도에 급격하게 매출액과 영업이익이 줄어든 이유는 인건비 상승과 점당 매출이 줄어드는 상황에서의 실적이 수치화되어 나타난 것으로 보인다.

2018년 매출액과 영업이익의 증가는 점포 과밀화가 해소되고 자체적인 상품력 강화(튀김류, 밀키트 등)로 상품 매출이 컸기 때문이다. 또한 비 편의점 사업부의 이익개선이 뚜렷하여 실적에 긍정적인 영향을 미쳤다.

2019년에는 GS25가 편의점 매장 수 1위를 차지하며 매출액과 점포 수에서 우위를 점하여 현재까지 유지하고 있다. 이는 타사로부터의 브랜드 전환 점포가 늘어난 것이 큰 원인이 되었다. 또한 GS25가 좋은 성적을 내게 된 이유는 소비자들의 트렌드에 맞추어 1인 가구 맞춤형 제품, 외식 트렌드를 반영한 간편식 출품 등과 같은 전략으로 편의점 특유의 높은 접근성과 결합하여 독자적인 경쟁력을 갖추게 된 것으로 볼 수 있다.

2. 사업현황

1) 편의점(75%): GS25

편의점 사업은 1990년 12월 국내 유일 독자 브랜드로 시작, 현재까지 업계 선두 자리를 지키고 있다. 2019년 11월 기준 점포 수 13,899개로 업계 1위이며, 타사 대비 MD 역량 강화, 다양한 콘셉트의 점포 운영, 서비스 역량 확보, 신규 서비스 상품의 지속적인 개발을 시행하고 있다.

2) 슈퍼마켓(18%): GS수퍼마켓

GS리테일 산하 기업형 슈퍼마켓 SSM이다. 19년 기준, 259개의 매장을 운영하고 있다. 부진에서 벗어나기 위해 19년 5월, 기존 점포 4곳을 알뜰형 점포로 전환하여 저가형 상품 400개를 개발/도입하고 대용량 상품 진열을 확대하였다. 이는 기존 점포 대비 4.8배의 매출을 기록하였지만 여전히 실적은 좋지 않아 손실을 내고 있는 실정이다.

3) 호텔(3%): ㈜파르나스호텔, ㈜피앤에쓰, 인터컨티넨탈 호텔

㈜파르나스호텔은 1985년 한무개발로 출범하여, 1988년 인터컨티넨탈 호텔 서울 개관을 시작으로 30년 가까이 호텔 경영 노하우와 서비스 경험을 축적해온 호텔 전문기업이다. ㈜피앤에쓰는 나인트리호텔로 삼성동에 위치한 그랜드 인터컨티넨탈 서울 코엑스를 소유, 운영하고 있는 파르나스호텔에서 새롭게 선보이는 비즈니스 호텔 브랜드이다.

4) 헬스&amp뷰티(2%): 랄라블라

GS리테일이 운영하고 있는 드러그 스토어 브랜드로 의사의 처방 없이 구입할 수 있는 일반의약품과 화장품, 건강보조식품 등을 판매하고 있다. 왓슨스에서 2018년 '랄라블라'라는 자사 브랜드로 전환되어 운영 중이다. 매장 수는 19년도 6월 기준, 168개를 운영하고 있고 영업적자 규모가 커짐에 따라 매장이 폐점하고 있다.

5) 기타(2%): ㈜후레쉬서브, ㈜GS넷비전

㈜후레시서브는 삼각김밥, 김밥, 도시락, 샌드위치, 햄버거 등의 즉석 섭취 식품을 제조/가공하여 수도권과 제주지역의 GS25와 전국 GS수퍼마켓 매장에 공급하는 회사이다. ㈜GS넷비전은 디지털 사이니지를 이용한 네트워크 미디어 구축을 통해 차별화된 콘텐츠 및 솔루션을 제공하고자 설립된 GS리테일만의 자회사이다.

3. 주요이슈

1) 생활 밀착 플랫폼의 모습 GS

ATM 거래 수수료 면제 서비스

GS25는 총 점포 중 약 85%에 해당하는 1만 1,800여 개 점포에서 ATM을 운영 중이며, 이는 업계 최대 수준이다. '우리 동네 금융 플랫폼'을 표방하며 2017년부터 주요 시중은행들과 함께 ATM 거래 수수료 면제 서비스를 제공하고 있으며, 지방은행과 증권사 등과의 제휴를 확대해 금융 플랫폼의 역할을 해나갈 계획이다. ATM 이용 고객 중, 35% 이상이 상품을 구매해 추가 매출 증대 효과도 연간 920억원에 달했다. 이에 GS25는 생체 인식 기능과 함께 계좌개설까지 가능한 스마트 ATM을 현재 3,600대에서 연내 5,000대로 확대할 계획이다.

일회용 셀프 음주 측정키트 출시

업계 최초로 음주운전 예방을 위해 자가 체크를 습관화하는 문화 정착을 위한 일회용 셀프 음주 측정키트가 출시되었다.

'와인 25' 서비스

유통업계 최초로 오전 11시까지 와인을 주문하면 당일 오후 6시에 점포에서 해당 와인을 구매할 수 있는 예약 서비스를 런칭하였다. 편의점 내 와인 매출이 19년 전년 대비 54.5% 매출 신장을 기록했기에 향후 실적이 기대되는 서비스 중 하나이다.

2) 독보적인 토털 하이패스 서비스 구축

GS25는 모빌리티 플랫폼으로서의 독보적인 입지를 구축하고 있다. GS25가 하이패스 서비스를 시작한 이후, 하이패스 누적 충전금액은 350억을 넘어섰다. 18년도 업계 최초 하이패스 단말기를 판매, 19년도에는 업계 단독으로 하이패스 미납요금 조회 및 납부를 도입해 토털 하이패스를 제공하고 있다. 올해부터는 업계 단독으로 국가지원금 하이패스 단말기, 친환경 단말기, 화물차 단말기, 국가유공자 및 장애인용 단말기를 예약 판매하며 그동안 고속도로 영업소, 휴게소 등 제한적으로 이용할 수 있었던 하이패스 서비스를 편의점에서 제공하여 고객의 편의성을 한층 높이게 되었다.

3) 전동킥보드 공유기업 라임과 파트너십 체결

GS리테일은 전동 킥보드 서비스 기업 라임과 파트너십을 체결하고 모빌리티 서비스를 확대한다. GS편의점, GS파크 24 주차장, GS칼텍스 주유소에서 전동 킥보드 충전 서비스를 제공한다.

4) GS파크24를 설립

일본 주차 업계의 선두 기업인 파크 24와 공동 출자하여 GS파크24를 설립, GS타임즈라는 주차장 브랜드를 통해 주차장 운영 시장에서 또한 활약하고 있다. 주차장 공간과 결합한 소매 유통 배송 거점 활용 및 카셰어링 거점으로 활용하려는 방안과 함께 2023년까지 전기 자동차 급속 충전 설비를 500대까지 확충할 예정이다.

5) 즉석 원두커피 1억 3,000만 잔 판매 돌파

GS25의 카페 25는 지난해 연간 1억 3,000만 잔 판매를 돌파하며, 지난해 팔린 제품 중 담배를 제외한 품목으로 1위에 올랐다. 즉석 원두커피의 폭발적인 성장은 편의점의 위상을 높이고 있다. 몇 개의 지점에서는 쿠폰 적립 등의 프로모션이 전개되었는데, 즉석 원두커피를 활용한 다양한 프로모션이 진행되면 꾸준한 고객층 유입 확보를 위한 좋은 전략이 될 것으로 보인다.

6) 경험 중시 세대 Z세대를 위한 맞춤형 참여 전략

관심사를 공유하고, 콘텐츠 생산에 익숙해 문화의 소비자이며 생산자로 Z세대가 소비 트렌드를 이끌고 있다. 핵심 고객층인 Z세대를 잡기 위해 TV 프로그램과 합작해 이색 상품을 내놓기도 하고, 10대를 대상으로 그들의 취향과 입맛을 겨냥한 '상품 개발 경진대회'를 열기도 한다. GS25는 한국 조리과학고등학교와 업무협약을 체결하여, Z세대 학생들의 취향 및 선호도가 반영된 차별화된 먹거리 개발에 나섰다. 조리과학고 학생들은 직접 삼각김밥, 도시락, 샌드위치와 같은 프레시푸드에 대한 아이디어를 제안하며 GS25는 긍정적인 이미지를 구축하고 신뢰도를 높일 수 있게 되었다.

7) 베트남 호치민 최초 진출

한국 음식과 베트남 현지 식문화를 반영한 현지화를 통해 베트남 시장에 본격 진출했다. PB 브랜드인 '유어스' 상품은 베트남을 시작으로 현재 대만, 홍콩 등 17개 국가로 활발하게 수출 중이다. 특히, K푸드 열풍으로 인절미 과자, 떡볶이 스낵, 오모리 김치찌개 등 한국적인 맛을 살린 상품과 스티키몬스터랩, 카카오프렌즈 음료 등 캐릭터 콜라보레이션 상품이 인기몰이 중이다.

8) 모바일 배달 수요 증가

요기요를 통해 주문을 받고 상품을 배달하기 시작했으며, 우버잇츠와도 협업 서비스를 진행하고 있다. 편의점에서 취급하는 HMR과 카운터 조리 식품을 배달해 간편식에 대한 수요를 맞추고 트래픽을 확보하려는 전략이다. 또한, 자체 앱을 통해 새벽 배송을 시행하고 있다. GS프레시를 통해 전날 11시에 주문하면 오전 7시까지 배송해주는 서비스로 베이커리류가 전체 주문량이 40%를 차지하고 있다. 경쟁회사인 BGF리테일도 헬로네이처라는 신선식품 새벽 배송 브랜드를 확보했기에 편의점 업체들의 새벽 배송 경쟁이 심화할 것으로 생각한다.

4. 향후예상

1) 2020년 신년사

신년사를 통해 핵심사업 경쟁력 강화, 역동적 조직 구축, 플랫폼 비즈니스 확대를 올해의 전략으로 뽑았으며, 향후 고매 중심의 출점과 Fresh Food, HMR 및 차별화 상품 강화 등 소비 트렌드와 인구구조 변화에 적극적으로 대응함을 통해 기존 매출을 활성화하고 가맹점과 상생경영 확대를 실행할 예정이다. HMR 시장이 확대됨에 따라 관련 사업도 강화될 것으로 보인다. GS리테일은 심플리쿡 서비스(밀키트 배송 서비스) 출시하여 모바일 앱인 '나만의 냉장고'를 통해 판매하고 있다. 신규 시장 선점을 위해 2020년까지 연 300만 개를 목표로 온/오프라인 판매 채널을 확대하고 있다. 현재 자사 온라인 쇼핑몰인 GS프레쉬와 GS홈쇼핑, 11번가,

CJ오쇼핑, 카카오 선물하기, 위메프 등 20여 개 온라인 쇼핑몰에서 판매되고 있으며 성장세가 가파른 만큼 HMR시장 인프라를 선점하기 위해 지속적으로 투자를 진행할 예정이다.

2) 점포 수 1위, GS25

GS25는 서울 지하철 7호선 역사 내 40곳의 편의점 사업권을 지켰다. CU 점포 1만 3,820개, GS25 1만 3,899개로 79개의 점포 수 차이로 GS는 편의점 점포 수 1위를 유지할 것으로 보인다.

3) 최첨단 AI 기반 '미래형 편의점' 확대

GS25는 QR코드를 통해 입장하고 상품을 들고 나오기만 해도 자동으로 결제되는 미래형 완전 무인 편의점을 오픈했다. 이번에 선보인 미래형 GS25는 계산대 없이 완전 무인으로 운영되어 2세대 디지털트랜스포메이션 점포로 구현되었다. QR코드를 통한 개인식별, 고객 행동 딥러닝 스마트 카메라, 재고 파악을 위한 무게 감지 센서, 영상 인식 스피커를 통한 고객 인사, AI가 활용된 결제 등 미래형 유통기술과 관련한 다양한 테스트가 이뤄질 예정이다. 수년 내 GS25의 무인 편의점이 상용화되어 고객 수요의 빅데이터 분석을 통해 쇼핑 체험을 고도화하고, 고객의 가치를 증대시킬 것이다.

결제방식은 시간이 지나고 소비자들이 제일 편리하게 느끼는 것으로 통합될 것으로 예상된다. 그 때문에 지금 집중할 것은 차별화된 결제방식이 아니라 최대한 많은 간편 결제 앱 고객을 모으는 것이라고 생각한다. AI 기술과의 접목으로 새로운 방법에 끌리는 고객들도 있지만, 기존의 사용하는 결제 앱이나 제휴사로부터의 자연스러운 이동이 기존 고객들을 포함해 새로운 고객들을 끌어들이는 방법이라고 생각한다.

4) 맞춤형 특수 점포 확대 예정

GS25는 전국 46개의 피트니스센터를 운영하는 앤앤컴퍼니와 손을 잡고 '피트니스형 GS25'를 오픈했다. 점포입지, 상품 구색, 운영방식 등이 일반 편의점과 다르다. 피트니스센터 내에 있고, 자율 결제 시스템이 도입돼 무인 형태로 운영할 수 있으며, 저칼로리 위주 상품으로 구성되어 있다. 이처럼 다양한 고객 수요에 맞춰 최적화된 형태의 맞춤형 특수 점포가 점차 확대할 것이다.

5) 물류 시스템 확장

GS네트웍스 활용하여 O2O사업과 제3자 물류 사업 진출 등을 검토 중이다. GS리테일은 온라인 거래 확산으로 편의점, 슈퍼마켓, H&B와 GS네트웍스의 시너지를 낼 수 있도록 GS25와 GS수퍼마켓의 오프라인 매장을 활용하여 옴니채널 구축에 힘쓸 예정이다.

#참고자료

- 비즈니스포스트 2019.12.16 편의점 1위 CU따라잡은 GS25, 허연수 GS리테일 '생활플랫폼' 질주
- 동아닷컴 2019.12.19 편의점 GS25, 업계 최초 음주운전 여부 측정 키트 판매
- 이슈인팩트 2019.12.05 GS리테일, GS25점포에서 와인 구매하는 '와인25' 서비스 개시
- 아이뉴스24 2020.01.08 GS리테일, '생활플랫폼' 전략 확대 잰걸음
- 아시아타임즈 2020.01.17 은행 품은 '편의점'…'우리동네 금융 플랫폼'으로 진화중
- 데일리팝 2020.01.14 편의점, Z세대 취향·입맛 잡아라… 경험 중시 세대를 위한 맞춤형 참여 전략
- 더아시안 2020.01.14 GS25, 업계 독보적인 토털 하이패스 서비스 구축
- 파이낸셜뉴스 2020.01.13 작년 편의점 CU·GS25 2곳서 즉석 원두커피 '2억 잔' 팔렸다
- 글로벌금융신문 2019.12.24 GS리테일, 올해 30억원 수출…전년대비 3배 신장
- CLO 2019.11.09 GS리테일·GS칼텍스, 글로벌 공유 전동킥보드 서비스 '라임'과 파트너십 체결

Chapter
17
항공

Chapter17.
항공

대한항공

1. 재무현황

(단위 : 억원)

구분	2016년	2017년	2018년	2019년 3Q 누적
매출액	117,318	120,922	130,202	96,427
영업이익	1,120	9,397	6,403	1,383

대한항공은 2019년 3분기 1천억대의 영업이익을 냈지만 전년 동기 대비 3.7% 감소 즉, 2천억원대 적자를 기록했다. 2019년 영업이익이 감소한 미·중 무역전쟁, 글로벌 경기 둔화 등에 따른 영향으로 분석되고 환율 상승, 최저임금 인상 등에 따라 비용도 증가해 영업이익이 감소한 것으로 파악된다. 유가 하락에 따른 유류할증료 감소 효과가 크지만 수요 타격이 큰 일본과 홍콩 노선 부진이 영향을 주고 있다. 또한 델타와의 합작 효과가 미치는 미주와 동남아 노선이 상대적으로 선방하고 있는 것으로 보인다.

대한항공의 영업이익은 3년간 개선세를 보이다 3년간 둔화하는 사이클을 보여왔다. 이는 어느 정도 경기 순환에 민감한 비즈니스 모델의 특성을 반영하는 것이다. 화물 부진과 환율 상승에 타격이 컸던 2019년은 이 사이클의 저점에 해당한다고 볼 수 있다.

2. 사업현황

국제 항공동맹 스카이팀 (20개)
전세계 177여 개국 1,074개 도시로 매일 16,600여 편의 항공편을 운항한다.

공동 운항[39]
세계 35개 항공사와 950개 노선을 공동 운항한다. (2019년 9월 기준)

조인트 벤처
태평양 노선 공동운항을 통한 경쟁력 강화와 290개 노선 강화, 80개 노선을 공유한다.

1) 여객사업
대한항공의 취항지는 총 43개국 12개 도시이며, 146대의 여객기를 보유하고 있다.

대한항공 전체 매출의 90%를 차지하는 주력사업으로 여객사업과 화물사업으로 나누어 진다. 대한항공의 여객사업 지역별 현황을 보면 해외에서 가장 강점을 보이는 곳은 미주이며, 미주노선을 강화하기 위해 취항지 수를 늘리 계획을 실시중이다. 또한 대형기 A380을 배치하는 등 고객 편의를 극대화하고 있다.

해외부분 매출에서도 미주 지역의 강세가 가장 두드러지며 아시아 소재 항공사 중에 취항지 수가 가장 많다.

대한항공보다 유일하게 더 많은 A380기를 보유한 싱가포르 항공의 경우 미국보다는 유럽과 아시아 내외 노선들에 집중하고 있느 상황이다. 따라서 현재 북미노선에 관하여 가장 강력한 경쟁력을 가지고 있다고 보여진다.

39　*공동 운항: 상대 항공사의 좌석을 자사의 항공편명으로 판매하는 제휴 형태이다.

2) 화물사업

성장 가능성이 높은 시장에 신규노선을 운영하고 수익성 위주의 화물사업 운영을 지속하고 있으며 총 화물기 23대를 보유하고 있다. 인도 델리노선 화물기 취항을 통해 신규수요를 유치하며, 델타 항공과의 조인트벤처를 통해 운영중인 한국과 미국간의 공동 운항 네트워크를 적극 활용하여 수익을 증대하고 있다.

화물 공급 측면에서 연료효율성이 우수한 B777 화물기와 B747-8 화물기를 중심으로 기재 가동율을 제고하고 있다. 더불어 국제유가 상승에도 불구하고 연료효율성이 높은 화물기 신기재 중심의 노선 운영 확대로 유류비 증가 영향을 최소화하고 있다.

3) 항공우주사업

2007년 이후로 보잉사에게 꾸준히 납품을 해오며, 지난 12월 'B787 드림라이너' 항공기 동체와 날개 구조물을 1000대째 납품했다.

항공우주사업본부는 지난 40여년간 국내외 유인 항공기 및 항공기 구조물 설계, 제작, 생산, 정비, 성능개량 등을 통해 확보한 경험과 기술력을 바탕으로 각종 무인 항공기 개발사업에도 참여하고 있는 상황이다.

4) 기내식 및 기내판매 사업

기내식사업은 항공기 승객들의 다양한 기호와 여행 시간대에 맞는 음식을 제조·서비스하는 사업이다. 기내판매사업은 대한항공의 국제선을 이용하는 고객들에게 기내에서 면세품을 판매하는 사업으로, '기내면세품 사전예약 주문제도'를 적극 운영하는 등 판매효율성 제고를 위해 노력하고 있는 분야이다.

5) 호텔 및 리조트 사업

LA 윌셔 그랜드센터 / 인천 그랜드 하얏트 등이 있다.

3. 주요이슈

1) 신시장개발- 델타항공과 조인트벤처

대한항공은 2018년 초부터 델타항공사와 함께 조인트벤처 협력을 시작했다. 태평양 노선의 취항도시를 확대하고 한국과 미국 간의 노선강화에 나서게 되면서 기존에는 로스엔젤레스, 뉴욕, 애틀랜타를 경유하는 노선을 운영했으나, 조인트벤처 시행 후 미주 노선 전체로의 자유로운 운항이 가능해졌다. 현재 미주 내의 거의 모든 주요 도시를 자유롭게 다닐 수 있게 되었다. 이를 통해 고객의 노선 선택폭은 넓어졌고, 환승 시간 단축, 예약/발권 편의 상승 등 보다 높아진 서비스를 누릴 수 있게 됐다. 올해는 첨단 비행기를 투입하기로 계약했다.

이렇듯, 항공업계가 경쟁하는 대표적인 것 중 하나가 신시장 개발이다. 신시장 개발은 자사의 경쟁력을 높여주며 수익성을 확보할 수 있는 수단이기 때문에, 광고에서 '단독 노선'을 언급하며 자신들만의 취항 노선을 강조한다. 대한항공의 경우, 베트남 푸꾸옥, 뉴질랜드 크라이스트처치, 필리핀 클락 등 신규 취항을 운항 중에 있다.

2) 유가 급등 비상

브렌트유는 70.67달러, 중동유는 70.89달러에 거래되었고, 이는 5월 이후 최고 수치로 이란이 이라크 미군기지에 미사일을 발사하여 긴장감이 격화되고 있다. 영업비 25~30%가량이 유류비인 항공 업계의 특성 상 유가 상승은 항공사 매출 하락에 치명적이다. 연간 유류 사용량이 약 3,300만 배럴인 대한 항공 역시 매출 하락이 예상된다.

3) B737-MAX8 도입 중단

에티오피아 항공의 B737-MAX8 기종이 추락하는 사고로 대한항공은 2019년 도입 예정이었던 총 6대의 B737-MAX8을 전면 중단했다. 대한항공뿐만 아니라 국내 LCC 이스타항공, 티웨이도 각각 4개 도입 예정을 중단했고, 특히 이스타항공은 운항중이던 2대를 중단했다.

4) 2019 한·중 항공회담

한국과 중국간 여객노선은 주 548회에서 608회로, 화물노선은 주 44회에서 54회로 증가했다. 또한 주요 노선에 있었던 신규 항공사 진입의 제한이 폐지되었다. 국내 LCC는 중국 시장의 진입 비중이 FSC에 상대적으로 낮았지만 앞으로 LCC에게 얼마만큼의 운수권 배분이 이루어지냐에 따라 FSC의 입지가 판가름 될 것이다.

5) 신규 LCC 3사 면허 발급

국토교통부가 플라이강원, 에어프레미아, 에어로케이항공 LCC 3개사에 신규면허를 발급하면서 FSC는 늘어나는 LCC 단거리 노선에 대한 경쟁심화가 불가피하게 될 것이다. 즉 대한항공의 경쟁사는 더 이상 아시아나 항공만이 아니라는 것을 의미한다. LCC사의 증대로 단거리 노선에서는 L/F(탑승률) 확보를 위한 가격 경쟁이 심화될 것으로 보인다.

6) 홍콩 시위&일본 불매운동

대한항공은 홍콩시위 영향에 따른 중국노선 매출이 급감했다. 일본 불매운동으로 일본노선 여객수요 감소는 LCC들에게 불황으로 닥쳤고 대한항공은 LCC들과 차별화된 모습을 보였다. 그 이유는 대한항공의 여객사업 매출 중 일본 노선이 차지하고 있는 비중이 10% 수준으로 낮기 때문이다.

일본 수요 부진이 이끈 여객 하락세: 19년 4분기에 항공사 합산 국제선 여객은 전년대비 5.2% 감소한 1,433만여 명을 기록했는데, 이는 일본 노선 여객이 전년대비 40.8% 급감한 데에 기인한다.

동남아와 중국 노선 여객이 각각 21.1%, 31.9%씩 성장했으나, 일본 노선 여객 감소 폭을 커버하기에는 역부족이다. 일본 보이콧 영향은 고수익 일본 노선 매출 감소뿐만 아니라, 동남아를 비롯한 타 노선 공급 확대를 유발하였고, 경쟁 심화로 인한 전반적인 여객 이용률 하락을 초래했다. 항공산업 개선의 신호는 부진한 일본 노선의 반등 시점이 될 것으로 보인다.

7) 중국 코로나바이러스 발병

대한항공은 국적항공사 중 한·중 노선 최다 운항사이다. 지난 5월 중국 운수권을 활용해 신규 취항에 본격적으로 나서면서 노선뿐만 아니라 취항 및 총 운항 횟수 등 아시아나항공을 앞섰다. 그러나 최근 중국 신종 코로나바이러스 발병으로 중국 노선 수요 둔화가 우려되고 있는 상황이다. 이러한 우려는 대한항공뿐만 아니라 모든 항공사에 적용될 것이다.

8) 대한항공 마일리지 개편 갑질

대한항공은 2021년 4월부터 적용되는 마일리지 정책을 발표했다. 일방적인 마일리지 개편으로 소비자들은 대한항공이 기만했다는 불만을 표출하며 소비자들의 공정위 고발이 있었다. 여러 가지 개편이 있지만 소비자들이 가장 불만으로 삼는 것은 장거리 노선에 마일리지 항공권 가격을 대폭 올린 점이다.

9) 미·중 무역전쟁

미·중 무역전쟁과 경기 둔화로 2019년 3분기 대한항공의 화물 수송(FTK)은 글로벌 경기 부진으로 인한 물동량 감소로 전년 동기 대비 11.3% 감소했다.

10) 경영권 분쟁

올해 3월 한진KAL 정기 주주총회를 앞두고 오너 일가(조원태, 조현아(땅콩), 조현민, 이명희) 및 투자자 간 경영권 분쟁 이슈가 지속되고 있다.

대한 항공 지분 구조는 한진KAL이 29.3%를 국민 연금이 10.6% 보유한 상태이다. 한진 KAL은 조원태 현 회장 측(조원태 6.52%, 델타항공 10%, 재단 가족 4.15%)이 21.7%, 조현아 측(조현아, 조현민, 이명희)이 18.3%를 가지고 있다. 반도건설이 실질적으로 조성한 KCGI 사모펀드가 17.3%, 반도건설이 8.3% 국민연금 4.1%를 가지고 있다. 반도건설이 조원태 회장과 적대적인 상황에서 1%의 지분을 매입한 카카오가 캐스팅 보트보 될 것으로 보인다. 반도건설의 경우는 기존의 여러 이점을 버리고 주주 의결권을 취득하고 최근 주식 추가 매입으로 경영권 싸움에 대비하고 있는 상황이다.

11) MRO사업

항공MRO사업은 정비(Maintenance), 수리(Repair), 분해조립(Overhaul)을 통해 항공기의 안전운항과 성능 향상을 지원하는 사업이다. 자체적인 정비능력을 향상시켜, 해외 의존도를 낮추어 변수에 대처할 수 있으며 품질과 신뢰성을 향상시킬 수 있다. 대한항공은 2004년 미국 보잉과 B787 드림라이너 구조물의 공동개발 계약을 체결한 바 있으며 현재 신기술개발을 지속하고 있다. 또한, 2020년 MRO사업을 확대하여 새로운 성장동력으로 삼겠다고 밝힌 바 있다. 인천공항은 결함과 지연의 증가를 해결하기 위해 항공정비단지의 조성을 강조했다. 항공편은 계속 늘고 있으나 정비 문제는 해결되지 않고 있기 때문이다. 대한항공이 MRO 사업에 집중하여 인천공항의 항공정비 단지를 선점한다면 향후 큰 차별화를 꾀할 수 있을 것이다.

4. 향후예상

1) 장거리 노선과 화물사업

대한항공은 굳건한 장거리 여객 수요를 보이고 있다. 지난해 3분기, 대한항공의 항공여객사업 부문은 공급(ASK)에 비해 수요(RPK)가 2배 높은 폭으로 증가하면서 탑승률(L/F)이 83.1%로 개선되었다. 하지만 항공 화물사업 부문은 갈수록 하락폭이 줄어들고 있지만, 여전히 감소를 보이며 부진한 모습을 보이고 있다. LCC사(저비용항공사)들이 성장할 수 있는 발판이 높아지면서 대한항공은 근거리 노선에서 운임 경쟁의 심화가 불가피할 것이다. 특히 일본 보이콧 여파로 국내 LCC들이 동남아 노선 증대에 주목하고 있다. 그리고 제주항공이 이스타항공을 인수하여 몸집이 커지게 되면 상대적으로 저렴한 LCC, 제주항공의 늘어난 취항지 등 근거리 노선에서 매출이 감소할 것으로 보인다.

대한항공이 LCC와 차별점을 둘 수 있는 것은 장거리 노선과 화물사업이다.

LCC의 증가로 대한항공도 단거리 노선 경쟁 강도의 상승이 불가피할 것이다. 하지만 중, 장거리 노선 확보를 지속적으로 유지하고 있는 대한항공은 단거리 노선에 대한 낮은 티케팅 운임으로 심한 경쟁을 이루는 LCC사들과 차별점을 갖고 있다. 또한 델타항공과 조인트벤처를 통해 차별화되는 경쟁력을 가졌기 때문에 LCC 사의 증대와 노선 확대가 단기간 위협이 될지는 몰라도 중장기적으로 볼 때 대한항공은 견고하게 1위 항공사 입지를 지켜 나갈 것이라고 보인다.

2020년 화물 부문에서는 좋은 실적을 거둘 것으로 보인다. 국제무역연구원에 따르면 2020년 반도체 수출은 2019년보다 10.2% 증가한 1050억 달러에 달할 것이라고 전망했다. 반도체 수출 회복에 대한 기대감으로 화물 부문에서 좋은 실적을 거둘 것으로 보인다. 하지만 향후 미·중 무역전쟁의 불확실한 전망을 지속적으로 관찰할 필요가 있다.

2) 전자 시스템 도입

전자 시스템 부분에서는 2018년 11월부터 대한항공은 세계 항공사 최초로 전자 시스템을 클라우드로 전환하기로 결정한 가운데, 향후 10년간 2000억원의 비용을 클라우드 전환 프로젝트에 투입할 예정이다. 대한항공은 클라우드 전환에 따라 인공지능, 머신러닝, 빅데이터 분석, 사물인터넷, 데이터베이스 등의 기술을 항공산업에 접목할 계획이고 이를 통해 전 세계 고객을 대상으로 개인의 성향을 기반으로 한 고객 맞춤형 서비스를 제공한다. 또한 인공지능과 관련하여 대한항공은 현재 챗봇 서비스를 시범운행 중에 있으며 2020년 상반기 내 공식 오픈한다는 계획이다.

3) 마일리지 제도 개편

주요 이슈에서 언급한 마일리지 같은 경우 대한항공의 마일리지 제도 개편에 대해 공정위가 마일리지 개편안 재검토를 요구함에 따라 2003년 마일리지 제도 개편 논란 때와 같이 공정위와 대한항공의 갈등이 커지는 것이 아닌가 하는 우려가 있다. 이번 대한항공의 마일리지 개편안은 2003년 때보다 규모가 훨씬 큰 전면 개편 수준이라 공정위와의 갈등이 더 커질 수 있다는 의견과 함께 선례가 있는 만큼 논란을 키우지 않고 타협점을 찾을 것이라는 의견도 있는 가운데, 공정위의 재검토 요청에 대한 대한항공의 대응을 지켜봐야 할 것이다.

#참고자료

- 전자신문 2020.01.02 약재 겪은 '대한항공 · 아시아나항공', 2020년 재도약
- 한국일보 2020.01.15 '남매의 난' 한진家 뭉칠까, 갈라설까
- 아시아경제 2020.01.29 대한항공 4Q 실적 기대치 하회 전망
- 글로벌이코노믹 2020.01.01 '항공업계 맏형' 대한항공 2020 경자년은?
- 한겨레 2020.01.27 '마일리지 가치 하락' 대한항공 개편안에 잇단 불공정 신고

아시아나항공

1. 재무현황

(단위 : 억원)

구분	2016년	2017년	2018년	2019년 3Q 누적
매출액	54,013	57,888	62,012	44,831
영업이익	2,345	1,876	−350	−1,639

아시아나항공은 항공운송을 담당하는 아시아나항공, 에어부산, 에어서울과 정보통신부문의 아시아나IDT, 기타부문의 금호리조트까지 다양한 연결관계의 회사를 가지고 있기 때문에 단독 재무제표를 보는 것이 더 회사의 재무정보를 잘 확인할 수 있다고 판단해 단독 재무제표를 사용했다.

아시아나 항공은 지난 한 해 힘든 시간을 보냈다. 한 · 일 갈등 및 미 · 중 무역분쟁 과 같은 복합적인 원인으로 부진한 성적표를 받게 되었다. 여객과 화물의 동반 부진, 환율상승으로 인한 외화비용 증가, 국토교통부 '정비안전기준' 강화에 따른 정비비 증가 및 가동률 하락으로 큰 영업손실이 발생했다.

2. 사업현황

아시아나항공은 국내 여객 10개 도시, 11개 노선 / 국제여객 21개 국가, 62개 도시, 74개 노선 / 국제화물 11개 국가, 29개 도시, 28개 노선을 정기적으로 운항한다. 또한, 2019년 3분기 기준 여객기 73대, 화물기 12대 등 총 85대의 항공기를 운영 중이다.

1) 항공운송사업

All Nippon Airways, Air China, Singapore Airlines, United Airline, Turkish Airlines, Air New Zealand 등 30개 항공사와 국제선 여객과 코드셰어 운영하고 있다. 아시아나항공은 19년 9월 말 기준 여객기 73대, 화물기 12대로 총

85대의 항공기를 운영 중이며, 4분기에는 B747 1대 운항 종료 및 A350 1대를 추가 도입하여 운영할 계획이다.

2) 정보통신사업

그룹 관계사 IT 아웃소싱서비스 기반의 안정적인 사업구조를 바탕으로 타 경쟁사 대비 전문성을 가진 운송분야와 건설/금융 분야에 역량을 집중하고 있다.

3) 항공운송 지원서비스

아시아나 항공을 포함한 외항기에 지상, 화물 및 급유조업 제공, 아시아나 에어포트, 지상조업관련 서비스를 제공한다.

4)기타

금호터미널, 금호리조트, 금호홀딩스 등이 있다.

3. 주요이슈

1) 아시아나항공 매각, HDC그룹으로

2019년 4월 매각 결정을 시작으로 아시아나항공의 인수전이 시작되었다. 한화, CJ, 애경 등 치열한 인수공방이 있었지만, 12월 HDC가 아시아나항공의 인수 계약을 마무리 지었다. 인수 대상은 아시아나항공과 계열사 에어부산, 에어서울, 아시아나IDT, 아시아나에어포트, 금호리조트 등이다. HDC 현대산업개발은 아시아나 인수 이후 약 2조 1,772억원을 투자했다. 그 결과 1,000%에 달했던 부채비율을 300%대까지 낮추며 업계평균 부채비율을 유지하게 되었다. 또한, 현대그룹이 인수하면서 현대의 많은 사업분야와 함께 커넥팅 사업을 진행할 수 있을 것이라 기대된다.

2) 항공권 유류할증료 인상과 유류비 헷지

항공업은 유가의 영향을 많이 받는 사업으로, 아시아나항공은 지난 2018년 유류비로 1조 8,000억원을 지출했으며 이 금액은 영업비용의 25~30%에 달하는 수준이다. 국제유가가 배럴당 1달러 상승할 경우, 아시아나항공은 46억원의 영업이익이 감소한다. 이를 상쇄하는 방법이 유류할증료 인상이다. 2월부터 항공권에 부과되는 유류할증료가 기존 3단계에서 4단계로 적용되어 최대 49,200원까지 인상된다. 유류할증료는 거리에 비례하여 책정되고, 싱가포르항공유 갤런당 평균값이 150센트를 넘어갈 때 적용되기 때문에 국제선의 경우 국내 고객들의 여행수요에 영향을 줄 것으로 예상된다. 또한, 아시아나항공은 지난 2017년 이후 유류헷지를 중단했다. 유가가 하락세여서 옵션 비용이 더 나갈 것이라는 판단 때문이라고 관계자는 밝혔다. 국적사 중 대한항공과 제주항공이 유류비를 헷지하고 있으며, 유류사용량의 30%를 계약 중인 것으로 알려진다.

3) 중동의 정세 불안과 국제 유가

최근 이란과 미국의 갈등으로 인해 중동 정세가 불안정해지며 유가에 대한 불확실성이 커지고 있다. 하지만 이란의 보복공격으로 급등했던 유가는 곧바로 하락세를 보였는데, 이는 중동 정세의 영향보다 국제 석유시장 수급의 안정성 때문인 듯하다. 미국의 석유 생산이 지속적으로 증가하고 있고, 노르웨이와 브라질, 캐나다의 석유 증산이 예상되면서 중동의 정세 불안이 석유 수급에 큰 영향을 주지 못하고 있다. 하지만 호르무즈 해협 봉쇄와 같은 중동의 불안한 정세가 국제유가에 단기적인 영향을 줄 수 있으니 대응책을 마련해야 한다.

4) 환율

환율이 상승하면 항공업계의 이익이 크게 감소하게 된다. 기체의 수리비용, 항공유 가격, 리스 비용 등등 큰 비용을 달러로 결제하기 때문이다. 2019년 상반기 아시아나 항공은 환율 상승으로 인한 달러 결제 비용이 증가하여 영업손실 1,241억원을 기록했다. 한국신용평가에 따르면 원·달러 환율이 10원 변동할 때 아시아나항공은 약 230억원의 외화환산손실을 본다고 한다. 최근, 국제 정세의 불안 탓에 환율의 변동이 커지고 있다. 그러므로 항공업계도 환율 리스크에 대한 긴장을 늦출 수 없을 것 같다.

4. 향후예상

1) 글로벌 물동량 증가 예상

아시아나 항공은 지난 19년에 비해 올해는 상황이 나아질 것으로 예측된다. 미·중 무역 분쟁 완화로 인한 글로벌 경기 회복, 이로 인한 선진국 투자 확대와 글로벌 물동량 증가, 일본 노선 정상화와 여행, 레저 관련 지출 증가 등이 요인으로 꼽힌다. 글로벌 경기 회복은 다양한 연쇄적 효과로 이어진다. 우선 생산 원제품의 최종 소비자인 선진국에서 투자를 늘릴 경우, 글로벌 물동량 증가가 예상된다. 국제 항공 화물 수송량은 글로벌 경기 부진의 영향으로 2018년 11월부터 눈에 띄게 줄었지만, 2019년 기저효과와 함께 선진국 투자가 증가세로 돌아서면서 지난해 4분기부터는 우리나라뿐만 아니라 글로벌 물동량이 회복되고 있다. 미·중 무역 전쟁 1차 협의가 진행된 만큼, 올해 국제 항공 화물 수송량은 작년보다 2.1% 늘어난 309만 톤까지 도달할 것으로 예상하며, 이는 아시아나 항공의 수익성 개선으로 이어질 것이다.

2) 노후 항공기 교체

다만 안정성에 신경을 써야 할 것 같다. '오즈의 마법사'는 HDC에 매각되기 전 아시아나항공의 별명이다. 아시아나항공의 편명이 'OZ'로 시작되는 것에서 비롯된 것이지만 적은 수의 항공기로 스케줄을 빡빡하게 운영해, 최대한의 노선을 감당하는 '마법'을 부린다는 의미다. 스케줄도 빡빡한데 더불어 평균 기령 또한 국내 최고령이다. 안전이 최우선이어야 하는 산업 특성상 주의가 필요해 보이는 부분이다. 아시아나항공을 인수한 정몽규 회장이 말했듯 안전에 더욱 신경 쓰는 아시아나 항공이 되기 위해서는 신규 기재와 정비에도 신경을 써야 할 것 같다.

3) 유류헷지 옵션 거래

마지막으로 유류비에 대해 생각해 봐야 할 것 같다. 아시아나는 17년 이후 옵션 비용이 아까워서 옵션을 체결하지 않았는데, 18년 고유가 폭탄을 맞으면서 영업이익률이 급감했다. 대한항공과 제주항공 이외에 유류헷지를 한 국내 항공사가 없는데, 각종 리스크로 유가가 요동치는 지금 다시 유류헷지 옵션거래를 체결해 비용 부담을 줄여야 할 것 같다. 또, 연료 효율성이 최대 25%~15%까지 개선된 차세대 대형기 A350, 소형기 A321NEO를 지속 도입해 기단 세대교체를 진행 중이라고 하니 유류 비용 부분은 개선의 여지가 있는 것 같다.

참고자료

- 연합뉴스 2020.01.16 2월 국제선 유류할증료 한단계 인상…최고 4만9천200원(종합)
- 전자신문 2020.01.09 유가 상승 불쏘시개…'호르무즈 해협'에 쏠린 눈
- 헤럴드경제 2020.01.06 [현장에서] 주인 바뀐 '아시아나' 최우선 과제는 '안전'
- 내일신문 2020.01.08 이란 위기, 항공업계 '유가급등' 비상
- 인베스트조선 2019.12.27 HDC현대산업개발, 아시아나항공 인수계약 체결
- 시사저널e 2020.01.10 연초부터 대외 리스크 마주한 항공업계
- 이코노믹리뷰 2019.11.27 '먹구름' 항공업계, 내년엔 '볕'든다
- Chousun Biz 2019.10.17 아시아나항공, 차세대 주력 항공기 A350 10호기 도입
- 중앙일보 2019.12.31 [비전 2020] 노선 다변화, 항공기 도입으로 경쟁력 강화

제주항공

1. 재무현황

(단위 : 억원)

구분	2016년	2017년	2018년	2019년 2Q 누적
매출액	7,476	9,963	12,566	3,130
영업이익	586	1,015	1,022	−274

　제주항공은 2019년 2분기에 영업손실을 냈다. 20분기 연속 영업흑자를 내는 데
실패했다. 제주항공은 2019년 2분기에 연결기준으로 매출액 3,130억원, 영업손실
274억원을 낸 것으로 잠정집계 됐다. 2018년 2분기와 비교해 매출은 10.5% 늘었
지만 영업이익과 순이익은 적자로 전환했다. 2분기 영업적자를 낸 것은 공급증가
에 따른 경쟁 심화, 여행 수요 증가세 둔화 등 업황부진과 환율 등 거시경제 변수
악화가 겹쳤기 때문이다.

2. 사업현황

1) 여객현황

　2019년 3분기 제주항공은 국내선 누계 총 20,362편, 탑승객 360만여 명을 운송
하여 국내 여행지를 찾는 방문객의 여행편의를 증진시켰으며 국제선에서는 일본,
동남아, 중국, 대양주(괌, 사이판) 등 기존 수익성 있는 정기노선 증편과 임시 증편
을 통하여 총 41,530편, 탑승객 660만여 명을 운송했다.

2) 항공수요 창출을 위한 노선 다양화

　국내선에서는 제주기점 노선을 다양화하며 시기별 탄력적으로 공급을 조절하며
항공 수요를 유지하고 있으며, 국제선에서는 수익성 있는 노선을 중심으로 기존
노선의 시장 점유율을 확대하고 신규 목적지를 추가로 개발하여 최적화된 노선 포
트폴리오를 가져가고 있다. 또한, 무안, 대구 등 지방발 노선을 확대하여 신규 항
공수요를 창출하는 데 앞장서는 등 승객에게 다양한 노선 선택의 기회를 제공하고

합리적이고 자유로운 여행 경험을 제공하기 위해 노력하고 있다.

3) 홀리데이 인 익스프레스 서울홍대

홀리데이 인 익스프레스 서울홍대라는 이름으로 2018년 9월 1일 294실 규모로 영업을 시작하였다. 제주항공의 비즈니스 모델과 부합하는 컨셉으로 FIT 여행객을 타겟으로 하였고 편리한 교통여건 및 주변의 매력적인 관광지로 인해 오픈과 동시에 주말 최대 95%의 높은 객실 가동률을 보이고 있다.

3. 주요이슈
1) 이스타 품은 제주항공

국내 LCC 업계 1위 제주항공은 지난 12월 이스타항공과 MOU를 체결하며 항공 업계의 재편을 본격화하였다. 이번 인수는 제주항공이 덩치를 키워 FSC(대형항공사) 반열에 오르고자 하는 노력이 엿보이는 도전이었다. 앞서 제주항공은 최근 벌어진 아시아나 항공 인수전에서 1조 원 가량 더 많은 금액을 쓴 HDC 현대산업개발/미래에셋컨소시엄에 밀려 고배를 마시게 되었다. 애경이 아시아나항공 인수에 강한 의지를 보여왔으나 패배를 한 만큼 업계 안팎에서는 애경이 향후 시장에 매물로 나올 LCC 인수에 적극적으로 나설 것으로 예측하였다. 더군다나 아시아나항공 인수 때 썼던 1조 5천억원보다 훨씬 적은 금액인 659억원으로 이스타항공을 인수함으로써 규모의 경제를 실현했다는 평가가 이어지고 있다. 당분간은 제주항공은 이스타홀딩스와 함께 이스타항공을 공동 경영을 유지할 예정이다. 항공 업계는 제주항공의 LCC 사업 노하우를 통해 시너지 창출이 가능할 것으로 보이며 LCC 출혈 경쟁의 상황에서 돌파구가 될 것으로 보인다며 낙관적으로 전망하고 있다.

2) 제주항공 여객 수요 감소로 2019년 4분기 적자

제주항공도 항공 업계의 적자 바람을 피하지 못하고 2019년 4분기 대규모 적자를 기록하였다. 내국인의 해외 출국자 수는 2018년보다 2019년에 3.7% 감소하였고, 이후 감소 폭이 계속 확대되는 추세다. 아웃바운드(자국인의 해외 관광) 여객 수요가 핵심인 LCC는 여객 수요 감소로 인한 외형 성장 한계에 도달하였고, 고정비 부담이 커지고 있다. 2019년 11월은 그 전년 대비 국제선 여객이 4% 감소하였고, 국내선을 포함한 전체 여객 또한 1.4% 감소하였다. 이러한 결과로 2019년 4분기 약 514억원의 대규모의 적자를 기록했다.

3) 코드쉐어(밸류 얼라이언스)

제주항공이 필리핀 세부퍼시픽의 국내선 및 국제선 연계 탑승권을 판매하는 등 밸류 얼라이언스가 본격적으로 가동됐다. 제주항공으로선 국제선 노선이 한 번에 대폭 늘어나게 된 것이다. 제주항공을 세부퍼시픽을 시작으로 밸류 얼라이언스 파트너를 순차적으로 확대할 계획이라고 한다. 가깝게는 태국에서부터 멀게는 중동, 호주까지 노선을 확대할 예정이다.

4. 향후예상

1) 아시아나를 넘는 항공사

제주항공이 이스타를 인수하여, 중거리 노선 취항권과 선호가 높은 공항 이착륙 시간대를 확보할 수 있게 되었다. 제주항공이 보유한 45대 항공기에 이스타 항공기 23대가 더해지면 아시아나 항공기와 17대 차이밖에 나지 않는다. 국토교통부에 따르면, 지난 3분기 기준 제주항공(15.1%)과 이스타항공(9.7%)의 점유율을 합치게 되면 24.8%로 대한항공(23.6%), 아시아나항공(19.1%) 보다 높았다. 국제선의 경우 양사가 합칠 시 점유율 19.5%로 아시아나항공(23%)과의 격차가 3.5포인트(p)로 좁혀지기 때문에, 제주항공은 이스타항공의 재무구조를 개선한다면, 여객 점유율을 확대하고 LCC 항공사의 운용 효율을 극대화해 국내 빅 3 항공사가 될 것이라 생각한다.

2) 중장기 시장 개편

LCC 산업은 지난 2년여 동안 기대 이상의 호황기를 누려왔지만, 점차 인천공항의 슬롯과 해외 취항지의 다양성 부족 등의 이유로 소비자의 만족도는 하락하고 있다. 이제는 공급과잉의 피해가 실적에 나타나고 있어 비수익 노선 감편 등 구조조정을 피하기는 어려울 것 같다. 제주항공은 실제 작년 9월 마지막으로 올해 4분기까지 항공기 도입 계획이 없다. 오히려 작년과 올해 2분기에 리스 계약이 만료되는 항공기 2기를 반납할 예정이다. 따라서 최근 3년 동안 연평균 30% 증가했던 외형확대 기조를 접어 두고 이제는 수익성 중심으로 산업 구조조정에 들어설 것으로 생각한다.

3) '규모의 경제'와 '시너지 효과'

제주항공은 여객과 화물 매출 등 전통적인 수익모델에서 벗어나 좌석 판매, 기내 판매 품목 확대 등의 부가서비스를 적극적으로 개발하고 있어 부가 매출은 큰 폭으로 성장하고 있다. 그러나 여객 부문 매출의 경우 지난해 3월 신규 LCC 3곳(양양국제공항을 거점으로 하는 '플라이강원'과 청주국제공항을 거점으로 하는 '에어로케이', 중장거리 전문 혁신 항공사를 지향하는 '에어프레미아)이 출범하는 등 늘어나는 공급에 비해 올해에도 여행 수요 증가세는 둔화되어 수익성을 높이기가 쉽지는 않을 것이다. 또한, 이스타항공 인수 후의 전체 매출은 높아지겠지만, 부실한 이스타항공의 재무구조를 개선하는 것이 과제로 놓이면서 제주항공이 이스타항공의 부채 비율을 업계 평균 수준으로 낮추고 '규모의 경제'와 '시너지 효과'를 내야만이 영업이익을 회복할 수 있을 것으로 생각한다.

참고자료
- 서울파이낸스 2020.01.16 'LCC 맏형'제주항공, 이스타 품고 '빅3' 구도 굳히나
- 매일경제 2019.12.29 NH투자"제주항공, 여객수요 감소로 4분기 대규모 적자 예상"
- 여행신문 2019.07.24 국적LCC, 외국 LCC와 손잡고 몸집 키운다
- 한국일보 2019.12.18 제주항공, 이스타항공 품고 아시아나 추격
- 한국경제 2020.01.14 창립 15주년 맞은 제주항공…이스타 안고 비상할까
- 여행신문 2019.02.17 항공사 부가서비스는 효자? – 야금야금 늘어난 항공사 유료 서비스…여행사 주머니도 채울까
- 비즈니스포스트 2019.08.06 제주항공 2분기 적자전환, 20분기 연속 흑자달성 실패

진에어

1. 재무현황

(단위 : 억원)

구분	2016년	2017년	2018년	2019년 3Q 누적
매출액	7,196	8,883	10,106	7,280
영업이익	522	969	629	112

　* 진에어는 2018년 말에 특정자산 보유에 따라 연결재무제표 작성 의무가 발생했으나, 19년 1분기 중에 특정자산 처분으로 더 이상 연결재무제표 작성 의무가 없어졌다. 따라서, 2019년 3분기는 개별재무제표 기준이고, 2016~2018년은 연결재무제표 기준으로 작성되었다.

　2019년 여객 수익은 매출액의 93.06%를 차지하며 2018년 94.11%를 차지하던 것에서 하락한 수치이다. 2018년에 비해 국제선에서 다소 가격변동(여객수익을 탑승객수로 나누어 산출한 가격)이 발생한 것이 원인으로 보인다.

2. 사업현황

1) 여객(95.03%)

　국제선(일본, 동북아, 동남아, 대양주, 미주)과 국내선(제주-김포, 부산, 청주, 광주)을 운항하며, 2019년 8월 기준 총 33개의 노선 국내선 4개, 국제선 14개국 23개 도시로 29개의 노선을 운항한다. 2019년 1분기 국내선 탑승객 시장 점유율은 진에어 10%, 기타 LCC 49%, 대한항공 22%, 아시아나 20%를 차지하고 있다. (2019년 1분기 국제선 탑승객 시장 점유율: 진에어 7%, 기타 LCC 25%, 대한항공 22%, 아시아나 15%, 외항사 31%)

2) 화물(0.51%)

3) 상품(0.06%)

4) 기타(4.41%)

부가 서비스로 진에어는 사전 좌석 지정, 딜라이트 라운지 서비스, 사전 주문 키즈밀, 지니 플러스 시트, 지니 플레이 등으로 유료 서비스를 제공한다.

5) 대한항공과 코드셰어 등 시너지

대한항공 입장에서 실질적인 노선 확대 효과를 목적으로 신규 시장 진입 기회를 확보한다는 이점이 있다. 진에어 입장에선 판매망 강화 효과와 시간당 활주로 이착륙 횟수(슬롯)가 부족해 공급 부족인 인기 노선에서 진에어의 대형기 운항을 할 수 있는 좋은 이익 구조를 가진다. 또한 타 항공사에 비해 운용리스 비중이 낮다는 장점도 있다. (대한항공으로부터 금융리스로 도입한 항공기가 많기 때문)

3. 주요이슈

1) 국토교통부 신규 노선 취항 등 제재

미국 국적인 대한항공 전무가 2010년 6년간 등기임원으로 재직한 사실이 알려지면서(항공사업법 위반) 징계를 받았고, 2017년과 2018년 엔진 결함에도 항공기를 운항한 것이 적발돼 과징금 부과 등의 제재를 받았다. 신규 노선 취항 불허로 운항 노선을 추가로 늘리지 못하는 상황으로 중국 운항권 배분 대상에서도 제외되었다.

2) 신생 LCC항공사 등장에 따른 경쟁

정부가 플라잉강원, 에어로케이, 에어프레미아 3곳에 신규 항공운송사업자 면허를 발급하면서 제주항공, 진에어, 티웨이, 에어부산, 이스타, 에어서울 등 기존 6개사에 더해 총 9개의 LCC가 경쟁을 하게 되었다.

3) 환율 변동으로 인한 손실

2019년 3분기 기준 각 항공사는 전반적인 탑승률 하락으로 수익에 타격을 받은 데다가 환율이 상승하면서 영업 외 비용마저 급증하며 순이익에도 영향을 줬다. 일반적으로 환율이 상승하면 항공사들은 비용이 증가하는 구조이다. 환율 변화는 여행객들의 구매력과 직결돼 여객수요에 영향을 미치며, 항공유 등 필요한 원자재를 외화로 결제하고 외화 차입 비중도 높아 손익에 미치는 영향이 크다. 올해 3분기까지 진에어는 영업이익(113억원)으로만 따졌을 땐 수익을 남겼지만, 환율 변동으로 영업 외 비용의 규모(그 중 외환차손 89억원, 외화환산손실 218억원)가 커지면서 순이익으로 따졌을 때 흑자를 유지하지 못했다.(순손실 107억원)

4) 유가 변동

항공기에 사용되는 항공유는 일반적으로 WTI보다 배럴당 10~15달러 높게 형성되어 있다. 유가 상승은 항공사의 유류할증료 인상(영업비용 증가), 장거리 노선 수요의 축소로 연결된다. 진에어는 다른 LCC들에 비해 영업비용에서 항공연료비의 비중이 높다. 타 항공사보다 유가가 낮을 때도 항공연료비의 비중이 높을 정도로, 상대적으로 항공연료비 관리가 제대로 이루어지고 있지 않다는 분석도 있다.

5) 대외 관계(일본 보이콧)

다른 LCC에 비해 일본 노선 비중이 낮지만 다른 항공사들이 신규 취항을 통해 일본 노선 부진을 만회할 수 있는 반면, 진에어는 국토부 제재로 중국, 싱가포르, 몽골 등 황금노선 운수권 배분에서 배제되었기 때문에 그에 따른 타격이 있을 것으로 보인다.

6) 기타 이슈

LCC 통합 마일리지: LCC 6곳의 마일리지를 통합하여 쓸 수 있는 신용-체크카드가 새로 출시되었다.

신규유니폼: 청바지가 불편하다는 문제로 직원 심층 인터뷰, 디자인 평가 및 의견을 교환해 각 직군별 유니폼을 바꾸었다.

4. 향후예상

1) 차세대 여객 서비스 시스템(IT기술 적극 도입)

예매 편의성 높여 홈페이지 개선, 반응형 웹 기술 적용, 번들 서비스 등 고객 맞춤형 서비스를 신설했다. 또한, VR 서비스를 도입하여 기내에서 영상 등 엔터테인먼트 콘텐츠를 즐길 수 있도록 하여 시범 운영을 끝냈으며, 페이코 간편 결제 시스템 도입, JAID, 구글 어시스턴트 등 AI를 활용하여 문의에 대한 편의를 높이고 있다.

2) 대한한공의 높은 의존도

대한항공과의 시너지 효과가 강점이지만 약점이 될 수 있다. 운용 중인 항공기를 모두 대한 항공에서 빌려 쓰고, 정비 또한 대한항공에 의존하고 있다. 2017년 대한항공에 지불한 정비 비용 946억원, 격납고 임차료 907억원, 용역비 239억원, 승무원 등 교육훈련비 62억원에 달한다. 대한항공에 대한 의존도를 낮추고 자립 능력을 키우는 것이 중요하다고 생각한다.

3) 동남아 노선 수요 증가

한-일 간 무역분쟁의 여파로 진에어에겐 일본 노선을 대체할 수 있는 홍콩, 마카오 노선, 동남아 노선, 대양주 노선 세 곳이 남았다. 홍콩 노선의 경우 정치적 상황, 괌이나 하와이는 동계 시즌 수요가 높지 않다는 점에서 당분간 동남아 노선에서 여행자들의 수요를 기대하고 있는 것으로 보인다.

참고자료

- 머니투데이 2018.06.29 "대한항공에 기대는 진에어, 한진서 떼어내도 걱정"
- 조선비즈 2019.07.18 "'사면초가' 진에어…국토부 제재 · 일본 여행 보이콧에 주주 소송까지"
- 더벨 2019.01.29 "진에어, 유가 떨어졌는데 연료비 증가 왜?"
- 조선비즈 2020.01.06 "국토부 "진에어, 총수 입김 배제 등 추가 개선 필요" …제재 해제 조건 밝혀"

Chapter

18

화장품

Chapter18.
화장품

아모레퍼시픽

1. 재무현황

(단위 : 억원)

구분	2016년	2017년	2018년	2019년
매출액	66,976	60,290	60,781	6조 2,843
영업이익	10,828	7,315	5,495	4,982

　2019년 아모레퍼시픽그룹의 매출액은 6조 2,843억원으로 전년 대비 3.4% 증가했지만 영업이익은 4,358억원으로 9.3% 감소한 것으로 집계됐다. 아모레퍼시픽그룹의 영업이익 감소는 해외사업 부진의 영향을 받았다. 비록 해외 매출은 전년 동기 대비 6% 증가한 2조 748억원으로 창사 이후 처음으로 2조원을 넘겼지만, 홍콩시위, 유럽시장에서의 영업적자 등으로 회사의 영업이익이 부진했다. 또한 중국 매출의 약 50%를 차지하는 이니스프리가 매장 구조조정과 시장 경쟁이 심화됨에 따라 실적 부진으로 이어진 것으로 판단된다.

　2018년 영업이익이 5495억원으로 2017년보다 25% 감소했다. 매출은 같은 기간 1% 증가한 6조782억원을 기록했다. 국내 화장품 산업 경쟁 심화, 로드샵 매장 수 감소, 방문판매 채널의 부진 등이 영향을 미친 것으로 분석된다.

2017년 아모레퍼시픽그룹의 매출은 2016년 대비 줄어든 6조290억원을 기록했다. 영업이익은 32.4% 감소한 7,315억원으로 아모레퍼시픽그룹 화장품과 중국사업 비중이 절대적으로 높아 사드배치에 따른 '직격탄'을 피할 수 없었기 때문으로 풀이된다.

2016년 매출은 18.3% 성장한 6조 6,976억원 영업이익은 전년대비 18.5% 증가한 1조828억원으로 집계됐다. 럭셔리 화장품 부문이 차별화된 브랜드 포트폴리오를 기반으로 질적 성장을 달성했다. 면세 채널에서도 주요 브랜드 판매 확대 및 온라인 면세점 특수에 힘입어 성장할 수 있었다.

2. 사업현황

1) 국내 사업

국내 시장은 인구 구조의 변화, 밀레니얼과 Z세대를 중심으로 소비 가치의 변화, 디지털을 중심으로 한 유통 환경의 변화 등으로 더욱 빠르게 다변화하고 있다. 아모레퍼시픽은 차별화된 혁신 신제품을 출시하여 브랜드 매력도를 제고하고 고객을 확대하였으며, 온 오프라인 매장의 체험 콘텐츠 강화, 전사 브랜드와 채널을 통합한 마케팅 캠페인을 전개하며 고객 경험을 고도화하였다. 또한, 온라인 플랫폼 투자 확대, 디지털 마케팅 다각화 등 디지털 경쟁력을 지속적으로 높였다. 그 결과 설화수, 라네즈, 바이탈뷰티, 려 등의 주요 브랜드는 혁신 신제품의 반응 호조에 힘입어 국내 매출이 성장하였다.

화장품 사업(88.5%)

럭셔리 사업부(설화수, 헤라, 프리메라, 바이탈 뷰티 등)과 프리미엄 사업부(라네즈, 마몽드, 아이오페, 한율 등)으로 나뉜다. 해외 시장은 5대 글로벌 챔피언 브랜드(설화수, 라네즈, 마몽드, 이니스프리, 에뛰드하우스)를 중심으로 입지가 강화되었다. 화장품 부문 시장 점유율은 2017년 29%, 2018년 27.2%, 2019년(1분기 기준) 26% 이다.

'설화수'

신규 제품 라인을 선보이고 브랜드 출시 이래 최초로 모델을 선정하여 한국 대표 럭셔리 뷰티 브랜드의 입지를 공고히 하였다.

'헤라'

브랜드 대표 콘셉트 매장을 오픈하여 고객들에게 차별화된 경험과 전문 뷰티 서비스를 제공하였다.

'라네즈'

혁신 카테고리 개발과 매력적인 메이크업 제품들을 신규 출시하며 젊은 고객층 유치를 위해 노력하였다.

'아이오페'

피부 전문 연구소 기반의 고기능성 스킨케어 브랜드로 이미지를 재정립하였다.

2)해외 사업

해외 사업은 채널 확장 및 필리핀, 호주, 두바이 등 신규 국가에 진입하는 등 진출 지역을 다변화하고 5대 글로벌 챔피언 브랜드(설화수, 라네즈, 마몽드, 이니스프리, 에뛰드하우스)를 중심으로 글로벌 성장 확대를 지속하였다.

3) Daily Beauty & Sulloc(11.5%)

데일리 뷰티 사업부(려, 미장센 헤어카테고리, 일리윤 바디, 플레시아 오랄 카테고리)와 오설록으로 나뉜다. DB & Osulloc 사업부 생활용품 시장 점유율은 2017년 15.5%, 2018년 말 15.2%, 2019년(1분기 기준) 15%이다. 생활용품의 경우 시장 내 경쟁 강도가 심하고 국내 소비 심리 둔화로 점유율과 매출이 각각 소폭 하락했다. (온라인 채널 추가 입점과 마케팅 강화로 디지털 매출은 증가했지만 오프라인 채널에서 어려움을 겪었다.)

4) 혁신적인 신제품 출시

아모레는 이니스프리와 에뛰드하우스 등 로드샵 브랜드의 부진에도 불구하고 지난 3분기 신제품 출시와 신규 브랜드 론칭에 힘입어 실적 개선을 이루어 냈다. 혁신적인 신제품 출시와 디지털 마케팅 강화를 통해 매출을 신장시키고 채널 재정비 및 마케팅 비용 효율화를 통해 수익성을 개선한 것으로 알려졌다. 국내외 시장에서 주로 럭셔리(설화수, 헤라, 프리메라, 바이탈뷰티 등), 프리미엄 브랜드(아이오페, 라네즈, 마몽드 등) 위주의 성장을 이루어 낸 것으로 나타났다.

또한 밀레니얼 세대 공략을 위해 새로운 브랜드를 선보였고, Z세대 남성을 위한 메이크업 전문 브랜드 '비레디'를 론칭했다. 이외에도 이니스프리 브랜드 체험관 '제주하우스'의 리뉴얼 오픈, 에스쁘아 강남쇼룸 매장 오픈, 설화수 VIP 고객 대상 뷰티클래스 등 온·오프라인 마케팅 활동을 활발히 진행하였다.

지난 3분기에는 알리바바 그룹과 빅데이터 기반 소비자 연구와 신제품 개발에 협력하기로 합의했고 글로벌 기능성 원료 업체 지보단(Givaudan)과 피부 미생물 공동연구 협약도 체결했다.

3. 주요이슈

1) 사업부문 관련 이슈

화장품 사업 부문에서 지속적으로 혁신 상품 출시와 유통 채널 다변화에 힘쓰고 있다. 오프라인 매장 정비, 브랜드 대표 콘셉트 매장 오픈(헤라), 중장년층 건강 카테고리 확장(바이탈뷰티)으로 신규 고객 확대에 집중했다. 또한 세분화된 고객의 니즈와 트렌드에 대응하기 위해 소형 브랜드 출시를 지속적으로 하고 있다. 사내 벤처를 통해 2018년 피부 전문 이너뷰티 브랜드 '큐브미', 프라그랑스 전문 브랜드 '프라도어'를 출시했다.

DB & Osulloc 부문에서 또한 신규 브랜드 육성과 프리미엄 제품군 강화에 힘썼다. 오설록의 경우 디지털 채널에 투자하여 디지털 고객 유입 확대에 집중했다.

해외 사업의 경우 채널확장(설화수-중국 및 아세안 지역 온·오프라인 출점 지속 및 글로벌 브랜드 캠페인 전개)과, 진출 지역 다변화(필리핀, 호주, 두바이 등 신규 국가에 진출, 마몽드-아시아 내 채널 재정비 및 북미 시장 진입, 이니스프리-국가별 출점 도시 확대 및 호주 시장 진출, 에뛰드-중동 진출)를 진행했다.

2) 2018년 중국 시장에서의 인지도 및 점유율 하락

아모레퍼시픽의 경우 중국 매출에서 고가 브랜드가 차지하는 비중이 20% 미만이고, 나머지 80%에 해당하는 중저가 브랜드들은 중국 현지 중저가 브랜드들과 경쟁이 치열한 상황이다. 아모레퍼시픽은 2015년 점유율 13.5%에서 2017년 2.5%까지 대폭 하락했다. 그 원인으로는 중국에서 아모레퍼시픽의 이니스프리와 브랜드 이미지가 겹치는 로컬 브랜드의 성장을 꼽을 수 있다. 자연당, 이노허브, 허보리스 등 이니스프리와 같은 자연주의 컨셉의 중국 화장품 브랜드 시장 점유율이 2018년 들어 지속적으로 높아졌다. 또한, 경쟁사인 LG생활건강의 후를 비롯한 럭셔리 브랜드 공략은 아모레퍼시픽의 설화수에 대항해 높은 실적을 보이며 럭셔리 브랜드에서 또한 고전을 면하지 못했다. 산자부가 발표한 2019년 수출입 동향 중 화장품 수출 실적은 2018년과 비교했을 때 14.2% 폭락한 것으로 알려졌다. '중화권 수출 역신장'이 그 원인이라는 분석이 있다.

3) OEM/ODM 전문업체의 발달과 화장품 시장 트렌드 변화

내수 부진에 더해 신규 업체와 신규 브랜드의 진입이 지속적으로 이루어지고 있어 화장품 시장의 경쟁이 매우 치열해졌다. 이에 따라 아모레퍼시픽에서는 시장 조사를 통해 최신 트렌드를 따라잡고자 노력하고 있다. 기존 로드샵의 '원브랜드' 전략에서 멀티브랜드 매장(아리따움 매장을 아리따움 라이브로 변경)으로 탈바꿈하거나, 유통 채널을 바꾸고 있다.

4) 면세 채널 성장률 둔화와 그에 따른 설화수 면세 채널 판매 확대 노력

2019년 상반기 면세점에서 3위로 내려앉았다. (1위 LG생활건강의 후: 6,024억원, 2위 에스티로더: 4,228억원) 설화수는 2016년에도 면세점 부동의 1위를 차지했던 아모레의 간판 브랜드였다. 2017년 LG생활건강에게 1위를 내어준 뒤, 2019년 상반기에는 에스티로더에게 2위 자리까지 내주었다. 설화수는 그룹의 매출을 견인하는 대표 상품이었기에 '국내 회복 실적'이라는 목표 중에서도 면세 채널을 강화하고자 노력했다.(롯데면세점 상위 0.5% 고객 전용 라운지에서 VIP 고객 초청행사를 진행) 이에 더해 면세품 대량 구매를 제한해왔던 규제책을 풀어 보따리상을 통해 매출 확보를 꾀하는 등 마케팅 전략을 바꾸었다.

5) 해외사업 채널 확장

중국 최대 유통기업인 징둥닷컴과 전략적 제휴(설화수와 이니스프리 마케팅 강화), 유럽에서는 A.S.왓슨 그룹과 손잡고 라네즈 매장 확대에 집중(라네즈는 유럽 18개국 800여 개 매장에 입점)하고 있다.

6) 전자제품 박람회 CES2020과 아모레퍼시픽

아모레는 미국에서 열린 세계 최대 전자제품 박람회 CES2020에 처음 참가해 3D 프린팅 맞춤 마스크팩과 내년 메이크온 브랜드에서 출시할 플렉시블 LED 패치를 선보였다. 3D 프린팅 맞춤 마스크팩은 사람마다 다른 얼굴 크기, 피부 특성을 반영해 나만의 하이드로젤 마스크팩을 만드는 기술이다. 마스크 도안을 실시간으로 디자인해 5분 안에 나만의 마스크팩을 받아 바로 사용할 수 있다.

7) 사드 완화, 회복 조짐 보이는 K뷰티

2017년 사드문제로 인해 중국 단체 관광객들의 수요에 의존했던 국내 화장품 업계 1위 아모레퍼시픽의 영업실적이 전년 동기 대비 반 토막이 나며 위기를 실감했다. 그러나 올해부터는 한한령이 사실적으로 해지될 것이라는 전망이다. 지난해 약 600만 명의 중국인 관광객 방문으로 점차 회복하는 모양새를 보여왔으며 올해 상반기 시진핑 중국 국가주석의 방한 계획이 확정적이라는 청와대 발표가 이어지면서 중국 관련 산업의 전망이 고무적이다.

하지만 한한령이 해지된다고 해서 '잃어버린 2년'을 찾을 수 있을지는 미지수이다. K-뷰티가 중국 내에서 주춤하는 동안 중국의 로컬 브랜드는 상향 평준화 되었다. 한국 화장품들을 싹쓸이해갔던 중국의 따이공들 역시 중국 내의 중저가 화장품으로 눈길을 돌리고 있다.

그렇기 때문에 아모레퍼시픽뿐만 아니라 국내 화장품 업계들은 2년 전과는 또 다른 경쟁력을 갖춰야 할 것이다. 그중 고령화가 빠르게 진행되고 있는 '늙어가는' 중국의 실버 화장품 산업에 집중하는 것도 한 가지 기회가 될 것이다. 대한화장품 산업연구원에 따르면 중국의 액티브 시니어(50~60대)의 72%가 미국과 유럽, 일본, 한국 제품을 면세점이나 구매 대행을 통해 구입하고 있다고 한다. 한국 화장품 기업들이 이들을 겨냥해 확실한 타깃 분석과 연구를 통해 노화나 주름을 늦추는 안티에이징 제품들을 개발한다면 중국 시장 회복의 교두보가 될 수 있을 것이다.

4. 향후예상
1) 브랜드 경쟁력 강화, 고객 경험 강화, 옴니 디지털 루프 구현

서경배 회장은 올해 중점 추진 전략으로 브랜드 경쟁력 강화(및 초격차 상품 개발), 고객 경험 강화, 옴니 디지털 루프 구현을 꼽았다. 인공지능, 빅데이터, 클라우드를 다각도로 활용해 멀티 브랜드, 멀티채널 등 여러 방식을 통해 고객의 경험을 향상하고자 하는 것이다. 실제로 2019년에도 이니스프리에서는 빅데이터를 활용해 총 20가지의 '퍼스널 크림'을 출시하였고(아이오페 스템3 앰플, 라네즈 크림 스킨 미스트 또한 빅데이터 활용 제품), 2020년에도 '초개인화 기술'을 통해 고객을 감정적 측면으로 마케팅하겠다는 의지를 직원 교육 프로그램을 통해 보여준 바 있다. 2020년에도 유통의 단계뿐만 아니라 제조 단계에서도 빅데이터 등 디지털 기술을 적극적으로 활용할 것으로 보인다. 초격차 상품 개발에 있어 화장품에만 집중하지 않고 새로운 카테고리를 지속적으로 개발하는 것이 좋을 것이라 생각한다. 사드로 인해 화장품 사업이 타격을 입었을 때 사업 포트폴리오가 다각화된 LG 생활건강은 리스크를 분산할 수 있었지만 아모레퍼시픽은 타격을 직접적으로 맞을 수밖에 없었기 때문이다.

2) 글로벌 진출을 더욱 확대

2025년까지 진출 국가를 50개로 확대하고, 해외 매출 비중을 50% 이상으로 끌어올리겠다고 발표했다. 특히 인도 화장품 시장 진출에 강한 의욕을 보이며 공을 들이고 있다. 유로모니터 통계에 따라 인도 색조 화장품 시장이 2020년 17억 8,100만 달러 규모로 성장하게 된다면, 인도에 진출한 에뛰드하우스의 높은 점유율과 에스쁘아와 같은 색조 브랜드의 신규 진출 또한 노려봐도 괜찮을 것 같다. 아모레퍼시픽이 갖춘 화장품 개발 기술과 뷰티 학술분야의 성과, 그리고 철저한 SCM 관리가 중국을 넘어 글로벌 시장에 널리 알려지길 기대한다.

3) SNS 및 디지털 마케팅에 더욱 집중

아모레퍼시픽은 2018년 에뛰드 하우스 '샤크립송 챌린지', 이니스프리 '이달의 사자 캠페인', '피부 측정 이벤트' 등 브랜드별 인스타그램까지 여러 디지털 마케팅 전략을 진행하고 있다. 이에 K뷰티를 전면에서 이끌어갈 인재를 양성하기 위해 뷰티업계 종사자를 최고 수준 메이크업 전문가로 교육하는 아모레 뷰티 컬리지를 통해 인플루언서 육성에도 힘쓰고 있다. 개인적으로 다양한 마케팅 전략을 통해 고객 접점을 늘리는 것은 좋지만 그만큼 비용 부담이 더 늘어날 수밖에 없다는 생각이다.

4) 멀티 브랜드숍 지속, AP몰 성장

드럭스토어에 대항해 2019년까지 진행해 온 멀티브랜드숍(아리따움을 아리따움 라이브로 변경, 타사 브랜드 다수 입점)으로의 전환을 계속 진행하며 이에 더해 공식 온라인몰인 AP몰 또한 멀티숍으로 새로운 성장을 꾀할 것이라 밝혔다. 아리따움 라이브가 2019년 10월 진입한 '세포라'와 더욱 치열하게 경쟁하게 되어 할인 정책을 더 펼치게 된다면, 세포라 진입으로 무리하게 멀티숍을 진행하는 과정에서 발생한 아리따움 가맹점주들과의 갈등이 더 깊어질 수도 있을 것 같다.

#참고자료

- 화장품 뷰티뉴스 2019.08.14 [유통채널 리포트] 멀티숍, H&B스토어 오프라인 '대세' 트렌드 주도한다
- The K Beauty Science 2019.09.24 '멀티 브랜드 숍' 전략으로 웃을 수 있을까?
- The bell 2020.01.14 아모레퍼시픽, '계륵' 아리따움 돌파구 찾기
- 아시아경제 2019.02.14 서경배 "무조건 두자릿수 성장…전 브랜드 SNS·디지털 마케팅 주문

- Cosin 2019.01.04 2019년 "혁신상품 개발, 고객경험 향상, 디지털 변화" 중점둔다
- 시장경제 2019.04.30 아모레퍼시픽 '추락', LG생건은 '훨훨'… 1분기 실적 희비교차
- Cosin 2019.07.11 상반기 면세점 '설화수' 판매부진 3위 추락
- 매일경제신문 2020.01.17 아모레퍼시픽, 3D프린터로 5분만에… 내게 딱 맞는 마스크팩 뚝딱
- 연합인포맥스 2017.02.14 아모레퍼시픽, 국내 소비침체에 '발목'…"전망도 어둡다"
- 뉴스1 2018.01.31 사드가 명암 갈랐다…LG생건, 아모레퍼시픽 제치고 3년만 1위 탈환
- PAXNET news 2019.10.30 아모레퍼시픽그룹, 3분기 역신장 '마침표'
- 뉴스1 2017.02.02 아모레퍼시픽그룹, 매출 6조·영업익 1조 첫 돌파…전년比 18.5%↑ (상보)

코스맥스

1. 재무현황

(단위 : 억원)

구분	2016년	2017년	2018년	2019년 3Q 누적
매출액	7,570	8,840	12,597	9,775
영업이익	526	351	523	371

18년도 성장 요인에는 신유통(H&B 스토어, 홈쇼핑, 온라인 등)의 신제품 공급 증가, 글로벌 고객사의 수출 증가, 온라인 위주 신제품 개발과 새로운 트렌드 주도 등이 있다. 또한 세계적인 K 뷰티 유행과 마이크로 브랜드 증가로 대표적인 화장품 ODM 업체인 코스맥스의 매출도 성장했다.

2. 사업현황

1) **ODM 사업부문**: 코스맥스는 화장품 연구개발 생산 전문 기업으로 화장품 ODM 전문기업이자 글로벌 화장품 ODM 시장점유율 1위를 차지하고 있다.

– **ODM(Original Development Manufacturing)**: 주문자가 제조업체에게 제품의 개발과 생산을 의뢰하고 주문자는 그 제품을 유통하고 판매하는 것을 말한다.

2) **OBM 사업부문**: 중국과 러시아 등에 OBM 생산 방식으로 진출하고 있다. 중국에서 SNS와 뷰티 인플루언서의 영향력이 커지며 온라인 브랜드들이 급성장 하고 있는 흐름에 따라 중국의 브랜드 세 곳과 사업을 하고 있고, 러시아 최대 화장품 유통채널 '레뚜알'에 자체 브랜드 제품을 수출한다.

– **OBM(Original Brand Manufacturing)**: 생산자가 개발, 생산, 판매 등 모든 과정을 진행하는 형태를 말한다.

3. 주요이슈

1) '마이크로 브랜드'의 증가

마이크로 브랜드란 SNS나 유튜브를 기반으로 소량의 제품을 생산하는 브랜드를 의미한다. 이 브랜드의 제품들은 오프라인 매장 없이 온라인으로 물건을 사고 판매하는 특징을 가진다. SNS로 화장품, 식품 등을 판매하는 사람들을 속된 말로 '인스타 팔이'라고 부르기도 한다. SNS를 하면서 추천 피드로 인스타에서 자신의 이름을 내걸고 판매하는 사람들을 꽤나 자주 발견할 수 있다. 이러한 소비 형태의 모습은 마이크로 브랜드들의 제조를 해주는 코스맥스가 영업이익을 낼 수 있었던 이유이기도 하다.

2) 화장품 ODM 실적부진

작년 하반기 코스맥스와 한국콜마 등 ODM 업체들의 로드숍 ODM 부문의 실적 부진이 이어지기도 했다. 이유로는 화장품 완제품 수요 감소(로드숍 ODM 부문) 등에 따른 실적 악화가 주 요인이었다. 또한, 중국 현지 ODM 업체들의 기술력 향상으로 인해 중국 법인의 실적이 악화되어 국내외에서의 영업 환경이 악화되어 실적이 낮아졌다.

3) 한국 화장품의 글로벌 뷰티 시장에서의 인기

최근 한국의 색조 제품이 아시아뿐만 아니라 글로벌 시장에서 인기가 높아지고 있다. 이러한 시장 상황을 반영하여 뉴스킨은 코스맥스와 함께 '뉴 컬러' 라인을 만들어 한국을 주축으로 한 제품개발과 글로벌 판매에 집중할 것으로 보인다. 이번 MOU에서는 2020년 연간 약 100억원의 매출 창출을 기대하고 있다.

4) 할랄화장품 제품 라인업 확대

할랄 화장품이란 이슬람교도가 쓸 수 있도록 허용한 제품으로, 이슬람 문화권에서 제품을 판매하기 위해서는 할랄 인증을 반드시 받아야 한다. 인도네시아의 화장품 시장의 성장은 매년 평균 13%의 성장률을 보이고 있기에 할랄 화장품에 집중할 것으로 보인다. 인도네시아 화장품 시장에서 최근 코스맥스가 인도네시아 전용 제품으로 개발한 립크림은 19년 10월 기준 누적 1,000만 개가 판매되었으며, 덥고 습한 날씨에도 오래 유지되는 장점이 있는 쿠션 파운데이션도 현지 소비자들에게 좋은 반응을 얻고 있다.

5) 코스맥스 '이경수 회장'의 신년사

올해 코스맥스의 키워드는 '글로벌화, 고객사와 상생 협력, 기술의 초격차'이다. 글로벌 뷰티 ODM 기업으로서의 지위를 확고히 하려는 것이 느껴진다. K-뷰티의 세계화에 더욱 힘쓰고 글로벌 고객사의 맞춤 제품과 관련한 R&D 투자로 2020년 을 뒷받침해줄 것으로 보인다.

4. 향후예상

1) 비건뷰티

글로벌 화장품 시장은 비건, 할랄 등과 같은 친환경에 대한 수요가 다양해졌다. 비건 뷰티란 동물로부터 얻은 원료로 만들어진 제품을 사용하지 않는 제품으로 동물성 재료가 포함된 음식은 먹지 않고 채소와 과일만 섭취하는 보수적 채식주의자 를 의미하는 '비건'에서 유래된 개념이다. 코스맥스는 18년에 이미 프랑스 인증 기관인 EVE로부터 아시아 최초로 화장품 생산 설비에 대한 비건 인증을 획득한 바 가 있다. 비건과 할랄 제품에 특화를 보이는 코스맥스는 글로벌 시장에서 특화된 제품을 선보이는, 고객사에 맞춤 제품을 선보일 것으로 보인다.

2) 맞춤형 화장품 시대

소비자 개인의 피부 타입과 유형/취향에 따라 화장품을 만들고 판매할 수 있는 맞춤형 화장품 제도가 올해 상반기부터 시행된다. 고객의 니즈를 반영하여 맞춤형 화장품을 판매하게 된다면 K 뷰티의 또 다른 기회가 될 것으로 보이며, 화장품 업계는 환영하고 있다. 맞춤형 화장품을 다루는 조제 관리사의 정확한 진단과 기술이 요구되기에 방부제, 알레르기와 같은 문제에 염려를 하는 입장도 있지만 소비자에게 다양한 선택권을 줄 수 있다는 것은 확실한 이점이라 생각한다.

3) 소비자들의 구매 습관 변화

소비자들이 화장품을 구매하는 방식이 아는 제품을 습관적으로 구매하는 목적성 구매에서 새로움과 편의를 추구하며 온라인으로 더 자주 구매하는 방식으로 소비습관이 변화했다. 소비자의 브랜드 선택의 폭은 더욱 확대되었으며 다양한 온라인 플랫폼을 중심으로 브랜드 간 경쟁 강도가 심화될 것으로 보인다.

4) 화장품 산업에서의 포장재 관련 이슈

앞으로 재활용 소재로 용기를 만들지 않으면 해외 시장 진출에 어려움을 겪게 될 것으로 예상된다. 이미 해외 바이어 70-80%에 상당하는 수가 PCR(Post Consumer Recycled: 소비자가 사용한 후 재활용한 플라스틱) 소재를 이용한 용기 공급이 가능한지 문의하고 요구하고 있다. 재활용성이 높은 소재의 사용과 재활용된 소재 사용의 세계적 흐름에 발맞추어 우리나라 ODM/OEM 업체들도 대비해야 할 것으로 보인다. 최근 중국 회사들이 부자재를 일본으로 보내 달라는 요구가 많아지고 있다. (현재 일본의 경우 폐플라스틱을 활용해 음료 용기를 만드는 등 폐플라스틱 활용이 활발하다.)

5) 신제품 개발과 신규 고객사 확보 등

코스맥스는 수년간 공들여온 중국 시장에서 K 뷰티 부진과 중국 화장품 소비채널 변화를 겪으며 부진하고 있다. 따라서 기존 고객사의 부진을 타계하기 위해 기존 고객사와의 신제품 개발 작업과 신규 고객사 확보를 위한 영업 활동을 펼치고 있다. 뉴스킨과 미국, 아세안, 유럽 등 글로벌 시장 신제품 개발 협약을 맺었으며, 할랄 화장품 라인업 확대를 통해 전 세계적으로 매출을 끌어올릴 계획이다.

참고자료

- 장업신문 2020.01.08 2020 코스맥스그룹, 2020년 경영방침 '중심(中心)이 되자'
- 뉴스핌 2019.11.14 코스맥스·콜마, 3분기 실적 '타격'…내수·중국 부진탓
- 텔레그램 DOYEON KIM 2019.10.06 인스타그램이 창조한 마이크로 브랜드 롱테일 마켓
- 코스모닝 2019.11.05 화장품의 글로벌 트렌드 키워드 '인디뷰티·색조·더마코스메틱·

럭셔리'

- (사)한국할랄산업연구원 2019.09.19 코스맥스, 할랄 뷰티 新전도사 등극하나
- 중앙일보 2019.07.01 [멋스토리]2020년, 대한민국에 '맞춤형 화장품' 시대가 열린다
- 일간투데이 2018.10.17 아모레퍼시픽 · 코스맥스 3분기 실적 희비 엇갈려
- 뉴시스 2019.11.05 뉴스킨, 코스맥스와 맞손 "K-뷰티 세계화 박차!"
- 한국경제신문 2019.08.12 코스맥스 "OBM 통해 中 화장품 온라인 브랜드 공략 본격화"
- 매일경제 2019.08.13 코스맥스, 러시아시장 뚫었다...자체브랜드로 레뚜알에 수출

한국콜마

1. 재무현황

(단위 : 억원)

구분	2016년	2017년	2018년	2019년 3Q 누적
매출액	6,675	8,216	13,578	6,462
영업이익	734	669	899	457

오너리스크로 작년 실적이 주춤한 것으로 보인다. 2019년 3분기 매출과 영업이익의 경우, 화장품 사업 부문의 매출과 영업이익이 모두 줄었으나 2018년 4월 인수한 CJ헬스케어 등 연결 기준의 수익성이 크게 개선되어 제약 쪽에서 이를 상쇄했다. 화장품 사업 부진에는 화장품 시장 침체의 장기화와 중국 수출 물량의 감소, 2018년도 급성장한 마스크팩 시장의 성숙기 진입 등의 요인이 있다. 또한 2019년 8월 윤동한 회장의 막말 파문으로 불매운동이 확산되어 홈쇼핑에서 한국콜마 제조 화장품 브랜드들이 퇴출된 것도 매출 감소에 영향을 주었다.

2. 사업 현황

화장품 ODM[40] 사업과 제약 CMO[41] 사업, 건강기능 식품을 영위하고 있다. 해외에는 중국(북경콜마, 무석콜마), 미국(PTP), 캐나다(CSR) 등 4개 법인을 운영 중이다. 특히, 지난 2018년 4월 CJ헬스케어를 인수함으로써 제약 부문에 헬스케어 사업 부문을 갖추게 되었다. CJ헬스케어는 1984년 6월에 제약사업을 시작하여 이천, 대소, 오송 3곳의 생산 Site를 운영하고 있다. 또한, 2012년 혁신형 제약기업 인증을 받은 후 R&D 가치 창출을 하기 위해 합성신약, 바이오의약품, 개량신약까

---

40 *ODM(Original Development & Design Manufacturing): 주문자가 제조업체에 제품의 생산을 위탁하면 제조업체는 이 제품을 개발·생산하여 주문자에게 납품하고, 주문업체는 이 제품을 유통·판매하는 형태이다. 제조자 개발 생산, 제조자 설계생산, 생산자 주도 방식이라고도 한다. 주문자가 만들어준 설계도에 따라 생산하는 단순 하청 생산 방식인 '주문자 상표 부착 생산(OEM; Original Equipment Manufacturing)'과 달리 주문자의 요구에 따라 제조업체가 주도적으로 제품을 생산한다.

41 *CMO(Contract Manufacturing Organization): 회사와 회사 간 계약에 의해 의약품을 대신 위탁 생산해 주는 형태이다.

지 차별화된 포트폴리오와 선택과 집중을 통한 글로벌 신약 역량 강화를 위해 연구 개발비 및 설비 투자를 지속해서 늘리고 있는 모습이다.

3. 주요이슈

1) 비건, 필환경

한국콜마 자체 개발 세럼과 크림이 2019년 12월, 글로벌 비건 인증기관인 영국 '비건 소사이어티'의 인증을 획득했다. 비건 화장품으로 인증받기 위해서는 화장품을 제조하는 과정에서 동물 실험을 일절 하지 않는 것은 물론, 화장품의 원료부터 패키지까지 동물성 성분 사용을 금지하는 등 엄격한 기준의 인증 절차를 거쳐야 한다. 한국콜마는 환경 이슈에 점차 민감해지는 국내 소비자들의 니즈에 맞춰 올해 적극적인 비건 인증 절차를 진행하고 있다. 토너, 로션, 크림 등 총 7개 품목의 비건 인증을 획득한 것과 더불어 마스크팩과 클렌징 제품 등 더 많은 제품군으로 비건 인증을 확대해 나갈 계획이다.

2) 중국, 북미 시장

화장품 업계 분위기가 극명하게 갈리고 있다. K뷰티를 대표하는 아모레퍼시픽과 LG생활건강은 면세점과 럭셔리 브랜드 등에서 강세를 보이는 반면, ODM대표 기업 코스맥스와 한국콜마는 이렇다 할 성과를 내지 못하고 지지부진하고 있다.

그러나 북미지역의 매출액은 19년도 상반기 기준 24% 증가한 267억원을 기록했다. PTP(미국) 법인은 이탈이 있었던 기존 고객사 일회성 수주 증가로 매출 증가했으며, SNS 판매 중심의 인디브랜드 등을 위주로 신규 거래처 확보하였다. CSR(캐나다) 법인은 기존 거래처와 신규 거래처 물량이 고르게 증가하였다.

3) 실적 부진

ODM 업체들이 2019년에 이어 아직까지도 실적 부진을 겪고 있다. 이는 자체 브랜드가 없고 ODM 업체에 생산을 잘 맡기지 않는 고가 화장품만 국내외 시장에서 잘 팔리고 있기 때문이다. 중저가와 오프라인에서 럭셔리와 온라인 중심으로 사업 방향을 옮기고 있는 아모레퍼시픽, LG생활건강과는 달리 ODM 업체가 생산하는 오프라인 중심 중저가 화장품은 가격 경쟁력을 내세운 중국 ODM 업체들에 급성장하던 중국 시장에서도 신규 수주 확보에 어려움을 겪고 있다.

4. 향후예상

1) 포트폴리오 다각화

한국콜마가 CJ헬스케어 인수 등 제약, 헬스케어 분야에 눈독을 들였던 건 기존 화장품 제조 라인과 시너지를 낼 수 있다는 판단 때문이다. 화장품 모멘텀은 부재하나 꾸준한 제약 부분의 성장에 따라 화장품보다는 제약 CMO 사업과 건강기능식품에 포트폴리오를 다각화할 전망이다. 특히 2022년까지 신약 개발 중심의 국내 톱 5 제약회사로 발돋움한다는 계획을 세우는 등 기존의 제약 생산/개발 역량과 CJ헬스케어의 신약 개발 능력 및 영업 인프라가 융합되어 시너지를 낼 수 있을 것으로 전망된다.

2) ODM에서 OBM으로

화장품 제조업 시장의 트렌드 흐름이 ODM에서 OBM(Original Brand Manufacturing, 제조자 브랜드 개발 생산 방식)으로 이동하고 있어 고객사의 주문에 따라 어떻게 대처하고 변화하느냐에 따라 미래의 매출과 성장에 크게 영향을 줄 것으로 예상된다. OBM은 ODM에 자체 브랜딩과 마케팅까지 참여하는 사업으로 ODM보다 부가가치가 더 높은 만큼 사업의 위험도 더 크다. 현재 글로벌 시장에서 기존 유통망을 보유한 회사나 자신만의 브랜드를 원하는 소규모 전문 온라인몰의 증가, 제품의 짧은 유행주기, 제조업체들의 신속한 대응이 가능해진 것 등이 OBM 확산의 요인으로 꼽히고 있다. 이에 한국콜마는 인플루언서들과 OBM 협업을 진행하기도 했지만 2019년 하반기부터 OBM 사업에 투자 중인 코스맥스보다는 아직 그 성적이 미미한 상태로, 앞으로 부진한 화장품 사업을 OBM사업으로 타개해 보는 것은 어떨까 개인적으로 조심스럽게 생각해 본다.

3) 글로벌 진출 확대

매년 폭발적으로 성장하던 중국 실적이 2019년 처음으로 떨어진 만큼, 앞으로는 중국을 제외한 다른 국가로의 진출이 본격화될 것으로 보인다. 실제로 2019년, 호주에 건강기능식품 법인과 베트남에 건강음료 법인을 각각 신설하며 중국을 제외한 태평양 국가로 사업을 확장할 계획을 세우고 있다.

참고자료

- 의학신문 2019.12.23 한국콜마, 화장품 비건 인증으로 필(必)환경 앞장서
- Wikitree 2020.01.10 중국 시장 두고 화장품업계 온도차 극명
- Skydaily 2019.09.04 "한국콜마 하반기 영업환경 쉽지 않을 것" 키움증권 "목표주가 8만원에서 6만9천원으로 하향 조정"
- 문화뉴스 2019.09.17 "한국콜마, 향후 관전포인트 중국법인의 매출 상승폭"
- 중앙일보 2018.02.21 "한국콜마, 향후 관전포인트 중국법인의 매출 상승폭"
- 뉴데일리경제 2019.11.15 식어버린 '화장품 제조' 엔진… 한국콜마, 3Q 성장 제동
- 문화일보 2020.01.02 쑥쑥 크는 '비건'시장… 유통업계 '채식' 경쟁
- 한국경제 2020.01.06 中 업체 공세에…화장품 ODM株, 새해 들어도 부진
- 이데일리 2019.12.12 판 커진 화장품 제조업계 '지각변동'…"협력에서 무한경쟁으로"
- The Bell 2019.12.27 'ODM 급성장' 한국콜마, 실적 목표 초과 달성

LG생활건강

1. 재무현황

(단위 : 억원)

구분	2016년	2017년	2018년	2019년 3Q 누적
매출액	62,704	61,051	67,475	50,672
영업이익	9,303	9,300	10,392	9,354

2. 사업현황

1) 화장품

　LG생활건강의 화장품사업 부문은 럭셔리 화장품과 프리미엄 화장품으로 분류된다. 럭셔리 화장품은 후·오휘·숨 등이 있다. 면세점과 백화점을 통해 판매되며 럭셔리 브랜드 화장품의 매출은 해마다 증가세로, 2016년 2조 1,979억원, 2019년에는 약 3조원에 달할 것으로 예상된다.

2) 생활 용품

　헤어케어제품, 바디케어제품, 구강케어제품, 주방용품, 세탁용품 등의 제품이 있다. 상대적으로 수요는 안정적이지만, 시장이 성숙하고 경쟁이 치열해 가격과 판촉이 매출에 영향을 미친다는 특징이 있다.

3) 비알콜 음료

　2007년 코카콜라 인수를 하였으며, 그 이후로 비알콜 음료 시장에도 진출하였다. 코카콜라음료의 주요 브랜드로 스프라이트, 조지아 등이 선전하며, 지난해 3분기 매출은 4,029억원, 영업이익은 549억원을 달성했다. 이는 전년동기 대비 각각 2.4%, 7.9% 증가한 수준이다. 음료 분야는 기복이 없고 꾸준하다는 특징이 있다.

3. 주요이슈

1) 한한령

중국이 올해 한한령(한류제한령)을 해제할 수 있다는 예상에 LG생활건강의 반등이 기대된다. 화장품은 중국에서 가장 많이 소비되는 우리나라 품목이다. 2019년 11월 11일 중국 최대 쇼핑데이 '광군제' 당시 LG생활건강, 신세계인터내셔날(비디비치), 애경산업, 에이블씨엔씨, AHC 등 화장품 기업이 큰 실적을 거두었다. 하지만 시진핑 주석의 내한이 확정되지 않았고, 중국 언론에서는 아직 한한령 해제 관련 보도가 나오지 않은 만큼 아직은 조금 신중 해야 할 필요가 있다.

2) 탈 아시아

LG생활건강의 경영화두는 '탈 아시아'이다. LG생활건강은 아시아를 넘어 세계로 진출할 전망이다. 그 첫 번째 전략은 '중국시장을 잡겠다'이다. 실제로 대표 럭셔리 브랜드인 '후'는 올해도 30% 이상의 성장세를 이어갈 것이라는 밝은 전망이 나오고 있다. 그 외에도 숨37, 오휘와 같은 럭셔리 브랜드가 성장을 견인하고 있다. 또한, 중국내 인플루언서를 활용한 마케팅을 이어가고 있다. 중국 내 가장 영향력 있는 뷰티 인플루언서라 불리는 왕홍, 짜오샤레이 등 4명을 서울로 초대해 라이브 방송을 진행하기도 하였다. 화장품 브랜드 '후'의 글로벌 매출은 2018년 2조원을 돌파하였으며, 이는 전체 매출의 1/3을 차지한다. LG생활건강은 앞으로도 럭셔리 화장품 브랜드를 꾸준히 강화할 전략으로 2019년 10월, 초 고가 라인인 '예헌보'를 출시했다.

더불어 미주와 유럽시장까지 도약을 준비하고 있다. 이는 중국 등 아시아 시장의 의존도를 낮추기 위함이다. 이에 따라 미주 시장에 본격적인 사업 확대를 시작했다. 2019년 8월, 미국 화장품 회사 뉴에이본(Avon)을 인수로 북미 진출의 시작을 알렸다. 뉴에이본은 미국, 캐나다, 푸에르토리코 지역에서 약 30만 명에 달하는 판매 인력을 보유하고 있는 기업이다. 특히 북미와 남미 시장은 세계 최대 화장품 및 퍼스널케어 시장으로 꼽힌다. LG생활건강은 뉴에이본의 유통 네트워크와 인프라 잠재력을 통해 미국을 발판삼아 주변 시장인 캐나다와 남미는 물론 향후 유럽을 비롯한 글로벌 시장에서 사업을 확대할 계획이다.

3) 아이덴티티 추구

LG생활건강의 섬유 유연제 1등 샤프란이 '아우라'라는 이름의 세탁세제로 출시되었다. 총 4개의 자체 브랜드가 각각 세탁 세제를 내놓으며 '카니발라이제이션'이 우려되었지만 저마다 다른 아이덴티티를 구축하고 있다는 강점이 있다. 이는 무한 내부 경쟁을 불러올 수 있는 참사가 아닌 무한 경쟁이 만들어낸 좋은 방향이라 생각된다. 세정력 중심이던 세탁 세제에도 향이 필요하다. 그러한 니즈가 생기면서 섬유 유연제 브랜드인 샤프란 아우라에서도 세탁세제를 출시하게 되었다. 국내 세탁세제 시장에서 LG생활건강의 시장점유율은 약 30%에 달한다. 하지만 이러한 각자 다른 아이덴티티를 바탕으로 4개의 각기 다른 브랜드는 시장점유율을 더 높이는 방안이 될 것이다.

4. 향후예상

1) 글로벌 브랜드화

탈 아시아, 소비재의 끊임없는 업그레이드, 중국과의 좋은 조짐, 면세 업계에서의 파워 그리고 LG생활건강의 마케팅이라면 2020년도 수익성 확보에 어려움을 겪지 않을 것이라 예상된다. 미국으로의 진출 사업의 행보가 의문이지만, 국내에서 탄탄한 입지를 가지고 있는 소비재 기업이기에 매출 상승이 기대된다.

2) 유통 채널 확대

LG생활건강의 판매채널은 크게 국내 시장과 해외 시장으로 나눌 수 있다. 국내 시장에서 화장품 및 생활용품은 공장의 출하 부서에서 물류센터를 거쳐 대리점 및 위탁점을 통해 최종 소비자에게 전달된다. 해외시장의 경우 주로 화장품이 판매되며, 통신판매, 방문판매 등을 통해 매출이 발생한다. 현재, 화장품 산업의 유통채널은 과거 통신, 방문판매에서 백화점 및 대리점 채널을 거쳐 H&B 스토어 채널로 그 중심이 이동하고 있다. 단일 브랜드 대리점의 매출이 감소했고, 편집샵 형태의 신흥 채널인 H&B 스토어와 온라인 채널이 부상하고 있다. LG생활건강은 이러한 유통채널 변화에 대응하기 위하여 여러 화장품 브랜드를 한곳에서 비교하여 구매하고자 하는 소비자 트렌드를 고려해 자사 브랜드를 모아 놓은 편집숍 매장인 '네이처 컬렉션' 출점을 늘리고 있다. 또한 최근 VT코스메틱과 방탄소년단이 콜라보레이션한 제품을 단독 입점시켜 젊은 층의 매장 유입을 높이고 있다.

참고자료

- 한국경제 2020.01.08 [CES 2020] '로레알 혁신'이 보여준 세 가지 메시지
- CNB NEWS 2020.01.13 [2020 재계 전망⑦] 뷰티업계, 새해 '꽃길' 걷는다
- DAILY POP 2020.01.16 [이슈&트렌드] 뷰티 · 패션업계에 불어온 AI의 바람
- SEN서울 경제 TV 2020.01.10 신영證 "LG생건, 면세점서 오휘 · CNP 급부상 등 해외 고성장 지속"
- 메디컬투데이 2019.05.10 G생활건강, 1500만 팔로워 원밀리언 협업 '밀리언뷰티' 론칭
- 한국경제 2020.01.19 한한령 해제 기대감에…화장품 · 면세점 · 엔터주 '들썩'

Epilogue

Epilogue

신범식

건국대학교에서 지리학과 경제학을 전공했다. 남들 다 하는 일, 기왕이면 멋있는 일을 하고 싶어 다양한 분야에서 기회를 찾고 있다.

2018년 하반기, 취업을 준비하면서 많은 시행착오를 겪었다. 수많은 기업에 손을 뻗었지만, 산업에 대한 이해 없이 자소서를 썼고, 그 결과는 좋지 않았다. 고달픈 취준 과정 속에서 많은 친구들을 알게 되었다. 다양한 전공 분야를 가진 친구들과 국내 주요 산업과 기업을 조사했다. 그렇게 결과물을 모아놓고 보니 괜찮은 참고자료가 될 것 같았다. 이후, 좋은 기회를 얻어 자료들을 묶어 책으로 펴내게 되었다. 취업이 어려운 시기, 취준생들에게 작지만 큰 도움이 되길 바라며, 마지막으로 소중한 시간을 내 함께 작업해준 친구들, 그리고 출판 작업에 큰 도움을 주신 The Y Partners와 배헌 교수님께 감사 말씀을 전한다.

김현호

숭실대학교에서 중어중문학을 전공하였다. 중국 선전에서 유학하며, 중국어는 자신 있었다. 그만큼 미래도 좋을 것이라는 희망을 가졌다.

하지만 취업은 역시 쉽지 않았다. 그래서 취업 스터디를 하게 되었다. 10개 학교 출신에 스펙과 전공은 가지각색이었지만, 모두의 목표는 단 하나! 취업이었다. 그렇게 두 달간의 기업분석은 시작되었다. 자소서를 쓰며 참고하려 만든 산업 분석은 모아보니 어느덧 80개가 모였고, 사업 현황, 주요 이슈, 전망 등을 한눈에 쉽게 볼 수 있게 되었다. 그러다 보니 자료들을 그냥 썩혀두기에는 아까웠다. 스터디 친구들과 함께 책을 만들어 보면 어떨까 생각했다. 그리고 출판에 결정적인 도움을 주신 더와이파트너스와 배 헌 교수님께 감사의 말씀을 드리고 싶다.

허승미

삼육대학교 영어통번역학과를 졸업했다.

지난 하반기를 준비하며 취업박람회, 기업 취업설명회, 직무교육 특강을 쫓아다녔다. 취업을 준비하는 가장 첫 번째는 산업과 직무, 기업에 대한 정보 싸움이란 생각이 들었다. 두 달간 10개 학교에서 모인 21명의 친구들과 산업 스터디를 진행했다. 산업별 기사를 피드백하며 이해 못했던 부분을 서로 도우며 공부하고, 추가하기를 반복했다. 피드백의 개수가 늘어가면서 각자 원하는 산업과 기업에 대한 집중적으로 피드백을 시작했다. 우리끼리 만든 정보를 출판하게 되어 놀랍기도 하지만, 첫 발자국 기업조사가 뭔데! 하는 답답함을 겪는 사람에게 추천한다. 이런 기회를 경험토록 해주신 배헌 교수님께 감사를 전하고 싶다. 그리고 함께 스터디를 했던 친구들 올 해는 모두 취뽀하자!

곽유진

영남대학교에서 국제통상학을 전공하였다.

한 시즌 동안 45개의 자소서를 작성하며 정작 지원하는 기업이 다루는 산업이나, 몇 분만 검색해도 알 수 있는 뉴스 조차 모른채 무작정 지원했다. 수많은 서류 탈락은 당연한 결과였다. 똑같은 실수를 반복하지 않기 위해 더와이파트너스의 인연으로 작년 12월부터 10개의 학교, 21명의 취준생들과 모여 두 달간 80개의 기업 분석을 진행했다. 우리의 방대해진 자료들로 과거의 나처럼 자소서 양치기에만 급급하여 지원 기업의 핵심 이슈조차 모른채 취업시장에 뛰어드는 취준생들에게 도움이 되고자 책을 만들게 되었다. 이 책이 끝이 안보이는 취준생활에 단비 같은 존재가 되었으면 좋겠다. 마지막으로 항상 힘이 되어주시는 배헌 교수님과 더와이파트너스 분들께 감사인사를 전하고 싶다.

손경아

덕성여자대학교에서 통상학과 중문학을 전공했다. 문과는 취업이 안되고 중국어는 한 물 갔다는데, 그래도 좋은걸 어떡하나?

불쌍한 21명의 취준생이 모여 산업과 기업을 분석하기 시작했다. '입사는 한 곳만 할건데, 뭐 이리 많은 기업을 분석해? 이런다고 뽑아주나?' 생각했다. 하지만 기업을 분석할 수록 눈에 보이는건 산업의 흐름이었다. 덕분에 지금은 '그 산업 앞으론 이렇게 될 것 같아!'라고 말할 수 있는 약간의 센스도 생겼다. 이 책을 보게 될 취준생들은 모두 나의 경쟁자가 되겠지만, 이상하게 정이 가고 마음이 쓰인다. 감사한 분들의 도움을 받아 이 책에 80개 기업을 분석해 보았다. 내가 받은 만큼 누군가에게도 도움이 되길 바라는 마음이다.

이시창

숭실대학교에서 나름 취업 잘된다는 글로벌통상학과를 전공하였다. 사실 무역에는 관심이 없다. 실제로 취업이 잘되는 학과는 따로 없다.

21명의 친구들과 이 책에 들어갈 내용들을 다듬고 같이 얘기하며 2달 동안 주말 명절 할 것 없이 달려왔다. 처음에는 취업을 위한 목적으로 산업별 스터디로 시작해 끝은 창대하게 책으로 내게 되었다. 산업별로 직접 정리하다 보니, 불현듯 대한민국의 취준생들이 친구처럼 느껴졌다.

그때부터 '내 친구들은 나보다 조금 더 쉽게 이 내용을 접하면 좋겠다.' 라는 마음이 들었다. 이 책을 읽고 자소서를 쓰고, 지원서를 내고, 면접을 보는 친구들에게 도움이 되기를 간절히 희망한다. 마지막으로 이러한 기회를 만들어주신 교수님과 더와이파트너스의 모든분들께 감사를 표하고 싶다.

함준오

중국어 유치원을 시작으로 '미래에 중국과 무역을 하고 싶다'라는 막연한 꿈을 품고 숭실대학교에서 글로벌통상학을 전공했다. 전공 지식, 외국어 능력, 해외 경험이 있다면 졸업 후 원하는 직장에서 사회생활을 시작할 줄 알았으나, 녹록지 않은 현실 앞에 여느 취업 준비생처럼 하루하루 미래를 고민하며 살아가고 있다. 두 달이 넘는 시간 동안, 21명의 친구들과 새벽까지 고민하고 노력한 끝에 작은 결과물을 내게 되었다. 이 한 권의 책이 취업 준비생들에게 얼마나 도움이 될 수 있을까를 수없이 반문하게 되지만, 한 사람에게라도, 작은 부분이라도 도움이 될 수 있기를 바란다. 책을 발간하기까지 많은 도움을 주신 배헌 교수님, 이기환 교수님, 양대권 교수님 그리고 더와이파트너스 모든 분들께 감사의 말씀을 드리고 싶다.

고은별

한국외국어대학교에서 스페인어과를 전공했다.

이 책은 취업의 '취'자도 몰랐던 내가 10개학교 21명의 다양한 친구들과 교수님들을 만나 2달동안 고민하고 고군분투했던 과정이 고스란히 담겨있는 책이다. 처음에는 나조차도 내가 무엇에 관심이 있고 어디에서 일하고 싶은지 모르는 상태였고 당장 어디서부터 시작해야 할지도 모르는 막막함 그 자체였다. 매일 스터디를 통해 공부하고 토론한 것을 더 많은 사람들과 공유하고 싶어 책출판도 기획하게 된 것이다. 바늘구멍같은 좁은 취업시장을 뚫기 위해 오늘도 어김없이 달리고 있을 대한민국 취준생들에게 작은 도움과 위로가 되었으면 하는 바람이다. 더불어 이 책이 세상에 나올수 있게 가장 큰 도움을 주신 존경하는 교수님들과 더와이파트너스 분들께 무한한 감사의 말씀을 전하고 싶다.

김하람

숭실대학교에서 글로벌통상학을 전공했다.

나의 무지함으로 하반기에 쓴맛을 보고 이대로는 안 되겠다 싶은 생각에 2019년 12월, 산업분석 스터디를 시작했다. 그리고 두 달 간 쌓인 자료가 모여 책이 되었다. 이 책은 대한민국의 기업과 산업에 가닥이 안 잡히는 취준생에게 참고서 같은 책이 되었으면 좋겠다. 19년도 하반기 취준을 하면서 이거 하나만은 명확했다. '친구들과 함께라서 버텼다는 것', 이 책은 21명의 친구들과 힘을 합쳐 만들어졌다. 모인 열정이 이 책을 읽는 취준생에게 전해져 힘이 되었으면 좋겠다. 마지막으로 항상 학생들을 바른길로 이끌어주시는 배헌 교수님과 더와이파트너스께 감사의 말씀을 전하고 싶다. 10개 대학, 21명의 친구들도 2020년도 상반기는 술술 풀리기를…취준 뿌셔뿌셔!!!

남기원

가톨릭대학교에서 영어영문학부를 전공하였다.

취업에 대한 정보를 얻기 위해 시작한 스터디에서 10개 학교 21명의 친구를 만날 수 있게 되었다. 두 달 동안 함께하며 외로움을 함께 견뎌줄 수 있는 친구가 되었다. 우리는 2020년도 상반기 때 지원할 기업을 분석하였고 하나의 기업에 대한 정보에 21명의 관점이 더해져 각 산업군을 대표하는 기업의 완벽한 분석이 되었다. 취업시장에서 자신의 역량을 보여주기도 전에 기업에 대한 정보부족으로 불합격 통보를 받는 대한민국 취준생들과 이를 공유하고 싶었고 책으로 내게 되었다. 평범하지만 열정 넘치는 21명의 매일매일 꾸준한 노력이 담겼기에 작게나마 힘이 될 것이라 믿는다. 마지막으로 인생의 나침반이 되어주시는 배헌 교수님께 감사의 말씀을 전하고 싶다.

박수빈

숭실대 독어독문학과와 글로벌통상학과를 전공하였다. 녹록지 않은 취업 시장에 뭐든 시작해보자는 마음으로 바보 21명이 모이게 됐다. 학교, 전공, 희망 직무도 모두 달랐지만 '바른 취업'이라는 목표만큼은 같았다. 각 회사의 홈페이지는 물론 기업분석 보고서, 증권사 리포트, 분기별 사업보고서 그리고 관련 신문기사까지 들여다 보지 않은 자료가 없는 듯 하다. 두 달간 약 80여 개의 산업과 회사 정보를 분석하며 취업에 갈피를 잡을 수 있었다. 그러다 동지와 같은 다른 취준생들에게 도움이 되고 싶다는 생각을 계기로 출판을 결정하게 되었다.

마지막으로 바보 21명에게 정성 가득히 애정을 쏟아주신 배 헌 교수님과 더와이파트너스 모든 분들께 깊은 감사의 말씀을 드리고 싶다.

변주은

한국외국어대학교에서 태국어통번역학과 함께 국제통상학을 전공했다.

24살의 나는 관세사가 되어 있을 줄 알았다. 합격하고 유럽여행도 갔다 오는 원대한 꿈을 꾸었지만 현실은 막학기 취업준비생. 2019년 하반기, 그렇게 25개의 자소서로 취업 시장을 처음 경험했다. 그러던 12월, 더와이파트너스와의 인연으로 여기 친구들을 만났다. 전국 10개 학교, 21명의 친구들과 무작정 시작했던 스터디는 2달 동안 계속되며 기업 분석 자료 80개가 쌓였다. 책으로 낼까 농담하곤 했었는데, 진짜 책이 되어버렸다. 정말 한 치 앞을 모르는 게 인생이다. 출판과정을 함께한 친구들과 도움을 주신 배헌 교수님, 더와이파트너스 분들께 감사드리며 한 치 앞을 모르는 인생에서 살아남으려 애쓰는, 이 책과 마주하게 될 대한민국 청춘들에게 이 책이 조금이나마 도움이 되길 바란다!

신승훈

숭실대학교 경제학과를 졸업하였고 중어중문학을 복수전공했다.

세 가지 이유로 책을 내는 것에 고민했다. 책을 쓴다는 것에 대한 부담이 첫째요, 둘째로 학사의 실력으로 독자에게 도움이 되겠느냐는 생각, 마지막으로 취준생인 내게 어울리는 일일까 하는 염려가 뒤따랐다. 그러나 동시에 세 가지 핑계로 책을 쓰고자 했다. 숱한 밤들과 부딪혔던 과정을 결과물로 만들자는 것이 첫째고, 방대한 양의 정보를 여러분과 나누자는 것이 둘째이며, 앞으로 뛰게 될 필드를 정리하며 자신을 예열시키자는 것이 셋째이다. 부디 이 책이 많은 이들에게 도움이 되길 바란다. 끝으로 배헌 교수님께는 항상 부채감을 느끼고 있다. 가장 큰 존경과 감사의 말씀을 전해드리고 싶다. 또한 책이 발간되기까지 노력해주신 더와이파트너스 모든 분께도 감사의 뜻을 전해드리고 싶다!

신은주

인천대학교에서 영문학을 전공했다. 전공에서 큰 흥미를 느끼지 못하고 여러 번의 시도 끝에 폴란드로 7개월 동안 도피성이 약간은 곁든 해외인턴을 하러 떠났다. 귀국 후, 첫 취업 준비를 시작했지만, 자소서를 어떻게 쓰는지 몰랐고 서툴렀고 그렇게 실패했다. 나름 힘겹게 살아온 내 인생 전체를 부정당하는 기분이었지만, 어차피 다시 해야 하는 취업 준비기에 바른 준비를 하고 싶어서 산업 스터디를 시작했다. 스터디를 시작한 지 어느덧 2달이라는 시간이 흘렀고, 바쁘게 흘러간 시간 속에서 80여 개의 자료가 남게 되었다. 짧게는 한 달, 길게는 그 이상의 시간 동안 취업 준비를 경험하고 있는 취준생들에게 내가 경험했던 슬픔은 겪지 않기를 바라며 우리의 2달의 시간이 가치 있는 선물이 되었으면 하는 생각에 더와이파트너스 도움을 받아 출판을 하게 되었다.

신주현

숭글벙글, 이름이 예쁜 숭실대학교에서 경제학을 전공했다. 단일 전공인데 학점이 좋지는 않다.

4년간 경제만 공부하다 보니 세상에 어떤 산업과 기업이 있는지를 잘 몰랐다. 2019년 12월부터 20명과 스터디를 시작해, 80여 개의 기업을 공부하고 조사했다. 자동차 종류도 모르던 내가 전기차 시장, 자동차 업계의 트렌드를 알게 되었다. 한 기업을 조사할 때 다트, 분기별 사업보고서, 실적발표자료, 증권사 리포트와 각종 신문기사를 20개씩 탭에 열어두고 작성한 자료들이다. 이 자료를 책으로 만들어서 내게 된 이유는 좋은 추억을 남기면서, 같은 처지의 취준생들에게 조금이나마 도움을 주고 싶기 때문이다. 이 책을 읽게 되는 당신이 이 다음의 내용을 또 이어주길 바라며 에필로그를 마친다.

유영채

한국외대에서 스페인어를 전공하고 언론을 부전공했다.

"취업시키는데 1억 들어~" 이번 설도 잔소리 따발총이다. 나는 왜! 대책 없이 인간만 많은 90년대 인간인가! 대충 인구부족과 초고령화가 찾아올 10년 뒤를 기다릴까 또라이 같은 상상도 해보며 1억 원어치 인간이 되지 않기 위해 친구들과 아둥바둥 머리를 굴렸다. 다트부터 기사까지 자료를 뒤져 희망 기업을 분석했다. 다 갈 순 없겠지만 몇 번 수정을 거치다 보면 뇌 한 켠에 코딱지만큼의 지식이라도 쌓이지 않을까 했고 기업을 보는 눈이 트여 감사하다. 여기, 우리가 공부한 80개 기업 올해 안에 모두 정복할 수 있기를! 더불어, 좋은 기회와 도움을 주신 배헌 교수님, 이기환 교수님, 양대권 교수님, 더와이파트너스 분들께 감사합니다.

이승환

제주한라대학교에서 관광중국어를 전공한 이후 제주대학교에 편입학하여 관광경영학을 전공했다.

졸업 직전 영업관리 인턴 경험을 계기로 전공 분야가 아닌 유통·물류 분야에 관심을 가지고 지원 서류를 넣기 시작했다. 하지만 늘 자기소개서를 쓰는 것에서부터 어려움을 느꼈고 면접에서도 자신있게 답을 하지 못했다. 스펙보다도 기업과 산업을 이해하는 것이 중요하다는 생각에 산업분석 스터디 모임에 들어갔다. 10개 학교, 21명의 친구들이 모인 만큼이나 지원하고 싶은 기업과 산업군도 다양했다. 역할을 나눠 80개 기업의 분석 자료를 정리해냈고 더와이파트너스를 만나 한 권의 책으로 결실을 맺었다.

장세은

숭실대학교 경제학을 전공하였다. 많은 취준생들이 어학, 자격증, 인턴 등 소위 '스펙'이라고 일컫는 것들을 취업을 위해 쌓는다. 신입 퇴사율 37.2%(잡코리아 2019.6 기준) 이르는 현재, 본인 또한 취업 그 자체만을 위해 달려오다 힘들게 입사한 회사에서 두 달 만에 퇴사를 결심했다. 우리 회사엔 미래가 없었기 때문이다. 재취업을 준비하는 지금. 같은 과오를 겪지 않기 위해, 주먹구구식 무차별 지원이 아닌 선택과 집중을 해야 했고, 회사 및 업계의 과거와 현재와 미래에 대해 모두 알아야했다.

21명의 친구들과 두달간 때로는 밤샘도 강행하며 치열하게 모아온 80개 기업의 분석자료가 이렇게 책이라는 결과물로 나와 영광이다. 출판의 기회를 만들어 주신 배헌교수님과 더와이파트너스께 감사인사를 드린다.

전진하

27세, 한국외국어대학교 스페인어과 편입생

약 1년간 취업 준비를 하며 방향성을 잃은 적도 있었고, 스스로 취업 시장에서 정보가 부족해 전문성이 떨어진 것 같다고 느낀 적도 많았습니다. 하지만 감사하게도 더와이파트너스라는 사회적 기업을 만나게 되었고 좋은 교수님 밑에서 많은 친구들과 다트, 기업보고서, 지속가능경영보고서, 증권사리포트, 분기별 사업 보고서 등을 참고하여 기업, 산업, 직무 등을 분석하였습니다. 이 책이 누군가에게 어떠한 모습으로 도움이 될 지 모르지만 확실한 것은 짧다면 짧고 길다면 긴 시간 동안 조금 더 혜안을 가지고 넓게 바라보는 시각을 갖게 되었다는 것입니다. 마지막으로 책 제작에서 가장 어렵고 힘든 퇴고를 맡아준 퇴고팀과 디자인팀에게 무한한 감사의 인사를 드립니다. 감사합니다.

홍혜연

가톨릭대학교에서 영어영문학을 전공하였으며 미디어기술콘텐츠학을 복수전공 하였다.

영상이 재미있어 복수전공으로 미디어를 선택했고, 당연히 내 길이 될 줄 알았다. 그런데 아니었다. 목표를 잃은 것 같아 불안했다. 뭐라도 해야겠다는 생각으로 부랴부랴 취업에 뛰어들었지만, 그 수많은 산업들, 기업들을 알지 못해 멘붕이 왔다. 하지만 2달간, 친구들과 스터디를 하며 혼자였다면 절대 불가능했을, 약 80개의 기업들을 다양한 방면으로 정리했다. 더불어 같은 취준생으로서 의지할 수 있는 든든한 친구들까지 얻었다. 취준은 어렵고 막막하지만 과거의 나처럼 인터넷에만 의지해 여기저기 헤매고 있을 친구들에게 이 책이 작은 도움이 되면 좋겠다.

황세은

재수에 편입까지 총 3번의 입시를 치른 후 동국대학교에서 국제통상학을 전공하였다.

나름대로 열심히 살아온 인생이라 생각했고 하반기 약 100개의 지원서를 작성했지만 말라붙은 취업시장에서 쓴 맛을 보았다. 하지만 실패는 성공의 어머니이다! 이왕 계속 준비하게 된 거 최대한 많은 산업과 기업에 대해 공부하고자 12월부터 두 달간 10개 대학, 21명의 친구들이 모여 산업과 기업에 관한 스터디를 시작했다. 스터디를 하다 보니 80개의 기업이 쌓이게 되었다. 취업 준비를 하며 산업과 기업에 대한 자료를 찾으며 시간을 많이 보내게 되는데. 지금까지 준비한 이 자료를 공유한다면 취준생들의 금쪽 같은 시간을 줄여줄 수 있다는 생각에 더와이파트너스의 도움을 받아 책을 출판하게 되었다.

2020 대한민국 기업분석

발행일 2020년 02월 20일

저자 배헌, 이기환

감수 이지아

발행인 배헌

발행처 더와이파트너스㈜

등록번호 제2017-000021호

주소 경기도 고양시 일산동구 백마로 195, SK엠시티타워 섹션동 10층 10004호

전화 031-819-7392

팩스 031-819-7390

홈페이지 www.theypartners.co.kr

이메일 theypartners@theypartners.co.kr

가격 15,000원

이 도서의 국립중앙도서관 출판예정도서목록(CIP)은
서지정보유통지원시스템 홈페이지(http://seoji.nl.go.kr)와
국가자료종합목록 구축시스템(http://kolis-net.nl.go.kr)에서 이용하실 수 있습니다.
(CIP제어번호 : CIP2020007387)